教师教育系列教材

幼儿园班级管理

张莉娜 主 编

时 代 宫晓东 赖 幸 副主编

清华大学出版社
北京

内 容 简 介

本书围绕幼儿园班级管理的重点，从理论和实践层面展开论述，充分反映了《幼儿园教育指导纲要(试行)》和《3—6 岁儿童学习与发展指南》对幼儿发展的要求。全书共分十二章，主要内容包括：幼儿园班级管理概述、小班幼儿的班级管理、中班幼儿的班级管理、大班幼儿的班级管理、幼儿园班级生活管理、幼儿园班级教育管理、幼儿园班级安全管理、幼儿园班级卫生保健管理、幼儿园班级环境管理、幼儿园班级物品及文案管理、幼儿园班级人际关系管理以及幼儿园班级家长工作管理。通过本书的学习，学生能够对幼儿园班级形成一个整体认识，具备班级管理的基本技能，提升在管理班级生活、教育、安全、卫生保健、环境、物品及文案、人际关系以及家长工作等方面的管理水平。

本书集系统性、新颖性、应用性和丰富性于一体，其特色首先体现在体系的科学性上，每章包含课程目标、核心概念、引导案例、内容小结及思考与练习；其次是注重理论联系实际，章内精选了大量案例，便于学生加深理解；最后是编写视角新颖，始终立足于实践的视角，不同于其他班级管理类教材，突出了学前专业基础课的实践特点。

本书可作为高等学校本科及专科学前教育专业的基础课教材，也可供幼儿园班级管理教学和研究人员、幼儿教师以及有意从事幼儿教育的其他专业学生，在教学、科研和实际工作中参考。

图书在版编目(CIP)数据

幼儿园班级管理 / 张莉娜主编. -- 北京：清华大学出版社，2025.8. -- (教师教育系列教材).

ISBN 978-7-302-69946-0

Ⅰ.G617

中国国家版本馆 CIP 数据核字第 2025W2Y547 号

责任编辑：陈冬梅
装帧设计：刘孝琼
责任校对：么丽娟
责任印制：宋 林

出版发行：清华大学出版社

网　　　址：https://www.tup.com.cn, https://www.wqxuetang.com
地　　　址：北京清华大学学研大厦 A 座　　　邮　　编：100084
社 总 机：010-83470000　　　邮　　购：010-62786544
投稿与读者服务：010-62776969, c-service@tup.tsinghua.edu.cn
质量反馈：010-62772015, zhiliang@tup.tsinghua.edu.cn
课件下载：https://www.tup.com.cn, 010-62791865

印 装 者：三河市科茂嘉荣印务有限公司
经　　销：全国新华书店
开　　本：185mm×260mm　　　印　　张：17.25　　　字　　数：406 千字
版　　次：2025 年 8 月第 1 版　　　印　　次：2025 年 8 月第 1 次印刷
定　　价：49.80 元

产品编号：102242-01

前　言

在信息化、多元化和开放化的世界背景下，中国教育面临着诸多挑战。幼儿园作为人生的第一所学校，在这种背景下迫切要求班级管理者转变育人观念和管理理念，进一步改善班级管理工作，提高育人效果。我国学前教育研究者针对部分幼儿教师进行调查发现，幼儿园班级管理存在一些问题，如生活管理忽视对幼儿生活习惯的培养、教育管理忽视对幼儿学习兴趣的培养、班级管理工作流于形式以及班级信息更新不及时等。为了解决这些问题，本书以《幼儿园管理》教材为基础，高度重视幼儿园班级管理教材现存问题，结合教育教学实践，匹配相关的教学活动案例，使学前教育专业学生或相关从业者全面了解幼儿园班级管理的理论知识，掌握不同年龄阶段幼儿身心发展特点与班级管理的要点，理解幼儿园班级中生活管理、教育管理、安全管理、卫生保健管理、环境管理等内容，提高专业素养，具备管理班级的能力，进而不断提升幼儿园班级管理的质量。

本书坚持理论与实践相结合，在理论的基础上每一章都以丰富、鲜活的案例，拓展阅读和透彻的分析作为编写的出发点，旨在反映教育领域的时代特征。重新优化组合知识体系，集系统性、新颖性、应用性和丰富性于一体，试图为幼儿园班级管理的理论和实践工作提供经验借鉴。

就总体框架结构而言，本书共分为十二章。第一章为幼儿园班级管理概述；第二章为小班幼儿的班级管理；第三章为中班幼儿的班级管理；第四章为大班幼儿的班级管理；第五章为幼儿园班级生活管理；第六章为幼儿园班级教育管理；第七章为幼儿园班级安全管理；第八章为幼儿园班级卫生保健管理；第九章为幼儿园班级环境管理；第十章为幼儿园班级物品及文案管理；第十一章为幼儿园班级人际关系管理；第十二章为幼儿园班级家长工作管理。

在每章的写作中，我们主要从课程目标、核心概念、引导案例、内容小结及思考与练习五个方面与读者交流。课程目标、核心概念能帮助读者了解本章学习的要点和主要内容；引导案例能让读者感受本章的学习重点，从而更好地把握本章的正文；内容小结能让读者清晰我们的理论观点；思考与练习能帮助读者运用所学理论进行深入的分析和解答现实中的问题，与更多的学者进行对话与交流。

本书由张莉娜策划并担任主编，时代、宫晓东、赖幸担任副主编。张莉娜拟定编写大纲，并编写了第一章、第二章、第三章、第四章和第五章；赖幸编写第六章；宫晓东编写第七章、第八章；时代编写第九章、第十章、第十一章、第十二章。其中，史江岳参与第二章第一节、第三章第一节的编写；陈思琪参与第四章第一节、第六章第四节的编写；冯长蒲参与第五章第三节、第四节的编写；洪梦彤参与第四章第三节、第七章第一节的编写。本书由张莉娜对全书进行统稿，加工整理并修改。

在编写过程中，我们参阅了许多学者的专著和研究成果，在此一并表示衷心感谢。同时感谢清华大学出版社为我们提供了出版机会。由于编者水平有限，书中难免存在疏漏和不妥之处，诚望读者批评指正。

编　者

目　　录

当教师把每一个学生都理解为他是一个具有个人特点的、具有自己的志向、自己的智慧和性格结构的人的时候，这样的理解才能有助于教师去热爱儿童和尊重儿童。

——赞科夫

第一章　幼儿园班级管理概述

课程目标

知识目标： 学生通过学习相关理论，掌握幼儿园班级管理的内涵及基本管理原理，明确幼儿园班级管理的目的、内容、任务和原则。

能力目标： 学生能够初步掌握幼儿园班级管理的方法和流程，针对不同的幼儿园班级管理内容进行有针对性的管理，通过实践在管理过程中高效地组织、分析和解决问题，提升自身的管理能力。

素质目标： 学生在理论学习和案例分析中体会幼儿园班级管理的重要性，树立正确的管理观念，坚定班级管理的育人宗旨。

核心概念

班级　幼儿园班级　管理　幼儿园管理　幼儿园班级管理

引导案例

无奈的保育员

某幼儿园中 1 班的小朋友壮壮，是班里公认的淘气孩子。一次吃午饭时，有个小朋友想吃壮壮的鸡腿，二话不说就伸手去抢，壮壮顺手一推，结果那个小朋友躺在地上"哇哇"哭起来。新来的保育员李老师把这一切看在眼里，她首先批评了被推倒的小朋友，告诉他想吃鸡腿可以跟老师说，或者和小朋友商量，不应该抢别人的食物，接着也指出壮壮不应该推小朋友……

说话间，班主任王老师气呼呼地走过去，习惯性地拉起壮壮就是一阵训斥，还责备李老师说："这个孩子一直很调皮，你这样纵容，他更容易得寸进尺。以后你只负责分餐，孩子管理的事情交给我。"听到这些，保育员李老师很无奈。

(资料来源：侯娟珍. 幼儿园班级管理[M]. 2 版. 北京：北京师范大学出版社，2022.)

案例分析

在班级幼儿管理中，教师与保育员首先应树立"以幼儿为中心"的管理理念，致力于促进幼儿的发展，尊重幼儿的身心发展需要，了解各年龄段幼儿的学习和发展目标。其次，教师应发挥幼儿在班级管理中的主体作用，鼓励幼儿相互监督和帮助，让幼儿积极参与班级管理，真正发挥幼儿的主体性和个体的主观能动性，从而实现班级幼儿管理从"他律"向"自律"的转变。

保育员在班级管理中扮演着不可或缺的角色，保教结合是不可分割的整体。保育员的工作表面上看似只涉及生活管理，但实际上，日常生活的点滴时刻都在对幼儿产生教育影响。保育员工作的顺利开展也是教育教学任务顺利完成的前提。因此，班级教师应尊重保育员的劳动，积极配合保育员做好幼儿的饮食、睡眠等生活管理。同时，也应积极吸纳保育员参与到教育教学管理中，使班级生活管理与教育教学管理相辅相成，确保"保教结合""以保促教""以教引保"，共同促进班级幼儿的全面发展。

学习指导

本章的重点内容包括幼儿园班级的内涵、幼儿园班级管理的内涵与特点，以及幼儿园班级管理的目的、任务、原则、内容、方法和过程。在学习过程中，首先，要认真阅读教材，掌握相关的理论知识。其次，要结合自身情况，理解幼儿园班级管理的意义及管理的基本原理。最后，通过参与班级管理实践活动，掌握具体的班级管理方法。

幼儿园的管理工作主要通过其基层单位——班级来实施。班级管理是幼儿园管理的核心和基础，为了有效促进幼儿身心的全面和谐发展，幼儿园需要不断改进管理模式，融入教育管理的新理念，并多角度探索有意义的班级管理方式。

第一节 幼儿园班级管理的内涵与特点

一、班级与幼儿园班级的内涵

班级是学校的基层单位，也是学校组织的重要组成部分。对于教育者而言，理解班级的内涵是实现教育目标的关键。同样地，在基础教育阶段，尤其是幼儿园，由于班集体人数较多，为了便于开展保育和教育工作，我国幼儿园也采取了相对稳定的班级组成形式。

(一)班级

班级是学校为实现特定教育目标而设立的，将年龄和知识水平相近的学生分编到不同年级、班级形成的具有固定人数的基本教育单位。班级通常由教师、学生及环境组成，构成一个复杂的小型社会体系。作为学校行政体系中最基层的正式组织，班级是开展教学活动的基本单元，也是学生参与集体活动、结交朋友的场所，因而具有满足学生需求、促进学生发展和矫正学生行为的功能。

现代教育中，班级形态的直接来源是近代西方的班级授课制度。1632 年，捷克教育家扬·阿姆斯·夸美纽斯出版了《大教学论》，在理论上对班级授课制进行了总结和论证。他设计了一种学校教育模式：所有儿童应在国语学校接受六年教育，应分成六个班级，如果可能，每个年级有一个专用教室，以免干扰其他年级的教学。由此，班级授课制基本确立下来。后来，以德国约翰·弗里德里希·赫尔巴特为代表的一批教育家完善了这一理论，提出了教学过程的形式阶段理论，为夸美纽斯的理论提供了重要补充。以苏联教育家伊凡·安德烈耶维奇·凯洛夫为代表的教育家提出课的类型和结构的概念，最终完善了这一理论，形成了系统化的班级授课制。

我国最早采用班级授课制的学校是清政府于 1862 年在北京创办的京师同文馆，并在 1904 年清政府颁布的《奏定学堂章程》中正式确立，该学制被称为"癸卯学制"。它标志着班级授课制以法令的形式确定下来，并在全国范围内推广实施。

(二)幼儿园班级

"幼儿园"的具体和完整思想在其名称上体现出来，即"儿童的花园"。幼儿园泛指一切托幼机构，旧称蒙养院、幼稚园，是进行学前教育的组织机构，包括托儿所、幼儿园、早教中心、学前班等。《幼儿园工作规程》(以下简称《规程》)规定，幼儿园是对 3 周岁以上学龄前幼儿实施保育和教育的机构，是基础教育的重要组成部分，是学校教育制度的基础阶段。幼儿园适龄幼儿一般为 3～6 周岁(或 7 周岁)。幼儿园一般设置三年制课程，也可开设一年制或两年制的幼儿园教育。

幼儿园班级作为实施保教工作、实现教育目标的基本单位，是幼儿日常生活和学习的主要场所，是由幼儿和保教人员共同组成的学习集体。作为幼儿园的基本组织形式，班级就像幼儿园的"细胞"，组织虽小却扮演着重要角色，对幼儿发展有着最直接的影响。

在我国多年的幼儿教育实践中已形成了班级的基本划分方式，一般以年龄为主要依据，可分为大、中、小三个班级。通常小班年龄为 3～4 周岁(约 25 人)；中班幼儿年龄为 4～5 周岁(约 30 人)；大班幼儿则针对 5～6 周岁(7 周岁)儿童(约 35 人)。但有些幼儿园也会开设小托班、学前班以及混龄班等。每个班级因为幼儿年龄不同，其特点与发展也不同，因此对教师的要求也不同。

二、管理的内涵与特征

(一)管理的内涵

管理是一种社会活动，起源于人类群体生活中的共同劳动。自 20 世纪初管理学成为一门独立学科以来，由于研究者对管理的理解角度或强调的方面不同，管理的表述和解释也各有差异。综合各方观点，管理的概念可界定为：管理是一定组织中的管理者通过实施计划、组织、领导、协调和控制等职能，合理组织和充分利用相关资源，以实现组织目标的社会活动。因此，管理的概念可从以下几个方面理解。

(1) 管理的目的是高效优质地实现组织目标。

(2) 管理的职能是实施计划、组织、领导、协调和控制。

(3) 管理的过程涉及计划、组织、领导、协调和控制等活动。

(4) 管理的核心是对人的管理。

(二)管理的特征

管理是一种独特的社会活动，具有区别于其他社会活动的一些特征。管理既包含自然属性，也包含社会属性，任何管理活动都会涉及这两方面属性。同时，管理是科学性与艺术性相统一的活动。科学且艺术地开展管理工作是所有管理者应努力的方向。

(1) 管理的自然属性反映了人与生产力之间的自然关系，它是为组织共同劳动而产生的，体现了生产协作过程本身的要求，是各种社会化生产共有的一系列科学方法的总结，不会随生产关系的变化而变化，具有普遍性和永恒性。

(2) 管理的社会属性反映了人与人之间的关系，是特定生产关系的体现，与社会制度相联系。因此，管理的社会属性主要表现为维护和发展生产关系的管理职能，会随生产关系的变化而变化，不具备永恒性。

(3) 管理的科学性主要体现在管理具有客观规律性。管理应按照规律实施，符合管理本质、基本原理和基本职能的要求。同时，管理活动应符合管理对象的特点，尤其是人的特点。

(4) 管理的艺术性主要体现在管理具有灵活性和创造性。管理者根据管理内外环境的变化，灵活、创造性地运用各种管理方式和手段，恰当、巧妙且高效地开展管理工作。

拓展阅读

人的非理性及其管理问题

心理学家在他们称之为"控制的幻觉"这一领域，对人们的需求展开了研究。结果表明，只要人们感到自己能够掌控自身命运，哪怕只是稍有掌控，他们在完成任务时就会更加奋勇向前且比较尽责。有一项心理学实验为这一结论提供了有力佐证。该实验让几位成年测试对象解答几道复杂的难题，并进行一些清样校对工作，同时他们周围不时会出现干扰注意力的噪声，有人说着西班牙语，有人说着亚美尼亚语，油印机、打字机都在发出声响，还有大街上传来的嘈杂声。测试对象被分成两组，其中一组每人都配备了一个可以切断噪声的按钮，另一组则没有。结果显示，前者解答出的难题数量是后者的 5 倍，校对中出现的差错也明显少于后者。实验者解释说，令人好奇的是，拥有切断噪声按钮的测试对象，没有一人使用过它。导致成绩差异的原因，仅仅是这一组的人知道自己能够对噪声进行控制。

优秀的公司都遵循这种看似不够"理性"的理论行事。有一家规模约百人的销售分理处的经理，某天晚上租用了新泽西州的米多兰体育场举办活动。下班后，他手下的推销员一个个从运动员入场通道跑进体育场，谁从入口出现，电子计分板就会向全场展示他的名字。公司总部的高级经理们、其他部门的员工，以及入场员工的亲戚朋友，全都在一旁喝彩助威，场上欢呼声此起彼伏。这家销售分理处隶属于国际商用机器公司，这种做法既满足了个人想要融入某个伟大群体的需求，又关注了个人希望突出自我的心理。如果说出色的公司有什么显著特点，那就是它具备善于处理这类矛盾情况的能力。那些秉持理性主义立场的人认为绝不可为的事，在出色的公司里却屡见不鲜。

(资料来源：侯娟珍. 幼儿园班级管理[M]. 2 版. 北京：北京师范大学出版社，2022.)

三、幼儿园管理与幼儿园班级管理的内涵

(一)幼儿园管理

随着现代社会大生产和企业管理科学的发展，学校教育、幼儿教育及其教育理论均经历了巨大变化。幼儿园管理是在现代教育科学研究与一般管理科学研究相结合的基础上形成的，它与学校管理一样，属于教育学的分支学科，是学前教育管理的一个子集。目前，幼儿园管理已成为一门独立的应用型学科。从幼儿园管理活动所涉及的范围来看，幼儿园管理的概念可分为广义和狭义两种。

广义的幼儿园管理是指对幼儿园实施的所有管理活动，包括相关行政部门的管理以及幼儿园的内部管理。相关行政部门的管理，即各级各类相关行政部门，如教育、卫生、物价、妇联等，它们通过制定学前教育政策和法规，规定学前教育行政体制，自上而下地实施教育规划，开展督导与宏观调控等活动，以实现对幼儿园的指导、调节与控制。

狭义的幼儿园管理则是指幼儿园内部管理人员依据国家相关教育政策及保教工作规律，科学地运用各种管理方法和手段，充分发挥管理职能，组织协调幼儿园的人、财、物等资源，优质高效地实现幼儿园工作目标的管理活动。

本书重点介绍狭义的幼儿园管理，即幼儿园内部的管理活动和过程。幼儿园作为一个开放的组织，存在于一定的社会系统或环境中。因此，幼儿园管理工作不仅要组织协调好内部因素，还要关注外部因素对组织的影响，如国家的教育政策、教育行政体制、法规制度、教育规划督导，以及社会需求、家长需求、幼儿园所处的社会环境与有关部门的关系等，进而采取相应的管理策略。由此可见，幼儿园管理是一个宏观层面的概念。

(二)幼儿园班级管理的内涵

幼儿园作为学校教育的基础，其管理工作主要通过基层单位——班级来实现。班级管理是微观层面的管理，是幼儿园管理的核心与基础，幼儿园需要不断改进和融合教育管理新理念，从多角度探索更有意义的幼儿园班级管理模式，才能有效促进幼儿身心全面和谐发展。

幼儿园班级管理，也称为幼儿园班级经营，有广义和狭义之分。广义的幼儿园班级管理认为班级教师进行的所有活动都属于班级管理范畴；而狭义的幼儿园班级管理则是指班级中的保教人员对班级中的人、财、事、物、时间、空间、信息等资源通过计划、组织、协调、控制等过程进行合理配置和有效使用，以优质高效实现保教目标的综合活动。

本书重点介绍狭义的幼儿园班级管理。作为一个科学概念，幼儿园班级管理可以从以下几个方面进行理解。

(1) 幼儿园班级管理的实施者是班级中的保教人员，包括教师和保育员。班级管理的主体是人，主要由班级教师和其他保教人员，通过相互合作共同实施。

(2) 幼儿园班级管理的对象是班级中的人、财、事、物、时间、空间、信息等资源。管理活动的对象既可以是人，也可以是人与其他要素的结合。班级管理具体包括对幼儿、财务、物品、时间、活动空间和信息的管理。

(3) 幼儿园班级管理的过程包括四个环节：计划、组织、协调、控制。这些环节在班级管理过程中既相互独立又相互协作，共同完成班级管理任务。在班级人员的持续合作中，

确保各个环节的任务得到有效执行，从而提升班级管理水平。

(4) 幼儿园班级管理的目标是高效实现保教目标，即幼儿园教育目标。班级管理是有目标的教育活动，幼儿园的教育目标是通过班级管理实现的。在班级管理过程中，应顺应幼儿的身心发展规律，让幼儿拥有一个快乐而有意义的童年，这才是教育的本质。

幼儿园班级管理的有效运行至关重要，其成败直接关系着幼儿园的办园质量和幼儿的发展程度。因此，幼儿园管理者和保教人员都应充分重视班级管理工作。

📖 **拓展阅读**

美国的托幼机构

这里主要介绍半日制托幼机构和全日制托幼机构及其教育服务特点。

美国的半日制托幼机构包括幼儿园、学习中心或早期教育中心，开放时间最长为四小时，主要是为进入小学前的幼儿提供丰富的生活经验。通常为2～6岁的幼儿提供服务，有的托幼机构还将服务延伸到婴儿和学步幼儿。私立托幼机构分设上午班和下午班以维持收支平衡。

优质的幼儿园注重为幼儿的全面发展做准备，包括社会、情感、认知和身体等方面。成人和幼儿有许多相互交流的机会，帮助幼儿发展社会技能和语言技能。成人往往会以积极的方式鼓励幼儿形成独立、自信和控制冲动的品质。学习中心或个性化的教育方案鼓励幼儿去探索并发现认知技能。户外活动提供可以滚动的玩具、攀爬器械、沙箱和大型障碍物游戏，用于锻炼幼儿的大肌肉能力。室内有剪纸、绘画和操作材料等活动，以帮助幼儿发展良好的肌肉协调能力。这类学校主要聚焦于幼儿的早期教育，要求教师等人员具备扎实的早期教育课程背景知识。教师要具备设计激发幼儿兴趣的活动的知识和利用环境激发幼儿自发学习方面的经验。

全日制托幼机构日托中心或幼儿护理中心，服务时间为每天10小时左右。其主要是为外出工作的家长提供照料幼儿并确保安全的环境，设计能够激发幼儿兴趣、适合幼儿年龄特点的活动。

全日制托幼机构倡导"让学校成为幼儿安全和快乐的场所"。职员应具备独特的素质，即每个人都喜爱与孩子相处。厨师欢迎幼儿参观厨房，以确保饭菜散发出诱人的香味，弥漫在整个校园，营造愉悦的氛围。接送幼儿的司机必须热情且值得信赖。秘书也需要与幼儿接触，能够对幼儿的行为做出恰当的反应。教师应让幼儿按照自身的水平发展，而不是急于让幼儿达到不切实际的水平。他们应为幼儿提供帮助，敏锐感知幼儿的需求。全日制托幼机构的每个人都应健康且充满活力。

全日制托幼机构需要众多人员共同协作，彼此间的交流极为重要。园长和园长助理每天都要进行沟通。上午班的教师必须让下午班的教师知晓上午发生的异常情况。每个人，包括厨师、司机和秘书，都应成为"交流"环节的一部分，关注幼儿的一切情况。家长需要了解孩子在幼儿园的活动情况，幼儿园也应向家长了解孩子在家的状况。

(资料来源：菲利斯·M.科里克. 托幼机构管理[M]. 6版. 韦小冰，刘杨，寇丽娟，等，译. 北京：北京师范大学出版社，2007.)

四、幼儿园班级管理的特点

幼儿园班级管理不同于中小学班级管理，它不仅要承担教育任务，还要担负起幼儿保育任务。幼儿园班级管理对象是正处于身心发展中的幼儿，其管理过程也不同于中小学班级管理，有其独特的基本特征，即渐成性、教育性、权威性、单层性和规律性。

(一)渐成性

渐成性是指班级管理成效不是一蹴而就的，而是在幼儿入园并编班以后通过日常生活和教育活动等各环节逐渐形成的。特别是对于刚进入小班的幼儿，他们第一次比较长时间地离开家长的陪伴，突然从自己一个人的分散状态到由许多幼儿组成的群体中生活，他们所面对的是陌生的环境、伙伴和管理者，以及幼儿园固定的作息制度和规范性要求的约束。因此，教师既要知道幼儿园班级管理渐成性的特征，还要对幼儿进行耐心和细致的关怀，逐步帮助他们顺利通过入园初期的不适应，引导他们逐步适应并慢慢融入班级中，从而促使幼儿尽早产生对班级的归属感，形成班集体意识。

(二)教育性

班级管理工作的教育性体现在方方面面。教师依据国家教育方针、幼儿园教育目标及任务，结合班级幼儿实际情况制定班级幼儿发展目标，并围绕教育目标开展一系列的保教活动，确保教育目标真正落实在幼儿身上，并体现在对班级幼儿的保教过程和保教环境中。班级环境本身具备强大的育人功能，无论是班级活动的环境还是保教人员的言行举止，都对幼儿具有教育作用，在潜移默化中影响着幼儿。在幼儿的班级管理工作中，严格执行幼儿生活制度、建立活动常规等管理措施都具有教育性质。教师在班级管理活动中，可以有意识地设计有趣的活动，引导幼儿在快乐的游戏活动中养成良好的生活习惯和学习习惯。

(三)权威性

权威性是指具有使人信服的力量和威望的人和事。幼儿园班级管理的权威性是指教师在班级幼儿心目中树立个人威信，建立自己的权威，让幼儿相信和尊敬。这样，班级教育活动才能顺利有效地组织和开展，班级幼儿才能得到良好管理，班级才会有凝聚力。教师作为管理者，要在班级中树立个人权威，应从以下四个方面考虑。

(1) 教师应做到为人师表，在班级中起表率作用。3 岁的幼儿上幼儿园之后，教师逐渐成了幼儿心目中的权威，教师的言行举止都是幼儿模仿学习的榜样，对幼儿的身心发展产生重要影响。因此，教师要注意自己言行举止的表率作用。

(2) 教师要有强烈的事业心和责任心。教师要真诚、无私地关心爱护幼儿、尊重幼儿，投入真挚的感情去教育和引导幼儿，真正成为幼儿健康成长的引路人。

(3) 教师要有正确的工作态度，并对幼儿有深厚的感情。态度与感情是密切相连的，而态度是产生感情的前提和基础，深厚的感情是态度的具体体现。教师工作态度的核心是对幼儿的态度，要能做到和幼儿平等地交流和互动，能一视同仁、客观公正地对待每位幼儿。只有这样的教师，才能拥有强大的人格魅力和权威性。

(4) 教师要有深厚的文化素养和精湛的专业技能。教师只有拥有丰富的文化知识和娴熟的专业技巧，工作起来才能得心应手。这样教育活动和生活活动的内容、方法、工具和表现形式就会灵活多变，从而充分激发幼儿参与各种活动的兴趣。随着活动的开展，教师在幼儿心中的地位和威望也就会越来越高。

(四)单层性

单层性是指幼儿园班级管理的层级只有单一层级，不存在更为复杂的多层级情况，只有单一的教师对幼儿进行管理，没有下层管理。这种管理方式的特点是管理幅度(指一个管理者能够直接而有效地领导或管理的人数的多少)较大，而管理层级(指一个组织管理单位中按垂直隶属关系划分的等级或层级)只有一层，可以有效明确管理者和被管理者的责任、权力、利益三者的关系，减少管理实践中的矛盾与冲突。单层管理可以显著提高效率，但同时也给管理质量提出了更高的要求。若想成为一名合格的幼儿园班级管理教师，必须做到以下几点。

(1) 尊重幼儿的人格和权利。

(2) 树立正确的教育评价观，改变横向比较的方法。

(3) 客观、公正、正确地评价、欣赏每个幼儿。

(4) 以宽广的胸襟接纳幼儿，以发展的眼光看待幼儿。

(五)规律性

规律也称为"法则"，是指事物之间的内在的本质联系，这种联系不断重复出现，在一定条件下起作用，并且决定着事物必然向着某种趋势发展。规律是客观存在的，是不以人们的意志为转移的，但人们能够通过实践认识它和利用它。幼儿园班级管理的规律性是指在班级管理中根据幼儿生理、心理发展规律有序地开展班级管理各项工作。

依据幼儿生理、心理发展特点，幼儿神经系统正处于快速发育期，大脑皮层还没有发育成熟，兴奋与抑制持续时间不长，既容易兴奋，也容易疲劳，注意力不集中、不持久。因此，教师应根据幼儿这些特点合理安排好他们的一日教育活动，让幼儿的兴奋过程与抑制过程按规律交替，相互协调。例如，考虑到幼儿神经系统活动的规律，教师应将一日教育活动集中安排在上午 9~10 时，因为这段时间幼儿头脑最清醒，精力最旺盛。同时，每次集体教学活动时间不宜太长，一般小班每次集体教学活动时间为 10~15 分钟，每天安排一次集体教学活动；中班每次集体教学活动时间为 20~25 分钟，每天安排两次集体教学活动；大班每次集体教学活动时间为 25~30 分钟，每天安排两次集体教学活动。

幼儿园班级管理与中小学班级管理有非常明显的不同，这是由幼儿生理、心理发展的规律及国家对幼儿培养的目标决定的。《幼儿园教育指导纲要(试行)》(以下简称《纲要》)明确指出："幼儿园教育应尊重幼儿的人格和权利，尊重幼儿身心发展的规律和学习特点，以游戏为基本活动，保教并重，关注个别差异，促进每个幼儿富有个性的发展。"这就说明幼儿园必须按照幼儿生理、心理发展的规律进行教育和管理，确保幼儿健康快乐成长。

《规程》第十八条规定："幼儿园应当制定合理的幼儿一日生活作息制度。正餐间隔时间为 3.5~4 小时。在正常情况下，幼儿户外活动时间(包括户外体育活动时间)每天不得少于 2 小时，寄宿制幼儿园不得少于 3 小时；高寒、高温地区可酌情增减。"因此，依据幼儿的生理、心理发展特点，教师要制定符合幼儿实际的一日生活安排，对他们每天的吃、睡、活动等项目的时间和顺序要进行合理安排，并相对固定，这样的一日生活安排有利于培养幼儿建立良好的生活习惯。

第二节 幼儿园班级管理的目的、任务与原则

一、幼儿园班级管理的目的

班级是幼儿园组织结构的基础，是对幼儿进行保教活动的基本单位，同时也是培养幼儿日常行为习惯养成的核心场所。管理的根本目的是优质高效地实现组织目标，满足管理工作应达到的要求和标准。幼儿园班级管理是确保幼儿园管理的基础工程，是提高幼儿园保教质量的关键所在。班级管理的目的可以从内在目的和外在目的两个方面来理解。

(一)内在目的

幼儿园班级管理的核心目标是对幼儿进行高效的保育和教育，以促进幼儿身心健康和谐发展，实现幼儿园保教目标。因此，在进行幼儿园班级管理时应遵循幼儿生理、心理的发展规律，培养他们良好的生活习惯，以及良好的情绪情感、语言能力和社会适应能力，把幼儿培养成个体生活的主体和社会生活的参与者，并在此基础上理解生命的意义和人生的价值。

《3—6岁儿童学习与发展指南》(以下简称《指南》)从健康、语言、社会、科学、艺术五个领域描述幼儿的学习与发展。每个领域都按照幼儿学习与发展最基本、最重要的内容划分为若干方面。目标部分分别对3~4岁、4~5岁和5~6岁三个年龄段末期幼儿应该知道什么、能做什么，大致可以达到什么发展水平提出了合理期望，指明了幼儿学习与发展的具体方向。在幼儿园班级管理中，教师要认真贯彻落实《指南》精神，要全面关注幼儿学习与发展的整体性，尊重他们发展的个体差异，理解其独特的学习方式和特点，重视幼儿学习品质的发展。同时应根据《指南》中教育建议部分列举的能够有效帮助和促进幼儿学习与发展的教育途径与方法，达成班级管理的内在目的。

(二)外在目的

幼儿园班级管理的外在目的是创造良好的生存和发展基础，形成办园特色，打造办园品牌。一所幼儿园要想得到社会的认可，拥有更大的知名度和良好的口碑，就必须办出自己的特色。而幼儿园特色的形成主要是通过幼儿园的班级管理来实现的。根据幼儿和家长的实际需求，积极探索个性化的班级管理新举措，使幼儿园班级管理工作由规范化管理模式逐步走向特色化的管理轨道，这是幼儿园形成办园特色的关键。

随着社会的发展，幼儿园之间的竞争越来越激烈。未来，幼儿园的竞争将会是品牌的竞争。缺乏特色的幼儿园将面临被淘汰的风险。因此，幼儿园在拥有了自身特色之后，还需要打造自己的品牌形象。品牌的塑造不仅关系着幼儿园的生存与发展，例如，在行业中的地位，还涉及家长与社会的认可程度。而品牌的构建是一个长期的过程，它源自班级管理的实践，需要与时俱进，不断创新。创新应立足于班级管理，通过管理来锻造品牌。由

此可见，幼儿园班级管理的外在目的就是在幼儿园生存和发展的基础上，形成并巩固自己的办园特色，从而打造自己的办园品牌。

📑 **拓展阅读**

幼儿园的保教目标

《规程》第五条规定，幼儿园保育和教育的主要目标如下。

(一)促进幼儿身体正常发育和机能的协调发展，增强体质，促进心理健康，培养良好的生活习惯、卫生习惯和参加体育活动的兴趣。

(二)发展幼儿智力，培养正确运用感官和运用语言交往的基本能力，增进对环境的认识，培养有益的兴趣和求知欲望，培养初步的动手探究能力。

(三)萌发幼儿爱祖国、爱家乡、爱集体、爱劳动、爱科学的情感，培养诚实、自信、友爱、勇敢、勤学、好问、爱护公物、克服困难、讲礼貌、守纪律等良好的品德行为和习惯，以及活泼开朗的性格。

(四)培养幼儿初步感受美和表现美的情趣和能力。

二、幼儿园班级管理的任务

幼儿园班级管理是教师依照幼儿园相关制度，遵循保教工作的客观规律，以明确的教育目标为指导，采用适当的手段和措施，对幼儿园班级中的人、财、事、物、时间、空间和信息等要素进行有效管理，旨在全面提升班级的保教质量，围绕保教工作而组织的一系列活动。幼儿园班级管理的任务主要包括以下四个方面。

(一)创设良好的班级环境，有效促进幼儿发展

《纲要》强调："环境是重要的教育资源，应通过环境的创设和利用，有效地促进幼儿的发展。""幼儿园应为幼儿提供健康、丰富的生活和活动环境，满足他们多方面发展的需要，使他们在快乐的童年生活中获得有益于身心发展的经验。"由此可见，创设有效促进幼儿全面发展的班级环境是班级管理工作的基础。在物质环境方面，班级教师应根据本班幼儿的年龄特点为他们提供安全、卫生、适龄的设施设备，提供丰富的探索材料，激发幼儿操作与游戏的兴趣；在精神环境方面，班级教师应营造一个自由、宽松、和谐的精神环境，如教师之间关系融洽，师幼互动积极有效，引导幼儿与同伴友好交往，让幼儿有归属感和安全感。

(二)明确班级发展目标，制订班级管理计划

班级是幼儿日常生活、学习和游戏的主要场所，因此教师作为班级管理者一定要明确班级管理的终极目标，即对幼儿进行优质高效的保育和教育，进而实现幼儿园的教育目标，并为幼儿未来的全面发展打好基础。在明确班级发展目标的前提下，教师应根据目标制订班级管理计划，采取相应的管理措施和适宜的管理方法，以提高管理的针对性和有效性，促进幼儿全面和谐发展。如果管理目标不明确，教师在执行计划时可能遇到各种困惑。同时，如果制订的计划不具可行性，那就是纸上谈兵。

(三)加强管理团队建设，实施班级管理计划

我国幼儿园实行园长负责制，班级管理应该形成以园长为核心的民主管理机制。首先，管理团队的每位成员可以有不同的想法和个性，但作为一个整体，必须有共同的奋斗目标。其次，管理团队内部成员应分工明确，避免因分工不清造成管理上的混乱。同时，每位成员必须明确自己在组织架构中的角色定位与职责分工，清楚知晓自己的权利与义务。最后，团队每位成员应具备实现共同目标所需的基本技能，并且成员之间应建立和谐的人际关系，彼此相互信任、分工合作，以有效实施班级管理计划。

(四)开展管理评价工作，及时调整管理计划

评价是运用标准对某个对象进行分析和研究，对其价值或状态进行评估。在幼儿园班级管理中，评价工作就是以班级管理目标为标准，衡量计划的完成情况，及时发现和纠正教师计划执行中的偏差，适时调整管理计划，以确保计划目标的实现。幼儿园班级管理计划制订得是否合理，实施过程是否科学有效，需通过评价对计划的实施情况进行总结和反思，促进目标更好实现。评价工作旨在了解班级管理计划的适应性和有效性，为调整和改进计划提供依据。然后再依照目标，开始新一轮计划的制订实施和评价，使幼儿园班级管理处于一种动态良性循环中。

拓展阅读

幼儿园班级环境的创设

《纲要》第三部分组织与实施中的第八条规定了以下内容。

环境是重要的教育资源，应通过环境的创设和利用，有效地促进幼儿的发展。

(一)幼儿园的空间、设施、活动材料和常规要求等应有利于引发、支持幼儿的游戏和各种探索活动，有利于引发、支持幼儿与周围环境之间积极的相互作用。

(二)幼儿同伴群体及幼儿园教师集体是宝贵的教育资源，应充分发挥这一资源的作用。

(三)教师的态度和管理方式应有助于形成安全、温馨的心理环境；言行举止应成为幼儿学习的良好榜样。

(四)家庭是幼儿园重要的合作伙伴。应本着尊重、平等、合作的原则，争取家长的理解、支持和主动参与，并积极支持、帮助家长提高教育能力。

(五)充分利用自然环境和社区的教育资源，扩展幼儿生活和学习的空间。幼儿园同时应为社区的早期教育提供服务。

三、幼儿园班级管理的原则

原则是人们行动的准则、指导思想和基本要求。幼儿园班级管理的原则是为实现幼儿园班级管理目标，正确处理管理过程中的一系列矛盾、关系和问题时所遵循和依据的准绳而制定的行动准则和指导思想。基于幼儿园班级管理的特点和实践，班级管理应遵循主体性原则、整体性原则、参与性原则和高效性原则。

(一)主体性原则

在幼儿园班级管理中，教师是管理的主导者，而幼儿则是学习和游戏的主角。主体性原则要求在班级管理过程中，既要尊重教师的积极性、自主性和创造性，也要尊重幼儿在学习、游戏时的主观能动性和个体差异性。教师应有针对性地制订班级管理计划，结合本班实际情况，从幼儿的兴趣爱好和需求出发，创造性地开展班级管理工作，提升班级管理效果。贯彻这一原则，应注意以下三个方面。

首先，应明确教师在班级管理中的职责和权利，鼓励教师认真贯彻落实《规程》第四章"幼儿园的卫生保健"和第五章"幼儿园的教育"的相关要求，积极、主动地开展班级管理工作。

其次，充分尊重教师的主体地位，给予教师充分的自主管理时间和空间，让教师积极、主动地探索，自主和专注地投入班级管理工作中，真正实现教师的主体性。

最后，确保幼儿作为学习者和游戏者的主体地位，相信幼儿有自我发展和管理的能力，尊重每个幼儿的兴趣爱好和自我选择，帮助他们在班级管理中最大限度地实现自己的愿望，做到以人为本。

(二)整体性原则

整体性原则要求在班级管理过程中，教师应树立班级管理的整体观念和全局意识，面向全体幼儿，确保班级管理的各个要素协调配合、有序进行，从而实现整体管理。遵循整体性原则一方面可以保证班级全体幼儿的共同发展，另一方面可以确保班级中各种管理要素的充分利用。贯彻这一原则，应注意以下三个方面。

首先，把全班幼儿作为一个整体看待，并关注到班级中的每位幼儿，根据每位幼儿不同的特点和水平，提出不同的发展目标，同时让每位幼儿享有平等的学习资源，避免在班级管理中"抓两头、忘中间""偏重优秀、忽视一般、过度保护特殊幼儿"的情况。

其次，做好班级财、物、时间、空间和信息等其他管理要素的管理。班级管理要素是全方位的，也是相互联系和制约的，应以系统的思维对待各要素之间的相互联系和制约，做到合理安排和运用，避免顾此失彼。

最后，充分发挥班集体在班级管理中的作用。教师一方面通过班集体对幼儿进行教育，把集体作为教育的手段，凭借这一教育手段去影响幼儿；另一方面把集体作为教育基础，对幼儿的教育应在集体中进行，如果离开集体，就很难获得良好的教育效果。

(三)参与性原则

参与性原则要求在班级管理过程中，教师不应以管理者身份高高凌驾于幼儿之上，而应以多种形式参与幼儿的活动，民主、平等地对待幼儿，与幼儿一起开展有益的活动。这一原则既是教师支持幼儿学习与游戏的方法，也是教师通过直接或间接途径对幼儿进行支持的体现。贯彻这一原则，应注意以下两个方面。

首先，教师应以角色的身份参与幼儿的学习活动。《纲要》指出，教师应成为幼儿学习活动的支持者、合作者、引导者。教师要依据活动内容、形式和情境等不断转换自身的角色，参与到幼儿活动中。例如，在自由活动中，教师主要扮演支持者的角色，为幼儿提供有利的学习条件，创设学习情境；在小组活动中，教师作为合作者，与幼儿一起通过实际操作，获得新的经验；在集体活动中，教师扮演的是引导者的角色，组织和引领幼儿共同参与集体讨论。

其次，教师的参与和指导应适时、适度。教师在参与和指导的过程中，一方面要遵循幼儿主体性原则，尊重幼儿自主探索和发现的能力，培养他们学习的积极性和主动性；另一方面要关注幼儿活动的实际需要，理解他们的需求，在观察和理解的基础上适时、适度参与并指导幼儿拓展活动经验、提升其活动水平，避免因不适时参与和过度指导带来的负面影响，从而削弱幼儿参与活动的兴趣。

(四)高效性原则

管理的根本目的在于提高效率，以最小的投入创造最大的社会效益和经济效益。高效性原则要求在班级管理过程中，教师应以最少的人力、物力和时间，尽可能使幼儿获得更多、更全面、更好的发展。也就是说，人尽其才，物尽其用，最大限度地利用班级管理中的各种资源，提高班级管理效率，促进幼儿全面、健康发展。贯彻这一原则，应注意以下三个方面。

首先，明确班级管理目标。教师应根据本班实际情况，制定明确合理的管理目标，避免因管理目标过高或过低导致管理资源的浪费。

其次，制订班级管理计划并严格实施。教师应围绕班级管理目标制订本班管理计划，并通过创设适宜的教育环境，组织生动、有趣的教育活动，采用有效的管理方法保障管理计划的实施。

最后，规范班级管理过程。在幼儿园班级管理计划实施过程中，教师应随时根据计划的实施情况进行适当调整，并及时总结和评估已完成的管理工作，进而总结教训，积累经验，不断提高班级管理效率。

综上所述，主体性原则和整体性原则主要体现管理思想，参与性原则和高效性原则主要体现管理方法，彼此之间是相互联系、密不可分的。

第三节　幼儿园班级管理的内容与方法

一、幼儿园班级管理的内容

幼儿园班级管理目标的实现及任务的完成，离不开对幼儿园班级管理要素与管理内容的分析。简单来说，班级管理要素就是有关班级的各种资源，而管理内容则是对这些资源加以整合，达到最优化的效果。下面我们从管理要素和教师的工作模块两个角度来分析幼儿园班级管理的内容。

(一)幼儿园班级管理要素

从管理要素角度分析，幼儿园班级管理的内容包括人、财、事、物、时间、空间和信息等七个方面的管理。

1. 幼儿园班级人的管理

现代管理学之父彼得·德鲁克(Peter F. Drucker)认为，知识工作者的工作难以监督，因而组织效率将取决于组织成员能否对自身进行有效的管理。《规程》规定，幼儿园教师对本班工作全面负责。因此，在幼儿园班级管理中，班级保教人员是管理的主体，保教人员应该加强自我管理。

"人"是幼儿园班级管理的核心要素。幼儿园班级人员管理主要指班级保教人员和幼儿的管理，只有在做好班级人员管理的基础上，才能合理使用与协调各种要素资源，更好地发挥各项资源服务于幼儿发展的管理效能，从而实现班级管理的各项目标。

1) 保教人员的管理

《幼儿园教师专业标准(试行)》(以下简称《标准》)规定："幼儿园教师是履行幼儿园教育工作职责的专业人员，需要经过严格的培养与培训，具有良好的职业道德，掌握系统的专业知识和专业技能。"为此，幼儿教师与保育员在明确职责的同时，更应该认真履行职责，不断增强职业道德素养，努力提升专业技能，才能更好地服务于班级管理工作。按照现行幼儿园"两教一保"的班级模式，无论是主班教师还是配班教师或保育员都应该协调一致，积极参与到班级管理工作中，共同肩负起幼儿的保育和教育双重任务，使保中有教，教中有保，促进幼儿全面健康发展。

📖 **拓展阅读**

幼儿园班级教师及保育员的职责

《规程》第四十一条规定，幼儿园教师对本班工作全面负责，其主要职责如下：

(一)观察了解幼儿，依据国家有关规定，结合本班幼儿的发展水平和兴趣需要，制订和执行教育工作计划，合理安排幼儿一日生活；

(二)创设良好的教育环境，合理组织教育内容，提供丰富的玩具和游戏材料，开展适宜的教育活动；

(三)严格执行幼儿园安全、卫生保健制度，指导并配合保育员管理本班幼儿生活，做好卫生保健工作；

(四)与家长保持经常联系，了解幼儿家庭的教育环境，商讨符合幼儿特点的教育措施，相互配合共同完成教育任务；

(五)参加业务学习和保育教育研究活动；

(六)定期总结评估保教工作实效，接受园长的指导和检查。

《规程》第四十二条规定，幼儿园保育员的主要职责如下：

(一)负责本班房舍、设备、环境的清洁卫生和消毒工作；

(二)在教师指导下，科学照料和管理幼儿生活，并配合本班教师组织教育活动；

(三)在卫生保健人员和本班教师指导下，严格执行幼儿园安全、卫生保健制度；

(四)妥善保管幼儿衣物和本班的设备、用具。

2) 班级幼儿的管理

幼儿是班级的主体，也是管理的主体。班级幼儿的管理是班级管理的核心部分，在班级管理中应充分发挥幼儿的主观能动性，鼓励幼儿积极参与到班级管理中来。

《标准》明确规定，幼儿园教师需"掌握不同年龄幼儿身心发展特点、规律和促进幼儿全面发展的策略与方法；了解幼儿在发展水平、速度与优势领域等方面的个体差异，掌握对应的策略与方法；了解幼儿发展中容易出现的问题与适宜的对策；了解有特殊需要幼儿的身心发展特点及教育策略与方法"。因此，在幼儿园班级管理中，教师一定要秉承"以幼儿为本"的教育管理理念，一切为了幼儿发展，尊重幼儿的身心发展和需要，依据各年龄阶段幼儿的学习和发展目标，制订阶段性的教育活动计划和具体活动方案，促进幼儿身心的协调发展，帮助他们度过快乐而有意义的童年。

此外，在幼儿园班级管理中，实现班级幼儿管理从"他律"到"自律"的转变，建立班级常规是不可或缺的环节。教师应鼓励幼儿在遵守班级基本行为规范时，相互监督、相互帮助，使每个幼儿都能积极参与到班级管理中，真正发挥其在班级管理中的主体性和个体的主观能动性。

2. 幼儿园班级财的管理

"财"指资金。幼儿园将有限的资金发挥到最大效力，保证幼儿园的正常运行和发展，关键在于财务管理，而班级财务管理是幼儿园财务管理的重要组成部分。幼儿园在学期初会给每个班级划拨一定的活动经费，虽然班级涉及财务经费较少，但是班级教师也要合理预算、科学决算，重视班级财务管理，以确保最大化利用有限资金。

1）班级财务管理的内涵

班级财务管理是指在幼儿园总经费统筹规划下，班级教师对所划拨的班级经费进行预算、结算与使用的管理过程。这些经费主要用于班级环境布置，教学活动、文娱活动或节日庆典等大型活动时班级所需的费用。班级教师应对每一笔经费的使用做到公开、透明，并合理有效地发挥班级财务管理的作用，积极协助幼儿园做好整体的财务管理工作。

2）班级财务管理的方法

首先，建立班级财务制度。要做好有效管理，建章立制必不可少。班级教师应依据幼儿园的财务管理制度，制定本班的财务管理制度，制度既要合理又要稳定，且应严格遵守并执行。同时，做好专门的财务管理记录，做到一切有账目，一切有依据。

其次，合理预算，留有余地。《规程》第四十七条规定，幼儿园不得以培养幼儿某种专项技能、组织或参与竞赛等为由，另外收取费用；不得以营利为目的组织幼儿参与表演、竞赛等活动。因此，班级教师在编制预算时应结合本班本年度经费的实际情况，参考往年预算执行情况，明确资金分配的主次，保障班级生活及教育教学活动的顺利进行。同时，预算要留有余地，要兼顾计划外特殊情况的需要，中途不得以任何理由随意收费。

最后，公开账目，民主监督。班级教师在执行财务制度时应确保账目清晰，流程公开透明，并实行相互监督机制。同时，他们也要接受幼儿园及"班委会"的财务监督，充分发挥园长及家长的监督管理作用。定时公开账目收支情况，真正做到民主监督，保证经费合理使用。此外，严禁教师诱导家长为班级或者个人缴费、捐款、购买卡券或者其他有价证券，此类行为违反了教师的职业道德。

3. 幼儿园班级事的管理

"事"，是指育人活动和管理工作。例如，贯彻国家的方针、政策、法律法规和地方教育行政部门的指令；研究本园发展建设规划；对教学、养护、思想政治教育以及卫生保健等工作进行周密的计划和安排；建立并维护常规制度；协调园内的人际关系；提高育人工作质量；开展工作评价；等等。

教育无小事，保教人员应事无巨细地做好班级管理工作。班级"事"的管理包括以下三个方面的内容。

首先是班级一日活动的常规管理，包括幼儿生活的常规教育活动的规范化操作游戏活动及自由活动的常规管理等。

其次是幼儿园大型事件的管理，包括重大节日活动或演出，如"六一"儿童节、国庆节、春节庆祝活动和园庆等，这些也都需要每个班级的协同配合。

最后是班级家长的管理工作，包括家园合作、家长资源利用、外部资源的整合等，这些都对提升幼儿园班级管理工作的水平十分重要。

4．幼儿园班级物的管理

"物"，是指各种仪器设备、玩教具、材料和能源等物质资源，这是办好幼儿园的硬件设施。对这些物质条件的管理要选择购置、科学保管、合理使用、维护保养等，做到物尽其用，充分发挥物质条件的效能。

班级物品泛指班级空间内所有的一切物品，包括班级设施设备、幼儿学习物品、教师教学物品等。班级物品管理是指教师根据班级教育活动目标，结合班级具体情况，对班级内部的一切物品进行规划设计、合理配置、优化调整，为幼儿创设良好的物质环境的动态管理过程。

班级物品为幼儿在园的生活和教育提供一定的物质基础，是班级管理的重要组成部分。班级物品管理规范，有助于教育活动的顺利开展，也有助于幼儿良好行为习惯的养成，还为幼儿提供了安全保障。班级物品的合理配置与管理，在一定程度上也美化了班级的环境，给幼儿营造了一个温馨和谐、整齐有序的环境氛围。

5．幼儿园班级时间的管理

"时间"，是指管理活动的持续性，是最稀有的无形资源。时间管理就是科学、有效、合理地利用时间资源，以产生最大效益。幼儿园班级管理以高效的时间管理为基础，即在预定时间内高效和高质量地完成教育和保育工作，提高保教工作效率和质量。

"时间"在幼儿园班级管理范畴内，主要包括幼儿园教职工的工作时间安排表、幼儿园工作日程安排规划，以及幼儿园重大活动的时间安排等。同时，它还包括长期、中期、短期的班级工作计划管理，班级一日生活作息时间的安排，以及保教活动实施过程中对时间的协调与控制等。

班级管理事务繁杂，时间紧迫，如何争取在有限的单位时间内取得最大的工作成效是幼儿园班级时间管理的首要任务和目标。管理者应抓住时机，珍惜时间，力求在有限的时间内，最大限度地做好工作，获得最大的效益，创造出更多的价值。

6．幼儿园班级空间的管理

"空间"，是指管理活动的广延性，包括物理空间和心理空间。幼儿园班级的物理空间主要指班级内有形的物质设施，包括可供开展教育教学活动和生活活动的空间，如班级的活动室、寝室、盥洗间和户外活动场所等。幼儿园班级的心理空间是一种社会生活环境，包括幼儿学习、生活及活动的氛围，班级人际关系以及整体的风气等，对幼儿的身心发展起着潜移默化的作用。

《纲要》指出："环境是重要的教育资源，应通过环境的创设和利用，有效地促进幼儿的发展。"班级空间是幼儿在园主要活动场所，对幼儿身心发展有直接的影响。有效的班级空间管理，能为幼儿提供良好的生活学习环境，能满足幼儿在与环境相互作用中成长的需要，在一定程度上也能提升班级及幼儿园的外在形象，而且不脱离幼儿教育的宗旨。

由此，幼儿园班级空间管理有两个目标：一是要在有限的空间内尽可能安排幼儿舒适生活和有效学习，让空间发挥更大的作用；二是发挥空间的教育作用，实现"空间教学"，与幼儿产生互动，开发空间的深度教育价值，如图 1-1 所示。

图 1-1 幼儿园空间布局

7. 幼儿园班级信息的管理

"信息"，包括幼儿园内部教育管理信息和外部大环境信息及其沟通、处理、运用与存储等，它与时空一样是一切活动不可缺少的特殊资源。西方的企业管理者甚至把信息同资本、劳动力并列为生产的三要素。幼儿园班级应尽量使信息流通及时、迅速、准确并有针对性，以便更好地为决策、计划和调控服务。

幼儿园班级信息的管理，也称为"档案管理"，主要是指对教师工作文案、幼儿档案及班级其他相关信息的收集、整理、归类、保存和使用等的管理活动，它是幼儿个体成长过程的记录，也是班级保教活动过程的记录。其中，幼儿档案包括幼儿学籍档案、成长档案和健康档案等。做好班级信息管理工作，一方面，认真收集、整理、归类和保存各类信息，以便查阅；另一方面，凡是涉及幼儿和家长隐私的信息，务必做好保密工作。此外，还应鼓励家长和幼儿积极参与班级信息的管理。

上述七大要素构成了班级管理活动的基础，管理的效率和质量主要取决于对这些要素的处理。幼儿园的班级管理工作应当围绕保教目标，全面统筹、协调各种相关要素，使管理活动有序运转，获得理想的管理效能。

(二)幼儿园班级工作模块

从班级工作模块角度分析，幼儿园班级管理的内容相当宽泛，具体包括生活管理、教育管理、安全管理、卫生保健管理、环境管理、物品管理、人际关系管理和家长工作管理等八个方面。

1. 生活管理

幼儿在园的一日生活均在班级进行的。幼儿园班级生活管理是为了保障幼儿的身体正常发育和心理健康成长，保教人员围绕幼儿在园内的起居、饮食等生活方面的需要而从事的管理工作。

幼儿在园的一日生活包括幼儿从入园、进餐、午睡、饮水、盥洗、如厕到离园等环节，这些都对幼儿的生活习惯和卫生习惯的形成有着非常重要的作用。因此，科学、合理地安排和组织幼儿在园的日常生活是十分必要的，保教人员在班级管理中须明确职责，分工合作，一起做好班级生活管理工作。

2. 教育管理

幼儿园教育活动是幼儿园教育的基本形式，是教师以多种形式有目的、有计划地引导幼儿生动、活泼、主动活动的教育过程。幼儿园班级教育管理是指班级保教人员充分利用班级的人、财、事、物、时间、空间和信息等资源，在对班级幼儿进行调查研究的基础上，通过对教育活动的计划、组织、实施、总结和评估，实现教育目标的一系列管理过程。

幼儿园班级教育管理是促进幼儿健康、语言、社会、科学和艺术五大领域全面发展的重要途径，直接关乎幼儿园保教目标的实现。

3. 安全管理

安全是幼儿园一切工作顺利进行的首要前提，也是幼儿身心健康的基本保障。幼儿园班级安全管理是班级教师为维护本班幼儿的人身和心理安全所进行的一系列工作。在安全管理活动中，教师要为实现安全目标进行计划、组织和控制等活动，有效地使用人、财、事、物、时间、空间和信息等，达到预定的安全目标。

安全管理是班级保教工作的重中之重，也是所有班级管理工作的前提和保障。教师要针对本班级的具体情况，有计划地创设安全环境，开展安全教育，制定安全管理制度，消除安全隐患，确保幼儿身心健康。

4. 卫生保健管理

让每个幼儿健康成长是幼儿园的首要任务。幼儿园班级卫生保健工作是以幼儿为服务对象，以维护和提高幼儿健康水平为目的而展开的一系列实践活动，包括幼儿疾病预防、伤害处理和幼儿膳食营养与保健等。而幼儿园班级卫生保健管理是指以班级卫生保健工作为对象，以提高班级卫生保健工作成效为目的而展开的活动，涵盖班级卫生保健工作制度的制定与实施等。

班级卫生保健管理是班级卫生保健工作顺利、高效实施的保障。班级卫生保健工作的效果是衡量班级卫生保健管理的标准。

5. 环境管理

环境是重要的教育资源。幼儿园班级环境是指班级教育赖以进行的一切条件的总和，包括班级物质环境和班级精神环境。环境管理是指运用计划、组织、协调、控制和监督等手段，为达到预期环境目标而进行的一项综合性活动。它包括物质条件设备管理、自然生态环境管理、社会环境管理、人文环境管理和安全环境管理等多个范畴。

作为环境管理的一个分支，幼儿园班级环境管理是指运用计划、组织、协调、控制和监督等手段，对影响幼儿健康成长以及确保班级教育有效进行的一切自然、心理和社会等环境因素进行管理的一项综合性活动。

6. 物品管理

班级物品是班级的重要组成部分，对其进行有效的管理也是幼儿教师不可忽视的管理工作。幼儿园班级物品是指除班级空间外的一切设施设备和日常用品，主要包括：幼儿日常生活物品，如水杯、毛巾、衣服及被褥等；幼儿学习物品，如画笔、图书、玩具及手工材料等；以及清洁工具，如扫帚、抹布及水桶等。

幼儿园班级物品管理是指教师根据一定的班级教育目标，将班级内的一切物品进行合理规划和使用，使物品保管得当、取放有序、物尽其用，从而提高班级管理效率，促进教育目标的实现。

7. 人际关系管理

幼儿园班级良好的人际关系是一种隐形的教育力量，是一个班级的灵魂所在。良好的人际关系管理能让教师享受工作，同时让幼儿度过愉快放松的时光。另外，良好的人际关系管理还能高效率和高质量地工作。在班级管理中主要涉及教师与幼儿、教师与同事这两类人际关系。教师与同事的互动可进一步划分为教师之间的协作和教师与保育员之间的配合两类。

在教师与幼儿的关系中，教师是专业的教育者、合格的引导者、有力的支持者以及朋友式的游戏伙伴和反思型的研究者。教师与教师是合作者、资源共享者和专业成长的互助者。教师与保育员应是"教育共同体"，通过分工明确、沟通顺畅、理念一致的协作，共同为幼儿营造安全、有序、友爱的成长环境。这种"保教结合，保教合一"的教育理念需要教师和保育员之间的互相配合。

8. 家长工作管理

家长是幼儿园重要的合作伙伴，班级管理工作离不开家长的信任与支持。有效合理地利用家庭资源做好保教工作，保持家园共育的一致性，是幼儿园班级管理的重要内容，也是幼儿园"三位一体"管理模式的内容之一。

幼儿园班级家长工作是指以家园共育，促进幼儿全面健康发展为目的，在家长的支持和配合下，班级有目的、有计划地和家长共同实施保教活动的过程。幼儿园班级家长工作是建立家庭与班级联系的重要途径。

二、幼儿园班级管理的方法

为了有效管理班级，提高班级管理效率，并保证集体中每个幼儿都能自觉接受生活和教育管理，掌握一定的生活常规和知识技能，保教人员必须熟练掌握有效的班级管理技巧，这也是他们应具备的基本技能。常见的班级管理方法有规则引导法、情感沟通法、互动指导法和榜样激励法等。教师在班级管理中要根据实际情况，灵活运用各种方法。

(一)规则引导法

规则引导法是指用规则引导幼儿行为，使其与集体活动的方向和要求保持一致或确保他们自身的安全且并不危及他人的一种管理方法。规则具体明了，幼儿易理解，该方法是对班级幼儿最直接、最常用的管理方法。其中规则是指幼儿与幼儿、幼儿与保教人员、幼儿与环境、幼儿与材料之间互动的关系准则。在班级中，只有幼儿遵守活动规则才能保证活动顺利进行。运用规则引导法时，应注意以下三个方面。

首先，规则内容合理明确、简单易行。规则是一种约束幼儿行为的准则，遵守规则的过程也就是幼儿行为规范化的过程。对于幼儿来说，其认知能力有限，规则意识初步发展，规则内容应当简单明确，符合他们的理解能力及发展水平。保教人员必须在充分考虑幼儿年龄特点和现有能力水平的基础上确定规则内容，所制定的规则不应超过幼儿的现有水平。同时，教师还应充分发挥幼儿的主观能动性，让他们积极参与班级规则的制定，帮助幼儿理解规则，自觉执行规则。

其次，帮助他们在活动中掌握规则。在班级管理中，教师要给幼儿提供实践活动的机会，帮助他们明确和理解规则的具体要求并懂得遵守规则的意义。以掌握盥洗规则为例，教师需要在幼儿的盥洗活动中进行引导，使其学习掌握"六步洗手法"。同时，幼儿记忆能力较弱，需要不断练习巩固，以便他们能够真正掌握并形成习惯。如果规则在执行的过程中出现问题，应在活动中与幼儿一起商讨、修正，确保规则的科学性和可行性，使规则成为幼儿行动的指南。

最后，教师要保持规则的一贯性。规则一旦制定，就不能朝令夕改，否则规则难以产生预期的效果。如果在特殊情况下必须做某些调整，教师也应与幼儿协商或向幼儿说明。只有这样，规则才能成为幼儿行动的准则。例如，幼儿园会对幼儿的坐姿有一定要求，如果班级中一位幼儿教师要求幼儿的坐姿为"手放平、身坐直、脚摆正"，另一位幼儿教师的要求为"手背后、身坐直、脚摆正"，就会产生矛盾。因此，规则需要保持一贯性，不可随意改变。

(二)情感沟通法

英国教育家赫伯特·斯宾塞(Herbert Spencer)在其教育理论中提出，"在一个人的教育中，情感起着重要的作用"。情感沟通法是指通过激发和利用教师相互之间或者幼儿相互之间以及幼儿与环境之间的情感互动来引发或者影响幼儿行为的一种管理方法。幼儿的情感表达较为直接，容易受到外界的暗示和感染。因此从幼儿情感入手，对幼儿的行为加以影响和引导，能够收到较好的管理效果。在班级管理中，情感沟通法既能加强对幼儿的管理，又能促进幼儿情感的发展。运用情感沟通法时，应注意以下三个方面。

首先，建立和谐的师幼关系。和谐的师幼关系是幼儿教师运用情感沟通法的前提，也是建立和谐班级的前提。这要求幼儿教师在班级管理的过程中，要充分尊重幼儿，多与他们沟通，多从幼儿的角度思考问题，以幼儿为中心，让他们对其产生安全感和信赖感。同时，幼儿教师要学会正确表达自己，采取积极正面的方式与幼儿沟通。

其次，训练幼儿的移情能力。移情是亲社会行为的一个重要方面，是影响个人社会交往和社会关系发展的重要因素。因此，教师应重视对幼儿移情能力的培养，使幼儿从小就学会站在他人的立场思考问题，不以自己的情感去强迫他人，在尊重和理解他人的过程中，形成善良、友好和乐于助人的品质，为将来亲社会行为的发展打下基础。

最后，观察幼儿的情感表现。在日常生活和教育活动中，教师要细心观察幼儿的情感表现，了解不同幼儿的情感表达方式。例如，当自己喜爱的玩具被伙伴抢先一步领走时，有些幼儿习惯于去争抢，有些幼儿倾向于默默流泪，而有些幼儿则会和拿走玩具的小伙伴进行谈判协商。教师应留意不同性格特征幼儿的情感发展，从幼儿的情感需求出发，采用适当的方式激发幼儿表达情感的能力，从而影响和引导幼儿的行为，有效地管理班级。

(三)互动指导法

互动指导法是指对幼儿与幼儿教师、同伴及环境之间的相互作用进行一定指导的管理方法。实际上，班级活动过程就是幼儿与不同互动对象的交流过程。通过指导，幼儿与他人及环境形成积极和良好的交往与互动，是建立和谐班级、开展班级管理的又一重要方法。在幼儿园环境中，幼儿与教师和同伴的交往是他们主要的社会交往类型，对他们社会性发展具有重要的启蒙作用。运用互动指导法时，应注意以下三个方面。

首先，互动指导要适当。适当性要求幼儿教师对幼儿互动的指导要适当，以避免过多地指导抑制幼儿自主性和主动性的发展，同时也要防止因指导不足影响幼儿活动的效果及积极性。在班级管理过程中，教师应从幼儿的身心发展状况、个性特征、活动性质及情境等方面考虑是否给予指导，并选择合适的方式方法进行指导、干预。

其次，互动指导要适时。适时性要求教师对幼儿互动的指导要选择恰当的时机，充分尊重幼儿的主观能动性。教师应在幼儿需要指导的时刻介入，避免过早或过晚，影响指导的效果。例如，幼儿在游戏中与同伴交流和探索时，教师应避免对其进行干预指导；然而当游戏进行不下去时，或者出现违规行为时应进行指导和纠正。

最后，互动指导要适度。适度性要求教师对幼儿互动的指导要把握合适的度，既不能过于笼统，也不能过于细致。若指导得过于细致，指导就会变成包办代替，使幼儿失去学习和思考的机会，影响幼儿的自由发挥和自我探索。同样地，若指导得过于笼统，就起不到指导的应有作用。

(四)榜样激励法

英国哲学家约翰·洛克(John Locke)在其著作《教育漫话》(*Some Thoughts Concerning Education*)中强调，"没有什么事情能像榜样这么能够温和而又深刻地打进人们的心里"。榜样激励法是指通过树立榜样并引导幼儿学习榜样以规范幼儿言行的管理方法。榜样的力量是无穷的，对于好奇心强、模仿能力强和易受影响的幼儿来说更是如此。因此，教师在班级管理中，应擅长运用健康、积极的形象和成功的行为示范，以引导和规范幼儿的言行。运用榜样激励法时，应注意以下三个方面。

首先，精神的典范。榜样的选择是教师为班级幼儿精心选择适合幼儿学习模范人物的过程。所选榜样应具备鲜明、典型且积极健康的形象，以便幼儿能通过对现实的感知和教师的介绍理解榜样的真实性与价值性。对于幼儿来说，历史伟人，寓言、童话故事中的人物都能够成为其模仿的对象、学习的榜样，他们健康、积极的精神，具有一定的典型性。例如，"孔融让梨"故事中的主人公孔融，能够让幼儿学会谦逊有礼、尊老爱幼的美德；而"三只小猪"的童话告诉了幼儿勤劳肯干、聪明机智、乐于助人的道理。

其次，成人的示范。家长及幼儿教师对幼儿的影响是最深远、最直接的。家长是幼儿的第一任老师，也是他们最先模仿的对象。由于家长与幼儿共同生活的持久性，家长的言行举止、仪态和为人处世等各方面都会对幼儿产生潜移默化的影响。而幼儿教师与幼儿互动时间较长，也会对幼儿产生重要影响，幼儿能够关注到家长及幼儿教师的细微动作并进行模仿。因此，作为家长和幼儿教师要谨记"身正为范"的准则，时刻严格要求并规范自己的言行。

最后，同伴的榜样。同伴是幼儿主要的人际交往对象，他们之间有着相同的年龄、相似的经历，也较为容易成为其他幼儿模仿的对象。当幼儿教师树立班级幼儿为正面榜样时，应保证该幼儿榜样的公正性，即其言行要真正符合规则，达到示范标准。例如，当幼儿教师在班级中夸奖某个幼儿坐姿正确时，能够发现其他幼儿就会开始模仿他，后背挺直、小手放好。同时，幼儿教师要及时对幼儿出现的榜样行为进行恰当的表扬和鼓励，从而强化榜样的影响力，增加幼儿榜样行为的产生。

第四节　幼儿园班级管理的过程

1950 年，美国管理学家威廉·爱德华兹·戴明(William Edwards Deming)根据质量管理过程提出了管理过程理论，该理论被称为"戴明环"。他认为，一切有过程的活动如人的生产活动、科学研究等，均由四个环节构成，即计划(Plan)、执行(Do)、检查(Check)以及处理(Act)，这四个环节或阶段构成了管理活动的周期。他将这四个阶段有顺序地安排在圆环中，形成一个完整的管理过程。圆环不断旋转，反复循环，将过程不断向前推进。

幼儿园班级管理的过程是指班级保教人员根据国家和幼儿园的幼儿培养目标以及幼儿身心发展的特点规律而开展的促进幼儿身心健康发展的活动程序。根据"戴明环"(PDCA循环)理论，结合幼儿园班级管理经验，我们将其过程划分为计划、组织与实施、检查与调整以及总结与评价四个环节。其中，计划是整个管理过程的起始环节，也是基础环节；组织与实施是中心环节；检查与调整、总结与评价是反馈环节。各个环节相互关联，环环相扣，形成一个循环，成为下一阶段班级管理过程的基础。

一、幼儿园班级管理计划的制订

计划的制订是幼儿园班级管理过程的起点，同时也是组织与实施、检查与调整、总结与评价三个管理环节的执行依据。制订合理的计划可以有效避免管理活动的盲目性、片面性和随意性，确保班级内各项工作有序进行。

(一)班级管理计划的含义

计划是在工作中或行动前预先设定的目标及实现手段，是确定行动的纲领和方案。简单来说，计划就是明确"做什么"和"怎么做"。幼儿园班级管理计划是指班级管理者为班级工作设定目标，并提出实现该目标所采取的方法或措施的管理活动。班级管理计划主要包括班级情况分析、班级工作目标、具体实施措施和重要工作安排四个方面。

(二)班级管理计划的类型

幼儿园班级管理计划可根据不同的标准划分为多种类型。根据计划时间长短不同，可分为学期计划、月计划、周计划、日计划等。

学期计划是幼儿教师在学期开始之初制订的计划，是对本班整个学期管理工作的总体规划和安排，包括班级幼儿的基本情况分析、学期管理工作目标和任务、具体保教活动的进度安排等。

月计划是学期计划的进一步细化，是在学期管理工作计划的基础上，结合上月计划的实施情况进行分析总结后提出的当月班级管理工作计划，包括本月的主要活动安排、工作重点与要求等。

周计划是月计划的具体化，是确保班级管理工作目标顺利实现的必要条件，也是制订每日班级管理工作计划的依据。周计划比月计划更为详细，包括本周的工作重点、各时间段的活动安排等。

日计划是确保每日教学活动有序开展、维持良好班级秩序的重要工具，包括晨间准备、课堂管理、课间与活动管理、午间管理、放学整理、突发事件处理、每日小结与反馈、教师自我准备等。

(三)班级管理计划制订的要求

1. 符合国家教育政策的规定

幼儿园班级管理是幼儿园执行国家教育方针、落实教育政策的重要阵地。幼儿园班级管理计划的制订，必须严格执行国家对幼儿教育的标准要求，贯彻执行相关的基本法律法规和条例，体现《纲要》《指南》以及《规程》等纲领性文件的精神。通过这样的方式，幼儿园班级管理能够实现法治化、规范化和科学化的发展。

2. 符合幼儿园管理工作的要求

幼儿园班级管理工作是幼儿园整体工作的一部分。在执行幼儿园班级管理计划时，要贯彻所在幼儿园的保教理念，体现幼儿园管理工作的具体要求，执行幼儿园对班级、幼儿的管理要求，与幼儿园的总体发展方向保持一致，体现园所的办学宗旨和教育特色，并不断进行改革与创新，以适应幼儿园特色教育(如国学特色教育、双语特色教育)等需求。

3. 符合幼儿年龄及身心发展特点

幼儿年龄阶段不同，身心发展特点也不同。因此，班级管理计划应符合各年龄段幼儿身心发展的特点和认知能力，体现一定的层次性。例如，在幼儿自理能力的培养方面，针对小班、中班、大班幼儿的班级管理计划应有不同目标、范围和难度的要求，以适应他们各自的发展阶段。2012年教育部颁布的《指南》中对各年龄段幼儿身心发展应达到的水平进行了详细介绍，教师可参考该文件，制订符合本班幼儿身心发展特点的管理计划。

4. 符合班级实际情况且具有可行性

幼儿园班级管理计划的制订要结合本班实际情况，才具有针对性和可行性。因此，即使在相同的条件和环境下，不同年龄段的班级也应根据实际情况制订各自的班级管理计划。班级的实际情况包括两个方面。一是前一阶段班级管理工作的总结与评价，包括计划的完成情况、幼儿的成长进步以及教师的经验与反思等。二是当前班级管理现状，包括教师的业务水平、教学经验及特长，幼儿的兴趣爱好和需求，家长的教育背景和教育理念，等等。

(四)班级管理计划制订的程序

幼儿园班级管理计划应由负责本班的所有保教人员共同讨论研究，必要时还需咨询相关部门人员和有经验的教师。班级管理计划制订的基本程序如下。

1. 学习纲领性文件及园务管理计划

《规程》《纲要》《指南》等纲领性文件为幼儿园管理和保教工作提供了详细、科学的指导，班级教师必须深入学习，领会精神，把握内涵，并重视应用。同时，各幼儿园的园务管理计划明确了幼儿园的发展方向和本学期的工作目标，班级教师应认真学习和研究，并在制订班级管理计划时与之保持一致。

2. 总结前一阶段班级管理工作

总结是计划的基础，计划是总结的延续。只有充分了解前一阶段管理工作的成果、存在的问题及需要改进的环节，制订本次计划时才能更加科学，具有针对性和可行性。例如，某班级管理总结指出上一学期幼儿对文学作品有浓厚的兴趣，但在独立表达方面有所欠缺，那么本学期该班级可以将发展幼儿的语言能力作为重点工作，开展讲故事比赛、文学作品表演等活动。

3. 确定班级管理计划的内容

班级管理计划内容一般由班级教师共同分析、讨论并确定。共同讨论是科学管理的共识，也是民主管理的前提。只有班级保教人员团结一致、共同参与、民主协商、群策群力，才能充分了解班级各方面的情况，尤其对班级幼儿的学习、发展、活动等情况的把握，从而保障班级管理工作有序、高效地开展。

4. 撰写班级管理计划

班级管理计划的撰写是一种创造性劳动的过程，它可以体现出一位教师的专业素养及文化修养。一般来说，班级教师协商推选一位思路清晰、文笔较好的教师，承担班级管理计划的撰写任务，其他教师进行补充和完善。需要指出的是，每一位幼儿园教师都应该具有制订计划的工作能力。

班级管理计划中涉及的每一项工作、每一次活动都需要有目的、有计划和有步骤地实施，因此在撰写班级管理计划时要做到合理分配活动时间、科学搭配活动内容和统筹协调各相关要素，从源头计划好幼儿园班级的管理工作。

(五)班级管理计划制订的内容

常见的幼儿园班级管理计划包括以下四个方面的内容：班级基本情况分析、本学期工作的主要目标、具体要求和措施、时间进度安排。

1. 班级基本情况分析

班级基本情况分析主要包括两个方面：一是简明扼要地阐述上个学期班级工作的成绩和不足；二是对班级当前基本情况进行分析，主要包括班级幼儿年龄及身心发展的变化与特点、班级组织情况、教师情况、幼儿园条件等。

2. 本学期工作的主要目标

班级工作目标是班级工作最终得到的结果。本学期工作的主要目标可以分为：生活管理、教育管理、家长工作管理和其他管理工作的各项目标任务。目标要有针对性，切忌照搬幼儿园整体管理计划或其他园的班级管理计划。在撰写各项目标时，要科学准确，简明扼要。

3. 具体要求和措施

为保证实现班级目标，班级管理计划要根据每一项目标任务提出具体要求和实现目标所要采取的措施。每项任务目标可以对应一项措施，也可以对应多项措施。措施要具体明确，操作方便，切实可行，落实到人，确保各项目标的达成。

4. 时间进度安排

时间进度安排是班级管理工作的"行事历"。为保证幼儿园班级管理计划的顺利实施，一般明确提出每项工作的完成期限、开始时间和结束时间。进度安排应结合实际，一目了然，便于实施。具体的要求和措施等，可以用表格形式表述。

二、幼儿园班级管理的组织与实施

幼儿园班级管理的组织与实施是幼儿园班级管理过程的中心环节，是将计划变为行动，将设想化为现实的管理活动。只有通过实际行动执行计划，才有可能实现既定的组织目标。没有行动，再好的计划也只是"纸上谈兵"。

(一)班级管理组织与实施的含义

组织是指安排分散的人、事、物，使之具有一定的系统性或整体性；实施是指按计划进行实际操作和行动，将计划付诸行动，是为实现预定目标而开展的所有活动和采取的所有措施。幼儿园班级管理组织与实施是指教师将班级中的人、财、事、物、时间和空间及信息等要素进行合理安排，统一协调，并将班级管理计划中的具体工作和活动通过组织落实到具体行动之中。

在幼儿园班级管理过程中，组织与实施密不可分，在实施过程中往往伴随着组织工作，而组织工作也是计划实施的一部分。同时，组织与实施也是幼儿园班级管理过程的核心部分，通过组织与实施，才能将班级各要素进行有机整合，才能最大限度地发挥班级管理的职能和效用，才能将幼儿园班级管理制订的计划落到实处。

(二)班级管理组织与实施的基本要求

1. 明确教师分工

幼儿园班级管理工作复杂多变，需要幼儿教师和保育员相互支持、通力合作，避免分工不清、推卸责任的现象，这样才能够保证班级管理工作的顺利开展。

目前，我国多数幼儿园班级管理工作由三名管理人员(主班、副班两名教师和一名保育员)共同承担。部分幼儿园还实行三名管理人员按一定周期进行"保""教"轮岗工作，包括周轮岗、月轮岗、年轮岗等不同周期形式。此外，有条件的幼儿园还出现了跨班专职教师的分工形式，如专职体能教练、专职音乐教师、专职美术教师等，负责两个以上班级的某领域活动，并轮流兼职各班级的其他工作。

班级管理的每位管理人员不仅需要了解自身的工作职责与权力，而且需要了解其他人的工作职责与权力。《规程》明确规定了教师与保育员的主要职责，幼儿园可以根据各自实际情况，结合《规程》的精神，对班级管理人员的分工及其职责进行细化和补充。有的幼儿园还非常详细地规定了班级管理人员一日工作岗位的细则。班级管理人员要分工明确，各司其职，完成好相关工作。同时，管理人员作为一个合作集体为同一班级工作，还需要互相配合、互相支持，为做好班级管理工作尽职尽责。

2. 划分幼儿小组

《规程》第十一条对幼儿园班级人数做了明确规定。每班幼儿人数一般为：小班(3 周岁至 4 周岁)25 人，中班(4 周岁至 5 周岁)30 人，大班(5～6 周岁)35 人，混合班 30 人。寄宿制幼儿园每班幼儿人数酌减。目前，我国幼儿园班级人数相对较多，因此，在实际工作中，往往采取对幼儿划分小组的形式进行班级管理。小组的形式不仅有利于教师有针对性地对幼儿进行指导，也有利于幼儿之间的交流、合作。对幼儿分组时，要注意以下三个方面。

首先，合理搭配，优势互补。男孩好动、调皮、胆大；女孩文静、认真、胆小，男女孩搭配，可以优势互补，促进成长。幼儿模仿能力很强，每组加入一两个能力发展较快的幼儿，对能力较弱的幼儿能起到积极的激励作用。考虑到幼儿的身高差异，面向教师的座位安排应从前往后，身高递增，方便坐在后面的幼儿也能轻松地与教师交流。

其次，设立小组长，进行自我管理。小组长由教师指定，并加以指导。小组长的职责是协助教师管理本小组的日常事务，如为小组成员发放餐具、收拾学具和操作材料等。小组长可以由小组成员轮流担当，平等地对待每位幼儿并对他们的尝试与努力给予鼓励和肯定，从而促进他们的全面发展。

最后，调换成员，更换座位。幼儿分组管理时需要定期调整小组人员，以满足幼儿各方面发展需要。与此同时，考虑到幼儿的视觉器官和颈椎尚在发育阶段，为了预防近视和保障颈椎健康，还需要定期按一定规则更换小组的座位。此外，根据幼儿分组情况，合理分配班级内部资源，以保证每个小组都有足够的资源运用。

3. 规划活动空间

幼儿班级活动空间主要包括室内空间和室外空间。室内空间包括活动室、寝室、走廊和楼道等。室外空间是指户外活动场地，一般是与其他班级共用的公共空间。"环境是重要的教育资源"，所以只有合理搭配、利用班级活动空间，才能最大限度地发挥其教育价值。

在班级活动空间规划上，要注意以下三个方面。

首先，根据季节、天气变化，选择活动空间。夏季选择阴凉的地方活动，避免幼儿中暑；冬季选择阳光充足的地方，避免幼儿受凉；雨天、风天、雾霾天等选择室内活动，避免户外活动。

其次，合理规划活动空间。充分利用班级空间为幼儿规划活动区，且区域种类多样，空间大小适宜，动区和静区分离，开放与私密隔开，材料摆放整齐有序，同时要考虑灯光、墙面、卫生等因素。

最后，科学利用闲置空间。例如，充分利用活动室，做好主题墙的布置与定期更换，使之成为幼儿潜移默化的教育资源；根据情况考虑寝室一室多用，布置阅读区、娃娃家等；利用走廊、楼道等空间，布置幼儿作品展区、家园联系专栏、建筑区等。

4. 规划活动时间

幼儿园教师要根据本班的实际情况，科学安排幼儿在本班的活动时间，具体包括学期、月、周、日的计划安排。在班级活动时间安排上，要注意以下三个方面。

(1) 学期活动计划。新学期开始，教师要制订本班的学期计划，安排好本学期幼儿在本班各项活动的时间。由于幼儿的实际情况不同，所以每个班级的学期工作计划也应该有所区别。例如，新入园的小班幼儿，教师可在 9 月多安排一些户外游戏的时间，10 月可逐步增加室内活动时间，帮助幼儿尽快适应幼儿园的新环境、新生活。

(2) 月活动计划。月活动计划是围绕当月教育目标、学校安排及班级需求设计的系统性活动安排，主要包括主题定位、活动类型、时间安排等。月活动计划旨在通过多样化的活动促进学生全面发展、增强班级凝聚力，并与教学进度相配合。

(3) 周活动计划。周活动计划是幼儿园教师以周为单位制订的工作计划，主要包括本周的教育目标、教育主题、工作重点，开展的教学活动、游戏活动、生活活动和家园活动等方面的时间安排。一般来说，周活动计划是对学期活动计划的细致化和具体化，学期活动计划是由若干个周活动计划构成的。

(4) 日活动计划。幼儿园班级一日活动计划是对周活动计划的进一步具体化，一般可根据全天保教活动程序，提出明确的组织要求和措施。

5. 安排班级物品

幼儿园班级物品泛指班里的所有物品，包括幼儿生活用品(水杯、毛巾、被褥、小床等)、幼儿学习物品(玩具、学具、课桌椅、游戏材料等)、教学设备、游戏设施(教具、钢琴、电视机等)。班级物品的安排，要注意以下两个方面。

(1) 建立班级物品清单。建立一个物品清单，包括物品类别、名称、数量、型号、损坏记载、责任人、备注等内容，并指定专人负责，方便查询。

(2) 合理有序摆放物品。物品摆放的位置和高度要合理，特别是幼儿物品要摆放到便于幼儿取用的位置。危险物品，如剪刀、小刀、消毒液等，要摆放到幼儿身高拿不到的地方，妥善保管。

三、幼儿园班级管理的检查与调整

检查与调整是幼儿园班级管理过程的中继环节，也是总结与评价工作的前提和依据。通过检查，班级管理者能够及时掌握计划的组织与实施情况，同时验证计划的科学性和可行性，以便于对计划及时进行反馈、调整和优化。在实践中，检查与调整始终渗透并同组织、实施过程同步进行，对幼儿园班级管理目标的达成具有重要意义。

(一)班级管理检查与调整的含义

幼儿园班级管理检查是指在幼儿园班级管理组织与实施的过程中，教师对班级工作和活动情况进行查看和了解，收集其基本情况和信息的过程。幼儿园班级管理调整是指教师对检查出来的情况做出是否符合(或有利于)原定计划的判断，并对偏差予以修正的过程。

检查与调整是使幼儿园班级管理朝着预定的目标不断修正、不断前进的过程，是对班级管理工作的反馈和调控。通过及时检查和正确调整，能够保证幼儿园班级管理工作的有序开展，从而顺利完成保教任务，在幼儿园班级管理工作中意义重大。

(二)班级管理检查与调整的内容

幼儿园班级管理的检查与调整一般在学期末进行，具体内容包括检查班级管理计划、班级管理组织与实施，以及调整班级管理计划三个方面。

首先，检查班级管理计划。需检查班级管理计划是否符合我国教育方针、政策以及纲领性文件要求，是否体现幼儿园教育原则，是否全面落实全园的整体管理计划和精神，以及能否与上一阶段的管理活动良好衔接，体现计划的连续性和渐进发展性。

其次，检查班级管理组织与实施情况。需要检查保教人员工作情况、班级安全情况、幼儿日常生活的安排情况、教育与游戏活动的开展、环境创设以及家园合作等方面。通过对班级管理组织与实施情况的检查，发现其中存在的问题，给出相应的调整和修改意见。

最后，调整班级管理计划。班级各岗位管理人员应结合检查结果，调整计划中不合理的地方，解决组织与实施中存在的问题，提出改进措施，并具体落实到新一轮计划制订的过程中，不断提升幼儿园班级管理的经验和水平。

(三)班级管理检查与调整的基本要求

1. 及时检查与调整

在幼儿园班级管理过程中，管理人员要及时检查班级的各项工作是否按计划实行，同时在组织活动现场及时给予指导，全面掌握班级活动情况。一旦发现班级管理工作中存在问题，如活动中幼儿出现意外等，教师应马上采取有效措施，及时处理意外事件，并及时调整活动方案，保证活动顺利进行。

2. 检查全面，调整到位

检查全面是指教师对班级管理活动的检查要涉及各个方面，包括计划中设计的每一个环节和措施等。调整到位要求教师就检查中发现的问题妥善解决，确保调整周全，不留下漏洞或隐患，必要时应对整个学期的计划进行修订。例如，某教师在幼儿午睡时间，仔细查看每个幼儿的睡姿和保暖情况，特别注意幼儿是否有不适当举动，如发现幼儿带玩具上床，便及时处理，保障午睡环节中幼儿的安全。

3. 服务班级管理目标

幼儿园班级管理工作是动态的，因此班级管理工作既要按计划进行，又要根据变化情况做出恰当调整。但幼儿园班级管理工作中的检查与调整应该符合班级管理计划中的保教目标和要求，不可偏离大方向。在实践中，即使有一些调整，也应是微调，不能影响班级保教目标的实现。

(四)班级管理检查与调整的方式

1. 班级管理的检查方式

班级管理的检查方式按照不同标准可划分为多种类型。依据检查内容可分为全面性检查和单项或专题性检查；依据检查时间可分为定期检查和不定期检查；依据检查主体可分为自检、他检和互检，其中，最常用的检查方式为自检、他检。

自检是指班级管理人员按照班级管理工作计划内容及要求对本班管理工作进行检查，旨在通过对自己工作的检查，及时了解工作进展是否偏离预定计划，以便及时调整，确保工作计划顺利完成。他检是指其他人员按照班级管理工作计划内容及要求对工作进行检查、监督、指导，包括上级检查、同事检查及家长检查等。

在管理实践中，每种类型的检查都有其独特作用，班级管理人员应根据实际需要综合而灵活地使用。

2. 班级管理的调整方式

对于班级管理中的问题，有些可以立即解决，有些则需要根据实际情况及时对班级管理计划进行调整。一般来说，幼儿园班级管理计划的调整方式有以下三种。

首先，拓展式调整。拓展式调整是在原计划的基础上，增加或补充一些新的内容和项目，使原有的工作和活动内容更丰富、更完善。例如，某小班在实施了有关"洗手"的活动后，教师注意到大部分幼儿并没有掌握洗手的技巧，于是在班级计划中增加"我爱洗手"的语言活动及"干净小手"的美工活动，并将美工活动的作品展示在盥洗室，提醒幼儿洗净双手。

其次，纠偏式调整。纠偏式调整是指按原计划进行工作和活动时，发现其存在一些问题，于是对原计划进行局部调整，使计划更完善。例如，某小班在开展为期一个月的安全教育活动后，教师发现幼儿虽然知道一些安全常识，但在实际生活中安全警惕性不高，于是将原计划中有关安全教育的语言类活动改为角色扮演和安全演习等活动，让幼儿通过亲身体验强化安全意识。

最后，更换式调整。更换式调整是指按原计划进行工作和活动时，发现原计划中的目标很难实现或所计划的活动不能顺利进行，于是对原计划予以摒弃，重新制订计划，并付诸实施。这种调整方式在幼儿园班级管理实践中较为少见。

四、幼儿园班级管理的总结与评价

总结是管理活动的最后一个环节，是对工作的全面回顾，即对计划、执行和检查做出总的分析，并通过总结得出经验教训，探讨工作规律，为下一周期制订计划提供依据。评价就是判断事物的价值，是对管理工作的过程及其结果做出质和量的价值判断，也是管理活动不可缺少的环节。幼儿园班级管理工作应通过适时周期性总结及客观有效的评价促进班级的科学管理，提高保教工作的质量。

(一)幼儿园班级管理总结与评价的含义

幼儿园班级管理的总结与评价是在全面获取幼儿园班级管理工作相关信息资料的基础上，对班级工作计划完成的情况进行总结、审查和评估的过程，旨在总结成绩与经验，发现问题与不足，并进行研究和反省。其中，总结侧重于对这一阶段工作的回顾和得失分析，评价则侧重于依据一定的标准和程序，有目的、有计划、有组织地对该阶段工作进行调研，做出价值判断。

在幼儿园班级管理的过程中，总结与评价是至关重要的，它对这一阶段的工作起着检测、判断、矫正、激励、反馈的作用，同时对下一阶段的工作又具有指导、修正、改革工作方向的功能。总结与评价的过程能促进班级管理工作理论与实践相结合，保证其沿着科学化、合理化的道路发展。

(二)幼儿园班级管理的总结

1. 班级管理总结的内容

幼儿园班级管理总结的内容包括以下三个方面。

(1) 总结班级管理计划完成情况。这里主要总结班级管理计划制定的目标中，哪些已完成，完成的质量如何；哪些还没有完成，并分析没有完成的原因。一般从工作量、目标的难度、管理人员的水平和协作能力、物质材料支持和时间保障等方面分析没有完成预期目标的原因。

(2) 总结班级保教工作情况。班级保教工作情况具体包括幼儿健康状况，如出勤率、发病率、定期体检情况等；保教活动情况，如保教人员对保育、教育计划的执行情况以及幼儿在保教活动中的学习和成长情况；班级家长工作情况，如家长会、家访、家长开放日、亲子活动等开展的次数和质量，以及日常中家长的意见和处理结果，等。

(3) 总结班级管理工作不足。通过以上两部分的总结，班级管理人员能清楚地看到前一阶段班级管理工作的优势和不足。这里应对班级管理工作中的不足进行总结，指出今后工作的重点及需要采取的改进措施，为下一阶段班级管理计划的制订和实施提供方向和依据。

2. 班级管理总结的注意事项

在对幼儿园班级管理工作进行总结的过程中，要注意以下两个方面的内容。

(1) 依照计划进行总结。在幼儿园班级管理过程中，制订的计划既是管理工作的出发点，也是最终的检验标准。因此总结时，必须依照计划，检验目标的实现程度，分析计划的完成情况，不仅要总结成绩和经验，更重要的是找出问题和不足，为今后工作的改进提出方法或措施。

(2) 实事求是进行总结。在做幼儿园班级管理总结时，应本着实事求是的原则，总结中的材料与数据要全面、真实，既不夸大也不缩小，既不编造也不遗漏。另外，教师应在平时工作中及时收集并妥善保管各种资料，如听课笔记、个案记录、家访记录、活动方案等，这样写总结时就能真正做到有理有据、客观真实。

(三)幼儿园班级管理的评价

1. 班级管理评价的内容

班级管理评价是围绕班级管理的各项工作内容开展的，主要包括：班级管理人员的评价，如他们的工作态度、工作能力、敬业精神、协作情况、完成任务情况等；班级卫生工作的评价，如幼儿卫生管理、班级环境卫生、班级消毒情况等；班级安全工作的评价，如幼儿药品的管理情况、幼儿接送卡的使用情况、幼儿事故的发生率等；班级环境创设的评价，如墙面环境的布置、区角环境的创设、空间环境的设计等；班级幼儿常规工作评价，如幼儿的睡眠、进餐、礼仪情况等；班级教育活动评价，如活动开展情况、活动效果、活动中作品的处理等；班级家长工作评价，如家长会开展情况、家园联系册、家长信息栏更新情况等。

2. 班级管理评价的方法

评价方法是保证评价工作顺利进行的重要因素。幼儿园班级管理工作评价的内容不仅包括管理人员的工作情况，还包括幼儿发展情况，因此评价的方法需要科学严谨，一般有以下四种评价方法。

班级工作评价的方法按照评价主体可分为自我评价和他人评价。其中自我评价是指评价者对自己的工作所做出的评价。例如，班级管理工作的自我打分，班级管理工作总结和工作反思等。自我评价简单方便，可随时进行，但主观性较强。而他人评价就是园长、保教主任、其他班级教师和上级领导等对班级工作的评价。他人评价相对复杂一些，但更客观。在实际工作中，两种方法各有利弊，应配合使用。

班级工作评价的方法根据评价形式可分为量性评价和质性评价。量性评价是指在评价过程中采用统计方法进行评价。例如，身高、体重的评估，其结果用数值表示便于统计与整理。质性评价主要是通过文字、图片等描述性手段对评价对象的各个方面进行全面的分析评价。量性评价方便统计，易于梳理，但是评价结果相对刻板。质性评价能够全面分析评价对象，但工作量相对较大。在进行班级管理工作评价时，建议采取量性评价与质性评价相结合的方式进行。

拓展阅读

月亮幼儿园中(一)班班级管理工作总结

本学期我班开展的各项活动基本按照学期初的管理计划进行,这一阶段的保教目标都已实现。我班绝大多数幼儿在健康、社会、语言、科学和艺术五大领域的发展水平已达到《指南》所提出的发展目标。但由于我们对个别幼儿的关注不足，班上有两名幼儿的身体健康状况有待提高；有一名幼儿在早期阅读方面兴趣不高，需要进一步引导。

1. 班级保教工作情况

1) 幼儿健康状况

我班幼儿本学期出勤情况良好，较少有幼儿因病请假。11月流感期间，我班有 4 名幼儿感染，但均在一周内痊愈，健康状况较好。根据本学期的体检结果，我班幼儿的身高、体重发展情况绝大部分在《指南》规定的正常范围内，仅有一名幼儿属于轻度超重。

2) 保教工作进展情况

(1) 教师的工作。本学期我班三位老师以幼儿园的保教目标为指导，结合本班幼儿发展情况，组织并实施了丰富多彩的保教活动。首先，我们抓住幼儿渴望长大的契机，在一日生活各环节中加强观察与指导，积极鼓励幼儿自己的事情自己做，通过一日活动各个环节促进每个幼儿的个性发展。其次，我们非常重视保育工作的落实，严格执行幼儿园安全、卫生制度，每天坚持教室的通风及室内外环境的清洁，定时消毒。尤其在流感期间，我们除了每天给玩具、桌椅消毒外，还特别关注体弱的幼儿，经常留心他们在进餐、午睡时的表现，户外活动中也特别关心他们的冷暖，提醒他们多喝水，细心照顾好每一个幼儿。再次，我们希望幼儿在游戏中获得多种成长，每天组织丰富多彩的集体游戏，还积极参与幼儿的活动，和幼儿一起游戏，一起交流和思考。最后，我们还对健康、社会、语言、科学和艺术五大领域的幼儿教育进行了深入教研，根据幼儿的兴趣和需要设计并组织实施了200多次专项教育活动，其中，语言活动"我的好朋友"、科学活动"奇妙的声音"、艺术活动"我是大厨师"、综合活动"巨人的花园"等9个教育活动被评为本园"优秀教育活动"。

(2) 幼儿的发展。本学期大多数幼儿能在老师的指导下独立地、有顺序地穿脱衣服，并会将衣服叠放整齐，自理能力有了明显的提高；日常生活中，能有一定的自我保护意识，并具备简单的自我保护能力；自由活动时，幼儿能够通过互相商议确立简单的游戏规则，并能够在短时间内遵守；户外活动时，幼儿都能积极、愉快地参与，动作更加协调和敏捷；在人际交往中，幼儿懂得尊重他人，对人有礼貌，诚实、守信；在阅读方面，大部分幼儿有一定的阅读兴趣，能在集体阅读时保持安静并专注于自己的图书内容；在进餐习惯方面，个别幼儿存在挑食情况，有的不爱吃肉，有的不爱吃蔬菜，还有的不爱吃水果；在学习习惯上，有个别幼儿注意力不集中，有的幼儿乐意发言，但不爱动脑筋，还有的幼儿爱插嘴，回答问题声音不够响亮等。

总之，在三位老师的悉心教导下，每位幼儿都能愉快地在幼儿园学习和生活，身体健康，能力、知识与技能也得到了进一步的发展。

3) 家长工作情况

为了切实做好常规性的家长工作，本学期我们重点做了以下几项工作。

(1) 开学初的家长会上，我们详细地向家长介绍了班级情况，收集家长建议，对家长提出的意见和要求有针对性地加以改进，尽量做到让家长放心、满意。

(2) 每周精心写好每一本"家园联系手册"，让家长及时了解幼儿在园学习内容、学习情况和发展水平。

(3) 做好幼儿家访、电访和个别交谈工作，及时与家长进行沟通，一方面向家长汇报幼儿在园情况，另一方面向家长了解幼儿在家情况，努力达成教育的一致性。

(4) 认真处理家长反馈的信息，发现问题及时纠正，不断改进工作，以取得家长对班级各项工作的理解、支持和配合。

(5) 每月更新"家园联系栏"，向家长报告我们的活动，分享家教信息。

在我们的努力下，每一次的主题活动家长都能够积极参与，并主动通过各种渠道为活动的开展提供有价值的材料和信息。有了家长的参与，我们本学期的教育活动才真正做到了"家园共育"。

2. 班级工作不足与改进措施

经过一个学期的努力，我们班师幼关系融洽，幼儿在各方面有了一定的发展，但在幼儿饮食习惯、学习习惯的培养及个别幼儿的管理方面还存在不足。在今后的工作中我们应注意以下几点。

(1) 每一名幼儿都存在个体差异，我们应充分尊重幼儿的发展特点，同时关注个别幼儿，给予照顾和关怀。

(2) 每餐开始前，通过儿歌、故事等加强幼儿对平衡膳食的理解，加强幼儿良好进餐习惯的养成教育。

(3) 充分利用榜样作用，带动幼儿课上认真听讲、多思考，举手后声音响亮地回答问题等，使幼儿养成良好的学习习惯。

(4) 加强对特殊幼儿的观察与指导，培养特殊幼儿"自我管理"的意识。

(资料来源：吕笑薇，李萍. 幼儿园班级管理[M]. 北京：航空工业出版社，2019.)

本 章 小 结

管理是指一定组织中的管理者通过实施计划、组织、领导、协调和控制等职能，合理组织和充分利用人、财、事、物、时间、空间和信息等相关资源，优质高效地实现组织目标的社会活动。幼儿园班级管理，又称幼儿园班级经营，有广义和狭义之分。广义的幼儿园班级管理涵盖班级教师参与的一切活动。狭义的幼儿园班级管理是指班级中的保教人员对班级中的人、财、事、物、时间、空间、信息等资源通过计划、组织、协调和控制等过程进行合理配置和有效使用，以高效实现保教目标的综合活动。幼儿园班级管理有其独特的基本特征，即渐成性、教育性、权威性、单层性和规律性。

幼儿园班级管理的任务包括以下四个方面：①创设良好的班级环境，有效促进幼儿发展；②明确班级发展目标，制订班级管理计划；③加强管理团队建设，实施班级管理计划；④开展管理评价工作，及时调整管理计划。基于幼儿园班级管理特点及实践，幼儿园班级管理工作应遵循主体性原则、整体性原则、参与性原则和高效性原则。从管理要素角度分析，幼儿园班级管理的内容包括人、财、事、物、时间、空间和信息等七个方面的管理。从班级工作模块角度分析，幼儿园班级管理的内容相当宽泛，具体包括生活管理、教育管理、安全管理、卫生保健管理、环境管理、物品及文案管理、人际关系管理和家长工作管理等八个方面。幼儿园班级管理过程分为计划制订、组织与实施、检查与调整、总结与评价四个环节。

思考与练习

一、名词解释

幼儿园班级　幼儿园管理　幼儿园班级管理

二、简答题

1. 幼儿园班级管理包括哪些要素和内容？

2. 简述幼儿园班级管理过程理论。

3. 简述幼儿园班级管理方法。

4. 简述幼儿园班级管理的目的及任务。

三、论述题

请结合实际阐述如何贯彻幼儿园班级管理的原则。

实 践 课 堂

分析下面案例中李老师转变了工作态度的原因及解决问题的办法，并结合案例探讨幼儿园管理中应坚持哪些原则。

李老师为什么转变了工作态度

幼儿园的李老师为人正直，活泼大方，热爱幼教工作，精通业务，深受家长和小朋友的喜爱。她也敢于向领导传达家长的意见，积极为幼儿园工作献计献策，得到教职工的好评，年年被评为优秀。可是她最近无精打采，沉默寡言，不接受领导的工作安排，也不参加幼儿园组织的各种活动。这的确不是她一贯的为人处世之道，究竟是为什么呢？

原来，在一次职评会上，会议成员已基本同意园长的方案，当李老师正要说出自己的方案时，园长却制止了她，一是由于时间关系，二是怕她的话有导向性作用。李老师认为园长不讲民主，于是开始对抗园长的指令。

只有创造一个教育人的环境，教育才能收到预期的效果。

——苏霍姆林斯基

第二章　小班幼儿的班级管理

课程目标

知识目标：学生通过学习小班幼儿身心发展特点的基础理论，理解小班班级管理的要点，阐明小班幼儿生活常规管理与教育常规管理的内容。

能力目标：学生能够结合本章出现的拓展内容与小班幼儿的管理要点对案例进行具体的分析解读，掌握小班幼儿保教、一日常规与流程、做一名成功幼儿教师的具体措施，在实践中提高管理小班幼儿的能力。

素质目标：学生在案例分析、讨论的过程中，深刻认识到小班幼儿班级管理的重要性，树立正确的管理观念，提高管理小班幼儿的专业素质。

核心概念

分离焦虑　标识法　音乐律动法

引导案例

幼儿的秩序敏感期

轩轩刚进入小班一周，情绪还很不稳定。早上来园时，妈妈要用很长时间才能把紧紧挂在脖子上的轩轩放下来。这天早上也不例外，妈妈一边做说服工作，一边给轩轩换好鞋，随意放在鞋架上。这时轩轩突然自己要求从妈妈怀里下来，一边把鞋放到鞋架上属于自己的位置，一边带着哭腔告诉妈妈："不能乱放！乱放，我的鞋就找不见自己的家了！我的鞋的家在这里，看，这里有我的照片。妈妈你知道了吗？"妈妈先是诧异，紧接着哑然失笑。

(资料来源：侯娟珍. 幼儿园班级管理[M]. 2版. 北京：北京师范大学出版社，2022.)

案例分析

这个案例为我们提供了一个认识小班幼儿心理发展特点——幼儿的秩序敏感期的成功范例。案例中，轩轩正处于秩序敏感期，虽然情绪不稳定，但依然用自己的方式建构着对环境的秩序感。幼儿期是奠定一个人终身发展的关键期，很多行为习惯、学习品质都在这个阶段初步养成。我们应该根据幼儿每个年龄段的特点，对其进行科学适宜的管理。

学习指导

本章的重点是3~4岁年龄段小班幼儿身心发展特点，以及小班班级的管理目标、管理内容和管理方法。在学习过程中首先要仔细阅读教材，掌握相关理论。其次，要结合自身学习，理解如何做好小班班级的管理工作。最后，根据案例及教学实践活动，掌握有效管理小班班级的策略。

我国幼儿园基本都是按幼儿的年龄进行分班，这样可以根据各年龄段幼儿的不同身心发展特点进行保教，同时也有利于班级管理的顺利开展。本章将阐释小班幼儿的管理。幼儿园小班班级管理是幼儿教育的重要组成部分，也是一项艰巨而细致的工作，需要教师的智慧引领、艺术处理，以促进幼儿的全面、健康、和谐发展。

第一节　小班幼儿的身心发展特点

小班幼儿一般指年龄为3~4岁的幼儿。小班幼儿在身体发育、心理发展等方面均显示出此阶段独有的年龄特点。因此，幼儿园班级管理中必须了解和把握小班幼儿的年龄特点，在此基础上让环境、教育、成人与幼儿之间形成互动，以促进小班幼儿身心更好地发展。

一、小班幼儿的生理发展特点

(一)身体发育日益完善

3~4岁是儿童成长期的早期阶段，他们的身体结构和器官功能都有所增强。在身高、体重等方面，与0~2岁相比幼儿的生长速度有所减慢，但这一时期的儿童身高每年仍可增长8~10厘米。此外，随着神经系统进一步发育，幼儿的脑部结构已经基本成熟，表现为他们可连续活动5~6小时，日间睡眠时间有所减少，通常只需午睡一次。

同时，由于骨骼肌肉系统的发展，大脑控制调节能力的增强，他们能够掌握各种粗大和部分精细动作。不过此年龄段幼儿身体各系统发育还不够完善，抵抗力较弱，易受感染和受伤，尤其是新入园的幼儿，他们的饮食、起居、情绪和环境等发生较大改变，以及交叉感染的风险，更加容易生病。因此，幼儿园应多组织户外运动，增强幼儿体质，同时应加强班级卫生消毒措施。

(二)动作能力迅速发展

小班幼儿阶段，身体发育迅速，动作发展是这一时期的重要特征。在粗大动作发展方面，幼儿的腿部大肌肉力量逐渐增强，肢体动作协调性和灵活性逐步提高，具体表现为喜欢参与跑、跳、钻、爬、投掷等活动，并能掌握走、跑、跳、骑等粗大动作技能。而在精细动作发展方面，幼儿的手部小肌肉力量逐渐增强，手眼协调能力也进一步提高，具体表現为他们愿意参加握笔绘画、使用剪刀剪直线、在线条内涂色、简单串珠，以及捏、搓、压橡皮泥等活动。在这些活动过程中幼儿的动作与0～2岁相比更加精细化，并且通过不断尝试、操作来促进动作技能的发展。

在生活自理方面，小班幼儿的基本动作发展已经相当流畅，为他们的日常生活自理能力奠定了基础，具体表现为开始独立完成吃饭、洗手、穿脱衣服和鞋袜、扣纽扣以及整理自己的物品等任务。但此年龄阶段幼儿的自控、判断和协调能力仍然处于发育阶段，动作仍显迟缓和笨拙。因此，成年人在这一过程中扮演着重要角色，需要对其耐心指导和监护，以确保他们在学习自理的过程中不会受伤。

二、小班幼儿的心理发展特点

(一)认识活动无意性、动作性占优势

3～4岁幼儿的注意力以无意注意为主，凡是色彩鲜艳、形象生动的事物都容易引起他们的注意，且注意时间较短，通常只能维持3～5分钟。一旦周围出现新颖的刺激，他们就会马上转移注意对象，并且他们的有意注意时间大约为10分钟。此外，这个年龄的幼儿在注意活动时直接依赖动作。例如，他们注意看图书中的某个人物时，常常用手去指点。在记忆方面，3～4岁的幼儿主要为无意记忆和机械记忆。他们常常无意中记住一些事物，而有意识去记忆时反而难以记住。

在想象方面，3～4岁幼儿的想象力逐渐增强，他们很喜欢想象，但尚不能进行有意想象和创造性想象。在做事情时，他们往往不能自己提出明确目标，即便按照成人要求去行动，也往往不能有始有终，容易在中途因遇到吸引他的事情而放弃原来的活动。此外，他们的想象和现实界限模糊，经常觉得自己想象的或期盼发生的事情是真实存在的，即便未曾实现，也会将其描绘得活灵活现。因此，这个年龄段幼儿的行为有时会被误解为"说谎"行为。

在思维方面，3～4岁幼儿思维活动具有明显的直觉行动性，往往通过直接接触操作某种事物或活动进行，他们往往先做后想，或是边做边想。如果离开了具体事物和具体活动，思维便不能进行。例如，幼儿绘画活动前往往无计划，而画完之后才说明自己所画的内容。因此，欣赏小班幼儿的绘画作品贵在"听"而不在"看"。

在语言方面，3～4岁是幼儿语言发展的飞跃期，他们基本掌握本地区语言的全部语音，尽管发音还不够准确。他们的词汇量迅速增加，对名词、动词等实词掌握运用较好，同时还掌握了生活中常用的部分形容词，能够用词组组成的简单句表达自己的意愿，并且基本理解常用简单句型。此外，他们喜欢听故事，但是句子表达经常不够完整，语序颠倒是这个年龄段幼儿常见的语言问题。值得注意的是，这一阶段的幼儿语言发展存在较大的个体差异性，一般女孩语言发展比男孩好。

(二)社会性发展水平逐步提升

在与同伴或成人的交往过程中，小班幼儿的自我意识进一步发展，他们能意识到自己的姓名、性别，知道自己喜欢做的事情，并能区分什么是"我的"概念。然而，这个年龄段的幼儿往往容易对自己的认识无限夸大。比如，认为自己可以像奥特曼一样打怪兽，或

者像蜘蛛侠一样帮助所有人，等等。

小班幼儿情绪发展的明显特征是外露和易变特性，且自我控制能力较弱，因容易受情绪的影响而表现出冲动行为。例如，当别人的言行与自己的意愿不一致时，他们往往以发脾气或攻击性行为等来表达不满。此外，小班幼儿通常会有强烈的情感依恋，在与亲人分离时，容易产生分离焦虑的情况。

📖 拓展阅读

分离焦虑

分离焦虑又称离别焦虑，是儿童焦虑症的一种类型，多出现于学龄前期，指婴幼儿因与亲人分离引起的焦虑、不安或不愉快的情绪反应。

婴幼儿的分离焦虑分为3个阶段：反抗阶段——号啕大哭，又踢又闹；失望阶段——仍然哭泣，断断续续，吵闹动作减少，不理睬他人，表情迟钝；超脱阶段——接受他人照料，开始正常的活动，如吃东西、玩玩具等，但是看见母亲时又会出现悲伤的表情。

(资料来源：张富洪. 幼儿园班级管理[M]. 上海：复旦大学出版社，2012.)

小班幼儿社会交往范围日益扩大。入园前，交往的对象主要是祖父母和父母，但入园后，他们的交往范围扩展到教师和同龄伙伴。同时，他们自我中心倾向明显，不懂与人交往的策略和方法，与同伴相处时常发生争执和冲突。此外，他们时常会表现出不合作行为，如通过沉默、退缩或身体抗拒等方式拒绝成人要求，这需要教师耐心地教育和引导。

小班幼儿正处于秩序敏感期，对做事的顺序、生活习惯、物品的空间位置及归属有严格的要求。例如，不能随意打乱坐的位置，接送卡必须要自己交给妈妈而不能让妈妈自己拿，等等。这个时期是培养规则意识的关键阶段，因此，日常活动常规的规范管理对小班幼儿非常重要。

此外，模仿是小班幼儿主要的学习方式，他们往往通过模仿来吸收别人的经验。例如，一位教师称赞某位幼儿坐姿端正，其他孩子也会立即效仿直起腰来。同时，小班幼儿在游戏中或回答问题时容易受到同伴影响而出现 "从众"现象。因此，教师应巧妙运用榜样效应来指导幼儿。此外，这一阶段幼儿还喜欢重复行为，如喜欢重复摆弄物品、重复特定动作、多次聆听一个故事、喜欢新奇有趣的事物等。

幼儿生活范围的扩大，引起了幼儿心理发展上的各种变化，从而使他们的认知能力、人际交往能力和学习能力都迅速发展。这些身心多方面的成长为小班幼儿提供了融入幼儿园集体生活的能力。

📖 拓展阅读

家有宝贝要入园(入园准备)

1. 棒棒的身体准备

入园焦虑、环境变化、交叉感染等因素很可能让宝宝生病，家长要理性认识到这一点。入园前一段时间要做好饮食调整，增强孩子的户外活动，饮食及午睡时间尽量调整为与幼儿园时间一致。

2. 积极的心理准备

入园前家长应多带幼儿熟悉幼儿园环境，观察其他幼儿的游戏活动，反复告诉幼儿："宝宝长大了，要上幼儿园了！幼儿园有好玩的玩具、好看的图书、好多小朋友，老师会讲好听的故事、会唱宝宝喜欢的歌曲，她说特别喜欢宝宝呢！"这些积极的心理暗示可以让幼儿对幼儿园产生憧憬。

3. 基本的能力准备

基本的生活自理可以减轻幼儿的入园焦虑。家庭要培养幼儿独立吃饭、喝水、穿脱衣服、如厕等自我服务能力，并且培养幼儿主动用语言表达需求的意识和能力。

4. 完备的物资准备

家长在入园前要根据幼儿园的指导要求，为幼儿准备必需的物品。

一般包括：幼儿被褥(与幼儿一起绣名字、图案等标记)，备用衣裤(教会幼儿认识自己的物品名字牌，缝在幼儿衣服上便于教师认识幼儿)，幼儿依恋物(有特别需要的幼儿准备好穿脱的衣服鞋袜、给老师的一封信，信中尽量详细地介绍幼儿的兴趣、需要、专用语、禁忌等)。

(资料来源：侯娟珍. 幼儿园班级管理[M]. 2版. 北京：北京师范大学出版社，2022.)

第二节　小班班级的管理要点

小班班级管理是一项非常重要的工作，关系到幼儿的学习、生活和成长。班级管理的水平和质量会直接影响幼儿身心的健康发展。本节将从班级管理目标、班级管理内容、班级管理方法等方面进行详细介绍。

一、小班班级管理目标

小班班级管理目标是指教师为了实现特定目标而进行管理活动的过程中所追求的结果或成效。具体来说，小班班级管理目标包括以下几个方面。

(一)做好幼儿生活照料工作

小班幼儿入园前，在家中习惯于被精心照料，往往缺乏生活自理能力，入园后，没有了家人的时刻跟随和照顾，很容易导致他们产生焦虑和难以适应的情况。因此，幼儿教师应充分理解幼儿的照料需求，并运用科学的照料技巧和方法来帮助他们适应，这包括通过示范和引导来教授生活技能，与家长保持密切沟通，以及完善幼儿园相关设施等方式悉心做好照料工作，以确保幼儿在身体和情绪上安定愉快。

(二)帮助幼儿入园适应

刚入园的小班幼儿，从熟悉自由宽松的家庭环境转变到陌生有约束的幼儿园环境，对他们来说是充满挑战的，他们可能会表现出各种入园不适。为了缓解这一过渡期的不适，幼儿教师应通过家访、建立家园联系等方式，提前接触幼儿，帮助其消除陌生感，并指导家长提前做好入园准备。同时，教师还应创设温馨的班级环境，营造温暖亲切的班级氛围。

提供丰富的游戏玩具并开展各种有趣的游戏活动等。通过这种方式，幼儿教师可以帮助初入园的小班幼儿更快地适应幼儿园生活。

(三)培养幼儿常规意识

刚入园的小班幼儿，带着不同的生活习惯及教养印记进入新的集体环境中，不能像在家里那样随心所欲，而要受集体规则的制约，学习遵守幼儿园的各项活动常规。幼儿教师应该重视幼儿一日常规意识的培养，制定一系列行为规范，由浅入深、循序渐进地引导幼儿固定执行，从而形成良好的习惯和科学的生活秩序，逐步让幼儿理解并遵守日常生活中基本的社会行为规则。

(四)引导幼儿参加集体活动

刚入园的小班幼儿由于年龄小，能力有限，常常对班级开展的一些集体活动感到力不从心，加之他们心理发展正处于自我中心阶段，往往不愿意参加集体活动。幼儿教师应通过开展丰富多彩的集体游戏活动和准备幼儿喜欢的玩具材料等方式，让他们在游戏中获得丰富的感性经验，使他们对学习产生浓厚的兴趣，从而慢慢走出"自我封闭"的状态，积极主动地参与活动，享受集体生活的快乐。

二、小班班级管理内容

班级是幼儿园开展保教工作最具体的场所，也是幼儿所处的最密切的生活环境。根据小班幼儿教育的目标和内容，小班班级管理内容主要包括以下几个方面。

(一)新生入园管理

新生入园是小班班级管理的第一件大事。幼儿首次离开父母和家庭，进入幼儿园这个新环境，这种转变对于幼儿及其家庭成员而言，情感上的冲击不亚于第一次断奶，在这一过程中，幼儿及其家庭成员都可能经历不同程度的分离焦虑。因此，教师如何应对幼儿的哭泣潮，帮助幼儿及其家庭成员克服分离焦虑，并帮助幼儿尽快适应幼儿园的集体生活，成为新生入园管理工作的核心内容。

为了让幼儿尽快地适应幼儿园的集体生活，幼儿园教师和家长应团结一致，积极配合，共同努力，做好幼儿的入园引导工作。具体来说，教师应做到以下几点。

1. 入园前家访

在幼儿入园之前，教师与幼儿一般有五次接触机会。一是报名时，二是录取体检时，三是家访时，四是幼儿试上幼儿园两小时的试园体验，五是半天的试园活动。其中，家访是很重要的一环，目的在于深入了解幼儿以及他们的家庭环境，从而有助于减少入园哭闹现象，并解决分离焦虑等问题。幼儿教师在家访时应努力实现以下三个方面的目标。

首先，积极与家长互动；发放幼儿园简介、新生入园须知等材料；向家长介绍幼儿园理念、班级管理特色、教师团队情况；了解幼儿家庭背景和家长的教育观念；向家长介绍入园焦虑的表现及对策；指导家长进行幼儿入园前的家庭准备。

其次，建立幼儿档案。设计新生入园情况调查表(见表 2-1)，包括幼儿的自然信息、生活自理能力、兴趣爱好等内容，请家长详细填写，以便更准确地掌握幼儿的基本情况、行为表现及需要关注的问题，促进家园协同贴近幼儿需要。

最后，与幼儿互动。家访中至少要有半小时的时间留给教师与幼儿互动，便于师幼之间相互熟悉和了解。师幼互动可以包括简单的小游戏、送幼儿小礼物、互换照片(便于师幼双方通过照片进一步熟悉对方)等。

拓展阅读

表 2-1　幼儿园新生入园情况调查表

幼儿姓名		昵称		性别	
幼儿入园前主要看护人			幼儿入园后主要接送人		
幼儿受教育经历 (入园前的教育)		□家庭　□亲子园　□幼儿园			
同幼儿一起生活的家庭成员		□爷爷　□奶奶　□爸爸　□妈妈 □保姆　□其他人			
幼儿基本情况	饮食	□独立进食　□喂饭　□会使用勺子 □会使用筷子			
		□进餐情绪愉悦　□喜欢喝水　□饭量大 □饭量一般　□饭量小　□挑食			
	睡眠	□独睡　□尿床　□赖床　□咬被角			
	大小便情况	□独立大小便　□不随地大小便　□自己穿脱衣裤 □自己用纸　□能主动表达需要			
	洗漱情况	□自己洗手洗脸　□会饭后漱口			
	穿脱衣物	□会穿脱衣裤和鞋　□会脱不会穿　□会扣扣子			
	喜欢做的事情	□喜欢看书　□喜欢听故事　□喜欢独立玩 □喜欢与家人玩　□喜欢与同伴玩　□其他			
	日常行为表现	□喜欢自己做事　□喜欢黏人 □遇到困难会主动用语言求助　□遇到困难会哭和发脾气 □活泼　□安静　□爱发脾气　□有攻击行为			
	身体健康情况	若有疾病请说明： 若有过敏史请说明： 若有运动禁忌请说明：			
爸爸妈妈说给老师的话					

说明：此表是教师了解孩子的重要途径，请家长认真填写；如果您还有其他方面需要教师了解的情况或要求，请您另附纸续写。

(资料来源：侯娟珍. 幼儿园班级管理[M]. 2版. 北京：北京师范大学出版社，2022.)

2. 入园家长会

新生入园家长会(见图 2-1)是每所幼儿园开学工作的关键环节。召开新生家长会既可以让家长深入了解幼儿园的基本情况(包括师资力量、文化背景、办园宗旨、课程体系)以及教育理念，还可以让家长了解家园工作途径和方法、接送孩子的安全事项，以及幼儿入园可能遇到的一些常见情况，如新生入园焦虑的具体表现及家园双方可以采取的对策等。

图 2-1　新生入园家长会

同时，新生入园家长会上，我们应对家长明确提出有关教育幼儿方面的具体要求，包括教导幼儿使用普通话交流、培养他们基本的生活自理能力以及养成良好的日常生活习惯，如鼓励幼儿独立吃饭、自己大小便等，使其具备基本生活技能，并与幼儿园的作息时间保持一致。此外，在日常生活中，还应要求家长与幼儿平等相处，给幼儿多讲幼儿园有趣的事，避免使用"不听话就送你到幼儿园"之类的话强迫威胁、恐吓幼儿。

因此，新生入园家长会不仅缩短了家庭与幼儿园之间的距离，激发了幼儿对入园的向往，同时也有利于幼儿园与家长达成共识，形成合力，缩短他们的入园适应期，共同教育好幼儿。

3. 参观幼儿园

幼儿园组织新生入园参观体验活动，既可以让新生顺利适应幼儿园生活，又能帮助他们增强对教师、班级和园所的熟悉感和信任感。园长和教师应带领家长、幼儿参观幼儿园户外环境及室内环境，如操场、游乐场、厨房、教室、各种活动室等，同时为家长讲解园所概况、介绍开学准备事宜、在园一日流程，解答家长困惑疑虑，让家长全面了解幼儿园的保教工作。

园长和教师还应设计亲子体验活动，如生活劳动技能(剥玉米)、音乐游戏、茶艺与礼仪、创意拓印画、品尝甜甜的玉米等。在教师亲切而富有感染力的带动下，各种活动井然有序进行，让幼儿充分体验到幼儿园生活的快乐，从而产生对幼儿园生活的向往。

4. 亲子适应周

新生班级可以设立亲子适应周活动，目的在于让幼儿循序渐进地熟悉幼儿园环境，熟悉教师及同伴，了解幼儿园的一日活动，更有效地缓解幼儿的入园焦虑。亲子适应周可采取逐天延长在园时间的方式，帮助他们适应幼儿园不同内容的活动。活动具体内容如下。

(1) 短时轮流亲子陪伴：每两小时邀请不同的家长陪伴孩子进园适应环境，重点认识幼儿园的不同空间、幼儿的个人物品及标记等。如此既便于教师指导每个家庭的活动，又便于家长和幼儿深度体验该时间段幼儿园的活动安排。

(2) 半日轮流亲子陪伴：每半天邀请部分家长陪伴孩子进园感受半日活动。

(3) 全日集体亲子陪伴：相当于班级亲子开放日，在熟悉全日活动作息时间的基础上，教师要组织适合家长之间和幼儿同伴之间相互熟悉的游戏活动。

(4) 独立半日活动：是幼儿离开家长陪伴的第一次独立在园活动，只在幼儿园待半日，利于缓解幼儿的分离焦虑。

(5) 独立全日活动：是幼儿正式开始独立在园活动的标志，有了前期的适应准备，大多数幼儿的分离焦虑都可以缓解。独立全日活动安排在最初的两周里，下午离园时间可以提前一小时左右。

5. 幼儿活动反馈

幼儿独立入班后，为了让家长看到幼儿在园的多样活动，缓解焦虑，放心送孩子来园，幼儿园可以通过以下方式进行有效反馈。

(1) 图表记录展示。利用图表记录的形式反馈幼儿的生活细节，包括喝水次数、进餐量、大小便状况、午睡情况、情绪状态、参加游戏状态、童言稚语等。

(2) 微信互动。利用微信平台，向家长传递幼儿活动的照片、影像片段等资料。

(3) 阶段性活动展示。新入园第一个月的幼儿班级，可以每周一次为幼儿展示电影故事，在园时间让家长观看。

拓展阅读

"DVD 相片电影故事"是一款优秀的家庭 DVD 电子相册制作软件。它操作简单，使用方便，灵活多样，能让制作人在几个步骤内，将珍贵的相片和影片，如孩子的成长片段、旅游经历、生活见闻等配以自己喜爱的音乐，编制成温馨动人的音乐电影故事，与人分享。

"DVD 相片电影故事"中变化无穷的过场效果、丰富的插图及精致的目录，能展现制作人的个人创意和风格，而且能输出 DVD、VCD、MP4 等观赏格式，方便在任何场合都能通过电视、手机等数码工具，将美丽的回忆即兴与亲友共赏。

(资料来源：侯娟珍. 幼儿园班级管理[M]. 2 版. 北京：北京师范大学出版社，2022.)

(二)生活常规管理

结合小班幼儿的生理、心理特点及幼儿教育规律，小班幼儿生活常规管理分为入园活动、盥洗活动、饮食活动、午睡活动、散步活动和离园活动六个方面的重点内容。

1. 入园活动

1) 幼儿常规

(1) 衣着整洁，愉快来园。

(2) 主动向教师问好，并向父母道别。

(3) 乐于接受晨检，并准确地插放晨检标记。

(4) 学习将外衣、帽子等物品放置在指定位置。

(5) 双手向父母递交接送卡。

2) 教师工作要点

(1) 营造温馨快乐的生活氛围，精心准备并组织入园活动。

(2) 以热情亲切的态度迎接幼儿和家长，妥善完成交接工作。

(3) 进行晨间检查，做好记录，若有异常及时与保健医生联系。

(4) 指导幼儿进行简单的自我服务。

(5) 清点幼儿人数，做好出勤记录。

3) 保育员工作要点

(1) 开窗通风，做好室内外卫生整理与消毒工作。

(2) 为幼儿准备好一日饮水，确保幼儿随时有温开水饮用。

(3) 协助教师做好接待工作，指导幼儿摆放好自带物品。

(4) 配合教师做好个别幼儿的情绪安抚工作。

2. 盥洗活动

1) 幼儿常规

(1) 知道饭前、便后以及手弄脏时需要洗手。

(2) 在教师的指导下学习洗手、如厕、漱口等正确方法。

(3) 能分清男女厕，大小便能基本自理。

(4) 盥洗时若遇到困难时，愿意用简单的语言向教师寻求帮助。

2) 教师工作要点

(1) 盥洗室设置相应的盥洗流程指示图。

(2) 根据盥洗室条件，灵活安排幼儿集体或小组进行盥洗。

(3) 指导幼儿正确盥洗，提醒幼儿遵守盥洗规则。

(4) 密切观察幼儿的大小便需求，积极鼓励他们按需要如厕。

(5) 随时对幼儿进行卫生常识教育。

3) 保育员工作要点

(1) 做好盥洗前的准备工作，备好肥皂(冬季备有护手霜)、消毒毛巾和卫生纸。

(2) 保持地面干爽，防止幼儿滑倒。

(3) 指导幼儿如厕时穿脱裤子，注意保暖。

(4) 辅助教师观察并指导盥洗活动。

3. 饮食活动

1) 幼儿常规

(1) 餐前洗手，安静就座。

(2) 正确使用餐具，愉快进餐。

(3) 学习文明用餐习惯，包括不大声讲话、不咂嘴、不挑食、不剩饭菜；不用手直接抓食物，不弄脏桌面、地面及衣服，不将自己不喜欢的食物推给他人；吃完最后一口饭菜后，将剩余饭粒整理到碗里，送到指定位置，然后离开餐桌。

(4) 餐后擦嘴、洗手，用温水漱口。

(5) 认识自己的水杯，会自己取水、喝水。

2) 教师工作要点

(1) 餐前半小时不组织幼儿剧烈活动。

(2) 做好个人卫生准备工作(长发扎好、清洁双手)。

(3) 组织幼儿盥洗，开展餐前活动(介绍饭菜名称及营养)。

(4) 引导幼儿安静、愉快地用餐。进餐时不处理幼儿问题，不引起幼儿哭泣。另外，组织并指导适宜的餐后活动。

3）保育员工作要点

(1) 做好个人卫生准备工作(长发扎好、清洁双手)。

(2) 餐前清洁、消毒餐桌，准备餐具。

(3) 领取和分发食物时需注意冬季保温，夏季防烫。

(4) 根据幼儿饭量随时增添饭菜，不催食。

(5) 对个别吃饭过慢的幼儿给予适当帮助。

(6) 餐后清洗、消毒餐具、餐桌，清洁餐室。

4. 午睡活动

1）幼儿常规

(1) 安静进入寝室，不带玩具上床。

(2) 睡前在教师帮助下顺利脱下衣裤和鞋袜，并整理好放在固定位置。

(3) 安静入睡，睡姿正确。

(4) 起床后在教师的帮助下顺利穿好衣裤鞋袜，学习整理床铺。

2）教师工作要点

(1) 组织幼儿午检，提醒幼儿睡前小便，注意幼儿身体、情绪状况，安静进入卧室。

(2) 指导并帮助幼儿有序地穿脱、整理衣服。

(3) 为幼儿讲述睡前故事，帮助幼儿盖好被子。

(4) 巡回观察幼儿午睡情况，纠正不良睡姿，并安慰入睡困难的幼儿。

(5) 关注易尿床的幼儿，关注午睡期间如厕幼儿的安全。

(6) 根据季节把握午睡时间。

3）保育员工作要点

(1) 提供安静、通风、整洁、卫生、温度适宜的睡眠环境。

(2) 帮助幼儿穿脱衣裤鞋袜、整理床铺等。

(3) 护理和安慰个别幼儿入睡。

(4) 协助教师检查幼儿起床后的仪表，帮助个别幼儿整理。

(5) 帮助幼儿起床后整理午睡室、打扫卫生等。

5. 散步活动

1）幼儿常规

(1) 在教师的带领下，有序地散步。

(2) 散步时不奔跑，注意安全。

2）教师工作要点

(1) 有计划地带领幼儿有秩序地散步。

(2) 组织全班幼儿散步，适时引导幼儿在散步途中观察事物。

(3) 留意散步途中幼儿的安全。

3）保育员工作要点

(1) 配合教师做好散步的组织工作。

(2) 关注幼儿在散步过程中的安全。

(3) 散步前后清点人数。

6. 离园活动

1) 幼儿常规

(1) 安静地进行离园前的游戏活动。

(2) 能将活动材料整理归位。

(3) 穿戴好衣帽，礼貌地向家长问好，并向教师和小朋友道别。

2) 教师工作要点

(1) 安排幼儿安静有序地活动。

(2) 做好晚检工作，观察并指导幼儿整理衣着，关注幼儿的情绪及身体状况。

(3) 严格执行接送卡制度。

(4) 与家长简要交流幼儿在园的活动、身体及情绪状态。

(5) 提醒幼儿将操作材料整理归位，提醒家长检查好幼儿衣物。

3) 保育员工作要点

(1) 协助教师做好晚检工作，安抚个别幼儿的情绪。

(2) 帮助幼儿整理自带物品，查核有无遗漏。

(3) 做好室内外环境的清洁整理工作。

(4) 做好毛巾、水杯的清洁、消毒工作。

(三)教育常规管理

幼儿园的小班教育常规管理主要包括教学活动管理、游戏活动管理和家园活动管理。据此，我们将小班教育常规管理分解为三个子任务分别完成。

1. 教学活动管理

幼儿园的小班教学活动，是小班幼儿获得技能的主要途径。小班教学活动管理主要包括动作技能、语言和认知、品德和社会能力三个方面。

1) 动作技能

(1) 幼儿常规训练涵盖多个方面，旨在提升幼儿身体协调性和动手能力，以下是几个关键方面。

① 逐步熟悉早操地点及户外活动的周围环境。

② 认识户外大型体育器械和体育玩具。体育器械包括滑梯、转椅、荡船等；体育玩具包括摇马、球、玩水的器皿、沙坑玩具等。

③ 跟着教师到户外散步、做操、游戏，会模仿教师的动作，并在教师指导下学会玩耍。

④ 学习使用剪刀，用右手拇指与其余手指握住剪刀把柄，正确张合刀口；学习安全使用剪刀，不拿着剪刀冲人比画，用完及时放回原处。

⑤ 学会捏泥、撕纸、粘贴、画、穿、插等技能。

(2) 教师工作要点涵盖多个方面，旨在确保幼儿健康发展和体育活动的有效性，以下是几个关键方面。

① 应确保每天安排 2～3 小时的户外活动，其中有组织的体育活动不少于 1 小时。

② 做好体育活动的准备工作：清除活动场地的危险物及障碍物；画好场地，如操练站点标记、游戏需要的界线等；准备好体育器材和玩具，玩具数量要比幼儿人数略多几个；帮助幼儿整理好服装，系好鞋带；活动前向幼儿讲清活动的内容和要求。

③ 教师通过做示范，带动幼儿参加活动：教师的动作要准确、到位、形象；要引导和鼓励不爱动或胆怯的幼儿参加体育活动；告诉他们户外活动时不可远离教师，离开时要告诉教师。

④ 教师应向幼儿逐一介绍户外大型体育器械的名称和玩法及注意事项，向幼儿讲授安全须知。

⑤ 冬季教育幼儿不畏寒冷，特别要重视对体弱幼儿的照顾。

⑥ 给幼儿提供材料，教给幼儿捏泥、撕纸等手工技能。

(3) 保育员工作要点涵盖多个方面，旨在协助教师做好体育活动的准备工作，以下是几个关键方面。

① 协助教师做好准备工作，如活动场地的清理、体育器械的准备、帮助幼儿整理服装等。

② 配合教师照顾或帮助个别幼儿。

③ 注意照顾体弱幼儿，控制其活动量。

2) 语言和认知

(1) 幼儿常规涵盖多个方面，有助于培养幼儿良好的学习习惯和行为规范，促进他们在幼儿园健康成长，以下是几个关键方面。

① 有兴趣，愿意参加集体学习活动。

② 知道注意听教师讲话，按教师的要求去做。

③ 能保持注意力 5～10 分钟。

④ 认真参加活动，学会动手、口头表达，提高思维能力。

⑤ 在课堂上勇敢地回答问题，愿意用语言表达自己的想法，敢在集体面前发言。

⑥ 学习并维持正确的坐姿，以及看书、绘画时的姿势和握笔方式。

(2) 教师工作要点涵盖了多个方面，以确保幼儿能够在安全、有趣且富有启发性的环境中学习和成长，以下是几个关键方面。

① 教师应根据活动要求布置环境，使全体幼儿均能看清教师的示范和活动过程。

② 准备好充足的教具和学习用具。教具包括实物、模型、玩具或其他材料；学具包括笔、纸等供幼儿操作的用具等。同时数量要稍多于幼儿人数，以便每个孩子都能参与进来。

③ 选材内容、活动组织和运用方法等均应适合本班幼儿的年龄特点。多以游戏形式，利用生动有趣的教具和玩具吸引幼儿参加活动。

④ 运用生动、简练、准确的语言向幼儿说明活动要求，肯定他们的努力和进步，提高幼儿的积极性，使其有兴趣参加学习活动。

⑤ 培养幼儿正确的坐姿，以及阅读、绘画和写字的姿势与正确使用学习用具的技能。

⑥ 为幼儿提供充分的口语表达、动手操作和思考的机会，使他们通过活动获得满足感和愉快的体验。

⑦ 热情积极对待幼儿学习的成果，注意保存他们的作品，为每个幼儿提供展示自己

作品的机会，增强他们的自信心和成就感。

⑧ 注意观察幼儿在活动中的表现，根据幼儿的不同特点灵活采取不同的教育方式，进行有针对性的个别指导和帮助。

(3) 保育员工作要点涵盖了环境维护、与教师的合作、活动组织和场地清理等多个方面，目标是为幼儿创造一个安全、舒适且富有启发性的学习环境，以下是几个关键方面。

① 保持室内空气新鲜，地面整洁。

② 了解教师的工作计划及活动要求，主动配合。

③ 配合教师布置环境，准备教具、用具等材料。

④ 配合教师组织活动，照顾个别幼儿。

⑤ 活动后配合教师收拾作品、教具、学具等材料，清整场地。

3) 品德和社会能力

(1) 幼儿常规涵盖多个方面，旨在培养幼儿良好的生活习惯和自我服务能力，以下是几个关键方面。

① 有兴趣去观察成人的各项劳动，理解教师工作的辛苦，并愿意保持个人及环境各个角落的整洁。

② 逐步愿意参加劳动，学会在教师帮助下给植物浇水、喂养小动物、擦桌椅、整理玩具及图书角等，初步体会劳动的快乐。

③ 知道爱护用具和材料，节约使用，不摔、不乱丢东西等。

④ 有困难时不哭，愿意自己动手尝试解决困难或找教师请求帮助。

⑤ 愿意和小朋友一起玩。

(2) 教师工作要点涵盖多个方面，以确保幼儿得到全面而均衡的发展，以下是教师在教育幼儿时应注意的几个关键方面。

① 为幼儿的劳动活动创造适宜的条件和机会，与保育员配合做好充分准备，包括劳动活动的场地、适合幼儿使用的各种工具材料以及服饰等。

② 引导幼儿有兴趣观察成人的各项劳动，如清理环境卫生、打扫活动区域等。培养幼儿勤于动手、动脑，高兴地去做力所能及的事情的习惯。

③ 注意身教，以自己积极的态度感染幼儿。

④ 主动与幼儿家庭联系，让家长了解幼儿园对幼儿的要求，以及幼儿在幼儿园的表现，取得家长配合，进行一贯、一致的教育。

(3) 保育员工作要点涵盖多个方面，关键在于支持幼儿的成长和学习，以下是几个关键方面。

① 了解本班近期教育目标，有意识地在幼儿劳动活动中渗透教育要求。

② 配合教师工作，做好活动的准备，活动过程中对幼儿进行个别指导，必要时给予帮助。

③ 活动后收拾工具材料，并保持环境的清洁。

2. 游戏活动管理

小班游戏按照场地的不同可分为室内游戏和户外游戏。下面以室内游戏和户外游戏为例，分析小班幼儿游戏活动管理。

1) 室内游戏

(1) 幼儿应遵循以下常规。

① 爱惜玩具，轻拿轻放活动材料。

② 理解幼儿园玩具是大家共有的，不争抢打闹。

③ 活动后，能进行整理并将玩具归位。

(2) 教师工作应遵循以下要点。

① 为幼儿准备安全、卫生、有趣的游戏场地和材料。

② 参与幼儿的游戏，指导幼儿注意游戏中的安全。

③ 指导幼儿学习整理场地和材料。

④ 相互支持，团结协作。

(3) 保育员工作应遵循以下要点。

① 协助教师为幼儿准备游戏场地和材料。

② 关注幼儿的安全和特殊情况。

③ 定期对游戏材料进行清洗和消毒。

2) 户外游戏

(1) 幼儿应遵循以下常规。

① 愿意积极参加户外运动。

② 在教师的视线范围内活动，不脱离集体。

③ 能注意安全，不做危险的动作，有需要及时告诉教师。

④ 能在教师提醒下增减衣服。

(2) 教师工作应遵循以下要点。

① 精心为幼儿准备安全的运动场地和器械。

② 检查幼儿着装，以确保其安全性和舒适度。

③ 根据幼儿身体素质和季节特征确定运动量和运动强度。

④ 时刻关注幼儿的安全，并在必要时提供适当的保护措施。

(3) 保育员工作应遵循以下要点。

① 协助教师布置和检查户外活动场地及器械，确保其安全性。

② 准备充足的毛巾和纸巾等清洁物品以便幼儿使用。

③ 密切关注特殊幼儿的活动状态，确保他们在活动中的安全和舒适。

④ 协助教师组织户外活动，全程关注幼儿的安全，防止意外发生。

3. 家园活动管理

幼儿园教育与家庭教育相互合作、协调一致，是促进幼儿身心发展的重要环节。幼儿园教师和家长之间应做到相互尊重、相互支持、相互帮助、共同商讨。小班家园活动管理主要包括口头、书面、观摩三种形式，以及家长工作系统管理。

1) 口头家园活动管理

口头家园活动包括家长会、家访、家长学校(或家教知识讲座)、家教咨询、家教经验交流、电话联系及平时交流等。例如，开学之前，教师应对幼儿进行家访，了解幼儿的身体发展状况和性格习惯等，以便幼儿入园后能够有针对性地因材施教。运用口头形式进行家园活动管理，要求教师必须做到既要面向所有家长，也要抓住各种合适的机会进行家长工作。这要求教师在了解每个幼儿和家长的基础上开展工作。

2）书面家园活动管理

书面家园活动包括家园联系册、家教宣传栏、宣传资料、"家园通信"等多种途径。家园联系册是实现家园联系的一种有效形式，从联系册中教师可以获得教育效果的反馈，了解幼儿在家中的行为表现，收集家长对教师的意见和建议等。同时，家长也可从中掌握孩子在园的情况和幼儿园对家长的具体要求。家教宣传栏可根据家长的实际需求，有针对性地选择宣传的内容。比如，开学初的时候，可以向家长重点宣传"幼儿入园问题及措施""如何培养孩子的独立生活能力"等。

3）观摩家园活动管理

家长参与幼儿园组织的活动也是家园共育的关键环节，小班可通过定期开放日活动邀请家长入园，观摩孩子的半日活动，使家长深入了解幼儿园的教育理念、方法和活动特点。此外，邀请家长来园与孩子共度节日，能进一步增强家长与幼儿园的联系和合作。

4）家长工作系统管理

幼儿园小班家长工作系统，是指将小班幼儿教育的各项工作按时间顺序制订计划，其中最重要的是幼儿园与家长之间各项联系工作。家长工作系统通常采用工作日程的形式呈现，在开学之初提供给家长，使家长提前明晰本学期的各项工作，从而获得家长的支持与配合。该系统的内容非常丰富且富于变化，教师在实际工作中可对其进行修改或添加。

三、小班班级管理方法

小班是幼儿从家庭步入幼儿园集体生活的转折点，这个年龄段的幼儿正处于秩序敏感期，在行为习惯养成方面多依赖他律，因此在新环境中建立新规则相对容易，教师要善于利用这一特点，科学适当地做好常规管理。小班班级管理方法主要有以下几种。

(一)示范模仿法

单一的说教的形式以及"不能这样""不准那样"的戒律往往收效甚微，模仿是小班幼儿的主要学习方式，正确的示范能使他们主动模仿并习得。

采用有趣的教育方法，我们将幼儿园小班的生活规范、教育内容以及游戏活动等要求"物化"为可操作的动作。教师通过示范，向幼儿展示如何执行这些规范和要求，幼儿则通过模仿进行学习。比如，在学习如何正确折叠餐巾时，我们可以使用"变魔术"的方法，先演示如何擦嘴巴，再将正方形的餐巾巧妙地变成长条形。随后请幼儿模仿教师的做法，他们很快就学会了折叠餐巾。再如，邀请大班小朋友演示如何用双手轻轻搬送小椅子，或者选择一位能力比较强的幼儿来示范把脱下的鞋放在小脚印标记处等。这种互动既增强了幼儿的自信心，又鼓励了他们之间相互帮助的精神。这样一来，幼儿在感性经验的基础上，就很容易掌握一些生活常规及活动要求。

(二)游戏练习法

游戏是幼儿最喜欢的活动形式，能够在孩子积极的情绪状态下帮助他们自然而然地获得经验。通过不断的练习，幼儿能够熟练掌握已获得的经验。因此，游戏练习是对幼儿进行常规教育、活动教育管理的良好方法。

教师要善于选择或创设适合的游戏，让幼儿在自由快乐的游戏中获得全面发展。例如，在"娃娃家"游戏中，为幼儿设计穿衣、扣扣子、喂食、洗澡等情节，帮助他们习得必要的自理能力，通过反复设计类似游戏，幼儿能够练习并巩固已获得的自理技能。又如，开学初，可组织"找朋友"的游戏，帮助幼儿在教师的引导下认识并记住自己的毛巾标记，如杯子和毛巾，从而使他们迅速熟悉并学会使用自己的物品。此外，还可通过智力游戏"猜猜我是谁"，加深幼儿对班上教师和同伴的了解，促进师生与同伴的情感交流。

(三)文学作品引导法

幼儿用自己的方式喜欢着文学作品，其中故事又是他们百听不厌的，并且幼儿常常会把自己代入角色中产生共鸣。因此，教师应因势利导，将一些生活常规、活动要求等内容编成故事讲给幼儿听，让他们从故事中理解生活常规、活动要求(见图 2-2)。教师可将"常规养成"作为故事的主题，如绘本《大公鸡和漏嘴巴》的故事，幼儿听了故事以后纷纷表示要改掉漏嘴巴的坏习惯，要做一个讲卫生、爱惜粮食的好孩子。同样绘本《是谁嗯嗯在我的头上》这个故事，也让幼儿明白不能随地大小便，要及时如厕的重要性。这样的教学方式不仅生动有趣，还能让幼儿在潜移默化中养成生活习惯和行为规范。

图 2-2 幼儿通过绘本故事学习

儿歌是儿童文学作品中的一种体裁，极其短小精悍，而且读起来朗朗上口，易于识记。在对幼儿进行生活常规管理时，教师可运用儿歌帮助幼儿掌握生活常规及活动要求。例如，洗手时，教师可以念诵儿歌："小朋友，来洗手，洗手先要挽袖口，洗手心，洗手背，洗手缝，洗手腕，看谁洗得最干净。"又如，用餐前，可利用餐前时间念儿歌："白米饭，香喷喷，右手拿小勺，左手扶小碗，大口大口吃饭饭，看谁吃得香。"以此来指导幼儿正确用餐。总而言之，教师可根据幼儿的具体情况和各个环节的实际需求，灵活地创作并念一些儿歌，来帮助幼儿掌握常规环节。

(四)表扬鼓励法

每位幼儿都渴望得到他人的认可与赞赏，而恰当的表扬和鼓励能够在愉悦的氛围中让幼儿养成正面的行为习惯。表扬鼓励有两种方式：一种是物质鼓励法，如发放小红花、小贴片等；另一种是精神鼓励法，如给幼儿一个拥抱、为幼儿竖起大拇指、奖励他为同伴服务的机会等。

意大利幼儿教育家玛利亚·蒙台梭利深刻地阐述了一个观点，"一个做出了伟大的事情并取得胜利的人，从来不会通过那些被称为'奖赏'的东西来激励他的工作，也不会由于担心'惩罚'而激发他努力工作"。"人类的所有胜利和进步都是建立在人的精神动力之上的"。

有鉴于此，两种方式中，我们首选精神鼓励法，引导幼儿从内心愿意去行动，而不是为了获得"物质贿赂"而去做。避免物质鼓励可能导致幼儿沉浸在炫耀和满足的情绪中，影响他们正常行为的养成。同样地，也容易让其他幼儿陷入"我不行，我没有"的不良情绪中而放弃常规学习。

(五)标识法和音乐律动法

标识法是指利用图案、照片、文字等视觉符号帮助幼儿理解和遵循规则的方法。对于小班幼儿而言，其思维发展正处于直观形象阶段，因此，标记作为一种直观的视觉符号，可以帮助幼儿在较短的时间内理解并执行日常的常规与要求。例如，可以在饮水机前设置站队提示线，在水龙头上标记水流控制线，在玩具柜上放置图标归位记号，在杯子架上附上照片提示等。教师可以设计"给材料找家"的游戏活动，引导幼儿设计和制作每个区域的"家"和标识牌。孩子们会兴高采烈地商议讨论，并一致决定给不同的"家"设计不同颜色的彩色图画标记，按照自己的意愿给每个"家"选择自己喜欢的颜色，如美工区是红苹果，生活区、智力区是蓝苹果等。同时，在"彩色苹果家"的每一层都可以贴上门牌号码等。

音乐律动法是指选择不同风格的音乐或声音代替教师亲自组织管理，能让幼儿在音乐的伴奏下一边收拾积木玩具，一边随着音乐做动作，有效减少等待时间，避免无所事事的状态，又可以缩短各个环节的过渡时间。例如，听到《幸福拍手歌》响起时，孩子们就会把小手伸出来与教师一起跟着音乐的节奏拍打身体的不同部位；听到《洗手歌》播放时，他们会按组开始洗手；而听到音乐声音变大就知道区域活动即将结束，需要整理物品归位了。有了音乐的加入，班级管理会显得井然有序。

📖 拓展阅读

班级管理小妙招

1. 餐前环节指导

幼儿午餐前，教师通过谈话、提问等形式对幼儿进行餐前谈话教育。内容可包含"今天午餐吃什么？""最喜欢的食物是什么？""吃饭时我们要怎么做？"等，引导幼儿养成吃饭时保持安静、不挑食、不浪费食物的好习惯。

2. 餐后环节指导

(1) 提醒幼儿养成餐后漱口、擦嘴的好习惯。

(2) 组织幼儿餐后用自己的水杯接水，用鼓漱法进行漱口。提醒幼儿将漱口水含在嘴里鼓漱3～5次，再轻轻吐进水池中，不把水咽进肚中。

(3) 组织幼儿散步。散步有助于食物的消化，餐后带领幼儿在园内散步时，要求幼儿遵守散步的规则(一个跟着一个慢慢走)。遇到其他教师或者小朋友可以提醒幼儿主动打招呼，让幼儿初步学会交往礼仪，养成良好的文明礼貌习惯。

3. 午睡环节指导

(1) 有序脱衣服、鞋子，并养成摆放整齐的好习惯。

(2) 睡前故事。睡前给幼儿讲1～2个小故事，能让幼儿快速安静下来，不仅扩大了幼儿的知识面，提高了幼儿的语言表达能力，还对幼儿良好生活习惯的养成起到了促进作用。

（资料来源：杨美男. 幼儿园班级管理[M]. 北京：清华大学出版社，2022.）

第三节　小班班级管理案例及分析

一、小班幼儿保教常规管理案例及分析

没有常规，不成方圆

9月，王老师有幸被××幼儿园录取，成为一名一线的幼儿实习教师，接管了小一班的孩子。当看到小班孩子们那一张张童真、可爱的笑脸时，王老师喜欢上了他们。虽然王老师没有实践经验，但在学校的理论知识学习中，了解了一些关于不同年龄段幼儿在生理与心理上的发展特点。小班孩子除了生活上需要照顾外，与大班孩子相比，要好管理得多。于是王老师暗下决心，一定要把小班幼儿培养成具有良好行为习惯的好孩子。可是事与愿违，从接管小班幼儿的第一天起，王老师就被他们的哭泣声、吵闹声弄得手忙脚乱。班里其他两位教师有些经验，但对于刚刚接触幼儿的王老师来说，眼前的一切完全扰乱了她的头脑，以往在学校里学习的相关理论知识已完全与实践相脱节。他们的盥洗、睡眠、饮水、教学、游戏、饮食等活动都需要精心管理与照顾，可是他们完全不配合，且个性不一。有的哭着要妈妈，有的让王老师抱，有的在午睡期间下地乱跑……最让王老师头疼的就是小班幼儿的进餐活动，他们刚入园，分离焦虑非常严重，很多幼儿不愿意进餐。刚给这个幼儿喂进去饭菜，其他幼儿就会把饭菜吐出来，桌子、身上弄得脏兮兮的，有的幼儿甚至下座乱跑乱叫，在地板上打滚。面对这种情形，王老师真不知道该怎么做下去。

（资料来源：辽宁省沈阳市贝斯特幼儿园.）

这个案例是一个典型的小班幼儿适应幼儿园环境过程的案例。作为一位刚从幼儿师范学校毕业、步入教育一线工作的幼儿教师，缺乏实践经验，对小班幼儿的保教常规管理能力不足，因此，在面对个性多样、行为各异的新入园幼儿时感到手足无措，不知如何去做。从案例中我们可以看出，该教师完全没有对新入园幼儿的表现特点做好充分的心理准备，他们的各种行为表现与她之前的保教期待严重脱节。在缺乏实践的基础上，面对难以控制的场面时，却不懂得如何对幼儿进行有效的教育和保育。当幼儿出现种种让她惊讶的行为时，她难以理解他们的需求和情感。

小班幼儿一般指 3~4 周岁的幼儿，他们已经能够自如行走，能用语言表达基本想法，参加一些简单活动。然而，当这些幼儿刚入园时，环境，包括氛围、社交伙伴和规则都与家庭中有很大差异。他们的语言与行为发展还不完全成熟，管理时有一定难度。特别对于新入职的教师，没有接触过幼儿，没有实践经验，因此很难理解新入园幼儿的实际状况。因此，教师在指导小班幼儿的生活常规时必须运用恰当的技巧，不能简单地采用管理中大班幼儿的方法。如果小班幼儿的行为习惯没有养成，将直接影响以后各个年龄段的管理效果。因此，加强小班幼儿的保教管理工作是十分必要的。

幼儿生活常规管理是保教工作管理的重要组成部分。上述案例反映了幼儿园小班幼儿

适应幼儿园阶段的一个普遍现象。如果教师在今后的班级管理中不能为他们建立起合理的生活常规制度与要求，那么可能会影响幼儿良好行为习惯及生活常规的养成。因此，教师应积极采用有效措施来管理幼儿的生活常规，使之尽快地融入幼儿园正常的生活。具体措施如下。

第一，为迎接新入园的幼儿，教师首先应该为幼儿创设一个宽松、愉悦且温馨的家庭环境，这样的氛围对孩子常规习惯的养成十分重要。面对新入园的幼儿，教师应积极、主动、热情地接待孩子，拉近与孩子的距离，经常亲切地呼唤孩子乳名，和他们交朋友，用自己的童心跟孩子沟通交流。在班级环境布置中，教师要用富有感情的、温暖的色调布置墙饰，让幼儿感受到温馨与和谐。

第二，让幼儿尽快适应环境。小班幼儿入园后，教师不要急于教他们各种知识与技能，为安抚幼儿的情绪，首先应带他们在幼儿园内四处参观、游玩，帮助他们熟悉本班和周围的环境。教师对幼儿出现的各种问题应保持耐心，采取温和的态度，并及时帮助幼儿解决困难，从而赢得他们的信任。

第三，与家长时常沟通，尽快帮助幼儿养成良好的生活常规。小班幼儿独立性差，依赖性很强，他们在幼儿园刚刚形成的良好生活常规回到家里之后会因为生活的安逸变得松散起来。因此，教师要与家长积极沟通、合作，共同监督孩子在家里的生活表现，帮助其形成良好的生活常规与行为习惯。

二、小班一日常规和流程案例及分析

安德鲁的故事

正值早春时节，幼儿们正用各种手工材料为教室制作装饰壁画。朱迪·卡森——这位4岁幼儿的老师对此次活动十分满意，因为她看到孩子们对新的手工材料兴趣浓厚。然而，朱迪发现安德鲁再次走进了积木区。安德鲁放弃了当前的任务和游戏，显得有些烦躁不安，准备开展另一项活动。朱迪担心安德鲁很快又会离开去寻找其他的娱乐方式。

圆圈活动时间对安德鲁来说是一天中最困难的时段，他在垫子上坐不到5分钟就会跑去玩活动区的玩具。大部分幼儿都学会写自己的名字了，安德鲁却一直在动，始终无法安静地坐下来写完。排队对安德鲁来说是件难事，排队时，他经常不得不抓着老师的手。朱迪深知安德鲁很聪明，具备较强的语言能力和良好的辨别事物的能力，能记住所有歌曲的歌词，在操场上展现出了良好的大肌肉群运动技巧。朱迪觉得自己需要采取一些新策略来应对安德鲁。最近，朱迪参加了一个学习小组，研究如何应对行为困难的幼儿，她准备将所学内容应用于实践。

(资料来源：Laverne Warner & Sharon Anne Lynch. 幼儿园班级管理技巧150[M]. 曹宇，译. 北京：中国轻工业出版社，2011.)

朱迪对安德鲁的行为问题进行了记录。她发现安德鲁主要的问题是在活动结束之前从位置上站起来并离开活动。当有机会运动或唱歌时，安德鲁对活动会更专注些。她还发现，安德鲁离开活动是为了有机会参加其他活动。

朱迪决定将音乐和运动与安德鲁觉得困难的活动相匹配，不仅在圆圈活动开始和结束时唱歌，还在整个圆圈活动中频繁穿插唱歌。她发现这既能使安德鲁专注于活动，也有助于其他幼儿保持注意力。朱迪还开始在圆圈活动中运用手指游戏和大肌肉群动作游戏。当安德鲁有点坐立不安时，她会提醒说还有一个环节，大家就可以结束了。

朱迪重写了班级流程，她改变了自由游戏和更具结构性的活动。在结构性活动结束后，让幼儿自由活动，以此作为回报。

朱迪在圆圈活动中开展"用你整个身体来听"。每天圆圈活动开始时，她都提醒幼儿用身体的七个部位来倾听，同时她还肯定幼儿是非常棒的听众。

通过分析教室空间，朱迪意识到从学习区和工作台很容易看到活动区。她意识到这些活动区对安德鲁是严重的干扰，因此对教室进行了重新安排，对各种活动空间进行了更明确的分界。她还将诱人的玩具放到不明显的地方，这样幼儿在学习的地方就无法看到它们了。

在每次家长会上，朱迪都会与安德鲁的妈妈交流她对安德鲁不能专注于任务的担心。安德鲁的妈妈则表示她反对药物治疗，他们都认为药物治疗太早了。她们希望安德鲁能够在一年中成熟起来。在春天的家长会上，安德鲁的妈妈说有时候在家安德鲁能够专注地坐在椅子上完成任务。安德鲁的妈妈决定跟他一起坐在椅子上吃饭，安德鲁有一个习惯，即感到厌烦时，就把食物拿到客厅，在电视机前吃饭。安德鲁的妈妈谈到她给安德鲁规定了一些家庭任务，如负责倒垃圾。

对安德鲁的帮助计划并不是"快速解决问题的妙计"，也不是简单的教师行为。朱迪跟安德鲁在一起游戏并教他新的技能，同时也调整了教室环境和教学实践。安德鲁的妈妈支持并发展了一些在家帮助安德鲁的行为策略。尽管在学年结束时，安德鲁还是不能像其他幼儿一样长时间专注于任务，但他确实在不断进步。相信在教师和家长的帮助下，安德鲁一定能够成功。

三、做一名成功的幼儿教师案例及分析

琳达的故事

苏斯老师对琳达有些担心，因为她似乎不太适应幼儿园的生活。苏斯老师了解琳达的家庭，因为两年前她教过琳达的哥哥米尔特。那时候，琳达来过幼儿园几次，和妈妈、哥哥在一起时看上去很高兴。但现在每天早上来园时她都黏着妈妈，拒绝进入教室。然而，妈妈走时她并不哭，只是会烦躁一会儿，花很长时间决定玩什么，而且每天早晨都不参加圆圈活动。

(资料来源：Laverne Warner & Sharon Anne Lynch. 幼儿园班级管理技巧 150[M]. 曹宇，译. 北京: 中国轻工业出版社，2011.)

苏斯老师用了下面的策略来解决琳达不开心的问题。

(1) 每天早晨琳达和妈妈来园时，苏斯老师都微笑着和琳达打招呼，并与她妈妈私下聊天，了解其家中是否发生了给琳达带来困扰的事。

(2) 苏斯老师会拉着琳达的手，直到她选择好参加什么活动。她还教琳达怎样说话来加入其他游戏小组，和其他小朋友一起游戏。

(3) 在圆圈活动开始之前，苏斯老师会先给琳达看看自己在这个时间的活动安排，让琳达了解活动的内容，引发琳达对活动的兴趣，进而引导她加入圆圈活动。

(4) 每天，苏斯老师都会花些时间问问琳达的哥哥米尔特的事情。

3 个月之后，苏斯老师觉得琳达的行为表现具有社会性了，她开始交朋友了。杰明跟她住在同一个小区，他们成了好朋友。从幼儿园毕业时，琳达已经能自信地升入一年级了。

▶ 拓展阅读

支持这个故事的原则

➢ 班级管理需要教师处理好个别幼儿的问题行为。

➢ 当一种办法不灵时，试试其他办法。

➢ 有些幼儿反应很快，有些幼儿反应较慢，需要更多时间。

➢ 处理幼儿的问题时，尽可能多地与其家长沟通。

➢ 教师分享自己的经历有利于幼儿理解他们遇到的问题。

➢ 当幼儿还不会用语言描述自身的需要和担心时，他们需要成人示范如何表达自己的情感。

➢ 幼儿园以外的专业帮助有时也是必要的。

➢ 耐心和幽默是成功的幼儿教师所必须具备的特质。

（资料来源：Laverne Warner & Sharon Anne Lynch. 幼儿园班级管理技巧 150[M].

曹宇，译. 北京：中国轻工业出版社，2011.）

本 章 小 结

小班幼儿一般指年龄 3～4 岁的幼儿。小班幼儿在身体发育和心理发展等方面均显示出此阶段独有的年龄特点。因此，幼儿园在班级管理中必须深入了解和掌握小班幼儿的年龄特点，并在此基础上让环境、教育、成人与幼儿之间形成互动，以促进小班幼儿身心全面而健康发展。

小班班级管理是一项非常重要的工作，它关系到幼儿的学习、生活和成长。班级管理的水平和质量会直接影响幼儿身心的健康发展。小班班级的管理要点具体包括班级管理目标、班级管理内容、班级管理方法等方面。

小班班级管理目标是指教师为了实现特定目标而进行管理活动的过程中所追求的结果或成就。小班班级管理目标包括做好幼儿生活照料工作、帮助幼儿入园适应、培养幼儿常规意识、引导幼儿参加集体活动等。

小班是幼儿由家庭进入幼儿园集体生活的转折点，这个年龄段的幼儿正处于秩序敏感期，在行为习惯的养成上多依靠他律，因此在新环境里建立新规则相对容易。教师要善于利用这一特点，科学适宜地做好常规管理。小班班级管理具体包括新生入园管理、生活常规管理、教育常规管理等内容。小班班级管理方法具体包括示范模仿法、游戏练习法、文学作品引导法、表扬鼓励法、标识法和音乐律动法等。

思考与练习

一、名词解释

分离焦虑　标识法　音乐律动法

二、简答题

1. 小班幼儿的身心发展特点有哪些？
2. 小班班级管理目标有哪些？
3. 小班生活常规管理的内容有哪些？
4. 小班教育常规管理的内容有哪些？

三、论述题

1. 教师如何做好小班班级的管理工作？
2. 请结合实际阐述如何做一名成功的幼儿教师。

实 践 课 堂

分析下面教师向幼儿解释班级规则的范例，归纳幼儿必须了解的重要班级规则。

向幼儿解释班级规则

"约什，我知道你很喜欢玩积木，但这里已经有 4 个人了，我可以帮你找其他活动先玩一会儿，等有人离开积木区你再回来！"

"黛波，排队的时候你挤进去推别人，别人会摔倒的。到队伍最后面排队是最安全的。"

"哦，天呀，你在科特的画上涂涂画画，我知道科特为什么会不乐意了，用你自己的纸画吧！"

"伯林老师和我讨论了我们两个班在操场上玩最后一个问题，同意我们班在回教室前可以先玩。"

幼儿必须了解的重要班级规则如下。

(1) 不仅是我，其他人也希望自己的愿望和需要能得到满足。
(2) 与大家在一起时，我要学会轮流等候和分享。
(3) 有时，我需要学会等待。

(资料来源：Laverne Warner & Sharon Anne Lynch. 幼儿园班级管理技巧 150[M].

曹宇，译. 北京：中国轻工业出版社，2011.)

没有爱，就没有教育。教育技巧的全部奥秘也就在于如何爱护儿童。

——苏霍姆林斯基

第三章　中班幼儿的班级管理

课程目标

知识目标： 学生通过掌握中班幼儿身心发展特点的基础理论，理解中班班级管理的要点，阐明中班幼儿生活常规管理、教育常规管理的内容。

能力目标： 学生能够结合本章出现的拓展内容与中班幼儿的管理要点对案例进行具体的分析解读，掌握中班师幼关系管理、环境创设管理、幼儿问题行为管理以及沟通技巧管理的具体措施，把握中班幼儿班级管理的要点及注意事项，增强管理中班幼儿的能力。

素质目标： 学生在对案例分析、讨论的过程中，感受中班班级管理的作用，树立正确的管理观念，提高管理的针对性与效率。

核心概念

攻击性行为　榜样示范法　图表管理法

引导案例

幼儿的攻击性行为

乐乐今年 5 岁了，是班级中个子最高、力气最大的男孩。他经常欺负其他小朋友。有时，自由活动中他双手一齐拍打身边小朋友的肚子，把小朋友拍哭；有时，他有意拧其他小朋友的耳朵；有时，他学着电视武打片里的动作，指手画脚，将其他小朋友操练一番，把小朋友的衣服弄脏、撕破，甚至打伤小朋友的眼睛、鼻子等。每次乐乐发生类似行为时，老师都会呵斥他一顿，弄得他满面泪水地向老师承诺再也不犯错误了。

可是没过多久，他又像什么事也没发生一样，仍然欺负其他小朋友。每次幼儿离园时老师都要为乐乐向受伤幼儿的家长解释、道歉。有的幼儿家长已经闹到了园里，要求乐乐离开这个班级。老师也多次向乐乐家长诉说乐乐的行为以及事情的严重性，希望能与家长共同努力把孩子的缺点改正。可是家长也费尽了心思，还是无济于事，面对乐乐的行为真是让老师苦恼、为难。

(资料来源：秦旭芳. 幼儿园管理的困惑与抉择——从"案例搜集"到"案例剖析"[M].
北京：科学出版社，2013.)

　　这个案例为我们提供了一个认识中班幼儿社会性发展特点——幼儿的攻击性行为的成功范例。案例中，乐乐的行为表现是"攻击性行为"。攻击性行为又称为侵犯性行为，是指有意伤害他人且不为社会规范所许可的行为。幼儿的攻击性行为是一种比较常见的社会行为，且中班阶段是幼儿攻击性行为发生的高峰期。在现实的幼儿园生活中，针对乐乐的"攻击性行为"，教师应从幼儿的外在行为表现、家庭生活环境等方面了解行为发生的原因，并采取适当的教育与管理方法，避免幼儿产生攻击性行为，增加幼儿的亲社会行为。

　　本章的重点是4～5岁年龄段中班幼儿身心发展特点，以及中班班级的管理目标、管理内容和管理方法。在学习的过程中首先要仔细阅读教材，掌握相关的理论。其次，要结合自己的学习，理解如何做好中班班级的管理工作。最后，根据案例及教学实践活动，掌握有效管理中班班级的策略。

　　我国幼儿园基本都是按幼儿的年龄进行分班，这样可以根据不同年龄段的幼儿身心发展特点实施教育和照顾，同时也有利于班级管理的顺利开展。本章将阐释中班幼儿的管理。中班班级管理是幼儿教育的重要组成部分，也是一项艰巨而细致的工作，需要教师的智慧引领、艺术处理，以促进幼儿的全面、健康、和谐发展。

第一节　中班幼儿的身心发展特点

　　中班幼儿一般指年龄为4～5岁的幼儿。中班是幼儿园三年教育中承上启下的阶段，进入中班标志着幼儿的身心发展进入了一个新的阶段，幼儿的生理和心理发展表现出多种特点，他们的个体差异开始显现，他们的能力和兴趣也开始多样化。全面了解中班幼儿的年龄特点，并以此为依据开展适宜的班级管理，将有助于幼儿的综合发展。

一、中班幼儿的生理发展特点

(一)身体发育平稳增长

　　幼儿进入中班以后，在生理上进一步成熟，体重和身高增长较快，但增长速度较小班时期有所减慢，身体发育进入相对平稳的增长阶段。在中班的一年时间中，幼儿身高平均会增长5厘米，体重平均会增加2公斤，他们的平均身高达108厘米，平均体重达21公斤，男女幼儿之间的差别不太明显。

　　4～5岁幼儿的身体器官和系统持续发展，特别是神经系统进步显著，这使他们的动作更加灵活自如，身体结构变得更加坚固，精力也更加充沛。他们喜欢参加各类体育活动，表现出更高的活跃度和好奇心。尽管如此，他们的发育尚未完全成熟，肌肉力量和持久力较弱，容易感到疲劳，不能长时间进行剧烈运动。此外，他们的身体仍然较柔嫩脆弱，抵抗力较弱，所以需要充足的睡眠促进身体发育。如果睡眠时间不足，可能会减缓幼儿新陈代谢速率，从而影响身体的生长发育速度，且易增加患病风险。专家建议，4～5 岁幼儿每天应保持充足且规律的睡眠时间，通常每天睡眠时间应达 10～12 小时。因此，幼儿的卫生保健、安全保障及安全教育方面仍然不能松懈。

4～5 岁幼儿视力和听力逐渐趋于成熟，可以进行相对精细的视觉和听觉任务，准确地定位和辨识声音和影像，也能够通过视觉和听觉获取更多信息。同时，他们的牙齿变得更加坚固，消化系统也逐渐完善，可以消化多种不同类型的食物。不过，幼儿仍然需要摄取充足的营养和水分，以保障健康成长。

(二)动作能力持续发展

4～5 岁幼儿在运动的速度、灵活性和稳定性等方面已有一定的发展。在大动作发展方面，他们的大肌肉协调性和身体的耐力逐渐提高，运动能力明显增强，能够完成更多种类且更加复杂的运动活动。例如，走、跑、跳、钻、爬和攀登等基本动作变得更加流畅。此外，孩子们在游戏中喜欢单足站立、抛接球和投掷等活动，并可以持续行走较远的距离。同时，还能进行骑自行车、踢足球等运动。

在精细动作发展方面，中班幼儿精细动作已进入快速发展时期。他们手指灵活度增加，能够更加娴熟地完成折纸、剪纸、串珠和插接玩具等精细活动。此外，孩子们还可以进行简单的握笔且开始表现出一定的书写和制作能力。在生活自理方面，中班幼儿能较为熟练地完成使用筷子，独立完成穿脱衣服、扣纽扣、拉拉链和系鞋带等自我服务活动。与小班幼儿相比，中班幼儿动作执行的质量明显提高。

二、中班幼儿的心理发展特点

(一)认识活动有意性、逻辑性开始发展

在注意力方面，4～5 岁幼儿的注意力逐渐提高，虽然无意注意仍然占据优势，但有意注意开始显现并发展。中班幼儿集中精力从事某种活动的时间比小班阶段有所延长，小班集体活动为 10～15 分钟，中班可以延长为 15～20 分钟。中班幼儿有意注意能力的发展也体现在他们能较好地完成成人指派的特定任务。例如，让幼儿"学当值日生"，安排他们为班级自然角中的植物浇水，协助教师摆放桌椅、整理物品；在家里，帮助家人收拾餐桌，与家长一起制作手工艺品等活动。

在记忆方面，中班幼儿的记忆力比小班阶段明显增强。他们能够记忆更多的信息，并能够回忆和复述过去的经验。在想象和创造发展方面，4～5 岁幼儿的想象力和创造力得到进一步提升，能够自由地运用想象力和创造力，创造出各种新奇有趣的事物和场景，并且逐渐表现出独立思考和创造的能力。

在思维发展方面，4～5 岁幼儿通常展现具体形象思维的特点。这个年龄段的孩子们在认识事物时，主要依赖于直接表象，即他们凭借头脑中事物的具体形象进行思维。例如，在计算物体的数量时，中班幼儿可能不再需要用手指直接逐个点着去数，但是头脑中必须要有物体的具体形象，而不能依靠抽象的概念。他们只能知道几个苹果加几个苹果等于多

少个苹果的直观概念，但不能用抽象的数字概念解决几加几的问题。与此同时，中班幼儿的思维逐渐朝着抽象、逻辑和概念化方向发展。他们开始能够运用语言和符号进行思考和表达，开始具备一定的问题解决能力。通过思考和尝试，孩子们能够找到解决问题的策略，能够理解简单的因果联系，并进行简单的推理和判断。

在语言发展方面，4～5 岁幼儿的词汇量显著增加，他们能够使用更加丰富的词汇来表达自己的想法。同时，他们的语法能力逐渐提升，能够运用更加复杂的句子结构，并且能够正确使用不同的时态和语态。另外，幼儿的表达能力也有所增强，能够清楚地表达自己的思想和情感，并能够参与到简单的对话和交流中。

(二)社会性发展水平显著提高

4～5 岁幼儿自我意识增强，开始建立自我认知，开始意识到自己作为一个独立个体的存在。孩子们能够从以自我为中心的角度去看待周围的事物和人，并逐渐区分"我"和"他人"。他们开始能够识别自己的身体特征和个人喜好，了解自己的性格、优点和不足，并在这个过程中形成自我意识和自尊心。

4～5 岁幼儿开始学习控制自己的情绪，在与同伴发生争执或矛盾时，他们有时能够控制自己的情绪和行为。当然，他们并不能做到每次都调节好自己的情绪，偶尔也会出现情绪崩溃或发脾气的情况。同时，这个年龄段的孩子在情感表达能力方面逐渐增强，能够准确表达自己的情感和需求，并能够理解他人的情绪。

4～5 岁幼儿对环境的陌生感和畏惧感明显减少，他们开始喜欢与同伴进行互动和玩耍，并在游戏中学习遵守规则的经验。4 岁是游戏蓬勃发展时期，中班幼儿开始自己组织游戏(有规则意识)，他们不但爱玩，而且会玩，能够自己规定游戏主题，还能在游戏中逐渐与同龄伙伴建立稳定的友谊关系，并展现出同情心和合作精神。此外，他们也能够参与各种团体活动。同时，他们也开始体会到忌妒情绪，喜欢展示自己拥有的物品，能感受到强烈的愤怒与挫折。

中班幼儿身心发育趋于完善，规则意识开始萌芽，开始逐渐理解和遵守规则，能够按照规则进行游戏和活动，并能够接受成人的指导。例如，他们懂得洗手要排队、依次玩玩具以及不可以在室内大声喧哗等。然而，他们对事物的判断力还有待于发展，是非观念仍很模糊，往往不会通过自己的思维对是非做出清晰的判断，仅知道受表扬是好事，被批评是坏事，因此过于依赖成人，容易频繁出现"告状"的现象。针对中班幼儿"爱告状"的现象，教师要理解其行为背后的核心问题，并耐心引导他们通过具体案例学习面对问题、解决问题。此外，在进行教育教学活动中，教师应帮助幼儿逐步掌握判断是非的标准，帮助他们树立正确的是非观念。

拓展阅读

中班幼儿的"告状"

4～5 岁幼儿的思维具有明显的自我中心特点，他们在想问题时总是以自己的感觉为出发点，而不善于考虑他人的观点和立场，往往喜欢通过"告状"来寻求成人的支持和帮助。这种告状既是幼儿寻求心理平衡的表现，也是幼儿力求解决疑难问题的一种方式。

4～5 岁幼儿的告状特点如下。

① 初期的告状多是直接与个人密切相关，如被人欺负了，向教师告状，希望教师给予安慰并为其伸张正义。

② 具备了一定的行为规范意识，发现周围环境中的"不良现象"，易向教师告状和检举。

③ 与幼儿的个性密切相关。个性活泼开朗、外向、善于交往的幼儿属"检举型"幼儿；个性内向、胆小孤僻、不合群的幼儿则属"保护型"幼儿。

④ 告状会导致同伴关系的紧张。不管告状的性质和动机如何，告状的内容是什么，幼儿经常性的告状都会导致不友好的同伴关系。教师应正确对待幼儿的告状现象，耐心细致地加以引导，以促进幼儿身心健康成长。

（资料来源：陈泽婧，陈思慧. 幼儿园班级管理[M]. 长春：东北师范大学出版社，2023.）

📖 拓展阅读

学习控制愤怒

问题——幼儿在很小的时候学会控制自己的脾气很重要。随着成长，幼儿会更容易发脾气或不恰当地表达愤怒。

概述——控制愤怒对许多人来说都是一个难题。幼儿在小的时候，会经常发脾气和哭闹。有的幼儿可能缺乏适宜的成人角色来示范如何控制他们的愤怒。本书前面提到过，幼儿需要学会用语言表达他们的感受，但在此之前，需要先冷静下来，才能表达自己的感受。

目标——教会幼儿冷静下来，以便他们控制自己的愤怒。让幼儿学会用自我控制的策略取代愤怒的冲动。

技巧——帮助幼儿学会控制愤怒的步骤。具体如下。

(1) 向幼儿描述这个社会性技能。

比如，对他们说："我们生气的时候，也许会说出、做出伤害别人的事情。我们要做的是双臂交叉，深呼吸，并且说'控制'。"

(2) 让幼儿描述这个社会性技能。

比如，问幼儿："生气的时候，我该做什么？"

幼儿双臂交叉，深呼吸，并且说"控制"。

教师说："对，我双臂交叉，深呼吸，并且说'控制'。"

(3) 向幼儿示范该行为。

比如，对他们说："看我，看看生气的时候该怎样做。"(示范)

让幼儿告诉你，你生气的时候是怎么做的。

教师问："我有没有双臂交叉，深呼吸，并且说'控制'？"

幼儿回答："是的。"

教师说："对！我双臂交叉，深呼吸，并且说'控制'。"

(4) 幼儿向你示范该行为。

比如，对他们说："让我看看你生气的时候做什么？"

幼儿向你示范。

教师说："对！你双臂交叉，深呼吸，并且说'控制'。"

(5) 提供一个处理愤怒的积极例子，问幼儿你做得是否正确。

比如，教师问："我做什么了？"

幼儿描述你所做的事。

(6) 幼儿示范生气的时候做什么。

比如，教师说："让我看看你生气的时候要做什么？"

(幼儿展示)

教师说："很好！双臂交叉，深呼吸，并且说'控制'。"

(资料来源：Laverne Warner & Sharon Anne Lynch. 幼儿园班级管理技巧 150[M].

曹宇，译. 北京：中国轻工业出版社，2011.)

第二节　中班班级的管理要点

　　中班幼儿已经适应并喜欢上了幼儿园的集体生活，掌握了幼儿园各项活动常规，并在人际交往方面表现出明显的意愿和行动。他们拥有相对稳定的伙伴关系，并具备承担责任、完成任务的意识。本节将从班级管理目标、班级管理内容、班级管理方法等方面进行详细介绍。

一、中班班级管理目标

　　中班班级管理目标包括：培养幼儿的集体荣誉感，建立良好的中班班级常规，增强幼儿的自我管理能力和家园通力合作促进幼儿成长。

(一)培养幼儿的集体荣誉感

　　良好的集体荣誉感可以激发每一位幼儿为了集体荣誉，不怕困难，并因能为集体贡献力量而感到喜悦和自豪。培养幼儿的集体荣誉感，教师应创设良好的条件，通过各种活动和日常班级生活，让幼儿感受到自己是班级的一员，逐步培养孩子的集体荣誉感。例如，在幼儿园环境中开展互帮互助活动，擅长系鞋带的小朋友会帮助不会系鞋带的小朋友，而忘记携带物品的小朋友则会得到同伴的支援。此外，在国庆节等特殊的日子里，幼儿园可举行唱红歌活动，通过背歌词、学习舞蹈动作和排队形等一系列准备工作，幼儿反复地练习，努力为自己的班级做贡献，希望自己的班级表现最出色，这个时候，集体荣誉感一定在他们心中开始萌芽了。

(二)建立良好的中班班级常规

　　《纲要》提出，"科学、合理地安排和组织一日生活。建立良好的常规，避免不必要的管理行为"。中班班级良好生活常规的建立，不仅有利于幼儿从小建立规则意识，养成规范的习惯，而且有利于班级各项教育教学活动的顺利开展。教师应制定清晰的班级规则和纪律，教导孩子了解允许的行为和禁忌，并引导他们适应并遵循常规，鼓励他们遵守规则。小班班级常规更关注幼儿点点滴滴的生活细节，而中班班级常规重点则应放在学习和游戏规则的培养上。例如，上课发言先举手，避免上课期间频繁如厕，积极参加各项集体活动，游戏时既要表达自己的意愿又要遵守规则。

(三)增强幼儿的自我管理能力

随着幼儿年龄的增长，中班幼儿的自我管理意识逐渐形成和发展。幼儿自我管理能力的结构涵盖了基本的生活自理能力、初步的自我认知能力、情绪管理能力、自制力和坚持力、自我组织能力和自我调控能力。幼儿生活在班集体中，个人的行为与集体有着密切的关系，其自我管理能力决定着他们能否主动、积极地遵守规则。一旦幼儿的自我管理能力得以建立，他们能够以自律替代他律，自发地选择和参与活动，实现自我管理。因此，培养幼儿自我管理能力是教师工作的一项重要内容。从中班起，教师应尊重幼儿日益增长的独立需求，通过帮助和鼓励他们管理自己的行为，如整理班级物品、学习用品、遵守作息时间等，不断提升他们的自我管理能力(见图 3-1)。

图 3-1　幼儿整理班级物品

(四)家园通力合作促进幼儿成长

家园合作是促进幼儿健康、和谐发展的重要途径。中班班级管理中，家长工作尤为重要。家园双方应携手巩固幼儿的日常常规，提升交往技能，并指导幼儿自主、有序地开展活动，学习自我管理和控制。中班幼儿已经上过一年的幼儿园，家长对幼儿园的情况也有了一定的了解，因此中班时期家长工作的重心应放在多样化沟通上，确保家长了解孩子在班级中的表现和学习情况。例如，建议家长每天额外留几分钟进行交流，在家园对话的过程中，以交流和沟通为前提，帮助家长解决困难，并邀请他们参与到解决具体教育问题的实践过程中，以此传播现代教育理念和正确的养育方式，共同促进幼儿全面发展。

二、中班班级管理内容

根据幼儿园中班幼儿教育的目标和内容，中班班级管理内容主要包括生活常规管理和教育常规管理两方面内容。这两方面内容都是在小班常规管理的基础上对中班幼儿提出的进一步要求，目标仍然是巩固和培养幼儿的良好习惯。

(一)中班生活常规管理

根据中班幼儿的生理、心理特点和常规教育的规律，中班幼儿生活常规管理分为入园活动、盥洗活动、饮食活动、午睡活动和离园活动五个重点内容。

1. 入园活动

1)　幼儿常规

(1) 喜欢教师和同伴，以饱满的情绪来幼儿园。

(2) 能主动和教师、同伴问候，礼貌地向家长道别。

(3) 愿意接受晨检，并把自己不舒服的感觉告诉保健医生。

(4) 能够带齐所需要的生活、学习用品，不带危险的物品来园。

(5) 能擦洗自己的桌椅，有自我服务的意识和能力。

(6) 有一定的安全意识和安全认知，自觉遵守规则。

2) 保教人员工作指导要点

(1) 热情满满地接待每一位家长和幼儿，通过主动问好和鼓励性地评价幼儿的细微变化，使幼儿感受到教师的积极情绪及其对自己的关爱。

(2) 鼓励幼儿大胆向保健医生表达自己的感觉，说出不舒服的地方。同时，教师应对幼儿的异常表现保持敏感，并及时关注和处理。

(3) 当幼儿生病需要在园内服药时，教师必须确保了解幼儿的具体情况，并指导家长正确填好委托服药登记表。教师还需了解药品按照规定的时间和剂量安全服用，并妥善存放，避免幼儿接触。

(4) 要对幼儿的出勤情况做好记录，并及时与未入园的幼儿家长取得联系，了解幼儿未入园的原因。

(5) 需要对幼儿的服装更换、整理和自我服务活动进行观察，并根据幼儿的情况适当提供指导。

2. 盥洗活动

1) 幼儿常规

(1) 不留长指甲，养成饭前便后、手脏时及时洗手的习惯。

(2) 会自己挽袖子，会独立有序地洗手，会用自己的毛巾擦手并整理归位。

(3) 洗手时不湿衣袖、衣襟，不玩水，节约用水。

(4) 大小便能自理，会在教师指导下正确使用卫生纸。

(5) 知道漱口的好处，养成餐后用正确方法漱口的好习惯。

2) 保教人员工作指导要点

(1) 教育并引导幼儿懂得洗手对身体的好处。

(2) 引导并提醒幼儿用六步洗手法正确洗手。

(3) 教育幼儿节约用水，能控制水流大小，洗完手后要摘下毛巾擦干双手并挂回原处。

(4) 及时关注幼儿的洗手过程，如果发现有任何打闹、玩水等情况，应及时给予提醒和指导。

(5) 帮助幼儿洗完手后用正确的方法擦干双手，将衣袖放下，整理平整。

(6) 指导幼儿正确使用卫生纸。

(7) 教育幼儿懂得漱口能清洁口腔，保护牙齿，鼓励幼儿坚持饭后漱口。

3. 饮食活动

1) 幼儿常规

(1) 在集体饮水的基础上能做到按需饮水，每次饮水量在半杯以上。

(2) 进餐前应洗净双手，保持手部的卫生。

(3) 进餐时要保持坐姿端正，避免大声喧哗。

(4) 使用餐具时，要学会正确握持，尽量不要弄脏餐具。

(5) 吃饭时要慢慢咀嚼，避免快速咀嚼，以免引起呛咳。

(6) 吃饭时避免交谈，以防食物溅出来，保持餐桌卫生。

(7) 进餐完毕后，能做好自我服务任务，包括餐具分类并归还、餐桌擦干净，以及主动擦嘴和漱口。

2) 保教人员工作指导要点

(1) 检查餐具是否干净，并摆放整齐。

(2) 菜品应摆放在幼儿可触及的位置，便于幼儿自主选择。

(3) 不要强迫幼儿吃完所有食物，要尊重幼儿的饮食能力。

(4) 培养幼儿的餐桌礼仪，如不乱抓食物、不大声喧哗等。

(5) 对于具有食物过敏史的幼儿，必须避免其接触或摄入任何已知的过敏原。

(6) 在引入新食材时，应该逐渐引入，并仔细观察幼儿是否出现过敏反应。

4. 午睡活动

1) 幼儿常规

(1) 不带小物件进寝室，女孩会自己拆除发卡。

(2) 有独立、有序穿脱衣物的意识和能力，愿意帮助同伴完成。

(3) 快速、安静、独立地入睡，不打扰他人。

(4) 睡姿正确，不趴睡、不蒙头睡。

(5) 如果感到身体不适或有小便需求能及时告诉教师。

(6) 起床后能在教师的帮助下叠好被子，拉齐床单，将枕头放在叠好的被子上面。

2) 保教人员工作指导要点

(1) 为幼儿准备舒适的午睡环境，保持室内空气清新，温度适宜，拉好窗帘，调节光线。

(2) 组织幼儿参与散步、阅读、选择区域游戏或午睡前的小讨论等安静活动，使幼儿认识到睡前避免剧烈运动的重要性，帮助他们维持稳定的情绪。

(3) 提示幼儿主动将小物件集中收纳，避免午休时因玩耍发生意外。

(4) 指导幼儿独立穿叠衣服、鞋袜，并在固定位置摆放整齐。重点指导幼儿学习整理床铺。

(5) 指导幼儿正确盖好被子并保持良好的睡姿，有助于幼儿快速进入安静的睡眠状态。

(6) 全面关注幼儿的午睡情况，随时巡视，为蹬被子的幼儿盖好被子。

(7) 轻声提醒并照顾经常尿床的幼儿起床如厕，发现幼儿尿床要及时换洗、晒晾寝具。

5. 离园活动

1) 幼儿常规

(1) 保持一种稳定、愉悦的情绪等待家长来接。

(2) 会将玩具材料、椅子等收放整齐、归位，保持环境的整洁和有序。

(3) 主动与教师和小朋友道别，礼貌离园。

(4) 知道跟随家人离园，不独自离开，不跟陌生人走。

2) 保教人员工作指导要点

(1) 提醒幼儿整理好个人仪表及物品，并做好迎接家长的准备。

(2) 主动热情地接待家长，与家长简单交流幼儿在园活动、身体及情绪状态等。

(3) 指导幼儿收拾好玩具，放好桌椅，将带来的衣帽等穿好。

(4) 认真核对接送卡，亲手将幼儿交给家长，不得将孩子交给陌生人。

(5) 提醒幼儿在离开时与教师、其他小朋友道别。

(6) 清点幼儿人数，做好交班工作。

(7) 幼儿全部离园后，对活动室和睡眠室进行全面清扫和消毒，关好门窗、水电，并做好记录。

📖 拓展阅读

我会叠衣服

户外活动结束后，教师要求孩子把脱掉的外套放入收纳柜。但很多孩子并没有叠衣服，而是将衣服揉成一团塞进去。折叠衣服的方法教师已经告诉过孩子，可是总是会有部分孩子不能很好地掌握。怎样才能让他们快速地掌握折叠衣服的正确方法呢？教师灵机一动，为什么不让小衣服也来"做操"，用儿歌的形式引导幼儿呢？用儿歌的形式引导幼儿叠衣服，应该可以收到事半功倍的效果。

集体活动时，教师神秘地对孩子说："小朋友都会做操，今天，我们来当小老师，教我们的衣服来做做操，好吗？"

"两扇大门关一关，(将衣服铺平，拉链拉上/纽扣扣好)

两只胳膊抱一抱。(将两只袖子向内叠)

点点头，弯弯腰，(帽子内收，衣服对折)

捏起两边放放好。"(双手捏住衣服两边，摆放好)

孩子边读儿歌，边带领小衣服"做操"，学中玩，玩中学，在愉快的游戏中不知不觉地将叠衣服的技能学会。从此以后，每当孩子叠衣服的时候，总能听到愉快的儿歌声，衣服乱丢乱放的现象不见了，衣服叠得又快又好。

综上所述，对中班的幼儿来说，自理能力和动手能力还有所欠缺。上述案例中，教师发现部分幼儿未能掌握叠衣服的方法，便及时做出调整。生动形象、有趣的儿歌更容易吸引幼儿，极大激发了孩子的兴趣。另外，在幼儿掌握叠衣服正确步骤的同时，也锻炼了孩子的动手能力。孩子由原来的不会叠衣服、不愿叠衣服，转变为现在的积极主动要求叠衣服。在这个过程中，教师抓住游戏中的教育契机来培养幼儿良好的行为，收到事半功倍的效果。幼儿学会叠衣服，并不是活动的结束，而是通过幼儿的动手，提供给孩子积累大量生活经验的机会，同时让孩子在积极探索过程中，对自己的能力有充分的认识。

(资料来源：杨美男. 幼儿园班级管理[M]. 北京：清华大学出版社，2022.)

(二)中班教育常规管理

中班教育常规管理是保障幼儿在教育中获得知识、技能，掌握学习和做事的方法，发展科学思维，形成正确态度、情感和价值观的重要环节。中班教育常规管理的内容如下。

1. 维护周围环境的习惯

1) 幼儿常规

(1) 有维护环境卫生的习惯意识。能把生活、游戏、学习中产生的碎纸屑等垃圾放进垃圾箱。

(2) 有爱惜公共材料的习惯。轻拿轻放，活动结束后主动整理归位。

(3) 有遵守规则的习惯。不在室内乱跑、大声喧闹。

(4) 做好值日生工作的习惯。会照顾班级的自然角，会浇水、擦拭植物叶片，会为同伴分发碗筷，会整理擦拭玩具柜，会清洁地面等。

2) 保教人员工作指导要点

(1) 培养幼儿讲卫生习惯，懂得环境的美要靠我们自己去创造。

(2) 教育幼儿要爱护环境，激发幼儿做环境的小主人。

(3) 启发幼儿做一些环境卫生方面力所能及的事情，培养幼儿自觉爱护环境的良好习惯。

2. 参加集体活动的习惯

1) 幼儿常规

(1) 鼓励幼儿敢于参加集体活动，享受与同伴互动和分享。

(2) 教育幼儿能遵守集体活动的规范，外出时保持秩序，听从指挥，遵守纪律，并注意安全。

(3) 让幼儿在日常生活如洗手、喝水、游戏时养成排队和耐心等待的习惯。

(4) 激励幼儿积极参加集体活动，愿意动脑筋想办法帮助大家，为集体服务。

2) 保教人员工作指导要点

(1) 注重集体教学活动的有效性。

(2) 开展各种游戏活动，旨在创设一个"玩中学、学中玩"的环境。

3. 学习习惯

1) 幼儿常规

(1) 活动中能保持良好的身体姿势 (站姿、坐姿) ，能正确使用各种工具和材料，如握笔姿势、正确地使用剪刀和胶棒以及在工具使用中正确地搁置它们。

(2) 幼儿在集体活动中能安静、耐心倾听他人的意见；活动中不随便插话，学习在等待中轮流发言；能用清晰自然的语调完整、流畅地表达个人观点。

(3) 培养幼儿在活动中保持专注与认真的态度，鼓励他们能积极观察和思考，主动探索和发现新知识，并在规定的时间内努力完成各项活动任务。

(4) 教导幼儿爱惜教具和学习用品，避免将它们放进嘴里。

2) 保教人员工作指导要点

(1) 培养幼儿养成专注倾听的良好习惯。

(2) 激发幼儿热爱动手操作的兴趣。

(3) 引导幼儿成为善于观察、细致入微的人。

(4) 注重培养幼儿学习的热情和探究的兴趣，鼓励他们勇于举手发言。

三、中班班级管理方法

幼儿行为习惯的养成遵循超早性(越小培养越易养成)、渐进性(由少到多、由易到难的过程)和反复性(习惯需要无数次的重复才会内化为无意识的行为)的特点。中班幼儿虽然已经具备一定的习惯基础，但仍处于幼儿园阶段"最难管理"的年龄段。因此，根据他们的年龄特点采取相应的管理策略，对中班的班风建设和幼儿行为习惯等常规形成至关重要。

1. 榜样示范法

"榜样的力量是无穷的"。榜样示范法正是运用正面的榜样或反面的典型来为幼儿树立正确的道德规范和行为准则，为幼儿提供正确的范例。这些榜样既可以是生活中的成人或幼儿，也可以来自文学作品中的形象。通过对榜样事例的认同评价，为幼儿建立明确的行动示范，进而使他们在日常生活中主动学习和模仿。例如，歌曲《猪小弟》刻画了一个不爱洗澡、不讲卫生、找不到游戏伙伴的猪小弟形象，孩子尤其喜欢其中的旁白句"脏死啦，走开"，常常会边唱边做出相应的动作。这种形式生动有趣，有效地帮助幼儿理解"养成勤洗澡、讲卫生好习惯"的道理，不需要教师再额外强调。

2. 生活流程模式化

确保一日生活的流程及同步信号的稳定性对于幼儿至关重要，有助于幼儿清楚地了解每个活动环节的时间、顺序和内容。这种稳定性使幼儿能够为后续活动做好心理准备和物质准备，从而使整个活动如行云流水般顺畅有序。在这个过程中，幼儿也慢慢学会自我管理。例如，教师和幼儿一起制作一日活动流程图(无论是幼儿画，或幼儿梳理、教师图文)，在制作过程中幼儿对各环节的顺序有了清晰的了解，会随时根据图表(如课程表)相互提醒并调整活动行为。这种方法既能实现幼儿管理的自主性，也能减轻教师的管理负担。

3. 图表管理法

图表管理法即运用幼儿易理解的图文、照片、表格、符号等多种元素组合形式，对幼儿的日常活动进行辅助管理的方法。例如，为了鼓励幼儿养成每天晚上与父母一起进行亲子阅读的好习惯，教师可以设计"我是小书虫"的记录表，让幼儿每天早上入园时根据自己的阅读情况亲自记录。

4. 随机教育法

一日生活皆是教育的机会，幼儿的年龄特点和个性差异决定了一日生活中的游戏、教学、运动等各个环节都蕴含着教育的契机。教师要将《纲要》和《指南》熟记于心，并通过观察分析，及时捕捉这些教育契机，挖掘教育价值，不断创建有利于幼儿学习与发展的教育课程。例如，在户外活动时，教师通常亲自从一米高的栅栏球筐里取出球给幼儿。然而，一次偶然听到某幼儿嘟囔"我能自己拿出球"后，教师便将取球的任务交给了孩子。于是，孩子各显神通：有的用腿伸进去够球，有的找来扫帚拨球，有的向大班哥哥姐姐求助，还有的专门在球筐前等待帮忙取球……这个看似简单的任务分配，实际上解放了幼儿的思想，让他们自由动手尝试，同时也打破了教师的固有思维。教师观察到，幼儿在取球的过程中，出现了独立解决问题、向同伴学习、建立合作联盟等多种的学习方式。这样的互动，促进了教师与幼儿的共同成长。

第三节　中班班级管理案例及分析

一、中班师幼关系管理案例及分析

妈妈，我要留长头发

中三班的妞妞一直都是老师和妈妈眼里的乖孩子。但是奇怪的事发生了，一天，回家之后妞妞吵着让妈妈给她留长头发，而且很坚决地说明天就要长头发，要是没有长头发就不去幼儿园了。看见这样的妞妞，妈妈奇怪极了，孩子是一头利落的短发，精神又漂亮，怎么会突然想要留长头发了呢？而且这长头发也不是一夜之间就能长出来的呀。

第二天，带着疑惑的妞妞妈妈去找了妞妞的老师。经过与老师的一番交流与沟通，老师大致地了解了妞妞妈妈的意思。但是老师刚开始也很纳闷，在幼儿园里并没有什么特别的事情发生。妞妞妈妈走后，老师仔细思考了一下，最后想到了原因。原来，每天中午孩子都要午睡，午睡起床后，老师让长头发的小朋友站在面前，一个一个帮她们梳好头发。妞妞是短头发，所以每次她都是站在旁边看着。老师并没有注意到这一点，直到今天妞妞妈妈来说起这件事，她才意识到孩子想要的是什么。老师找到答案后便欣慰地笑了。

同样又是一个午休后的梳洗时间，中三班的孩子都起床了，老师按照惯例给长头发的小朋友梳了头发，在这之后，老师还让短头发的小朋友也到老师身边，细心地给这些短头发的小朋友也梳了几下头发，接着还轻轻抚摸着这些小朋友的头。于是，细心的老师发现，妞妞开心地笑了。

(资料来源：秦旭芳. 幼儿园管理的困惑与抉择——从"案例搜集"到"案例剖析" [M].北京：科学出版社，2013.)

在日常生活中，我们往往会把幼儿教师与幼儿园联系在一起，而不把家长与家庭联系在一起。那么，在当前强调家园合作的背景下，我们如何将幼儿园教育与家庭教育紧密结合起来呢？如果说幼儿园是此岸，家庭是彼岸，那么孩子无疑是连接这两岸的美丽桥梁。只有当两岸携手合作，共同扶持，这座桥梁才会稳固地架设起来。因此，在这一前提下，建立一个和谐、平等、民主的师生关系，就如同孩子健康成长的关键支点，显得格外重要。

案例中的妞妞露出了笑容，那么，是什么让妞妞笑了呢？笔者猜想大家都已经心中有数。在教师眼中，梳头发的举动是很平常的动作，但对孩子来说，是一种亲密的表现，是爱的呵护。妞妞渴望的并不是长头发，而是教师的关爱和抚触。这正是我们的孩子所期待的，在他们稚嫩的心灵中，教师的微笑及爱抚和妈妈的一样，是那么令人向往。

幼儿期(3～6岁)是孩子情感发展和进行情感教育的重要时期。儿童情感的出现和发展要比语言出现得早，也更早地起作用。孩子的信任感、自主感和主动感均产生于学龄前期，如果在此时期孩子的情感未能得到培养，将会给孩子情感的发展造成不良影响。孩子虽然涉世尚浅，但他们对情感世界的领悟，对"爱"与"情"却非常敏感，渴望他人对自己的爱和关心。这位可爱的幼儿教师，用她的行动温暖着孩子的心，在每天的工作中，与孩子进行着情感的交流，为孩子的心田播撒下爱的种子。

幼儿的情绪变化速度快且直接，当他们遇到不愉快或不顺心的事情时，往往会表现出"闹情绪"的行为，在这种情况下，教师应及时进行反思，找到问题的根源。然后，教师可以通过恰当的引导，如讲故事、进行交流等方式，鼓励和肯定幼儿的积极进步，从而增强孩子的自信心。这样不仅能够帮助幼儿保持愉快的情绪，还能促进他们良好情感的形成。

二、中班环境创设管理案例及分析

德瑞克的故事

阿德金斯老师从幼儿入园第一天起就开始注意他们对教室环境的反应。她的班级空间并不像她希望的那么大，但她想办法布置了几个兴趣中心，她知道4～5岁的幼儿一定会喜欢，如娃娃家、积木区、阅读区、拼图和操作区、美工区、发现桌等。班里只有12名幼儿，这些活动区能为幼儿提供充分的选择以满足他们的兴趣，特别是当阿德金斯老师定期更换材料时，更能引起幼儿的兴趣。

德瑞克从学年初就成为阿德金斯老师的关注点。他看上去是个开心的孩子，他的穿着打扮也很适合班级活动。他每天来园也很准时，妈妈说他很喜欢幼儿园的环境。但德瑞克看上去似乎并不想加入其他同伴中。尽管集体活动时他能跟别人坐在一起，但他几乎不参加讨论。当他要说些什么的时候，就会走到阿德金斯老师面前私下跟她说，通常他会表现出超出同龄幼儿的知识。在区域活动时间，他更像一个观察者而不是一个游戏者。他本身并不是问题儿童，但阿德金斯老师想帮助他变得更具有社会性。

(资料来源：Laverne Warner & Sharon Anne Lynch. 幼儿园班级管理技巧 150[M]. 曹宇，译. 北京：中国轻工业出版社，2011.)

阿德金斯老师采取的第一个策略是与德瑞克的妈妈进行交谈。通过交谈了解到，德瑞克是家中的长子，而他的弟弟在德瑞克入园前不久刚刚出生。德瑞克的妈妈表示，在德瑞克 4 岁之前，他很少有机会跟年龄相仿的男孩一起玩耍。她经常花时间跟德瑞克讨论各种话题，因此他的知识面相当广泛。这是德瑞克第一次进入幼儿园。阿德金斯老师认为，德瑞克不擅长与人交流，可能是因为他缺少与其他幼儿互动所需的社会技能。

每天早晨，德瑞克一到幼儿园，老师就开始跟他交谈，鼓励他加入其他孩子已经在进行的游戏中。为了帮助德瑞克更好地融入集体，老师还邀请了经验丰富的幼儿帮助他参与到游戏中。此外，老师还创造了一套配对方法，用在孩子离开教室前往户外运动的时候。每次，她都安排德瑞克与社交能力较强的幼儿一起行动。老师还策划了集体活动，引导孩子讨论如何交朋友以及每个人在发展社会关系中应承担的责任。

此外，阿德金斯老师让德瑞克的妈妈在家也组织一些社会活动，如邀请同学一起去公园玩耍或者共同享用冰激凌。最终，阿德金斯老师注意到德瑞克变得更加友好，不再依赖老师来寻求友谊。德瑞克所需要的，只是在他这个年龄进行社交互动和结交朋友的指导。

三、中班幼儿问题行为管理案例及分析

布兰达的故事

布兰达在秋天加入斯波特老师的班级，不久就开始咬人。4 岁的幼儿一般不咬人，经过调查其家庭情况后，老师开始理解为什么布兰达咬人了。事实上，布兰达的父母很关心他，他们无法解释这个行为。斯波特老师召开了家长会，她能确定布兰达攻击性行为的根源来

自变化。

在布兰达 6 个月大的时候，一对都有工作的夫妇领养了他，他成为他们唯一的孩子。放学后，布兰达待在亲戚家里，那里有几个年长的孩子。所有的孩子，包括女孩儿，都很粗鲁，经常吵吵闹闹。布兰达为了反抗他们，就用咬人或者打架来寻求保护。因为咬人是他熟悉的，当他进入幼儿园后就用咬人来表达情绪。斯波特老师开始相信：布兰达咬人的行为是受到这些有攻击性的年龄较大的幼儿的欺负，缺乏与其他幼儿的积极互动引起的。

最初，布兰达咬人很轻，大部分幼儿能够让自己躲开他的牙齿。但是几周后，斯波特老师观察到有几个幼儿是布兰达的新目标。尽管把布兰达叫到一边谈了咬人的危险，但随着时间的推移，布兰达咬人的行为变得更严重了。斯波特老师采取了积极的措施，密切观察布兰达，帮助他避免消极的咬人行为。

但布兰达还是咬人了。帮助幼儿理解社会互动是每个幼儿教师的责任，但是，跟布兰达谈论失去朋友或者帮助他意识到自己伤害了他人这些都不能改变他。有的幼儿能保护自己，而另外一些幼儿很容易被咬并且每天都成为他的目标。

斯波特老师接下来的计划是在布兰达每天早上开始咬人之前进行干预。每当布兰达到达幼儿园，斯波特老师都会向他问好，并将他带到一旁，耐心地告诉他不要咬人。斯波特老师教导布兰达说："对自己说，'不要咬！不要咬！'"然后，他会引导布兰达重复这句话，这样做比较有效。在大多数的早晨，这个策略都能奏效，布兰达似乎有所改善。然而，每到上午 11 点，自我谈话的办法似乎不再有效，斯波特老师注意到布兰达又开始表现出要咬人的迹象，特别是当接近午餐时间的时候。

斯波特老师很有耐心，每周都与布兰达的父母进行讨论。一天早上，在忙碌的班级活动中，斯波特老师决定采取更为坚定的措施，因为布兰达在短短 30 分钟内咬伤了 3 名幼儿。他安排了与布兰达家长开会。在会议中，他们制订了以下计划。

(1) 布兰达每周接受幼儿园专门咨询师的会话治疗。

(2) 每当布兰达咬人时，家长会把他带回家，并耐心地向他解释，因为他咬人的行为，他暂时失去了待在幼儿园玩耍的权利。布兰达很喜欢幼儿园，这种把他从幼儿园带走的做法最终成为有效的纠正措施。

几个星期后，布兰达的行为有了显著的改善。虽然在代班老师或幼儿园常规教学被打断的时候，他偶尔会出现退步的情况，但咬人的行为已经大幅减少，几乎不再发生。在学年结束的时候，斯波特老师很高兴地发现，布兰达咬人的行为已经消失了。而且在接下来的一年，布兰达的老师也报告说，他在班级中从未有过咬人的行为。

（资料来源：Laverne Warner & Sharon Anne Lynch. 幼儿园班级管理技巧 150[M].
曹宇，译. 北京：中国轻工业出版社，2011.）

四、中班沟通技巧管理案例及分析

奥利弗的故事

"不，不是这样！"奥利弗大声尖叫。他常这样哭闹，伴随着"不""我不要""你不能让我这样"。玛莎是这些 4 岁幼儿的老师，她被奥利弗激怒了。不管她如何努力来奖励奥利弗，他都不遵守规矩。后来，奥利弗开始跟她讨价还价，玛莎意识到自己落入陷阱了。要求做什么事情的时候，奥利弗会问他能不能去他要求的活动区，不是老师而是奥利弗在设定标准。

玛莎意识到她花了太多时间来约束奥利弗，他的行为限制了班里其他幼儿的进步。把奥利弗送到"反思椅"上类似于一场斗争，必须有人看着他。他的花招儿越来越多，行为也越来越恶劣。奥利弗的妈妈被叫到幼儿园，她是流着泪来的。奥利弗的爸爸离开了她，留下了两个年幼的孩子，没有人知道爸爸去哪儿了。她的工作薪资微薄，如果因为奥利弗的行为而不能工作的话，她就无法挣钱了。

玛莎跟奥利弗的妈妈进行了谈话，她意识到这位妈妈在遭受丈夫抛弃后，挣扎于失望、对两个幼小孩子的责任和经济问题之中，几乎没有家人和朋友可以帮助她。奥利弗的妈妈说两个儿子的爱让她坚持下去，她会用各种可能的办法帮助奥利弗。

（资料来源：Laverne Warner & Sharon Anne Lynch. 幼儿园班级管理技巧 150[M]. 曹宇，译. 北京：中国轻工业出版社，2011.）

玛莎用了一个星期在幼儿园观察奥利弗，并记录下他的消极行为。她注意到，奥利弗的消极行为和对活动的抗拒反而赢得了许多关注。同时，奥利弗表现出了想要控制班级活动的强烈愿望。通过家长会，她了解到奥利弗在家中通常只有在表现出不良好的行为时才会得到成人的关注。对奥利弗而言，他已经习惯了成人这种消极且否定的关注方式，并且似乎还很享受这种关注。为了更深入地了解奥利弗，玛莎还特别观察了他在自由活动时间的活动选择。

在对奥利弗的观察结果以及从家长会获得的信息进行分析之后，玛莎制订了一个计划。她认识到，奥利弗其实是一个内心感到不安的小男孩。她需要做的不是简单地下命令，而是要让自己的指导充满活力，努力使孩子的学习变得有趣和令人兴奋。此外，她还意识到，为了让奥利弗与自己合作，她的声调和表情必须是积极愉快的。

接下来，玛莎决定无论需要奥利弗做什么事情，都为他提供选择的机会。例如，让他决定是使用油画棒还是铅笔，选择红垫子还是蓝垫子，以及站在队伍后面还是前面。她意识到，提供的选择必须具有发展适宜性，并且限制在两项以内。此外，玛莎还让奥利弗参与选择班级活动，这样做能使他得到大量来自教师和同伴的积极的关注。

玛莎了解到奥利弗不愿意尝试新的班级任务。因此她决定采取几种策略。她使用了高成功概率的要求，将新技能嵌入到奥利弗熟悉的技能中，这样他就能在没有压力的环境中体验成功。她还使用了合作完成任务的方式，轮流分配任务："你做第一件事，然后我做第二件事，接着你做第三件事，我再做第四件事。"此外，她还引入了"奶奶的规则"：只有完成了指定任务，才能去活动区玩耍。玛莎意识到"奶奶的规则"与奥利弗的讨价还价(他要求具体的回报和条件)或贿赂(提出不合理或有害的要求)是有本质区别的。虽然这样确实要花费许多额外的时间，但是与处理奥利弗的消极行为相比所花费的时间已经少多了。同时，这些策略也能帮助其他幼儿。

玛莎的最后一个策略是从每天奥利弗进入班级开始就给他大量积极的关注。她发现，如果奥利弗能在一天中早早得到积极的关注，他就不会感到丧失了关注而诉诸消极行为。通过所有这些策略，奥利弗取得了很大的进步。仍然有困难的时候，玛莎会与奥利弗的妈妈沟通。她了解到有时候，奥利弗夜里睡得晚了，还有的时候，与同伴的争吵为奥利弗一天的消极情绪奠定了基础。玛莎意识到，奥利弗的消极回应仍然会出现，但是频率已经极大减少。伴随着她的积极态度、教学策略的改变以及与家长的沟通，她不再与奥利弗陷入权力斗争。她知道奥利弗会成为她无法忘记的幼儿——他教会了自己许多东西，关于幼儿，也关于自己。

本 章 小 结

中班幼儿一般指年龄为 4～5 岁的幼儿。中班是幼儿园三年教育中承上启下的阶段，进入中班标志着幼儿的身心发展进入了一个新的阶段，幼儿的生理和心理发展表现出多种特点，他们的个体差异开始显现，他们的能力和兴趣也开始多样化。全面了解中班幼儿的年龄特点，并以此为依据开展适宜的班级管理，将有助于幼儿的综合发展。

中班幼儿已经适应并喜欢上了幼儿园的集体生活。他们掌握了幼儿园各项活动常规，在人际交往方面表现出了明显的兴趣和积极性，结交了较为稳定的伙伴，并且开始展现出承担责任、完成任务的意识。中班班级的管理要点包括管理目标、管理内容以及管理方法等方面。

中班班级管理目标包括培养幼儿的集体荣誉感，建立良好的中班班级常规，增强幼儿的自我管理能力和家园通力合作促进幼儿成长。

根据幼儿园中班幼儿教育的目标与内容，中班班级管理内容主要包括生活常规管理以及教育常规管理。在班级管理方法上，中班班级主要采用榜样示范法、生活流程模式化、图表管理法以及随机教育法。

思 考 与 练 习

一、名词解释

攻击性行为　榜样示范法　图表管理法

二、简答题

1. 中班幼儿的身心发展特点有哪些？
2. 中班班级管理目标有哪些？
3. 中班生活常规管理的内容有哪些？
4. 中班教育常规管理的内容有哪些？

三、论述题

1. 教师如何做好中班班级的管理工作？
2. 请结合实际阐述如何与幼儿进行有效沟通。

实 践 课 堂

分析下面教师回应幼儿告状的方法，教会并帮助告状的幼儿解决问题。

处理幼儿的告状

(1) 埃里森走到教师面前说："玛蒂打我。"

教师回应："告诉玛蒂你不喜欢被打！"

(2) 凯特林报告说杰米说了脏话。

教师回应："你有没有告诉他这样讲话在教室里是不合适的？"

(3) 拉里跟教师说："林安偷了我的铅笔。"教师问："你看到她偷你的铅笔了？"他说："是。"教师让他去跟林安说，让她把铅笔归还。

(4) "德文没在造桥！"艾比告状了。

教师回应："提醒他积木区的规则。"

(5) 巴内特从操场上回来后宣称："乔伊说了脏话，老师！"

教师回应："他说脏话的时候，你对他是怎么说的？""我告诉他这不是一个好词！""你真棒！"

有效班级管理的要点：帮助幼儿在处理班级问题时更有决断性，而不是靠告状。

(资料来源：Laverne Warner & Sharon Anne Lynch. 幼儿园班级管理技巧 150[M]. 曹宇，译. 北京：中国轻工业出版社，2011.)

一切为了孩子，为了孩子的一切。

——陈鹤琴

第四章　大班幼儿的班级管理

课程目标

知识目标：学生通过学习大班幼儿身心发展特点的基础理论，理解大班班级管理的核心要点和管理目标，阐述大班幼儿生活常规管理、教育常规管理，以及幼小衔接管理的具体内容。

能力目标：学生能够根据大班幼儿的身心发展特点与管理要点，进行详细的案例分析，掌握有关"幼小衔接"阶段物质环境管理及家长工作管理的关键措施，并在实践过程中深化对大班幼儿班级管理策略的理解，从而提升管理大班幼儿的实际操作能力。

素质目标：通过案例分析与讨论，学生应深刻体会大班幼儿班级管理与幼儿自我管理的重要性，刷新教育与管理的观念，并确立科学的管理思维。

核心概念

幼小衔接　幼儿的自我服务能力　幼儿自主管理能力

引导案例

新学期，"新开始"
——大班幼儿生活常规管理

经过一个寒假的休息，大班幼儿迎来了新的学期。教师注意到，由于假期生活的放松，孩子变得有些懒惰和拖拉。很多孩子尚未从假期的作息习惯中调整过来，开始出现睡懒觉的现象。孩子到达幼儿园的时间从 7:30 延续到 9:30，时间上的不一致扰乱了幼儿的正常作息，影响了他们的正常学习，也不利于他们未来适应小学生活。

大班幼儿已具备自我管理与自我服务的能力，但有的孩子由于生活常规管理意识不强，未能严格遵守幼儿园的作息时间制度，特别是在假期结束或在周末休息日后，这种现象尤为明显。在班级管理中，教师经常对准时到园的幼儿给予口头表扬，对迟到的孩子进行言语指导，但准时到的孩子总是那么几个，而迟到的孩子仍未调整好自己的作息时间。考虑到他们就要进入小学，教师对他们在校期间的自我管理能力感到担忧。如何激励孩子早起到园，并积极参加晨间活动，已成为教师需要解决的问题之一。

（资料来源：佚名. 2012. 谈"幼小衔接"指导的新策略[EB/OL].
http://www.diyrfamwvenwans.com. [2012-08-23].）

案例分析

这个案例向我们展示了大班幼儿自我生活常规管理的一个成功范例。案例中，大班幼儿显示出自我管理意识较弱、尚未养成自觉遵守时间的习惯。入园标志着幼儿集体生活的开端，同时，也是保教工作中最为繁忙的环节之一。如果幼儿没能及时入园，可能会影响幼儿在园一日的游戏与学习质量。因此，培养幼儿遵守时间观念和生活常规意识，对于他们形成良好的行为习惯至关重要。教师应当更新教育与管理观念，避免单纯依赖说教形式的管理方法，因为这可能会影响幼儿进入小学后良好生活习惯的养成。

学习指导

本章的重点是分析5～6岁年龄段大班幼儿身心发展特点，以及大班班级的管理目标、管理内容和管理方法。在学习的过程中，首先要仔细阅读教材，以掌握相关的理论知识。其次，应结合自己的学习经历，深入理解如何有效地做好大班班级的管理工作。最后，通过案例和教学实践活动，掌握管理大班班级的有效策略。

我国幼儿园基本都是按幼儿的年龄进行分班，这样可以根据各年龄段幼儿的不同身心发展特点进行保教，同时也有利于班级管理的顺利开展。本章将详细介绍大班幼儿的管理。幼儿园大班班级管理是幼儿教育的重要组成部分，也是一项艰巨而细致的工作，需要教师的智慧引领和艺术处理，从而促进幼儿的全面、健康、和谐发展。

第一节　大班幼儿的身心发展特点

大班幼儿一般指年龄为5～6岁的幼儿。大班是幼儿在园的最后一年，作为幼儿园"毕业班"的幼儿，他们经过小班、中班两年的成长，长大了许多，不论是身体还是心理均表现出特有的"显著的成熟"迹象。同时，幼儿园大班也是幼儿从幼儿园进入小学的转折阶段，他们的主要活动将要从游戏转向学习。作为大班的教师，要全面了解大班幼儿的年龄特点，并协助他们完成从幼儿园向小学的顺利过渡。

一、大班幼儿的生理发展特点

(一)身体素质稳步发展

大班幼儿的身体素质与中班幼儿相比有了显著的提升。他们的身体持续发展，身高和体重与中班时期相比都有了明显的增长；骨骼的骨化程度提高，变得更加坚韧，富有弹性，但同时也更容易出现弯曲变形或骨折，因此需要特别注意安全教育和防护；肌肉重量大约占体重1/3；皮肤的表皮层比较薄，易在受伤后感染，因此需要及时清理伤口和进行消毒。此外，免疫功能尚未完全成熟，对传染疾病的抵抗力较弱，因此要引导和教育大班幼儿增强自我防护意识。

大班幼儿的脑结构已相对成熟，接近成人水平。他们的大脑兴奋性提高，导致睡眠时间缩短而活动时间延长。同时，大脑抑制过程也得到发展，使自控力增强。然而，皮质的兴奋与抑制过程尚未完全平衡，兴奋仍占优势，因此在成人的指导下，他们能够安静下来做某些事情，并在一定程度上控制自己的行为。教师可以充分利用这一特点，引导幼儿进行自我监督和管理。此外，大班幼儿精力旺盛，爆发力强，对体育活动充满兴趣，一般能连续行走20～30分钟。在参加集体的徒步活动中，他们可以坚持走4公里左右。不过，由于肌肉相对柔软，他们容易感到疲劳，因此不宜过长时间参与高强度的活动。

大班幼儿正处于换牙期，成人要培养他们良好的口腔卫生习惯，并普及必要的换牙知识。例如，不用舌头舔刚长出的新牙，不要咬铅笔、尺子等硬物，以免导致牙齿排列不整齐等。

(二)动作能力迅速发展

5～6岁幼儿在动作技能、速度、耐力、灵活性和平衡性等方面明显优于中班水平。在粗大动作发展方面，他们的大肌肉动作变得更加敏捷。例如，他们能够更加自如地进行行走、奔跑、跳跃、爬行、投掷和攀登等活动。此外，他们也更喜欢具有挑战性的游戏及活动，善于利用轮胎、梯子、平衡木等器械来设置障碍，并且尝试提高难度，共同完成挑战，游戏中竞赛的特点凸显。

在精细动作技能方面，大班幼儿的手部小肌肉功能显著提升，他们能够更加灵活地控制手腕和手指。手眼协调能力也得到加强，孩子乐于尝试更为复杂的手工活动，操作技能水平持续提高。例如，他们能够用剪刀剪出复杂的图案和窗花，用橡皮泥捏出动物的五官、羽毛和花纹等细节，按照折纸图示制作出复杂的作品，用画笔完成复杂的线条描绘，以及用铅笔书写数字和姓名等。

二、大班幼儿的心理发展特点

(一)认识活动有意性增强，逻辑性逐渐发展

5～6岁幼儿注意力的持续时间明显增长，有意注意力逐渐得到加强，并开始形成初步的任务意识。他们能够在一项任务上集中注意力更长时间，更好地完成需要持续专注的活动。例如，听故事、做手工、拼图等，通常能够集中注意力10～15分钟。同时，他们的自我控制能力有所提升，能够从一个任务转移到另一个任务，并能够同时关注多个任务，抗干扰能力逐渐增强。在需要忽略干扰信息的任务上，他们的表现明显优于中班阶段的幼儿。然而，他们更容易受到外界刺激的干扰，注意力的分散性增强。当周围环境发生较大变化或有突发事件时，他们容易分心，难以集中注意力。因此，在教育教学中，需要提供一个相对安静和稳定的环境，以帮助他们更好地集中注意力。

5～6岁幼儿的观察目的性有所提升，他们能主动地观察周围感兴趣的事物，如植物发芽和树木生长的变化、蚕宝宝和蝌蚪的生育过程等，并能掌握一些基本的观察方法。在记忆方面，他们的有意记忆能力也有了明显的发展，能够主动记忆所学的内容或成人布置的任务。在记忆过程中，他们会采用反复记忆、通过意义进行识记等记忆策略。

5～6岁幼儿开始逐渐发展抽象逻辑思维能力，他们能根据事物的本质属性进行初步的

概括和分类，分析理解事物间的因果关系、包含关系以及类别关系等，认识分辨能力开始形成。孩子的求知欲和探索欲很强，他们常常会提出"这是什么？""为什么？""怎么做？"等问题，并且能够通过自己的思考、分析和推理给出相应的答案。他们喜欢动脑筋，对富有创造性的活动感兴趣，如猜谜语等。

5～6 岁幼儿随着思维的发展，能够清晰地发出全部音素，语言的连贯性不断增强。他们逐步摆脱对表象和形象的依赖，开始将语言作为思维的工具。内部言语在自言自语的基础上逐渐形成，言语对行为的调节功能也在逐步发展。孩子的词汇量迅速增加，言语表达能力明显提高，能较清楚、连贯甚至带有表情地描述事物，讲述得生动而形象。他们能够较好地使用语言与同伴和成人进行沟通交流，自信地表达个人的观点和主张。此外，孩子开始对文字符号产生兴趣，会创造自己想象中的文字符号，并能较为独立和专注地阅读图书，理解能力在不断提升。

(二)社会性发展水平明显提升

5～6 岁幼儿在自我评价、自我体验和自我控制等自我意识发展方面取得了显著进步。在大班，幼儿的自我评价逐渐从依赖成人的评价转向独立自主的评价。成人的评价不再是他们认识自我的唯一标准。当他人的评价与幼儿的自我评价发生冲突时，他们不会轻易妥协，而是会提出自己的辩解。同时，幼儿对自己的评价也变得更加多元，他们既能看到自己的优点，也能正视自己的不足。例如，在绘本故事《佩泽提诺》的活动中，幼儿能够坦诚地进行自我评价，如"我画画和做手工都很棒，但我不喜欢运动"等。此外，大班幼儿的自我控制能力也不断增强，他们的规则意识和坚持性明显优于中班幼儿。例如，在大班后期的学习活动时间逐渐接近小学的上课时长；在大班毕业前的活动中，要求幼儿不能随意活动，如喝水、如厕等，幼儿基本都能做到。

5～6 岁幼儿的情绪稳定性和有意识性进一步增强，他们对情绪的控制能力也得到了提升。同时，大班幼儿情绪反应在社会性方面进一步加强。他们希望引起他人的注意，尤其是渴望得到心目中的权威人物的认可，同时也希望与同伴一起游戏并建立起较为稳定的友谊关系。在这一时期，他人的态度和行为会直接影响幼儿的情绪反应。例如，成人的表扬会让他们感到欣喜和高兴，而同伴的拒绝会让他们情绪低落。幼儿对情绪的理解已经比较全面，不仅对高兴等积极情绪具有较好认知，对吃惊、伤心等消极情绪的认知也有了显著的提升。相对而言，他们对高兴、伤心、好奇的识别能力较强，而对害怕、讨厌和生气的识别能力则相对较弱。此外，他们还能够理解混合情绪。例如，即将到来的暑假，他们既能感受到假期带来的欢乐，也能体会到与同伴分离的遗憾。幼儿能够根据他人的感受来调节自己的情绪表达，决定表达还是掩饰自己的真实情绪，并且能够运用语言、图画、音乐、舞蹈等多样手段来表达自己的各种情绪和情感。

5～6 岁幼儿逐渐形成了一些比较稳定的情感，他们的道德感进一步丰富、分化并变得更加复杂，同时也具备了一定的深刻性和稳定性。6 岁左右的幼儿已经具备了较为强烈的爱国主义情感、集体主义情感、义务感、责任感、互助精神，以及对其他同伴、父母、教师的爱。此外，还有自尊感和荣誉感等。同时，他们能够进一步理解自己的义务，认识到履行义务的意义和必要性，并对自己是否履行义务和完成义务的情况有了进一步的体验。体验的种类也在不断细化，不仅包括愉快、满意或不安等情感，还产生了自豪、尊敬以及害羞、惭愧等复杂情感。义务感的范围也不断扩大，不仅限于对自己亲近的人，而且扩展到自己的班集体、幼儿园等社会环境。

5～6岁幼儿在与人交往时开始表现出更加独立和主动的社交行为，社交技能逐渐增强。幼儿开始学习如何与他人建立和维持关系，并进行有效的沟通以及解决社交冲突。例如，他们可能会学习如何分享玩具、合作游戏以及处理争吵等。同时，他们开始理解并遵守更多的社交规则，如轮流发言、耐心等待和尊重他人的意见等。此外，他们也开始学习如何在社交活动中保持礼貌和适当的行为举止，并明确自己的社交喜好。例如，他们可能会对特定的人或活动产生浓厚的兴趣，并愿意与那些有共同兴趣的人进行交流。在交往的过程中，他们在关注自己行为的同时还能够主动做到与他人合作，向同伴学习、讨论。当遇到共同的兴趣和目标时，他们会开展一定程度的分工与合作。

📖 拓展阅读

满足幼儿的社会性需要

问题： 幼儿的社会性互动与教室中的学习活动同等重要。

概述： 吉米海姆斯是一名学前教育工作者，他说："2岁幼儿最好的玩具是另一个2岁幼儿。"幼儿在社会交往中从对方身上学习，并且认识到社会性与智力活动一样重要。帮助幼儿获得所需的社会技能有两条最佳策略：提供充分的社交时间和示范社交技能。

目标： 让幼儿参与社会性活动，有效地学习社会交往技能。

技巧： 如何满足幼儿的社会性需要，下面有一些参考建议。

(1) 提供充足的游戏时间(包括室内和室外)，幼儿会自然地与他人发生互动。

(2) 当幼儿通过游戏来区分谁是需要帮助才能加入游戏的幼儿时，在旁进行观察。

(3) 向幼儿示范社会性行为(正式和非正式的)。

(4) 在集体活动中谈社会性行为。

(5) 通过手偶向幼儿示范适宜和不适宜的技巧，让幼儿说出哪种是适宜的，并说说为什么。

(6) 偶尔可以让社交技能好的幼儿与社会性有待发展的幼儿配对，这样有利于社交技能弱的幼儿的社会性发展。

(7) 阅读介绍社会交往技能的儿童图书。例如，马克斯•菲斯特的《彩虹鱼》，劳里•克拉斯尼的《怎样交朋友》。

(8) 向幼儿演示消极社会性行为的后果(如一个幼儿打了老师，老师可以假装哭起来)。

有效班级管理的要点： 学习社会技能也需要时间，对年幼孩子的发展要保持耐心。

(资料来源：Laverne Warner & Sharon Anne Lynch. 幼儿园班级管理技巧150[M].
曹宇，译. 北京：中国轻工业出版社，2011.)

第二节　大班班级的管理要点

大班幼儿除了保持在小班和中班养成的基础习惯外，还面临着幼儿园与小学衔接的挑战。因此，在大班阶段，要围绕幼小衔接的目标，循序渐进地做好班级管理工作，避免出现环境、作息时间调整、教学活动安排上的"突变"现象，以免让幼儿感到困惑和不适应。本节将从班级管理目标、班级管理内容和班级管理方法等方面进行详细介绍。

一、大班班级管理目标

在大班阶段，班级管理的主要目标是顺利完成幼小衔接的相关准备工作。在此过程中，特别需要重视对幼儿管理能力和自我服务能力的提升，帮助他们学会如何管理自己的行为、日常生活以及个人物品。同时，增强幼儿的人际交往能力和适应能力，为他们即将升入小学并适应充满挑战性的新环境做好充分的准备。

(一)有效实施幼小衔接教育

幼小衔接是指幼儿园和小学这两个相邻教育阶段之间在教育上的顺畅过渡，是对幼儿进行有目的、有计划的社会适应性和学习适应性教育。这一过程旨在确保幼儿在入学前具备良好的身体和心理准备，以减缓两个教育阶段的过渡坡度，从而实现幼儿园与小学教育的无缝对接，形成一个连贯的整体。

幼儿园时期采用以游戏和能力发展为主的教育方式，而小学教育则侧重于正规的课业学习和静态知识的掌握，两种教育方式的差异要求儿童调整身心状态来适应新的学习环境，这种适应的调整正是幼小衔接的主要任务。大班幼儿的身心发展具有独特的特点，如果幼小衔接处理不当，可能会导致幼儿身体、心理和社会适应性方面的多种问题。例如，易感到疲惫、食欲不振、精神状态不佳，心理压力大，自卑，厌学，社会适应性差，不敢与人交流，不愿意与同学沟通等。因此，有效实施幼小衔接教育对于儿童的成长至关重要。

(二)提升幼儿的自我服务能力

幼儿的自我服务能力，是指幼儿日常生活中照料和管理自己的行为能力，这包括独立生活能力和自理能力等。这种能力是每个幼儿应当具备的最基本生活技能。著名教育家陈鹤琴先生曾提出，"凡是儿童自己能做的，应当让他自己做"。《纲要》也明确指出，要培养幼儿具备基本的自我服务能力。

大班幼儿在经历了两年的幼儿园生活之后，已经掌握了一些基本的自我服务能力。例如，穿脱衣裤、鞋袜；整理玩具、床铺；独立进行盥洗和进餐等。然而，幼儿园教师必须高度重视幼儿自我服务能力的发展，并有目的、有计划地进一步提升他们的自理能力。例如，教师可以引导幼儿学会整理自己的书包，因为一个小小的书包不仅承载着大班幼儿对小学生活的期待，也是他们自理能力提升的一个重要标志，图 4-1 所示为大班幼儿整理书包比赛现场。此外，还可以鼓励幼儿在幼儿园和家中做一些力所能及的劳动，让他们体验劳动的乐趣和劳动所带来的成就感。

图 4-1　大班幼儿整理书包比赛

(三)增强幼儿的人际交往能力

人际交往是每个人都必须面对的重要课题,对于大班幼儿来说,它尤其是一项需要特别关注和重视的任务。在大班中,同伴间的合作关系、友谊互助以及相互之间的看法和评价对幼儿的学习和生活有着直接的影响,并且在他们个人的成长和发展中扮演着重要的角色。幼儿教师应积极地帮助大班幼儿建立良好的合作和互助关系,以便他们更有效地完成团队任务。同时,教师应主动地帮助和支持幼儿在集体活动中建立友谊,赢得同伴的尊重和信任,并不断提升自己的社交能力和人际关系处理技巧。

(四)培养幼儿良好的学习习惯

大班是幼小衔接的关键阶段,在这一时期,帮助幼儿养成良好的学习习惯显得尤为重要。大班幼儿面临着从以游戏活动为主的幼儿园生活向以学习活动为主的小学生活的过渡,这一转变需要较长时间适应和磨合。为了帮助幼儿顺利完成幼小衔接,大班教师应从思想和心理上及早做好准备,并着力培养幼儿良好的学习习惯,为他们即将到来的小学学习生活乃至未来的人生奠定坚实的基础。

大班教师应重点培养幼儿的学习兴趣,激发他们的好奇心和学习热情;提升幼儿的注意力,鼓励他们勤于动脑、积极思考;引导幼儿遵守学习纪律,培养他们的学习主动性、积极性和持之以恒的精神。同时,教导幼儿在学习过程中能够与同伴互助、合作和分享。大班幼儿学习习惯的具体培养目标包括:熟练掌握各种学习用品的使用方法;做好学习前的准备工作及学习后的整理工作;培养对阅读的喜爱,并乐于把优秀的书籍推荐给同伴;提高对事物的鉴赏能力和审美能力;在语言表达时,能够做到语意明确,声音洪亮,发音清晰。

二、大班班级管理内容

根据幼儿园大班幼儿教育的目标和内容,大班班级管理内容包括幼小衔接管理、生活常规管理和教育常规管理三个方面。生活常规管理和教育常规管理方面的内容是在中班常规管理的基础上对大班幼儿提出的进一步要求,其目标依然是巩固和培养幼儿的良好习惯。

(一)大班幼小衔接管理

为了围绕幼小衔接有效地进行班级管理,首先需要清楚地理解幼儿园教育与小学教育之间的主要区别。只有这样,在日常管理中才能既保持幼儿园教育的特色,又能为孩子顺利过渡到小学生活做好全方位的准备。

1. 幼儿园教育与小学教育的差异

幼儿园教育与小学教育虽然同属于基础教育的范畴,但两者之间存在着较大的差异。这些差异主要源于教育对象在不同成长阶段的身心发展特征和需求不同,这就导致儿童在从幼儿园进入小学时需要面临生活和学习方面的显著变化。具体差异体现在以下几个方面。

(1) 教育性质。幼儿园教育与小学教育有所不同,幼儿园教育不属于义务教育的范畴。义务教育具有普及性和强制性等特点,要求家长必须送子女入学接受小学教育。相比之下,幼儿园教育目前尚不具备强制性，家长可以根据自己的意愿自由选择是否让孩子接受幼儿园教育。

(2) 教育内容与组织形式。幼儿园教育注重保育与教育相结合，全面关注幼儿的一日生活，并以主题活动的形式整合各个领域的学习内容，将一日活动转化为课程。活动形式主要以游戏为主，注重幼儿身体健康、认知能力、社会性以及情绪情感等各方面的发展。在丰富多彩的游戏活动中，幼儿通过实践学习、玩耍学习来积累经验、提高能力。因此，相对来说，幼儿园教育更具有启蒙性和基础性的特点。

小学教育以教学为主，重视系统知识的传授，采用分科教学的方式，注重将系统化、体系化的科学文化知识传递给学生。这类学习内容通常要求学习者具备一定的抽象思维能力，以便更好地理解和吸收。活动形式主要以集体教学为核心，学生通过上课和听课来掌握基础知识和技能。

(3) 作息制度。幼儿园教育强调"保教并重"，在全天的园所生活中，集体活动时间通常控制在1~2小时，其余时间主要用于生活活动和游戏活动。一日活动虽有特定的环节安排，但并非完全固定，相对而言，在生活作息时间上没有过于严格的规定，生活节奏安排井然有序。

小学教育主要以课堂教学为核心，每天安排4~6节课，每节课都有固定的时间安排。例如，每节课持续40分钟，课间休息10分钟，以铃声作为上课和休息的信号。因此，在一日作息安排上，小学教育有严格的规定和铃声提示，具有较强的约束性。

(4) 师生关系。幼儿园教育遵循"保教结合"的原则，这一要求决定了其特殊的教育人员配置。教育工作者的职责更为全面，他们不仅负责幼儿的教育工作，还需承担起保育职责，时刻关注幼儿的身心发展。无微不至的照料使幼儿与教师之间的互动更加频繁，幼儿也因此对教师产生依赖感。这样的互动促进了师幼关系的亲密性、和谐性和温馨性。

在小学阶段，学生的学习任务相对较重，与教师的互动主要发生在课堂上。课下，学生进行自由活动，而师生之间互动主要关注学习情况。此外，随着小学生生理和心理的相对成熟，他们不需要教师像幼儿园教师那样全面负责生活起居。因此，师生之间的关系相对疏远，更加理性和严肃。

(5) 教育环境。幼儿的学习主要通过各类活动来进行，因此，幼儿园应当提供丰富的教学材料和具有较强互动性的教育环境。幼儿园的活动室主要由各种功能区角构成，配备了大量有趣且易于操作的材料，并辅以富有艺术性的设计，从而为幼儿营造了丰富多样、自由探索且充满美感的教育环境。

进入小学后，学生的教育环境则更加规范和固定，教室里的陈设主要包括黑板、讲台、教学辅助工具和课桌椅等，不再配备玩具、手工等教学材料及设备。此外，教室内不再设置多个功能区角供学生自由探索，墙面装饰也更为简约，整体营造出一种更为严肃的学习氛围。

2. 幼小衔接教育的误区

提到幼小衔接，我们很容易想到幼儿园教育小学化问题。幼儿园教育小学化是指幼儿教育的管理、教学模式及内容上过分偏重小学阶段的教学特点，注重知识的传递而忽略了幼儿的生理及心理发展需求。这种做法倾向于直接向幼儿传授小学阶段才应该接触的具体教科书知识。它强调对幼儿进行知识的"灌输"，而忽视了幼儿在游戏中的主动探索和学习，以及对幼儿语言能力、数理逻辑能力、初步的音乐欣赏能力、身体运动能力、人际交往能力、自我评价能力、空间想象力、自然观察能力等多元智能的全面发展。

受生源压力和家长期望的影响，很多幼儿园将幼小衔接等同于"小学预科班"，即将幼儿园教育小学化。这种做法违背了幼儿身心发展的特点和学前教育的规律，导致大班幼儿承受了不应有的巨大学习压力，严重危害了幼儿的健康和全面发展。具体表现在以下几个方面。

(1) 活动组织小学化：重视集体教学，采用小学教育传统的班级集体授课制度对幼儿进行教学。在这种课堂模式中，重视教师的讲授，强调幼儿以听讲为主要学习方式。单调的集体授课要求幼儿认真听讲，不允许说话，导致幼儿长时间听讲，活动机会少，忽略了小组、个别指导和自由活动等多样化的组织形式，忽视了游戏在教学中的重要作用，这种做法严重违背了幼儿身心发展特点。

(2) 活动内容小学化：倾向于过分强调智力教育，将小学课程内容提前引入幼儿园，开设了写字、拼音、数学运算、英语等课程，过早要求幼儿掌握小学阶段的语言、运算等基础知识与技能。这种倾向轻视了通过游戏、艺术和日常生活来培养幼儿的性格、习惯、品德和兴趣爱好。同时，它忽视了对幼儿兴趣的培养，不重视品德和艺术等教育活动，未能充分考虑幼儿的年龄特征及其身心发展水平。

(3) 学习方式小学化：重视知识的灌输，主要采用教师示范讲解、幼儿倾听和记忆，以及机械性练习的方式而忽视幼儿自主探索的重要性以及"做中学、玩中学"的学习方式。此外，这种倾向忽略了游戏在教学中的关键作用，以及环境创设的重要性。同时，它也忽视了创设与教育内容相适应的教学情境，这些情境对于激发幼儿的求知欲望至关重要。

(4) 评价方式小学化：重视迎合家长需求，将幼儿在幼儿园获得的知识量作为评价教学质量的主要依据和标准。这种做法通过幼儿掌握多少拼音、汉字数量，背会多少儿歌，甚至通过考试来评价幼儿的表现。它过于重视学习结果，而忽视了学习过程，忽视了对幼儿身体健康、心理健康、行为习惯等方面的指导和评价。

(5) 活动设备"小学化"：表现在教室的设备和布置与小学无明显区别，仅创设了适应小学教育的环境，而缺乏专为幼儿游戏和活动设计的场地及设施。

拓展阅读

德国的哈克教授根据观察和研究指出，处于幼儿园和小学衔接阶段的儿童，通常存在断层问题，主要包括以下几个方面。

(1) 关系人的断层。孩子进入小学后，必须离开"第二个母亲"——幼儿园教师，而去接受要求严格、学习期望高的小学教师，这让孩子倍感压力和负担。

(2) 学习方式的断层。小学正规的学科学习方式与幼儿园游戏学习、探索学习和发现学习的方式区别较大，给孩子的适应造成很大的困难。

(3) 行为规范的断层。在幼儿园被认为是理所当然的个人需求，在小学不被重视。孩子必须学会正确地认识自己，融入集体，他们以往的感性将逐渐被理性和规则控制。

(4) 社会结构的断层。孩子进入小学后需要重新建立新的人际关系，结交新同学，寻找自己在团体中的位置并为班级所认同。

(5) 期望水平的断层。进入小学后,家长和教师都会寄予孩子新的更高的期望和压力。

(6) 学习环境的断层。幼儿期从自由、活泼、自发的学习环境转换为学科学习、有作业、受教师支配的学习环境,孩子容易陷入不注意状态或学习障碍。

(资料来源:侯娟珍. 幼儿园班级管理[M]. 2 版. 北京:北京师范大学出版社,2022.)

(二)大班生活常规管理

围绕"科学进行幼小衔接,避免小学化倾向"的原则,大班生活常规管理不仅需要幼儿园有目的、有计划地进行准备工作,更需要家长的理解与积极配合。根据大班幼儿的生理和心理特点以及常规教育的规律,大班幼儿生活常规管理分为运动习惯的养成、时间观念的培养、自我服务能力的培养及为他人服务能力的培养四个重点内容。

1. 运动习惯的养成

1) 幼儿常规

(1) 热爱运动,乐于与成人和同伴一起参与各种形式的体育锻炼活动。

(2) 掌握正确的行走、奔跑、跳跃、钻爬、平衡和投掷等基本运动技能,动作逐渐变得协调、灵活并具有持久性。

2) 保教人员工作指导要点

(1) 确保幼儿每天有 2 小时的户外活动时间,通过组织有序、计划明确的集体活动和自由选择活动等方式,让幼儿参与户外运动。

(2) 提供多样的运动器械,以帮助幼儿提高动作技能和身体素质。

(3) 组织亲子运动会等家园互动活动,让幼儿体验竞技体育项目的快乐,同时促进家庭体育运动的普及和发展。

(4) 鼓励家长积极参与幼儿园组织的亲子活动和各类运动项目,为幼儿树立积极参与运动的良好榜样。

2. 时间观念的培养

1) 幼儿常规

(1) 养成早睡早起的习惯,按时到园,不迟到、不早退。

(2) 学习观察时钟,以便更好地管理时间。

(3) 在规定的时间内完成既定的任务,避免拖延和拖沓。

(4) 培养上课的纪律意识,明白课间休息时应该优先处理如上厕所、喝水等个人事务(特别强调在接下来的两个月内重点实施)。

2) 保教人员工作指导要点

(1) 与家长达成共识,统一幼儿的作息时间,如早上入园时间和晚上睡觉时间。

(2) 设计并准备幼儿入园签到表,培养幼儿有规律的作息习惯,避免迟到和随意请假。

(3) 在一日活动中引导幼儿学习观察时钟,了解时间。

(4) 与幼儿共同制作一日生活流程图,使其熟悉各项活动的时间、顺序及内容。

(5) 在大班阶段,引导幼儿自主完成简单作业后,再自由游戏。

(6) 通过小组竞赛等形式,强化幼儿的任务意识和纪律性。

(7) 组织幼儿参观小学,让幼儿对小学生活有初步的了解。

(8) 与幼儿共同制定课堂规则，明确课堂上可以进行的活动和禁止的活动。

(9) 上课时间逐渐延长，固定在 40 分钟左右。

(10) 调整课间休息时间，与小学同步，增加自由活动时间，让孩子知道下课是属于他们的游戏时间，并学会独立游戏或与同伴合作游戏。

(11) 教师应避免布置涉及知识、技能的书写和背诵作业。

(12) 指导家长合理安排幼儿的家庭作息时间。

(13) 指导家长为幼儿准备闹钟，培养幼儿早上定时起床的习惯。

(14) 鼓励家长在日常生活中和幼儿一起学习时间管理。

(15) 指导家长每晚安排固定的亲子阅读时间。

(16) 与家长及时沟通，确保家长了解课堂教学的基本要求。

(17) 指导家长在睡前提示幼儿整理好第二天要用的物品。

3. 自我服务能力的培养

1) 幼儿常规

(1) 学会识别自己的物品并进行标记；保持个人物品的整齐摆放，不随意丢弃。

(2) 能够独立穿脱衣服、系紧或松开鞋带。

(3) 培养幼儿自主洗手、饮水和上厕所的习惯(在最后两个月内，幼儿需自带水壶)。

2) 保教人员工作指导要点

(1) 设置衣物整理区域，同时要求幼儿自行整理衣物并放置于固定的位置。

(2) 组织幼儿进行系鞋带和整理衣物的技能比赛。

(3) 大班最后两个月，要求幼儿在上课时间不饮水、不上厕所，提醒并督促幼儿利用课间及时饮水。保育员需随时为幼儿准备好的水壶添水。

(4) 在大班的最后两个月，提醒家长为幼儿提供水壶，以便他们自备饮水。

(5) 指导家长在家中开展家庭整理活动比赛，以增强幼儿的整理能力，并养成整理习惯。

(6) 指导家长为幼儿准备适合的运动鞋和运动服装，以便幼儿参与体育活动。

4. 为他人服务能力的培养

1) 幼儿常规

(1) 照顾自己。

(2) 维护环境。

2) 保教人员工作指导要点

(1) 通过值日生工作，鼓励幼儿完成他们能力范围内的任务。

(2) 指导家长放心让幼儿尝试并完成他们力所能及的事情。

(三)大班教育常规管理

大班教育常规管理旨在确保幼儿在教育过程中培养良好的学习习惯、社交习惯以及安全意识，为他们顺利进入小学阶段做好准备。具体内容如下。

1. 倾听习惯的养成

1) 幼儿常规

(1) 集体活动中，幼儿应能够认真、专注地聆听讲解，并能根据要求采取相应的行动。

(2) 在与他人交流时，幼儿应注视对方的眼睛，认真、专注地听取对方的话语，并做出相应的响应(要求能够立即完成所指派的任务)。

(3) 幼儿应能够认真倾听并记住重要的指示，在规定的时间内完成任务(要求能够延长一些时间来完成所指派的任务)。

2) 保教人员工作指导要点

(1) 教师要养成说完整话的习惯，并有意识地培养幼儿在听完一句话或一段话后再去执行。在初始阶段，建议让幼儿练习复述所听到的内容。

(2) 组织倾听游戏，如蒙眼游戏、传话游戏和分级复述游戏，以提高幼儿的倾听和理解能力。

(3) 委托任务：有意识地指派幼儿个人或小组去完成一些任务，如帮助教师从办公室取物品、传递信息等。

(4) 布置任务：包括口头传话任务、要求幼儿独立完成的任务、需要家庭合作完成的任务以及简单的书面作业，如书写数字、绘画等。

(5) 利用微信等平台，及时组织家长进行交流分享，家园合作共同增强幼儿的任务意识。

(6) 指导家长了解幼儿园布置任务的形式和意义，家长在前期的提醒和引导有助于幼儿养成记录作业的习惯和意识。

(7) 鼓励家长及时通过微信等途径向教师反馈幼儿任务完成的情况，并与其他家长进行交流分享。

2. 阅读习惯的养成

1) 幼儿常规

(1) 爱惜书籍，避免随意乱涂乱画。

(2) 了解目录的作用，学习通过看目录查找相应的页码。

(3) 培养阅读的兴趣。

2) 保教人员工作指导要点

(1) 教育幼儿在阅读过程中爱惜书籍，不要折叠、撕扯或随意涂画，若发现有破损图书应及时进行修补。

(2) 充分发挥目录的功能，引导幼儿学会如何利用目录进行查找。

(3) 培养幼儿全神贯注地阅读图书的习惯，并鼓励他们与他人分享和讨论图书中的内容。

(4) 为幼儿建立阅读记录本，鼓励他们成为热爱阅读的"优秀小书虫"。

(5) 指导家长为幼儿提供适宜的阅读环境，并定期与孩子共同阅读，如睡前故事等。

3. 书写习惯的养成

1) 幼儿常规

(1) 能够坚持使用正确的坐姿和握笔姿势进行书写活动，如书写数字等。

(2) 能够正确书写自己的姓名，并有意识地在学习用品上用姓名做标记。

(3) 培养记录作业的意识和基本技能(适用于大班的最后两个月)。

2) 保教人员工作指导要点

(1) 向幼儿示范正确的书写姿势，并及时提醒他们保持。同时，展示如何在桌面上正确摆放文具，以便于书写活动。

(2) 鼓励幼儿使用他们能理解的符号来标识学习用具或书写自己的名字；每天离园前，引导他们检查学习用具是否齐全。

(3) 向幼儿示范正确的作业记录格式，并鼓励他们用自己的方式记录作业。例如，通过绘画和使用图标等。

(4) 指导家长为幼儿设立专门的学习空间，包括书房、书桌和护眼灯等设施。

(5) 指导家长提醒幼儿正确的书写姿势。

(6) 指导家长为幼儿准备作业记录本，并鼓励他们与幼儿分享作业记录本中的故事。

4. 学习用品整理习惯的养成

1) 幼儿常规

(1) 认识到自己的学习用品属于个人所有，他人无权在未经允许的情况下私自使用；若需借用他人物品，必须先征得对方的同意。

(2) 识别自己的学习用品，并知道其正确的摆放位置。同时，应爱惜学习用具，做到轻拿轻放，避免损坏。

(3) 学会整理自己的书包，能够合理分配书包内的不同空间，有条理地归置各种学习用品。同时，应掌握正确背书包的方法。

2) 保教人员工作指导要点

(1) 开展集体活动。例如，"认识我的学习用品"活动，旨在帮助幼儿了解学习用品的名称和用途；通过"我的小书包"活动，让幼儿理解分类归置的重要性，并进行实际操作练习。

(2) 共同制定规则，明确学习用品的摆放位置。例如，规定书包应统一放置在活动室的固定位置等。

(3) 开展评比活动，如举办"谁的书包最整齐"等竞赛，以激发幼儿整理书包的兴趣。

(4) 指导家长与幼儿共同整理学习空间，并固定物品的摆放位置，以养成良好的整理习惯。

(5) 指导家长为幼儿准备合适的书包，注意选择背带设计科学、结构牢固的书包，并确保书包有合理的空间布局，包括专门的笔袋、水杯和卫生纸等存放位置。

5. 交往习惯的养成

1) 幼儿常规

(1) 见到教师和认识的人时能够主动并礼貌地打招呼。

(2) 能够向他人进行自我介绍，清晰地表达自己的名字和基本信息。

(3) 遇到困难时，能够自信勇敢地表达自己的愿望和需求。

(4) 碰到矛盾或分歧时，能够与同伴通过协商来解决。

(5) 讲文明，懂礼貌，自觉遵守集体生活中的各项规则和要求。

(6) 与人交往时表现出友好的态度，对他人表示同情和关心，并乐于提供帮助。

2) 保教人员工作指导要点

(1) 开展集体活动，如"有礼貌的孩子"，旨在帮助幼儿培养文明行为，并养成礼貌待人的习惯。

(2) 在餐前或区域活动前，鼓励幼儿进行自我介绍，内容包括姓名、年龄、就读幼儿园和班级、兴趣爱好等。

(3) 鼓励幼儿在遵守规则的同时，遇到特殊情况能够及时解决。例如，上课期间如有身体不适，应举手并礼貌地告知教师："老师，打扰一下。"

(4) 邀请幼儿参与制定活动规则，并定期组织幼儿讨论和评价活动规则。

(5) 开展集体谈话活动，并在一日活动中观察幼儿的行为，及时进行引导和教育。

(6) 利用文学作品中的人物进行示范教学，善于发现并表扬幼儿在日常生活中的榜样行为，并进行及时的分析和评价。

(7) 指导家长以身作则，见到熟人主动打招呼，并跟孩子一起练习自我介绍。

(8) 指导家长认真倾听孩子的需求，并根据情况合理地予以满足。

(9) 指导家长在孩子间发生冲突时，避免直接干涉，让孩子有机会自己解决问题。

(10) 指导家长与孩子共同制定家庭规则，并一起遵守，家长要在日常生活中为幼儿树立榜样。

6. 安全习惯的养成

1) 幼儿常规

(1) 了解保护眼、耳、口、鼻等身体器官的重要性，并掌握正确的保护方法，如不把异物放入口、鼻、耳中。

(2) 记住父母的姓名、职业、工作单位，以及家庭住址和紧急联系方式。

(3) 不要随意与陌生人交谈；避免让他人碰触自己身体的私密部位；独自在家时不要给陌生人开门。

(4) 能较熟练地识别较常见的安全标志(包括指示标志、禁止标志和警告标志)。

(5) 掌握基本的饮食起居安全常识，确保日常生活的安全。

2) 保教人员工作指导要点

(1) 组织专门的集体活动，邀请具有不同职业背景的家长志愿者进入班级与幼儿进行互动。

(2) 利用新闻和其他影像资料让幼儿懂得自我防护的重要性和相关方法。

(3) 利用故事、儿歌等文学作品帮助幼儿记忆必要的安全防护措施。

(4) 通过"实战演练"等活动评估幼儿的防护意识及能力。

(5) 采用情境模拟的方式，培养幼儿具备安全的能力。

(6) 灵活运用集体活动、区域活动等形式，教导幼儿辨别常见的安全标志。

(7) 指导家长与孩子进行交流，关注幼儿园测评表格中孩子的表现和进步。

(8) 指导家长为幼儿准备牙刷和漱口杯，鼓励并监督幼儿每天早晚刷牙和饭后漱口。

(9) 指导家长定期为幼儿普及安全常识，提高他们的安全意识。

(10) 指导家长在生活中有意识地引导幼儿认识安全标志，并随时进行安全常识的教育。

三、大班班级管理方法

大班幼儿经过两年的幼儿园教育后，已经养成了很多良好的行为习惯。随着年龄的增长，他们的自制力和是非辨别能力也逐渐提升，这些进步为教师和家长继续培养幼儿更多优良习惯创造了有利条件。与小班和中班相比，大班班级管理面临更加艰巨的任务，不仅要完成幼儿园保育和教育的基本任务，还要为幼儿幼小衔接做好准备工作。因此，在班级管理中，运用正确的方法是这些任务顺利完成的有力保障。在实践中，教师与保育员可以考虑运用以下方法进行有效的班级管理。

(一)激发幼儿的主动性，鼓励他们尝试自主管理

幼儿自主管理，是指幼儿通过自己的意识与行为来认识和支配外界环境的管理过程。对于大班幼儿来说，培养他们成为班级的小主人，从被动管理转变为主动积极地参与管理，是实现幼小衔接的重要途径之一。大班幼儿的年龄特点决定了他们已经具备了一定的自我管理能力，幼小衔接的任务也体现了幼儿园大班培养幼儿自主管理能力的必要性。

大班教师可以引导幼儿进行以下方面的自主管理。首先，幼儿要熟知本班级一日活动的流程，并根据时间自主调整个人及同伴的行为。其次，幼儿需要具备团队合作意识，理解活动需要通过集体讨论和分工合作来完成，并能与同伴一起为某个主题制定计划和方案；幼儿应积极主动参与制定班级活动规则，并在活动过程中完善规则和相互监督，确保规则得到有效执行。例如，在大班的自然角创设活动中，教师向小朋友提出问题："新学期开始了，咱们班的自然角应该如何布置呢？我相信小朋友们肯定有很多好主意。让我们分组讨论，提出建议，然后我们就按照小朋友们的建议来实施！"小朋友在教师的指导下讨论、收集种子、寻求种植方法、分组实践等，忙得不亦乐乎。

(二)注重教育的渗透性，不失时机地进行随机教育

在幼儿园阶段，注重在日常生活中的教育时机，进行随机教育，对培养幼儿良好的习惯具有重要作用。在大班阶段，幼儿在一日生活中，仍可能会出现各种各样的问题。虽然他们已经开始尝试独立解决问题，不再像中班时期那样喜欢告状，但他们仍然需要教师的指导和帮助，从而进一步积累经验，培养分析问题和解决问题的能力。

教师在处理幼儿的问题时，应遵循"认真倾听原委、提出解决建议、鼓励幼儿自主解决、评价解决方案、推广解决经验"的原则。这样做可以让幼儿在解决问题过程中实现语言表达、深思熟虑、情绪调节等多元目标，从而逐渐提升自主管理的能力。例如，有一次，一位幼儿为班级带来了一大盒蚕宝宝，随着蚕宝宝逐渐长大，桑叶的供应开始紧张，幼儿因此非常焦急，向教师寻求帮助。教师对幼儿说："我们都希望能尽快地解决这个问题，但是依靠老师一个人的力量是有限的，大家集思广益，想想还有什么办法能帮到蚕宝宝？"幼儿积极响应，提出很多建议。很快地，他们提出了"通过微信群向家长寻求帮助"和"周末轮流将蚕宝宝带回家照顾"等办法。蚕宝宝喂养活动结束后，教师用照片和影像资料与孩子一起分享了蚕宝宝喂养活动的快乐和经验等，为孩子将来的类似活动提供了宝贵的经验支持。

(三)发挥示范作用，以正面强化为主要手段

大班幼儿自我意识正在逐渐增强，他们能够对自身进行评价，并且开始关注自己在同伴和成人心目中的形象。他们渴望自己的优点得到认可，同时希望避免自己的不足之处被

他人看到。

教师应当了解并掌握大班幼儿的心理特点，在对幼儿集体进行评价时，应主要采用表扬和鼓励等正面的强化手段。例如，小班幼儿如果尿湿了裤子，可能会大声求助："老师，我尿裤子了，感觉湿湿的，能帮我换一下吗？"而大班幼儿在同样的情况下，可能会有羞耻心而采取掩饰"我没有尿裤子，是因为太热了，所以出了好多汗！"面对幼儿的敏感问题，最好能个别处理，一对一解决，避免伤害幼儿的自尊心。避免使用"总是最慢的，无论如何努力都快不了"等话语，防止幼儿形成消极自卑的自我认知。

(四)注意计划性，组织和开展一系列主题活动

开展系列主题活动"我要上小学了"，这个主题活动应该是覆盖大班整个学年的幼小衔接计划的核心内容。除了日常的常规培养之外，还应该开展以下五个小主题的系列活动。

(1) 主题活动"我是时间小主人"：通过让幼儿每天自主地在出勤表上签到、在固定时间完成相应任务等活动，帮助他们建立严格的时间观念，为即将到来的小学生活做好时间管理的准备。

(2) 主题活动"我的好朋友"：通过制作名片给好朋友、共同演童话剧、相互访问家庭、周末相约玩耍等活动，让幼儿感受友谊的重要性，并学习与朋友交往的基本原则和技巧，为进入小学后快速结识新朋友和适应新环境打下基础。

(3) 主题活动"我是运动小健将"：通过各种体育活动，教会幼儿如何拍球、跳绳等，旨在帮助幼儿进入小学后缓解学习压力，积极参加集体活动，培养幼儿运动兴趣与能力。

(4) 主题活动"我的小书包"：通过认识书包的功能、学习如何背负和整理书包等活动，教导幼儿如何分类和整理学习物品，培养幼儿"自主整理书包，每日必做"的好习惯。

(5) 主题活动"参观小学校"：通过邀请小学生来幼儿园进行互动交流、采访小学生、参观小学(见图 4-2)、参加升旗仪式和课堂体验等活动，让幼儿了解小学的日常生活，激发他们对小学生活的向往和成为优秀小学生的愿望。

图 4-2 幼儿参观小学

第三节 大班班级管理案例及分析

一、大班"幼小衔接"物质环境管理案例及分析

"幼小衔接"大班主题墙设计与制作

本学期，大班的主要内容是幼小衔接。幼小衔接是幼儿园与小学之间的桥梁，园中所有大班都要通过环境创设来为孩子营造一个"我要上小学"的氛围。那么这个主题的环境创设内容有哪些呢？怎样打造环境才兼具实用与美观呢？这是让很多大班教师头疼的问题。

1. 认识小学

小学是什么样子？我心中的小学是什么样子的呢？幼小衔接的环境创设先从认识小学开始(认识小学)。首先，幼儿要了解幼儿园和小学到底有哪些不同？本学期开学初，幼儿园组织了一次参观小学的活动。参观完小学后，教师引导孩子一起讨论幼儿园与小学的不同(幼儿园和小学有什么不同，并以此为主题，组织了一次集体教学活动："一样 VS 不一样")。

然后，我想知道小学生是什么样子的。如果自己成为小学生，我应该怎么做？我班教师以"如果我成为小学生应该怎样做"为主题组织了教学活动。

另外，由于大班的孩子下半年即将步入小学，附近小学也会邀请周边或附属幼儿园来校体验，开展"小学体验日"(参观小学)活动，那么如何将体验日活动与孩子的创作结合起来呢？可以让孩子把自己体验的小学画下来或者拍摄照片，然后贴到主题墙上，这样不仅装饰了教室，还能更好地去激励孩子，如"我眼中美丽的小学"。小学里教师和幼儿园教师会不一样吗？在主题墙的边角，可以设置一块以"我喜欢小学的什么呢""快乐的课间十分钟"为主题的区域，让孩子去想象小学教师的样子，并画出来，然后贴上去，使他们对小学生活更加充满期待！

2. 书包里有什么

认识了小学之后，就要看看作为小学生需要准备什么呢？小学生的书包里有什么？小学与幼儿园的课程不同，所以要求孩子带的东西也是不一样的，教师同样可以利用主题墙来形象地告诉孩子，进入小学后的书包里都有哪些物品。根据幼儿的生活经验，结合商场里各种各样的书包，可以问问幼儿最喜欢什么样的书包，并且一起动手设计出自己喜欢的书包。

这部分包含"我设计的书包""书包里的秘密"和"书包里有什么"三项活动。

3. 我要上学啦

如何做好幼小衔接工作是幼儿顺利进入小学的重点，让幼儿通过说一说、画一画的形式，表达自己所认识的小学和自己对进入小学存在的担忧，充分让孩子参与到主题活动中，让孩子去亲身体验，并从中学会解决问题。

1) 走进小学

幼儿园的一日流程孩子都知道，那在小学里的流程是怎样的呢？

2) 读小学生那些事

每个孩子的心里，都有一种对未来小学的好奇与想象，这些关于小学的畅想，不仅意味着孩子真的要离开幼儿园去往新的校园，更能提前帮助孩子了解小学、认识小学。

3) 我要上小学了

这块版面可以根据班级中孩子的薄弱项来制作，目的是鼓励孩子能达到这些目标，每个目标项目都达成，才能把自己的自画像贴到小学门口，就代表我可以去上小学了。

4) 再见了！幼儿园

幼小衔接是指幼儿园和小学的衔接，那就意味着幼儿必然要经历分离，然后离开幼儿园。虽然这是一个伤感的话题，但我们依然能用美丽的环境创设凸显这段日子的快乐和美好！幼儿园毕业对孩子来说并不是结束，而是一个新的起点。孩子所画的幼儿园教学楼、跑道、操场、大门……从画面可以看出孩子的不舍与用心。

这部分包含"我的幼儿园""祝福密语"和"全家福"三个活动。

5) 人生的第一次毕业典礼

幼儿园是人生最初阶段的教育，至今都烙印在我们身上，影响着我们后来所走的每一步，所做的每一个选择。你还记得人生中第一次毕业典礼的样子吗？大多数人应该已经印象模糊了，甚至曾经的教师、伙伴的样子，也都记忆模糊了。所以我们说，幼儿园是人一生中最重要的一个阶段，值得我们去隆重地纪念和欢庆。

在大班孩子即将毕业的时候，孩子对幼儿园的一草一木都十分留恋。教师与孩子一起制作一个"离园倒计时牌"的主题墙饰，和孩子一起商量底色的选择、内容的布局、墙饰的装饰等。在之后的一段时间里，让孩子们自己动手，不断丰富墙面的内容，让孩子画下自己在幼儿园里的最爱，记录对教师的不舍，留下与好朋友的合影和电话。在墙饰不断得到充实的同时，孩子对幼儿园的爱，对教师、朋友的爱也在不断地升华。

(资料来源：刘慧敏，杨朝军，刘晓娟. 幼儿园班级管理[M]. 长春：吉林大学出版社，2021.)

生命的每个阶段都需要通过一系列庄重的仪式串联。毕业典礼不仅是对过去时光的珍惜和告别，更是对未来的庆祝，标志着个人向未来迈出的一步。这是一场围绕"对过去的感恩""对现在的庆贺"以及"对未来的展望"的毕业典礼，通过这一仪式，我们向孩子传达，在人生的每一个转折点，都应当以珍重和敬畏的态度去面对。

环境对孩子的成长和影响是巨大的，从环境创设的每一个细节开始，我们就能为孩子提供丰富的小学体验，同时为他们留下终生难忘的美好回忆。

二、大班家长工作管理案例及分析

当家长行为不妥时的处理

在某幼儿园，两个要好的小女孩——笑笑和丽丽在玩耍时，笑笑不小心用指甲将丽丽的前胸划破。傍晚丽丽妈妈来接她时，看到丽丽在哭，简单询问丽丽后，就冲笑笑大声斥责，"你这样对我女儿，我也让你试试"。并在笑笑的胸前留下了划痕。事件发生在一瞬间，教师未来得及制止。园长闻讯后迅速赶来。

园长对丽丽妈妈的行为进行了分析，认为作为成年人，出手伤害幼小的孩子是很不妥的。而丽丽妈妈则认为自己很有理："我的孩子吃了亏，我这样做是为了教育那个孩子，平时我没让自己的孩子去打人，但别人伤了她，她只会哭，不会保护自己，这样下去不是永远都吃亏吗？哪个孩子的父母不心疼呀？"园长承认了园方工作存在的失误，并进一步说明情况：两个孩子平时特别要好，笑笑不是故意伤害丽丽，是在追逐玩耍时不小心划破她的。然后客观地指出这与成年人出手打伤孩子完全是两种不同性质的问题。园长对丽丽妈妈说："你想过吗？你的言行不仅伤害了笑笑，而且对自己的孩子和其他的孩子会造成什么样的影响，如果你是笑笑的父母，你能容忍别人这样对待自己的女儿吗？像你这样保护女儿，她还能有朋友吗？还能有机会面对问题和自己解决问题吗？"

园长的一席话，使丽丽妈妈彻底冷静下来，认识到自己一时失态的严重后果，并主动征求园长的意见，自己接下来该怎么办。紧接着教师打电话告知笑笑家长事情发生的经过，先让他们放心，再上门家访。笑笑的父母十分通情达理，不仅没有责怪教师，反而安慰她们。他们和教师一起回到幼儿园后，积极配合园方安抚女儿，对笑笑解释说："阿姨不是故意的，大人犯了错想改正，小朋友也要原谅她。"他们说，虽然很心疼自己的女儿，但是理智的态度应是防止矛盾升级和事态扩大，以免孩子再受伤害。

园长将笑笑父母的意见转达给丽丽妈妈，她开始深深地自责。几天后，她主动买了一个漂亮娃娃送给笑笑，把笑笑搂在怀里，边流下愧疚的眼泪边说："阿姨错了，对不起你。"真诚地希望孩子能原谅她。在场的人都被感动了，两个女孩的关系和好如初。经历了这件事后，丽丽妈妈深感园方处理得当，真正帮助和教育了自己，此后便积极主动配合园方的工作，成为一位热心的家长。

（资料来源：秦旭芳. 幼儿园管理的困惑与抉择——从"案例搜集"到"案例剖析"[M].
北京：科学出版社，2013.）

现代幼儿园把家长视为重要的人力资源。家长不仅是幼儿园服务的对象，更是教师不可或缺的合作伙伴。科学的幼儿园管理观念远远超越了诸如"家长是上帝，不要得罪家长"这类狭隘且充满功利主义色彩的经营观念。因此，在与家长的合作中，应该努力做到以下几点。

首先，幼儿园应当预防家长在园内表现出不恰当的行为。尽管家长出入幼儿园的停留时间短暂，但他们的行为举止仍对幼儿有着重要的影响。遵循"儿童至上"的原则，幼儿园必须采取措施防止家长出现不当行为。例如，通过家长委员会制定"家长行为规范"条款，明确禁止家长在园内吸烟、衣冠不整、大声喧哗、使用不文明语言、乱扔垃圾，以及直接干预幼儿之间的矛盾和摩擦等。在制定和执行制度的同时，幼儿园还要加强宣传教育工作，从新生入园开始便将制度的重要性和必要性向家长详细说明，请家长签字确认，以确保他们理解和配合执行相关规定。

其次，管理者应正确引导家长的行为。优秀的幼儿园管理者，不仅需要具备较高层次的专业知识水平，还必须具有较强的任职能力。在发生上述"冲突"事件后，园长迅速采取一系列措施，如安抚幼儿、与当事人进行沟通、进行家访、促成各方谅解、吸取教训并修订相关规定等。这些措施环环紧扣，安排得当，有理有节，迅速巧妙地化解了矛盾冲突，体现了管理者极强的应变能力和决策能力。不仅将孩子心灵受伤害的程度降到最低，将消极影响和损失降到最少，而且给个别家长以深刻的启迪，促使他们调整或纠正不当的行为方式。

最后，幼儿园应及时总结和反思突发事件。管理者应对突发事件及时总结，并预测未来可能存在的各种情况，及时调整管理策略，修补管理疏漏。这对于日后改进工作、完善管理制度、避免类似问题的再次发生，以及最终提高幼儿园的管理效率具有重要意义。特别是在家园关系复杂的工作中，这种能力尤为关键。

本 章 小 结

大班幼儿通常指年龄为 5～6 岁的儿童。大班是他们在幼儿园度过的最后一年，相当于幼儿园"毕业班"。在这个年龄段，孩子经历了小班和中班两年的成长和学习后，无论是身体还是心理均表现出显著的"成熟"特征。幼儿园大班是幼儿从幼儿园过渡到小学生活的关键阶段，在这一阶段，幼儿的主要活动将逐渐从游戏转向学习。作为大班教师，需要全面了解这一年龄段幼儿的年龄特点，并帮助幼儿完成从幼儿园到小学的顺利过渡。

大班幼儿除了保持在小班和中班养成的基础习惯外，还面临着幼儿园与小学衔接的挑战。因此，在大班阶段，要围绕幼小衔接的目标，循序渐进地进行班级管理工作，避免出现环境变化、作息时间调整、教学活动安排上的"突变"现象，以免让幼儿感到迷茫和不适应。大班班级的管理要点包括班级管理目标、管理内容、管理方法等方面。

大班班级管理目标包括有效实施幼小衔接教育，提升幼儿的自我服务能力，增强幼儿的人际交往能力和培养幼儿良好的学习习惯。

依据幼儿园大班幼儿教育的目标和内容，大班班级管理内容主要包括幼小衔接管理、生活常规管理和教育常规管理三方面内容。在实施大班班级管理时，主要采取以下方法：首先，激发幼儿的主动性，鼓励他们尝试自主管理；其次，注重教育的渗透性，不失时机地进行随机教育；再次，发挥示范作用，以正面强化为主要手段；最后，注意计划性，组织和开展一系列主题活动。

思考与练习

一、名词解释

幼小衔接教育　幼儿的自我服务能力　幼儿自主管理

二、简答题

1. 大班幼儿的身心发展特点有哪些？
2. 大班班级管理目标有哪些？
3. 大班生活常规管理的内容有哪些？
4. 大班教育常规管理的内容有哪些？
5. 大班幼小衔接管理的内容有哪些？

三、论述题

1. 教师如何做好大班班级的管理工作？
2. 请结合实际阐述如何做好家长工作的管理。

实 践 课 堂

分析下面教师鼓励家长与其合作的方法，思考家长和教师合作对幼儿学习的意义。

将学习延伸到家庭

用下面的方法来鼓励家长，帮助幼儿将幼儿园学到的内容延伸到家庭环境中。

(1) 在学年之初或者幼儿刚进入新班级时，及时与家长建立沟通。
(2) 公示班级规则，确保幼儿和家长都清楚了解班级规则的规定。
(3) 定期举办家长会，让家长了解班级的各项活动。
(4) 教师可以采用下列多种方式来加强家园联系。
① 家园联系册。
② 短信通知。
③ 班级通知便条。

④ 装有教学材料的背包或盒子。

⑤ 电子邮件或网站。

⑥ 班级主页。

(5) 如果家长在家中开展相关活动或任务，应注意以下几点。

① 明确家长的职责是什么？

② 明确幼儿需要完成的任务是什么？

③ 规定活动或任务的持续时间是多少？

④ 确定需要给幼儿园反馈哪些信息？

⑤ 规定何时归还材料？

定期将教育活动延伸到家庭是重要的。这种做法应该面向全体幼儿，而不仅仅局限于出现行为问题的幼儿。

（资料来源：Laverne Warner & Sharon Anne Lynch. 幼儿园班级管理技巧 150[M].
曹宇，译. 北京：中国轻工业出版社，2011.）

来吧，让我们与儿童一起生活吧！

——福禄倍尔

第五章　幼儿园班级生活管理

课程目标

知识目标：学生通过幼儿园班级生活管理的基础理论学习，了解幼儿园班级生活与班级生活管理的具体内容，阐明幼儿园班级生活管理的意义与原则。

能力目标：学生能够结合幼儿园班级生活管理的内容和原则，对具体案例进行深入分析。在案例解读的过程中，掌握幼儿园班级生活中的饮水管理和离园管理等关键环节，并在实践中学习如何优化幼儿园班级生活管理的策略，从而培养幼儿有效的生活管理能力。

素质目标：学生在具体案例分析和讨论过程中，感受幼儿园班级生活管理的价值与意义，提高自身的专业素质，更新教育与管理理念，并树立起以管理促进幼儿发展的教育情怀。

核心概念

幼儿园班级生活管理　幼儿园班级生活程序化

引导案例

"蔬菜宝宝我爱你"

某幼儿园每周的例会正在举行，各年级组长分别陈述自己年级发生的问题，并对本周工作进行总结。最后，几位年级组长发现一个共同问题，现在的很多幼儿都不喜欢吃蔬菜，饭后很多盘子里剩下的都是西红柿、圆白菜、青椒等蔬菜，这对于幼儿的身体健康是没有好处的，应该怎么做呢？

有教师提出，可以在下一周进行"蔬菜宝宝我爱你"的主题活动，通过开展多种多样的活动，使幼儿了解到蔬菜的美味，这个提议得到园所领导的一致通过。但接下来一位教师提出了自己的看法，幼儿饮食习惯更多的是受家庭饮食习惯的影响，如果没有家长的大力协助，这样的主题活动做与不做都是没有意义的。"我提议，家长必须参与其中，我们可以为家长提供蔬菜食谱，请家长在家中为幼儿提供营养丰富、造型多样的美味蔬菜餐，或者是用其他方法帮助幼儿喜欢上蔬菜"。

经过幼儿园例会的讨论，决定将此项任务交由家长委员会进行沟通联络，家长一起沟通过讨论，采取有效措施，改变幼儿不喜欢吃蔬菜、挑食的毛病。

(资料来源：秦旭芳. 幼儿园管理的困惑与抉择——从"案例搜集"到"案例剖析" [M].
北京：科学出版社，2013.)

案例分析

　　从这个案例中我们可以观察到，纠正与培养幼儿饮食习惯需要家长与幼儿园共同努力。合理膳食是保障幼儿健康成长的基石。在幼儿园，幼儿往往会大量摄入自己喜欢的肉类食物，而对蔬菜类食物的摄入相对较少。这样的情况如果一直发展下去，可能对幼儿的健康成长产生不利影响。然而，仅凭幼儿园单方面的努力去改正幼儿饮食上的问题几乎是不可能的任务，因此与家长紧密合作成为不可或缺的教育策略。

　　家长首先应在家中避免放纵孩子不良的饮食习惯，并应与教师沟通，共同探讨解决幼儿挑食等问题的办法。在纠正孩子的饮食习惯时，切记不要使用暴力手段。例如，在孩子偏爱吃肉的习惯上，可以尝试制作一些肉与蔬菜搭配的菜肴，然后逐渐减少肉类的数量。此外，家长还可以通过讲述蔬菜营养价值的小故事来引导幼儿，帮助他们从心理上接受蔬菜。同时，家长也要以身作则，在用餐时合理搭配蔬菜与肉食，并和孩子一起养成和践行健康的饮食习惯。

　　家长委员会的建立对幼儿园具有重要影响，我们应该从一个正确的视角去认识家长委员会的作用。家长委员会拥有的权利包括知情权、建议权、监督权、评价权与申诉权，而其义务包括积极协助幼儿园开展各项事务，及时传达家长的意见和建议，以及主动分享家庭教育的经验。

学习指导

　　本章重点要关注幼儿园班级生活的意义与内容，以及幼儿园班级生活管理的意义、原则、内容和策略等方面。在学习过程中，学生要掌握有关幼儿园班级生活管理的基础知识，仔细精读本章的拓展材料，并根据案例和教学实践活动，结合实际情况总结经验教训，探索适合幼儿园班级生活管理的有效方法和途径。

第一节　幼儿园班级生活管理概述

　　"通过生活和从生活中学习，这种方式比任何其他方式都要深刻，并且更容易理解。"德国教育家弗里德思希·威廉·奥古斯特·福禄倍尔(Friedrich Wilhelm August Fröbel)强调，教育者应当深入了解儿童的生活并给予他们关爱。他把幼儿园视为"儿童的花园"，并将幼儿和教育者的关系比作"花草树木"和"园丁"的关系，希望在"园丁"的精心培育下"花草树木"能在"儿童的花园"中更好地生长。

一、幼儿园班级生活的意义

幼儿园作为教育机构，不仅是教师与儿童共同生活的理想环境，也是儿童能够自由游戏和快乐成长的理想场所。幼儿园生活是根据幼儿的身心发展特点和教育需求精心设计的，旨在为幼儿营造一个健康、充满乐趣的环境，这样的环境真正适合幼儿，能够有效地引导他们获得有益身心发展的经验。

班级是幼儿参加的第一个正式的社会组织，无论是全日制还是寄宿制幼儿园，幼儿在班级中的生活都是其整体生活的重要组成部分。班级生活是帮助幼儿从自然个体向社会个体转变的重要途径，一个良好的班级生活环境能有效地促进幼儿身心的健康发展。

二、幼儿园班级生活的内容

幼儿园班级生活涵盖了多种活动，包括生活活动、运动活动、游戏活动、区域活动和集体教学活动等内容。

(一)生活活动

生活活动是指那些满足幼儿基本生活需要的活动，它们不仅有助于发展幼儿的自理能力、社交技能和自我保护意识，还能培养幼儿的规则意识和健康生活习惯。这些活动包括入园、盥洗、用餐、饮水、如厕、午睡以及离园等环节，是根据幼儿发展和他们所处的具体生活背景来设计的，旨在通过日常生活的养成教育，对幼儿进行全面和合理的培养。

(二)运动活动

运动活动是指提升幼儿运动技能的活动，是幼儿园日常活动中不可或缺的一部分，包括早操、使用体育器械运动和利用自然条件进行的锻炼等多种形式。这些活动旨在培养幼儿对体育活动的兴趣，提升他们的运动技能和适应环境的能力，从而增强幼儿的身体素质。

(三)游戏活动

游戏活动是指幼儿自发、自主、自由参与的活动，它不仅能够促进幼儿身心的全面发展，还能带给他们快乐。游戏的重要性仅次于母乳喂养和母爱，是幼儿的基本活动之一，也是童年幸福的基本象征。作为一种主动、自由、有趣的活动，游戏在假想中反映了现实，能够较好地满足幼儿生理、社会性和自主创造性发展的需要，同时让幼儿的好奇心和兴趣在游戏中得到充分的满足。因此，游戏不仅解决了幼儿心理发展中的矛盾，还极大地激发了幼儿的积极性和主动性。在幼儿身心发展中，游戏的作用是其他任何活动都无法替代的。

(四)区域活动

区域活动，也称为"区角活动"，是教师依据教育目标和幼儿的发展水平，有目的、有计划地设置各种活动区域，并提供相应的活动材料。这种活动允许幼儿根据自己的兴趣和意愿选择活动内容和方式，并通过操作、探索、发现、讨论和拼搭等方式进行自主学习。在区域活动中，教师有意识地创设适宜的教育环境和条件，通过在活动过程中的适时指导，引导幼儿的行为，激发他们对周围环境的兴趣。这使幼儿能主动探索和积极地实践，最终实现每个幼儿在不同程度上的发展目标。

(五)集体教学活动

集体教学活动是幼儿园教育中的一种重要形式，是教师依据幼儿园的教育目标，有目的、有计划地组织幼儿学习特定内容，以促进幼儿全面发展的活动。这类活动在幼儿园中可能会有不同的名称，如"主题教学活动"或"核心教学活动"。集体教学活动通常是由教师根据班级幼儿的发展水平设计，旨在引导全班或多数幼儿共同参与，强调集体经验和情感的价值。这类活动具有明显的计划性、学科导向性，组织结构严密，活动流程清晰，且通常在固定的时间进行。

幼儿园班级的集体教学活动可以专注于某一学科领域，如音乐、体育或科学等，也可以是跨学科领域的综合活动。这些活动既可以侧重于教师预设和指导的内容，也可以更多地鼓励幼儿自发探索和创造。在结构上，活动可以是低结构的，也可以是较为固定的高结构形式。

集体教学活动具有明确的计划性、目标性、系统性、组织性和指导性。其特点具体表现在以下几个方面。

(1) 设定明确的活动要求和全体幼儿应达成的学习目标。

(2) 制订详尽的教学活动方案及计划。

(3) 教师规定统一活动内容。

(4) 教师为全班或部分幼儿提供相同类型的材料。

(5) 统一安排全班或部分幼儿在同一时间内进行相同的操作活动。

(6) 教师需为幼儿的活动提供充足的空间。

(7) 教师提供直接的指导，幼儿在教师的引导下有步骤地开展活动，强调教师的引导作用。

(8) 活动组织以集体形式为主。

(9) 幼儿参与活动的时间由教师安排。各年龄段有相应的固定时间段，通常在上午进行。小班活动时间为10~20分钟，中班为20~30分钟，大班为30~35分钟。

拓展阅读

全日制幼儿园一日生活时间表

7:30 入园活动(包括桌面游戏、绘本阅读、种植养护等)

8:20 户外运动(早操、体育游戏等)

8:40 晨间谈话时间

9:00 集体教学活动时间

9:30 如厕、盥洗、饮水时间

10:00 区域游戏活动时间

10:30 活动分享与交流时间

10:50 餐前准备时间

11:00 午餐时间

11:40　餐后散步时间
12:00　午睡
14:20　午睡结束、点心时间
15:00　区域游戏活动时间
15:40　活动交流与分享时间
16:00　离园时间

(资料来源：海门市海南幼儿园.)

三、幼儿园班级生活管理的意义

幼儿园班级生活管理是对幼儿园一日生活活动中所有环节的管理，是对幼儿园一日生活中各项活动的规范和规定。《指南》提出，良好的生活习惯和基本生活能力是幼儿身心健康的重要标志，也是其他领域学习与发展的基础。教师通过生活管理引导和规范幼儿的行为，帮助他们养成良好的行为习惯和生活习惯。

(一)有利于幼儿身体的健康发育

幼儿的身体正处于迅速发育的阶段，其身体各个系统尚未完全成熟。合理安排幼儿在园的一日生活，把生活的各项环节按照一定顺序和频次进行规划，能够满足幼儿对营养、睡眠等基本生活的需要，从而使幼儿的身体保持规律性的状态，这有利于他们的身体健康成长和发育。

(二)有利于幼儿生活习惯的养成

"播下一种习惯，收获一种性格。"这句话凸显了习惯培养对幼儿发展的重要性。在幼儿园班级生活管理中，教师需要合理规划幼儿一日生活活动的顺序及频次。通过长期定时且有规律的重复活动，幼儿的生活形成一定的节律性，从而帮助他们养成良好的生活习惯。同时，班级生活管理还应对幼儿的行为设定明确的要求，指导他们明确每个环节的具体行动。长期坚持这样的管理，将有利于培养幼儿良好的行为习惯。

(三)有利于保教人员工作的开展

幼儿园班级是幼儿集体生活的主要场所。保教人员需要对幼儿在班级中的日常生活活动进行管理，并同时开展其他相关的工作。只有当班级中的各项生活活动都能按照计划有序地开展时，保教人员才能把更多精力投入教育活动中，进而有效地促进幼儿的全面和谐发展。

四、幼儿园班级生活管理的原则

生活管理是幼儿园班级管理中的一个重要内容。有效地组织和指导生活活动不仅需要教师的教育智慧和创造性投入，还需要遵循一些基本原则，具体如下。

(一)保教结合原则

保教结合原则是指在班级生活管理中，教师要树立保育和教育同等重要的理念，把保育和教育有机地结合起来。这样做旨在确保幼儿在健康成长的同时，也能够增长知识和技能，发展智力，并培养良好的品德和行为习惯，从而实现身心的全面发展。《规程》明确提出："幼儿园的任务是贯彻国家的教育方针，按照保育与教育相结合的原则，遵循幼儿身心发展特点和规律，实施德、智、体、美等方面全面发展的教育，促进幼儿身心和谐发展。"因此，作为幼儿园班级管理的重要组成部分，生活管理理应遵循保教结合的原则。

贯彻保教结合原则，教师应树立"一日生活活动皆教育"的理念。在生活活动过程中，教师不仅要充分发挥这些在教育方面的作用，还要注重加强对幼儿的保护。在开展生活活动时，教师不应仅仅满足于对幼儿的基本照顾，而应抓住活动中的教育契机，实现在保育活动中融入教育的目标。同时，在开展集体教学活动和游戏活动时，教师也应考虑幼儿生理健康发展的需求，确保教育活动中同样包含保育的元素。

(二)灵活性原则

灵活性原则要求教师在生活管理过程中根据各种因素的不同和变化情况，以机智、灵活和创造性的方式组织活动。通过运用这一原则，幼儿能够在生活活动中激发智慧和情感，使这些活动真正发挥出促进他们发展的作用。这不仅让幼儿在学习中生活，而且在生活中不断成长。

幼儿园班级生活内容丰富多彩，并蕴含着丰富的教育元素。幼儿生活的过程就是一个持续的学习和教育的过程。在开展生活管理时，教师要善于发现并利用幼儿日常生活中的教育机会，及时捕捉教育的良机，运用灵活的教育策略，进行随机教育的渗透，从而充分发挥潜在的教育意义。例如，教师可以将日常生活活动与集体教学、区域探索以及游戏活动相互结合、有机融合，使幼儿的生活和学习构成一个紧密相连的整体，实现教育生活化，让幼儿在自然的生活情境中得到全面发展。

班级生活管理旨在确保幼儿在园生活的有序性和规律性，并培养他们良好的生活习惯。教师应根据管理计划与要求，相对稳定地组织实施生活活动。然而，这并不意味着教师一成不变、机械地执行计划，而应根据幼儿生活的实际状况和需求灵活调整。例如，在进餐活动中，要求幼儿保持安静、不挑食、不浪费食物，但教师在组织幼儿进餐时不能刻板地强制执行这些要求，如禁止幼儿在吃饭时发出任何声音或强迫他们吃完所有食物。相反，教师应灵活地运用各种方法，使幼儿享受生活的乐趣。

(三)一致性原则

一致性原则是指在班级生活管理中，教师、保育员以及家长的教育管理要求应保持一致。这包括教师自身态度的一致性、保教人员之间的一致性，以及家园的一致性。幼儿养成良好的生活习惯的过程，不是一朝一夕的事，而是需要经历一个逐渐形成的过程。在这个过程中班级的保教人员应遵循一致性原则，确保对幼儿生活管理的要求始终如一，如果管理不能保持一致，朝令夕改，不仅会使幼儿感到困惑，还会影响他们获得积极的生活体验和形成良好的生活习惯。

此外，幼儿良好生活习惯的培养不仅受到家庭环境和父母的教养方式等因素的影响，还与幼儿园保教人员的工作密切相关，这就要求保教人员积极开展家长工作，通过直接交谈、家长会、家教园地、家园联系等多种途径，建立和加强家园之间的联系，深入了解幼儿的家庭环境和教养方式，以便能够有针对性地对幼儿进行生活指导。同时，保教人员应与家长共同制定班级生活管理制度，形成教育的合力，共同执行班级生活管理制度，携手帮助幼儿养成良好的生活习惯。

(四)主体性原则

主体性原则强调，在班级生活管理中，应当发挥教师作为管理者的自主性、创造性和主动性作用，同时也要充分尊重幼儿作为学习者的主体地位。《纲要》指出，"科学、合理地安排和组织一日生活，建立良好的常规，避免不必要的管理行为，逐步引导幼儿学习自我管理"。在班级生活活动中，幼儿不应被视为被动的接受者，而应被看作一个积极主动的参与者。幼儿不仅有主动参与的意愿，而且具备独立、自主、主动和创造的潜力。

班级一日生活活动管理中，教师应注重培养幼儿的主动性，充分利用所有可能的资源和条件，为幼儿提供一个宽松而温馨的生活环境。教师应带着充沛的情感、真诚的关爱和热情的鼓励，激发幼儿参与活动的兴趣，让幼儿主动参与到活动中，充分发挥他们的主动性、积极性和创造性。同时，教师需要规范幼儿的行为，并引导他们理解在集体生活中遵守规章制度的重要性，逐步教会幼儿自我管理的技巧。例如，在制定班级生活管理要求时，应基于幼儿的实际情况，避免不必要的过度约束，并应征求幼儿的意见，邀请幼儿参与制定班级生活常规制度，发挥他们的主体性。

拓展阅读

陶行知生活教育理论与幼儿素质教育

1. 在陶行知教育理论体系中，幼儿教育(即学前教育)是其重要的组成部分

陶行知从人民大众的立场出发，针对当时中国幼儿教育的实际，创立了比较全面的中国化的幼儿教育理论，成为我国现代幼儿教育理论和实践的开拓者，在幼儿教育史上谱写了光辉的篇章。尽管陶先生已故去多年，但他对教育提出的多项主张和对幼儿教育的关注仍旧给我们以理论上的指引和行动上的指导。

20世纪20年代，陶行知就提出必须重视幼儿早期教育的理论。例如，他在《创设乡村幼稚园宣言书》中指出，"幼儿教育实为人生之基础"。因此，作为幼儿教师，我们应当明确工作的重要意义，充分认识到教育的成效对幼儿的重要影响，以及对国家、对民族的长远意义。

2. "生活教育"理论是陶行知针对旧中国的帝国主义"洋化教育"和封建主义"传统教育"而提出的

陶行知的主要思想是要求教育同实际生活相联系。尽管当年陶行知提出的理论具有时代的特点和需求，但今天如能深入理解和领会其理论的精髓和实质，同样能给幼儿教育以科学的指引。"生活即教育""社会即学校"和"教学做合一"是"生活教育"理论体系的基本内涵。

什么是"生活即教育"，陶行知回答说："生活教育是生活所原有，生活所自营，生

活所必需的教育，教育的根本意义是生活之变化。生活无时不变，即生活无时不含有教育的意义。"因此，我们可以说：生活即教育。2002 年版的安徽幼儿教育教材，已明显地体现了这种思想，它打破了历来以学科知识为主线的教学内容、以传授较抽象的学科知识为主要目的的传统教育模式，开始强调以幼儿的发展为本，全面推进素质教育，促进幼儿生动、活泼、主动、健康地发展，在目标的制定上重视幼儿的情感、态度和情绪体验。这就是按生活的样子来进行幼儿教育，以适应生活作为目标来教育幼儿。这就要求教师要迅速提升教育观念，改变教育思维定式，掌握新的教育方法，达到新的教育目标。

什么是"社会即学校"，陶行知在 1926 年就曾指出，"学校生活只是社会生活的一部分……学校必须与社会生活息息相关……学校里面的东西太少，不如反过来主张社会即学校，教育的材料，教育的方法，教育的工具，教育的环境，都可以大大增加"。由此可见，"社会即学校"就是"生活即教育"的延伸。整个社会的活动，都是教育的范围。我们必须把学校与社会更加密切地联系起来，扩大学校对社会的积极影响，使学校教育的作用不局限在学校之内。

关于"教学做合一"，陶行知认为有两层含义。一是在方法上，主张教的法子根据学的法子，学的法子根据做的法子。事情怎样做就怎样学，怎样学就怎样教。二是关系说，"教学做"是一件事情，不是三件事情。在做上教的是先生，在做上学的是学生。从先生对学生的关系来说，做便是教；从学生对先生的关系来说，做便是学。一个活动，对事情来说是做，对自己来说是学，对他人来说是教。陶行知特别强调"做"，认为"做是学的中心，也就是教的中心"。我们认为"教学做合一"的理论对幼儿教育有着特别重要的指导意义，因为幼儿年纪小，语言与思维发展水平低，我们不能像对成年人一样主要通过语言作为中介来进行教学，而应主要通过示范来进行教学，老师一边做，一边结合恰当的语言讲解，让幼儿领会；幼儿一边听老师讲，用语言领会，一边学着做，在做中学习。另外，幼儿好奇心强，好动好问，也喜欢动手动脑，因而在做中学，非常符合幼儿身心的发展规律与学习特点。

3. 近 20 年来，"素质教育"成了最热门的教育名词，成了教育理论探讨的中心，也是教育改革发展的方向

尽管到现在，对什么是素质教育还没有一个令人满意的科学定义，但随着探索和研究，关于素质教育最基本的理念已经清晰。其中对幼儿教育有直接指导意义的有两个方面。一是基础性，基础性是基础教育推行素质教育的一个基本点，也是最关键的一点。没有基础性教育就没有素质教育。什么叫基础性呢？基础性就是所谓支撑性的品质，指能够活化的、易于迁移和易于提升的品质，就是儿童将来学习、生活和做人的最基本的素质品质，如学习习惯、交往技能、求知欲、爱心和同情心等。二是内在性，这是素质教育的关键，加强素质教育，不能理解为在原来教育的基础上一种外在品质的叠加，不是增加知识能力教育以外的东西，不是在学完语文、数学、英语等课程外再学钢琴、绘画、书法等。其实，素质教育首先关心的不是有"多少"素质，而是有"怎样"的素质。素质教育应该是内在品质的培养，是可以外化为学生个性和人格的教育。而这两方面的特点在幼儿教育阶段体现得更为明显，正如陶行知所说的，"凡人生所需要之重要习惯、倾向、态度，多半可以在 6 岁以前培养成功"。换句话说，6 岁以前是人格陶冶最重要的时期。尽管陶行知在当时并没有明确提出"素质教育"的口号，但是他的"生活教育"理论与主张，在很多地方都暗含

了我们今天提倡的素质教育的做法。

因此，根据上述观点，我们的幼儿教育一定要坚持自己的特点与职责，要坚持它在一个人一生中所起的基础性和内在性的重要作用，要在教育中全面促进儿童的发展，要注重培养对幼儿的将来和一生起重要作用的基本素质。例如，良好的生活卫生习惯，对体育运动的兴趣，对外部世界的兴趣和观察力，对学习的渴望，对美的追求与感受力，对劳动的爱好，对诚实的坚持，对困难的态度，对未来的信心……

(资料来源：许易峰. 陶行知生活教育理论与幼儿素质教育[J]. 科学大众(科学教育)，2011(4):122.)

第二节　幼儿园班级生活管理的内容

幼儿园班级生活管理的内容具体包括入园管理、进餐管理、午睡管理、散步管理、如厕管理、盥洗管理、饮水管理、离园管理等。

一、班级生活的入园管理

入园管理是幼儿园班级生活管理的重要环节，它不仅标志着幼儿一日生活的开始，也是班级管理与家长之间沟通的桥梁。在入园管理过程中，教师可以及时观察幼儿的健康状况、情绪状态和衣着情况，与家长进行沟通，了解幼儿的身体及生活状态，从而确保幼儿的健康和安全。

首先，当幼儿在门口哭泣不愿意进园时，教师应第一时间安抚幼儿及家长的情绪并及时与家长沟通孩子哭闹的情况，迅速找到孩子哭闹的原因，并尽量在幼儿进入班级之前解决问题，以免影响其他幼儿的情绪。其次，幼儿的身体正处于生长发育阶段，体质通常相对较弱，有些幼儿可能需在园期间服用药物。教师应在入园管理环节中，第一时间与患病幼儿家长沟通，了解幼儿的病情、药物服用的时间和剂量等信息。再次，教师应在幼儿入园时立即检查他们的身体健康情况，认真做好"一摸：检查是否有发烧；二看：观察咽喉、皮肤和精神状态；三问：询问饮食、睡眠、大小便情况；四查：检查是否携带不安全物品"的程序，确保幼儿的一日生活活动安全健康。最后，教师还应根据天气情况和当日的具体活动，帮助幼儿适当增减衣物，保证幼儿有序、安全、快乐地入园。

二、班级生活的进餐管理

《纲要》对幼儿饮食习惯提出了具体要求，包括"安静愉快地进餐；正确地使用餐具；饭后擦嘴，养成主动饮水的习惯；细嚼慢咽，咀嚼食物不发出声响；不偏食、挑食，不浪费食物；餐后收拾干净餐具和桌面"等。良好的进餐习惯有助于幼儿从食物中汲取必要的营养，维护消化系统的健康，并确保幼儿的身体健康。幼儿时期是培养幼儿良好进餐习惯的关键阶段，教师应重视对幼儿进餐行为的引导和规范，加强对幼儿良好进餐习惯的培养。

幼儿园班级生活的进餐管理是对幼儿进餐活动进行的科学规范和合理安排。首先，教师应保证幼儿的餐食种类丰富，营养均衡，荤素搭配和粗细粮搭配合理。其次，教师应培养幼儿良好的用餐礼仪，对不良进餐行为应及时约束，如边吃边玩、边吃边说话、挑食等，引导幼儿养成良好的进餐习惯。再次，教师应指导幼儿采取正确的用餐姿势，并培养他们自主和独立进餐的能力。当幼儿能够独自用餐，且用餐姿势正确时，教师要及时给予表扬，以增强幼儿的自信心和成就感。最后，教师应与家长及时沟通，了解幼儿不良进餐行为的原因，并共同努力解决这些问题，保证幼儿获得充足的营养摄入，促进其身体健康。因此，进餐管理在幼儿园班级生活管理中具有十分重要的地位。

三、班级生活的午睡管理

《指南》指出：为了有效促进幼儿身心健康发展，成人应保证幼儿获得充足的睡眠和适宜的锻炼，以满足他们生长发育的需求。幼儿每天睡眠 11～12 小时，其中包括大约 2 小时的午睡时间。因此，幼儿园班级的午睡管理对于保证幼儿的睡眠时间和午后活动的能量水平具有重要影响，同时也对幼儿的神经系统发育和身体健康成长起着至关重要的作用。

(一)午睡前的准备工作

首先，教师应在幼儿午睡前组织一些安静的活动。例如，引导幼儿阅读图书或绘本，帮助幼儿平静下来，为接下来的午睡做好准备。其次，教师应营造一个有利于幼儿入睡的环境，这包括确保幼儿的床铺整洁舒适，调整室内光线(如拉好窗帘)，并播放一些舒缓的音乐，以帮助幼儿放松身心。最后，教师应在午睡前组织幼儿上厕所，以减少尿床等意外情况的发生。

(二)引导幼儿安静入睡

幼儿的午睡教室必须配备至少一名教师和一名保育员进行管理，针对入睡困难的幼儿，教师可坐在他们身边，轻声安抚和轻拍他们的身体，帮助他们入睡。针对经常闲聊或打闹的幼儿，教师应合理调整他们的床铺位置，尽量安排他们和易于安静入睡的幼儿挨在一起，并提醒他们闭上眼睛，保持安静。对于需要陪伴、不能独立入睡的幼儿，教师应及时与家长沟通，指导家长如何逐渐培养幼儿独立入睡的能力，从而减少对父母的依赖。

(三)规范幼儿午睡行为

当幼儿全部入睡后，教师要持续并及时地观察幼儿的睡眠状况，针对幼儿可能出现的不良睡眠行为，如踢被子、睡眠不安、张口呼吸、说梦话、磨牙等，教师应迅速给予适当的帮助。具体措施包括为幼儿盖好被子、轻轻拍打安抚、调整至正确的睡姿等，以规范幼儿的午睡行为。

(四)午睡后的整理工作

午睡后幼儿的起床活动也是班级生活活动中的一个重要环节。教师应致力于培养幼儿在起床后能够自己整理床铺，穿衣穿鞋等方面的自理习惯，以帮助幼儿逐步培养自我服务能力。

四、班级生活的散步管理

散步是幼儿园班级生活中不可或缺的一项重要活动，它为幼儿提供了一日生活中最轻松、自然和宽松的时刻。与其他组织有明确目标和严谨的教学活动不同，散步活动具有独特的自主性、开放性和随机性。

散步通常是教师组织幼儿在班级周围进行的轻松步行。尽管散步的组织看起来简单，但它实际上充满了教育契机，并蕴含着教育的智慧。因此，教师需要不断进行自我反思，检视和更新自己的教育观念，确保幼儿在"生活即教育"的环境中获得快乐并能实现发展。例如，在散步过程中教师可以引导幼儿观察自然界的变化，鼓励他们自由交流和探索新知识，甚至可以组织幼儿进行户外收集等活动。此外，在散步活动中，教师还应对幼儿提出相应的行为要求。例如，排队走路、遵守规则、不推挤、不掉队；不随地吐痰，不乱丢垃圾；注意安全；等等。幼儿餐后散步如图5-1所示。

图 5-1　幼儿餐后散步

五、班级生活的如厕管理

如厕管理是幼儿园班级生活管理中的一个关键环节，它直接反映了幼儿的卫生习惯和自理能力。教师应重视培养幼儿的如厕技能和良好习惯，向幼儿传授正确的如厕方法，并提醒他们注意相关事项，积极引导他们自主如厕。

首先，幼儿园应设置合理的如厕环境。例如，设置适合男生的站式设施和适合女生的蹲式或坐式的设施，教师可根据幼儿的性别，分别教给他们适宜的如厕方式，并指导他们如厕后如何正确整理衣物。其次，教师应该纠正幼儿在如厕期间的不良行为，如打闹或闲聊。最后，教师应组织幼儿分性别分批进入卫生间，这不仅有助于培养幼儿的性别意识，还能减少他们在如厕时的玩耍和打闹。

六、班级生活的盥洗管理

盥洗是幼儿园班级一日生活管理中的一个关键环节，良好的盥洗习惯对幼儿身体健康发育有着直接影响。在班级生活管理实践中，教师应积极规范幼儿的盥洗行为，并培养他们良好的盥洗习惯，以确保幼儿身体健康。

首先，教师应重视幼儿的盥洗活动，并根据标准的七步洗手法，教授幼儿正确的盥洗技巧。其次，教师应在盥洗室张贴七步洗手法的图解，以提醒幼儿正确的洗手步骤。再次，应为每位幼儿配备专用的擦手毛巾，引导他们洗手后使用自己的毛巾擦手，避免到处甩水，并教育他们将毛巾整齐叠放或挂回原位。最后，教师应结合相关课程内容，让幼儿了解盥洗的重要性，并持续规范他们的盥洗行为，同时注意提醒幼儿不要在盥洗室内玩水、打闹或闲聊，防止不良盥洗习惯的形成。

七、班级生活的饮水管理

水是地球上所有生命的源泉，合理的饮水对于维持人体健康具有至关重要的作用。水占据了幼儿身体重量的 80%，因此确保幼儿每天有足够的饮水量，培养他们自觉饮水的意识，以及良好的饮水习惯，是幼儿教师在班级生活管理中必须关注的内容。

许多幼儿在入园前习惯使用吸管饮水，而不擅长使用水杯。因此，教师首先应教会幼儿使用杯子饮水，示范正确的饮水方法，并帮助幼儿正确持杯饮水。其次，教师应培养幼儿有序拿取自己的水杯，排队接水，并学会按需接水，定点站立饮水，避免边走边喝。同时，教师应培养幼儿养成饮水后将水杯归还原位的习惯，如果水杯里的水未喝完，应倒入指定地方，不可以玩水。再次，教师应安排好每日的喝水时间，保证幼儿摄入足够的水分。最后，教师应与家长进行沟通，通过家园合作共同培养幼儿良好的饮水习惯。

八、班级生活的离园管理

《幼儿教师实用手册》明确指出"离园环节是幼儿一日活动中不可忽视的重要部分"。离园活动为教师、家长和幼儿提供了一个面对面沟通的机会，一个安全有序的离园过程可以让家长了解幼儿园的管理体系，从而更加放心地将孩子托付给教师。因此，教师应重视离园活动，确保幼儿在园的一日生活能够圆满结束。

在准备离园时，幼儿往往可能会变得特别激动和吵闹。教师首先应积极组织幼儿进行一些安静活动，以确保离园过程的顺利进行。例如，给幼儿讲绘本故事、播放动画片，或者对幼儿的一日生活进行回顾和总结，评选"今日小标兵"，激发幼儿的表现欲和积极性。其次，在离园前，应帮助幼儿整理好衣服，确保他们的手和脸都干净整洁，并鼓励幼儿整理好自己的物品，如将小椅子归位。再次，应引导幼儿排队离开教室(见图 5-2)，到达幼儿园门口后，引导幼儿向教师鞠躬道别，并有序离园。最后，教师应在幼儿离园时及时与家长沟通幼儿在园的表现，并营造一个轻松愉悦的离园氛围。

图 5-2　幼儿排队离园

拓展阅读

幼儿自主性能力培养的误区

1989年11月20日，联合国大会通过了《儿童权利公约》。今天，人们对儿童的权利有了新的科学的认识，并达成了以下共识：儿童不再是成人的缩影，他是一个全方位不断发展的人，具有独立存在的价值；儿童有其内在的生动的精神生活，成人应理解和参与儿童的生活和活动，不应将成人文化无条件地强加给儿童；儿童应拥有欢乐自由的童年。这些现代的儿童观对我们的传统教育产生了巨大冲击，使我们不得不对以前的许多行为进行重新反思。其中最突出的一个问题是如何尊重幼儿的主体性、参与性。具体到教育教学实践中，就是幼儿主动学习能力的培养。

自主性是素质教育的重要目标，有自主精神的人遇事有主见，工作中有主动性、积极性，责任心强。自主性强的幼儿，他们学习的主动性、积极性就会得到发展。一旦幼儿独立性、自信心得到提高，将对今后起积极促进作用。因此，在幼儿期重视对幼儿自主性的培养非常重要。

目前，许多幼儿园都认识到自主性学习能力培养的意义和紧迫性，也都针对本园的实际情况进行不同程度的改革。但在具体操作中，因为受传统观念、教育模式及思维方式的影响出现了不少实际问题，存在以下误区。

1. 第一个误区——走向放任自流的极端

过去的教学情况是儿童没有表达自己内心的机会，没有任何选择活动的权利。有的儿童经常生活在被责骂、歧视的环境中，他们的自主性、独立性被压抑、践踏。但现在的幼儿教育却走入了另一个极端，儿童获得了充分的自由、自主、自尊，儿童可以不受成人的影响干自己想干的事，即为所欲为，而成人则放任自流，这事实上是错误地制造了一种儿童过分自我膨胀、以我至上的精神环境，儿童的自主、自我背离了个性心理发展的规律。比如，有的教师把每天的区域活动看作自己休息、可以喘口气的好机会，放任孩子无目的地在区域内摆弄材料，甚至每天下午午餐后都是这种状态。有的教师在日常生活中也放任自流：孩子吃饭可以讲话，想吃多少就吃多少，不喜欢吃的，吃不完的就倒掉，吃饭时间也不加控制；睡眠可以让幼儿随意睡。有一个教师面对他人对她不管幼儿睡姿问题的质疑时说："我觉得只要孩子能睡着，他喜欢怎样睡就怎样睡。趴着睡可能给孩子安全感，可以让他入睡，我一般尊重他。"教师误以为这些就是发挥幼儿的自主性。缺乏应有的目标意识，使自由活动的随意性太大，大多数教师未发挥指导作用。这样做是从以往的"管得过死"这一极端走向"放得太宽"的另一极端。这样做的后果就是幼儿不但没有形成自主性能力，而且养成了没有规矩、不守秩序的坏习惯。

2. 第二个误区——重视物质环境的创设，忽视精神环境的营造

许多幼儿园在听取美国、中国香港的幼教经验介绍后，常常从表面上模仿，花资金、花精力改变教室结构，增添大量玩具，教师加班加点制作各种类型的教具。往往认为教室结构一变，玩教具琳琅满目，就把美国幼儿主动学习的那一套搬过来了。然而这些玩教具往往只是摆设，孩子平时很少有机会操作。一些幼儿园活动区的卡片是崭新的且很美观，但用手一摸就会发现上面积满了灰尘。教师的教养态度也没有丝毫改变，本质上还是以"管、卡、压"为主，对幼儿的自主活动不是以参与者、欣赏者的眼光去对待，总是不断告诫正

在活动中的幼儿，不能这样，不许那样。试想幼儿在这样的氛围中小心翼翼、察言观色地活动，还有什么自主性、创造性可言。

3. 第三个误区——重形式轻实质

有一节音乐课，教师在教唱歌曲《不要麻烦妈妈了》时，教师先把歌曲唱了一遍，然后提问小朋友，刚才这首歌里唱了什么？一个幼儿回答说："自己的事情自己做。"这么精辟、展示孩子智慧和独立思考能力的答案却被教师马上否定了，因为教师心中的答案是让幼儿把歌词一句句复述出来。在语言区，教师指导一个幼儿看图讲述一幅画面，幼儿把画面中发生的事件、人物清晰流畅地讲了出来，只是用"帮助"一词而没有用教师期望的动词"搀扶"就又被简单否定了。这些现象不胜枚举，说明教师头脑里装的是自己的教案、自己的权威，尽管他们给孩子提供了丰富的图片、教具及学习形式，但忽视了幼儿主动学习最本质的独立思考、主动构建，这势必对孩子以后学习的积极性、创造性产生负面影响。

(资料来源：赵艳. 幼儿自主性能力培养的误区[J]. 学前教育研究，2001(5)：28.)

第三节　幼儿园班级生活管理的策略

关注幼儿在园的生活质量，并对他们进行科学的生活教育，我们需要进行深入的研究和探索，通过有效的日常生活管理，我们可以优化幼儿的日常生活环境，提升他们的生活品质，并促进幼儿的健康、和谐发展。

一、明确生活活动的管理目标

目前，幼儿在园的生活活动尚未得到应有的重视，普遍存在缺乏明确目标的问题。制定清晰的生活活动管理目标是提升幼儿生活质量的先决条件，对管理的效果有决定性影响。

教师应根据所在幼儿园和班级的实际情况，具体分析幼儿的日常生活状况，并确定日常生活的具体目标。目标的制定应以幼儿的发展为中心，既要适应幼儿当前的发展水平，符合他们的身心发展规律，也要将生活教育作为核心内容。目标的表述应力求明确、具体，并具备可操作性和可检验性，以便指导实际管理工作，提升幼儿的日常生活品质。目标内容应体现幼儿的年龄特征，不同年龄段的班级要有不同的生活管理目标，每个年龄班的目标都要明确该年龄班幼儿应达到的标准，并且每项具体目标都包含保育、教育两方面的内容，涵盖认知、技能和情感发展，体现保教结合的原则。

针对幼儿提出的目标要求应根据小班、中班、大班的年龄特点由易到难进行递进性和连续性的制定，整体上应保持三年的连续性、一贯性和一致性。同时，目标制定要切实可行，确保幼儿生活目标系统与幼儿身心发展特点和规律相适应，符合幼儿的行为能力和心理接受力，使幼儿能够循序渐进地发展。此外，考虑到遗传和家庭教育的影响，幼儿在体力、智力、性格、能力和运动等方面存在个体差异，这些差异在生活活动中表现得尤为明显。因此，目标的制定还应关注幼儿的个体差异，既要满足对一般幼儿的要求，也要考虑个别幼儿的特殊需求。

二、制定科学合理的生活规则

生活规则是规范幼儿行为的标准，是幼儿在园班级生活中应遵循的基本行为准则。遵守规则的过程也是幼儿学习行为规范的过程。制定科学合理的生活规则，帮助幼儿内化这些规则，引导他们的行为，使他们学会适应集体生活并培养初步的独立生活能力，从而养成良好的行为习惯和生活习惯。

教师应在现代教育观和儿童发展观的指导下，根据本班幼儿的实际情况，制定一系列幼儿能够理解、接受并愿意遵守的生活规则。在制定生活规则时，教师应确保规则内容明确易于执行，并适合幼儿的认知水平，以便有效地引导和规范幼儿的行为。另外，规则的制定应考虑幼儿的年龄特征，按照小班、中班、大班三个年龄段分别制定，每项规则都应从简单到复杂，从易到难，循序渐进地实施，并确保规则的适宜性，避免对幼儿行为的不合理限制。

同时，规则的学习应与实践活动相结合，为幼儿提供实践的机会，让他们在实践中学习和遵守规则。首先，教师应创设具体的情境来引出规则，并为幼儿提供必要的示范，帮助他们在情境和示范中认识和理解规则。其次，教师应在日常生活活动中，引导幼儿内化规则并自觉遵守，用规则来规范自己的行为。在活动中，教师应一方面对幼儿提出明确的要求，保持规则的一致性和持续性，避免频繁变动，以利于幼儿的理解和掌握；另一方面，也要及时关注规则的执行情况，并在必要时进行调整，确保规则的科学性和实用性，使其成为规范幼儿行为的有效工具。

三、确保班级生活的秩序化和程序化

秩序是指事物存在和发展所遵循的规则，既包括自然规律，也包括社会规律。对于幼儿来说，秩序意味着按照既定的规则和安排进行活动，确保每个幼儿都能有序地参与其中。班级生活程序化是指通过对幼儿的日常生活进行具体分析，从而建立科学的班级生活制度，使日常生活的组织管理更加有序，运行更加规范。实现班级生活程序化有助于建立良好的生活秩序，创造和谐有序的环境气氛，进一步提升班级生活的质量和品位。

为确保班级生活的秩序化和程序化，首先，教师需要对日常生活的各个环节进行具体分析，并结合本地区实际情况、季节特点、幼儿的年龄特征等因素，科学安排班级生活的各个环节，合理制定幼儿生活作息制度。同时，生活作息制度的时间安排应有相对的稳定性与灵活性，既有利于培养秩序感，又能满足活动的多样化需求，并尽量减少不必要的环节，避免消极等待和浪费时间的现象，提高活动效率。其次，应将保教人员的工作程序化，即将保教人员工作职责与幼儿园生活制度有机结合，明确教师和保育员的具体职责要求，并将职责要求具体落实到人、时间与地点，同时规定完成任务的标准和质量。保教人员工作程序化不仅有助于班级保教人员明确各自的职责，还能促进教师和保育员在班级生活管理中的分工合作，提高工作的协调性和整体效益。

班级生活程序化不仅涵盖了班级生活运行的规范化，也包括了班级生活管理的系统化，具体的工作流程如下。

(1) 学期初工作：填写幼儿家庭情况联系表，确立家园沟通方式；调查幼儿的家庭教养背景，了解幼儿的生活习惯，并做好详细记录；安排好幼儿个人生活用品并做好标记；初步布置活动室环境，安排室内家具，准备活动设施等；观察并记录幼儿日常生活行为表现，并进行分析；根据观察分析结果和家访调查结果，制订班级幼儿日常生活管理计划和相应措施。

(2) 学期中工作：每日，班级保教人员按照幼儿日常生活程序执行管理职责；做好幼儿的来园、离园的交接记录，妥善保管幼儿的生活用品；负责班内外幼儿活动场所的清洁卫生工作和各项设备的安全检查；每周对生活用品进行定期消毒或更换；检查并评估班级幼儿日常生活管理计划的执行情况；每周初，班级保教人员集中讨论总结上周经验，调整本周幼儿日常生活管理的工作内容与措施，并明确分工负责；持续观察幼儿日常生活行为表现，并记录分析，及时进行评价和反馈。

(3) 学期末工作：汇总并分析幼儿日常生活行为的观察记录，撰写幼儿日常生活情况的总结；回顾并总结班级幼儿生活管理工作；向家长提供幼儿在园生活情况的总结，并指导家长如何在假期中对幼儿进行生活管理；整理并清点幼儿生活用品，进行登记。

拓展阅读

幼儿园班级制度化生活的特征与反思(节选)

幼儿园班级不仅是幼儿在园学习的主要场所，同时又是其生活的"家园"。幼儿在班级中的生活是其漫长的社会化进程中的一个重要阶段，在其全部生活中占据着举足轻重的地位。

1. 幼儿园班级生活的社会学意义

从语言分析学的角度看，班级就是一个社会学概念。一个由若干人组成的集体之所以被称为班级而不是其他集体，就在于班级的社会属性——社会群体。班级有自己的组织目的及组织规范，因而班级是社会组织。但班级是学生组织，因而它具有区别于其他社会组织的两个重要特性，即自功能性与半自治性，这表明班级是一个特殊的社会组织。对于刚加入幼儿园的孩子来说，班级是其人生的第一个正式的社会组织(吴康宁，1994)。与中小学校的班级相比，幼儿园班级是一个初级的社会组织。幼儿园班级通常不设"组员""小组长""班干部"这种金字塔形组织结构，因而幼儿园班级组织具有独特性，并不像中小学班级那样具有正式的结构，这种正式结构在有的研究者看来，是导致儿童形成地位差异观念及权威服从观念的一种重要的文化资源(吴康宁，1998)。从这一角度看，幼儿园班级是一个初级的社会群体。

幼儿生活在班级中，不论是日托、全托，还是半日制幼儿园，幼儿在其中的生活都是构成其全部生活的重要组成部分。从社会学的角度看，幼儿园班级生活具有以下几个特征。

(1) 班级生活具有群体性。班级中的人不是一个，而是一群，班级是一个群体，因而班级生活具有群体性。根据《规程》，我国幼儿园班级编制为小班 25 人，中班 30 人，大班 35 人。实际上，许多幼儿园的班级规模要超过这个数。在班级中，个人作为集体中的一员，与其他人一起生活、社交、活动，因而个人的合群性对于初入园幼儿来说非常重要。如果幼儿不具备合群性，不适应幼儿园群体生活，就会产生各种问题。群体性是幼儿园与中小学班级生活所具有的共同特征之一。

(2) 班级生活具有组织性。既然班级为社会组织，个人在班级中的生活也就具有组织性。个人在班级中的行动或多或少地以群体为定向参照，按照群体目标行动，许多时候，作为整体的班级需要作为部分的个人之间保持一致性，而部分的一致性就使班级的组织性显现出来。从整体性上考察，班级生活的组织性特征尤其明显。如上所述，幼儿园班级只是一个初级的社会组织，幼儿园班级并不像中学、小学那样具有正式结构及"半自治性"，幼儿在班级中的生活基本上是由教师组织的，因而与中学、小学相比，幼儿园班级生活的组织显示出较强的"成人化"倾向。

(3) 班级生活制度化。班级作为一个社会组织，具有其成员共同遵守的行为规范和组织秩序。个人在班级组织中的行动是由既定的组织章程和规范等规定的，从而保证班级组织中行动的统一性和连续性。群体或组织的维持需要以遵守一定的行为规范及组织秩序为保障，并需要坚持下来，从而形成制度。班级生活的过程也就是制度维持的过程。换言之，幼儿一旦进入班级生活，幼儿就从自然式的家庭生活这种单一方式中走出来，并开始接受群体生活制度的约束(幼儿在家庭里也接受伦理、道德规范的约束，但这种约束来自父母及其他家庭成员，且多附有亲情的意味。但家庭无法形成制度约束，家庭并不是一个制度化的场所)。童年也就开始了生活多样化、复杂化的时代。幼儿的生活也由此接受正式的"制度"的熏陶，开始了制度化的进程。

班级生活制度化意味着：作为社会组织的班级将生活在其中的个人的行为不断地赋予社会角色意义。人的生活制度化同时意味着人的角色规范化、社会化。吴康宁(1998)指出，社会组织具有一个制度化了的角色结构和领导管理体系。对于班级来说，这个制度化了的角色结构通常指学生与教师的角色关系，而制度化了的领导管理体系则是班级内部金字塔形的正式结构。但如前所述，幼儿园班级并不具备这样的正式结构，则代之以教师对幼儿的管理关系以及幼儿对教师的生理与心理的依附关系。这里涉及另一个有争议的问题，即教师到底是不是班级成员？一些学者主张视教师为班级中的一员(林生传，1985；唐迅，1990)，而另一些学者则持相反意见(吴康宁，1998)。从幼儿园班级生活的角度看，教师不应是一个外在的管理者，而应是班级中的特殊成员。

总之，幼儿园班级作为初级的社会组织，虽然不同于中小学的班级，但其生活也有独特的制度化特征。

由此可见，幼儿在班级中的生活实质上是一种领导管理体系下的角色生活，是一种制度下的生活。

(资料来源：郑三元. 幼儿园班级制度化生活的特征及反思[J]. 学前教育研究，2001(1).)

第四节 幼儿园班级生活管理案例及分析

一、班级生活的饮水管理案例及分析

破解喝水的"小秘密"

幼儿在园的饮水情况一直是张老师比较苦恼的一个问题，为了班级里的幼儿能够摄入足量的水，张老师绞尽脑汁，想尽办法：起初是先让孩子互相监督，外加她的监督，但效果不太理想；然后，她又自编了两个小故事"嗓子里的小虫被冲跑了"和"我的尿变黄了"。

通过自编故事，孩子知道自己该喝多少水，喝水少了会造成身体哪些部位不舒服等生活常识，显然，自编故事的效果很理想。

因此，张老师经常采用故事法教育幼儿，使幼儿知道喝水的重要性，收效不错，也很少听到小朋友的妈妈告诉她提醒孩子多喝水了。可是有一天，齐齐的妈妈突然告诉她，天气凉了，齐齐仍喝凉水，她不但不听劝告还反驳道："别的小朋友都能喝凉水，我为什么就不能喝？"妈妈气得没办法，无奈之下只好求张老师想办法。齐齐是一个在班级里很爱面子的女孩，她不愿意让别人知道她的小秘密。为了不伤害孩子，张老师又编了一个小故事"虫子和凉水"，让全班小朋友明白喝凉水是不利于身体健康的，喝温水才能促进身体的健康成长，并且让幼儿感知突然的冷热刺激会给身体带来不舒服的感觉，来帮助幼儿慢慢地理解喝水的学问。

（资料来源：刘艳珍，马鹰. 幼儿园组织与管理[M]. 北京：北京师范大学出版社，2011.）

此案例讲述的是幼儿教师如何教育幼儿科学饮水，以及实施保教结合原则的重要性，帮助幼儿正确理解科学饮水对身体健康发展的重要性。起初张老师运用保育的方法监督幼儿饮水，但效果不理想。这种只强调饮水问题，从表面上提高幼儿的饮水意识的做法，对于促进幼儿真正认识到饮水的重要性的帮助有限。由此可见，单纯的监督方法只能带来短期效果，难以实现长期的改变。因此，张老师进行了反思，并采用故事教育法，取得了预期的教育效果。幼儿不仅认识到喝水的重要性，而且能够长期自觉饮水，并确保摄入足够的水分。

张老师在与家长沟通时了解到，齐齐在天气转凉时仍偏爱喝凉水，而不愿喝温水，并且忽视了家长的劝告。张老师根据齐齐的饮水习惯，并考虑到尊重齐齐的自尊心，及时抓住教育机会，创作了一个关于"虫子和凉水"的小故事，有效地改变了幼儿的饮水观念——认识到喝凉水不利于身体健康，而喝温水有助于促进身体健康成长。

保教结合是幼儿园班级生活管理的核心原则。饮水活动虽看似微不足道，却是幼儿一日生活的重要组成部分，也是保教工作中的重点。尽管教师在日常活动中提醒幼儿多饮水，但仍有幼儿未能摄入足量的水分，仅仅为了完成任务就随意喝了几口水。这就需要幼儿教师根据幼儿一日生活中的不同内容，有针对性地进行生活管理。

张老师能够根据幼儿的饮水特点和个性差异，运用适宜的办法激发幼儿饮水的积极性，并教导他们在天气变凉的情况下选择喝温水。在此次教育活动中，张老师不仅教会了幼儿正确的饮水观念，还让他们体会到冷热刺激对身体带来的不适影响，实现真正的保教结合，促进了幼儿科学饮水的习惯养成。

二、班级生活的离园管理案例及分析

谁让"平安离园"成为谎言

夏日的一天下午，宝宝的爸爸因为工作的原因，迟了一些到幼儿园接孩子，可是当他到达宝宝所在的小二班时，班级里空无一人，老师也不在了。当时孩子爸爸立即往家里打电话询问，结果家人都说没有接。他们立即赶到孩子所在的幼儿园，在园里到处寻找孩子。

"当班的李老师因为家里临时有急事，离园前把孩子委托给隔壁班的保育员张老师，于是我就想找那个张老师问问，可是怎么也找不到！"回忆起当时的情景，宝宝的妈妈说自己都急疯了，"有两个老师躲在办公室，还把门反锁了！我敲门不开，于是我就使劲撞，最后用脚把门踹开了！我求她们帮我找保育员张老师，可她们却说不知道，与她们无关。我气急了，于是动手打了她们！"宝宝的妈妈说，为了看看已经锁门的教室里有没有宝宝，她还砸了幼儿园的玻璃。

在幼儿园里找不到孩子，孩子的奶奶打车到街上去找孩子，在离幼儿园一千米的地方看到有大人围着一个孩子，上前一看，果然是宝宝。"当时孩子不停地哭，裤子也尿了，奶奶当时就瘫在地上了！"

宝宝的妈妈说："我砸玻璃、打人肯定是不对，我愿意对此承担相应的责任。我们现在生气的是，事情出了以后，老师不但不帮忙找孩子还躲起来！至今幼儿园只强调我砸玻璃和打人，根本不提孩子丢失的事情。宝宝刚过 3 岁生日，一个人过了两个路口，吓得都尿了裤子，到现在睡觉都不让关灯，幼儿园应该承担他们的责任！"

(资料来源：秦旭芳. 幼儿园管理的困惑与抉择——从"案例搜集"到"案例剖析" [M]. 北京：科学出版社，2013.)

此案例反映的是班级生活的离园管理中存在的一个典型问题，即幼儿在没有亲人接送的情况下私自离开幼儿园且走丢的问题。分析其原因，主要包括以下几个方面。

第一，从幼儿园班级生活管理来看，当班教师擅自离岗，轻易把孩子委托给他人，这暴露出幼儿园接送制度的不完善、执行力差、对幼儿离园的交接环节缺乏必要的重视等问题。

第二，确保幼儿在生活、游戏和活动中的安全，预防意外事故发生是幼儿教师最基本的职责。在上述案例中，两位教师表现出"事不关己"的态度，对焦急等待的家长不闻不问，这暴露出幼儿教师缺乏责任心和职业修养亟须提高的问题。

第三，幼儿园门卫是保障孩子在园安全的第一道也是最后一道防线。案例中的孩子能够在无亲人接送的情况下离开幼儿园，最终导致走丢的严重事件，这暴露出门卫管理存在严重的隐患，如岗位责任心差、玩忽职守等问题。面对这样的情况，家长如何能放心将孩子送去幼儿园呢？

第四，从幼儿园对事件的处理来看，当班教师缺席，值班教师受伤，幼儿园设施受损，走失的孩子被家长在街上找到，这些暴露出幼儿园管理层缺乏危机管理意识和应对突发事件的能力。

为确保幼儿安全离园，幼儿园应该细化接送制度，增强幼儿来园、离园的危机管理能力；及时了解教师的思想动态，提升教师专业理念和修养；加强安保体系的管理，严格按照岗位要求进行人员聘任；重视幼儿的安全自救教育，提高幼儿的安全意识；加强与家长的沟通，制订有序的应急计划等。只有全园上下齐心协力，才能防止一时的疏忽导致严重后果。

本 章 小 结

幼儿园作为教育机构，为教师和幼儿共同生活提供了理想的环境。班级生活是促进幼儿从自然个体向社会个体转变的关键途径，一个良好的班级生活环境能有效地促进幼儿身心的健康发展。

幼儿园班级生活涵盖了生活活动、运动活动、游戏活动、区域活动和集体教学活动等多个方面。幼儿园班级生活管理是对幼儿园一日生活活动中所有环节的管理，是对幼儿园一日生活中各项活动的规范及规定。通过生活管理，教师能引导和规范幼儿的行为，帮助他们养成良好的行为习惯和生活习惯。

生活管理是幼儿园班级管理中的关键组成部分。在组织与指导生活活动时，教师需要运用教育机智和个人智慧进行创造性的投入。同时，管理过程还需遵循一些基本原则，包括保教结合原则、灵活性原则、一致性原则和主体性原则。幼儿园班级生活管理的内容涵盖了入园管理、进餐管理、午睡管理、散步管理、如厕管理、盥洗管理、饮水管理和离园管理等方面。为了优化幼儿园班级生活管理，我们需要深入研究和探索管理策略，包括明确生活活动的管理目标、制定科学合理的生活规则，以及确保班级生活的秩序化和程序化。

思考与练习

一、名词解释

幼儿园班级生活管理　班级生活程序化

二、简答题

1. 简述幼儿园班级生活的意义与内容。
2. 简述幼儿园班级生活管理的原则。
3. 简述幼儿园班级生活管理的内容。

三、论述题

请结合实际阐述优化幼儿园班级生活管理的策略。

实 践 课 堂

分析下面案例中张老师设立班级小管家的做法，并结合案例谈谈幼儿园班级生活管理的方法。

小管家

新班级的孩子缺乏自控力，常将玩具材料随意丢弃。针对这一情况，张老师采取了物品管理责任到人的策略。她把活动区分成几个区域，并为每个区域设计了标识。每周一上午，她会组织评选出小管家。小管家的具体任务为：建筑区的小管家负责带领该区域幼儿整理积木；毛巾区的小管家负责检查毛巾的挂放情况，若发现毛巾没挂好及时提醒；图书区的小管家负责检查图书的损坏情况和取放情况，及时制止撕书行为，并督促修补破损的图书；等等。

面对孩子的热情参与，共选出了七个岗位的小管家。孩子都很高兴教师分配的工作，并将其视为一种荣誉。到了周五，张老师会与幼儿共同评选出优秀的小管家，并奖励他们大红花。随后，再进行新一轮七个岗位的小管家的选举。通过这样的做法，班级始终保持整洁，物品也有了明确的标准摆放位置。这样一来，不论是幼儿还是教师存取物品都变得轻松简单，而且由于物品摆放合理，班级内的事故发生率也明显降低。

即使是最好的儿童，如果生活在组织不好的集体里，也会很快地变成一群小野兽。

——马卡连柯

第六章　幼儿园班级教育管理

课程目标

知识目标： 学生通过学习幼儿园班级教育管理的基础理论，了解幼儿园教育管理与班级教育管理的概念，并明确幼儿园班级教育管理的特点。

能力目标： 学生应能够依据幼儿园班级教育管理的特点，进行案例的具体分析和解读，掌握班级区域活动、班级集体活动和班级游戏活动的管理要点，从而培养实施幼儿园班级教育管理的能力。

素质目标： 在案例分析和讨论的过程中，学生体会到幼儿园班级教育管理的重要性，提升自己在该领域的教育管理能力，并逐步树立科学的教育观念与教育意识。

核心概念

教育管理　幼儿园班级教育管理

引导案例

易迪的故事

这已经是谢尔登老师本星期第三次从走廊里跑过去抓易迪了，从入园第一天起，易迪看上去就不怎么开心，到了第三周，他开始抓住任何机会从教室里逃跑。谢尔登老师记得他妈妈说过，易迪是第一次离开家进入幼儿园。易迪的妈妈做兼职，以前，易迪白天跟住在附近的保姆在一起。易迪的哥哥上六年级，他和哥哥很少交流，事实上，易迪像个独生子。

(资料来源：Laverne Warner & Sharon Anne Lynch. 幼儿园班级管理技巧150[M].

曹宇，译. 北京：中国轻工业出版社，2011.)

案例分析

幼儿不愿意参与班级活动或试图离开教室可能有以下多种原因。

(1) 不习惯长时间离开熟悉的家庭生活环境和不适应作息规律。

(2) 不习惯与同伴一起参加集体活动。

(3) 教师可能对他们提出了过高或不符合年龄特点的期望。

(4) 在情感上可能尚未做好适应幼儿园生活作息的准备。

(5) 存在情绪问题，这些问题影响了他们在幼儿园愉快地参与活动。

谢尔登老师制止了易迪跑出教室，并温柔地把他拉到自己身边，告诉他妈妈希望他留在幼儿园。易迪并没有反对，但是他的注意力不集中，不愿意参与班级活动。这让谢尔登老师意识到，她需要付出更多努力帮助易迪在幼儿园感到舒适和自在。

那天晚上，她和易迪的妈妈进行了电话沟通，双方达成共识，认为应该共同努力采取适当的措施。她们需要找出易迪不高兴的原因，并想办法鼓励他理解和接受待在幼儿园的生活。

谢尔登老师意识到，学年初制定得过于严格和强制的规则可能阻碍了易迪愉快地适应幼儿园。第二天早晨，她温和地问候易迪："易迪，我特别高兴你来到我们班！我们一起玩吧，你可以认识其他小伙伴，逐渐喜欢上幼儿园。跟我说说你在家喜欢做什么？"

在最初两个月里，谢尔登老师每周都会给易迪的妈妈打电话。她注意到易迪的变化，他与杰里米和萨米成为好朋友。到了12月，谢尔登老师不用担心易迪会逃跑了。他在班级里就像在家里一样自在，一点也不感到拘谨。

学习指导

本章重点介绍幼儿园班级教育管理的内涵、特点、内容、策略和要求等方面。在学习过程中，学生要掌握幼儿园班级教育管理的基本概念，认真阅读本章的拓展材料，并结合案例分析和教学实践活动，联系实际情况进行反思和总结，以便探索和掌握适合幼儿园班级教育管理的有效方式和方法。

第一节　幼儿园班级教育管理的内涵与特点

一、教育管理与幼儿园班级教育管理的内涵

幼儿园班级教育管理构成了幼儿园管理的关键部分。深入理解教育管理以及幼儿园班级教育管理的内涵，将有助于我们全面把握幼儿园班级教育管理的本质，从而更有效地开展班级教育管理工作。

(一)教育管理

教育管理随着人类社会教育活动的产生而出现，但直到20世纪，教育管理才发展成为学术研究和实践活动的一个独立领域。作为研究领域，教育管理的发展起源于20世纪初的美国。美国学者 D.E.奥洛斯基在其著作《今日教育管理》中提出，教育管理是管理科学与教育学的结合，教育管理是将理性认识应用于有组织的活动之中。我国学者张复荃在《现代教育管理学》一书中提出，教育管理是社会管理的一个特定领域，在履行教育管理职能时，需要考虑社会管理各领域中最普遍的、共通的职能。同时，教育管理以培养符合特定规格的人才为活动目标和归宿。由于管理的对象、任务、手段以及教育科学所确定的过程

和规律的性质不同，教育管理在某种程度上区别于社会管理的其他领域。

综合各家观点，教育管理是以管理问题为研究对象，以管理学、教育学和其他相关学科的知识为基础，运用定性分析和定量分析以及其他研究方法，通过对教育管理有关问题的探究，揭示教育管理的规律，构建教育管理理论，并指导教育管理实践的一门学科。

(二)幼儿园班级教育管理

在幼儿园中，教育活动贯穿于幼儿的一日生活之中。保育和教育构成了幼儿园工作的两大核心方面。明确幼儿园班级教育管理的概念，有助于我们更好地开展班级管理工作。幼儿园班级教育管理的概念有广义和狭义的区分。广义上，它涵盖了所有旨在促进幼儿全面发展的保育和教育活动。从时间维度看，它贯穿于幼儿入园到离园的整个时间段；从空间维度看，它既包括室内活动，也包括户外活动。狭义上，幼儿园班级教育管理主要关注教育活动的组织和实施。

《纲要》中组织与实施部分的第二条明确指出："幼儿园的教育活动，是教师以多种形式有目的、有计划地引导幼儿生动、活泼、主动活动的教育过程。"本章讨论的幼儿园班级教育管理，是指班级中保育和教育人员为实现幼儿园的教育任务，在充分调研本班幼儿发展特点的基础上，依据国家学前教育相关政策和幼儿的实际需要，充分利用人力、物力、财力、时间、空间、信息等资源，通过对教育活动的计划、组织、实施、总结和评估，以高质量地完成班级教育目标的一系列工作。这一概念包含以下四层含义。

第一，班级教育管理的执行者不仅包括班级教师和保育老师，还涉及其他辅助人员。他们各司其职，合理分工，共同推进班级教育活动的管理。

第二，班级教育管理的对象是班级的教育活动，具体包括教育活动中涉及的人员、财务、物资、时间、空间和信息等要素。

第三，班级教育管理的过程遵循科学的教育计划，有组织地展开教育活动，并对活动进行总结和评估。

第四，班级教育管理的目的是最大化地利用班级资源，提升教育活动的质量，并促进幼儿的身心健康发展。

二、幼儿园班级教育管理的特点

由于3～6岁幼儿的身心发展水平限制，幼儿园教育和中小学教育在教育目标、课程设置、教学方式等方面存在明显差异。因此，幼儿园班级教育管理也与中小学班级教育管理有所不同。幼儿园班级教育管理的特点包括管理对象的稚嫩性、管理内容的繁杂性、管理方法的多样性以及管理过程的教育性。

(一)管理对象的稚嫩性

《规程》第二条明确规定，幼儿园是对3周岁以上学龄前幼儿实施保育和教育的机构。幼儿园班级教育管理的对象为3～6岁处于学前阶段的幼儿。这一时期的幼儿身心发展尚未成熟，正处于生理发育、心智启蒙和个性形成的初期阶段，也是人格塑造的关键时期。他们在生理、心理和社会性方面都显示出未成熟和未完全发展的特点。此外，这一阶段也是幼儿成长中极具可塑性的时期。作为我国学校教育体系和终身教育的奠基阶段，做好幼儿园班级教育管理就显得格外重要。

(二)管理内容的繁杂性

保育和教育相结合是幼儿教育区别于其他年龄段教育的显著特点，同时也是幼儿园班级教育管理与其他管理活动的主要区别。受3~6岁幼儿的年龄特点和身心发展水平限制，幼儿园班级教育管理的内容不仅包括语言、科学、健康、社会和艺术五大学习领域，而且教育活动涵盖了认知、情感、态度、能力和技能等方面的发展。因此，教育管理的内容既广泛又复杂，显示出繁杂性的特点。在进行班级教育管理时，不仅要注重培养幼儿良好的学习习惯和素养，还要关注幼儿认知水平的提升和情绪情感的发展。通过实施德、智、体、美等全面的教育，促进幼儿身心健康成长，并培养他们成为全面发展的社会主义建设者和接班人。

(三)管理方法的多样性

幼儿园班级教育活动中可能会发生一些难以预料的情况，这使教育管理具有一定的不可预测性。例如，在上课过程中，可能有幼儿频繁举手，但回答的内容与教师提出的问题无关；教学活动可能因幼儿突然哭闹而被迫中断等。因此，在繁忙且充满挑战的管理活动中，班级的教育和保育人员不仅需要具有教育机智和应对突发事件的能力，还需要根据具体情况灵活运用多种管理方法和策略，以确保班级教育管理工作的有效性。教师可以采用榜样示范法来引导幼儿规范自己的行为，使用物质奖励法来加强幼儿的积极行为，或者运用精神鼓励法来激发幼儿的内在动力，促进他们自我管理能力的提升。

(四)管理过程的教育性

育人是教育组织区别于其他社会组织管理的一个主要特点。教育管理过程是实现教育职能、培育人才等核心工作的具体表现，因此，教育管理过程本身具有鲜明的教育性特质。要有效发挥教育管理过程中的教育作用，教师首先要善于激发幼儿学习的主动性和自我教育、自我管理的积极性，让他们成为学习的主体。其次，教师应为班级内的规章制度和各种活动赋予深厚的教育意义，并在具体的管理工作中，通过自身的模范行为，言传身教地影响幼儿。最后，教师需要注意班级教育管理的及时性。对于班级中发生的任何问题，教师应在第一时间内及时处理，防止问题扩大或进一步恶化，避免造成更大的困扰。

📖 **拓展阅读**

幼儿园的教育

2016年实施的《规程》第五章"幼儿园的教育"第二十五条指出，幼儿园应当贯彻以下原则和要求。

(一)德、智、体、美等方面的教育应当互相渗透，有机结合。

(二)遵循幼儿身心发展规律，符合幼儿年龄特点，注重个体差异，因人施教，引导幼儿个性健康发展。

(三)面向全体幼儿，热爱幼儿，坚持积极鼓励、启发引导的正面教育。

(四)综合组织健康、语言、社会、科学、艺术各领域的教育内容，渗透于幼儿一日生活的各项活动中，充分发挥各种教育手段的交互作用。

(五)以游戏为基本活动，寓教育于各项活动之中。

(六)创设与教育相适应的良好环境，为幼儿提供活动和表现能力的机会与条件。

第二节　幼儿园班级教育管理的内容与策略

一、幼儿园班级教育管理的内容

从狭义上看，幼儿园班级教育管理主要是聚焦班级内开展的教育活动。这些教育活动通常由教师发起，可以是集体活动组织的师幼互动活动，也可以是在教师引导下幼儿进行的个体探索和操作活动，目的在于增进幼儿的学习经验，并促进每个幼儿在各自水平基础上的发展。在此，我们将班级教育管理分为两类：教师集体教学活动管理和幼儿个别化学习活动管理。

(一)教师集体教学活动管理

1. 班级幼儿集体学习要求

(1) 在教师和家长的指导下收集有关信息，准备学习的相关材料。

(2) 积极参与集体学习活动，乐于学习新知识，能够认真听讲，并按照教师的指示行动。

(3) 保持正确的用眼、握笔和坐立姿势。

(4) 培养良好的倾听习惯，不打断他人发言，不随意插话。

(5) 养成良好的发言习惯，发言前先举手，得到教师允许后再发言。

(6) 学会正确使用和整理各类学习用具和材料。

(7) 逐步学会与同伴合作，共同使用学习用具和材料，一起讨论教师提出的问题。

(8) 懂得珍惜自己和别人的活动成果，学习正确评价自己和他人的作品。

2. 班级教师工作要点

(1) 做好活动前的准备工作，包括确定活动内容、准备教具和操作材料、布置场地环境。

(2) 在集体教学活动前稳定幼儿情绪，采用生动有趣的教学方式吸引幼儿的注意力。

(3) 活动中贯彻《纲要》和《指南》的精神，以幼儿为中心，面向所有幼儿，注重培养幼儿的能力、情感、兴趣和习惯等。

(4) 根据幼儿的年龄特点合理安排活动时间，防止幼儿过度疲劳。

(5) 在活动中关注个别幼儿的需求，进行有针对性的启发、引导和帮助，以满足不同幼儿的需求。

(6) 引导幼儿注意控制说话和唱歌的音量，保护他们的声带健康。

(7) 保持活动室光线适宜，并控制多媒体的使用时间，以保护幼儿的视力。

(8) 活动结束后，及时收集幼儿的活动作品，并分析、记录幼儿的学习情况。

(9) 活动结束后，对本次活动进行总结和反思，并做好相应的记录。

3. 保育员工作要点

(1) 协助教师完成活动前的物资准备和场地布置工作。

(2) 协助教师引导和指导个别幼儿参与活动，并确保不影响活动的进行。

(3) 活动结束后，指导和帮助幼儿进行清理和整理工作。

(二)幼儿个别化学习活动管理

1. 班级幼儿个别化学习要求

(1) 专注地进行操作，同时注意不干扰他人。

(2) 遇到困难时，积极思考解决方案，持续探索，若遇到无法解决的问题，应主动请求帮助。

(3) 正确使用并妥善处理各种学习用具和材料。

(4) 活动结束时，能够按照要求整理和收拾学习用具和材料。

2. 班级教师工作要点

(1) 提供多样、安全、清洁的学习材料。

(2) 鼓励每位幼儿积极参与个性化操作学习活动。

(3) 观察幼儿的学习情况，并在必要时给予适当的引导和帮助。

(4) 组织幼儿进行活动材料的整理工作。

3. 保育员工作要点

(1) 在活动开始前，协助教师准备所需的活动材料。

(2) 在活动进行中，协助教师观察幼儿的行为，并提醒幼儿在使用操作材料时注意安全。

(3) 在活动结束后，指导并帮助幼儿对材料进行整理和归位。

拓展阅读

教师应注意的一百个细节(节选)

(三)教育活动

7. 与幼儿说话时，教师应该蹲下来面对幼儿，微笑交流。

8. 当幼儿遇到难题找教师询问时，不管你有多忙，都应该停下手里的工作，给幼儿一个满意的答复。

9. 教师如果要借他人的东西时要说："请借给我用一用，好吗？"

10. 如果幼儿帮助了教师，教师要及时说"谢谢"，不小心碰到孩子要说"对不起"等文明用语。

11. 教师要严格遵守上课制度：不接听手机，不发送短信。

教师都是爱孩子的，都是心怀善意地在做一些事情，但是爱和善的名义同样需要爱的举措、善的策略。如果我们善于在日常生活的每个细节中培育和呵护孩子们感情就会发现，最伟大的爱其实往往产生在最平凡之处，最深沉的感动往往蕴藏在每一个平淡的教育细节中。一个温暖的眼神就足以传递爱的信息，一个不经意的动作或许可以扶起孩子的自尊，一句充满爱心的话语也可能影响孩子的一生。作为教师千万不要忽视这些小小的细节，我们的爱和善正是通过这些点滴慢慢浸润到每个孩子的心灵中。

(资料来源：秦旭芳. 幼儿园管理的困惑与抉择——从"案例搜集"到"案例剖析"[M]. 北京：科学出版社，2013.)

二、幼儿园班级教育管理的策略

在开展幼儿教育活动管理过程中，部分教师可能过分关注幼儿知识和技能的掌握，而忽视了情感、态度的发展和良好习惯的培养；另一些教师可能未能认识到幼儿的主体性，出现了教育内容和方法"小学化"的倾向。为了避免这些问题，教师可以采用以下解决策略。

(一)树立幼儿整体发展观

幼儿的发展是全面和整体的。《纲要》明确指出："幼儿园的教育内容是全面的、启蒙性的……各领域的内容相互渗透，从不同的角度促进幼儿情感、态度、能力、知识、技能等方面的发展。"积极的情感态度和良好的学习习惯构成了幼儿全面发展的重要部分。

幼儿教育应强调整体性和全面性，不仅关注幼儿外在的、明显的、即时的发展，也应关注幼儿内在的、潜在的、长期的发展，为幼儿的终身学习和成长奠定坚实的基础。在开展教育活动时，教师应重视幼儿的愉快、热情、乐观和主动等积极情感态度。此外，还应注重培养幼儿良好的倾听习惯、发言习惯和专注认真的态度，以及整理学习用品等良好习惯，从而使幼儿受益终身。

(二)树立幼儿主体教育观

首先，教育教学内容的选择应以幼儿为中心。《纲要》明确指出，幼儿园教育内容的选择应既适合幼儿的现有水平，又有一定的挑战性；既符合幼儿的现实需要，又有利于其长远发展；既贴近幼儿的生活来选择他们感兴趣的事物和问题，又有助于拓展幼儿的经验和视野。因此，教育内容的选择应以幼儿的需求和兴趣为导向，既关注幼儿当前的发展，又考虑幼儿未来的潜力。

其次，教育教学的实施过程应以幼儿为中心。在教育活动中，教师应确保幼儿有足够的机会进行思考、操作和表达，同时教师应密切观察幼儿的反应，并根据需要灵活调整教学策略，避免采取单向灌输的教学方式。

(三)树立正确的儿童发展观

首先，教师应坚持正确的教育立场。《纲要》明确指出："教育活动内容的组织应充分考虑幼儿的学习特点和认识规律，各领域的内容要有机联系，相互渗透，注重综合性、趣味性、活动性，寓教育于生活、游戏之中。"《规程》第二十九条也强调，幼儿园应当将游戏作为对幼儿进行全面发展教育的重要形式。因此，教师应充分考虑幼儿的年龄特点和认知发展规律，采用多样化、生动有趣的教学方法，避免单一机械记忆的教育方式。同时，教师应积极引导家长树立正确的教育观念，帮助家长理解超前教育可能对幼儿造成不利影响。

其次，教师应防止教育内容和方法出现"小学化"倾向。《规程》第三十三条规定，幼儿园不得提前教授小学教育内容，不得开展任何违背幼儿身心发展规律的活动。因此，教师应坚守这一底线，选择适合幼儿启蒙阶段的、与他们的生活经验和他们认知水平相当的教育内容，避免提前教授小学阶段的知识和技能。

第三节 幼儿园班级教育管理的要求

幼儿园班级教育管理主要包括户外活动管理、区域活动管理和集体活动管理。本节中所提到的集体活动主要是指那些在室内开展的集体教学活动。由于不同类型的教育活动具有各自独特的特点，因此在管理过程中也要采取不同的管理要求和策略。

一、幼儿园班级户外活动的要求

户外活动是幼儿园班级教育活动的重要组成部分。幼儿园应开展丰富多彩的户外游戏和体育活动，培养幼儿参加体育活动的兴趣和习惯，增强幼儿体质，提高对环境的适应能力。2022 年教育部发布的《幼儿园保育教育质量评估指南》提出，应制订并执行与幼儿身体发展相适应的体育活动计划，确保每天至少 2 小时的户外活动时间，其中包括不少于 1 小时的体育活动时间。

幼儿园班级户外活动是指教师根据教学目标，结合幼儿的发展特点，合理利用各种资源，有计划、有组织地引导幼儿走出教室，到户外场地、自然环境和社会环境中进行游戏和运动的教育活动。根据活动地点的不同可以分为两大类：一类是户外体育游戏活动，主要在幼儿园内的户外活动场地进行；另一类是户外实践活动，通过在幼儿园外，利用社会资源或自然资源开展。目前，大部分幼儿园的户外活动以户外体育游戏活动为主，而户外实践活动则相对较少。本节主要讨论的是户外体育游戏活动。在指导与管理户外活动时教师应遵循以下具体要求。

(一)精心设计活动，制订切实可行的计划

首先，在设计活动时，教师需要明确活动的目标。活动目标是制订计划的基础，也是活动的出发点和落脚点。设定明确的活动目标，可以为活动内容的选择、组织形式、方法、效果评价等提供基本的指导。此外，活动目标越具体，活动的实施就越有序，效果也越显著，从而更有效地促进幼儿的身心发展。

其次，在确立活动目标后，教师要制订切实可行的活动计划。活动计划中应详细规划户外活动的内容、组织形式、方法、所需材料、场地、参与人数等。同时，班级保教人员也应各司其职，相互协作，形成教育的合力。

最后，教师应依据制订的活动计划，并结合活动主题及班级幼儿的具体情况，有条不

素地执行活动计划。在活动实施过程中，教师需要根据实际情况灵活调整。例如，根据活动内容的不同，适时变换集体教学、小组教学、个别教学的组织形式，采取多样化的活动方法，以最大限度地激发幼儿参与活动的兴趣和积极性。

(二)加强活动过程的管理，真正促进幼儿发展

目前，虽然大部分幼儿园的户外活动是以年龄班为单位组织开展的，但近些年也逐渐引入了混龄户外活动的形式，这对教师在活动中的指导提出了更高的要求。不论是按班级组织的户外活动还是混龄形式的户外活动(见图 6-1)，保教人员都应根据幼儿的年龄和发展特点来组织活动，并加强活动过程的动态管理，以真正促进幼儿的发展，并实现户外活动的目的。

首先，教师应依据户外活动区域管理制度，考虑场地、运动量、活动内容、幼儿安全等因素，合理划分园所的户外活动空间。其次，每个活动区域应配备 2～3 名保教人员，负责指导幼儿活动和保障活动安全，对于幼儿人数较多的区域，可以适当增加教师人手，以确保幼儿的安全。最后，教师应时刻观察活动中的幼儿，针对出现的各种问题进行实时跟进、分析和解决，特别关注体质较弱或能力较弱的幼儿，给予个别照顾和保护，并应使用科学的观察工具记录幼儿的活动。

图 6-1　幼儿户外活动

(三)强化教师及幼儿的安全意识，提高活动的安全性

2022 年，教育部发布的《幼儿园保育教育质量评估指南》明确指出："保教人员应具有安全保护意识，做好环境、设施设备、玩具材料等方面的日常检查维护，及时排除安全隐患。发生意外时，优先保护幼儿的安全。幼儿园切实把安全教育融入幼儿一日生活，帮助幼儿学习判断环境、设施设备和玩具材料可能存在的安全风险，增强安全防范意识，提升自我保护能力。"户外活动的场地范围较室内更广，不可预测的突发情况也相应增加，因此必须将幼儿的活动安全作为首要考虑。

首先，教师应在活动前对活动场地及大型玩具进行仔细检查，确保没有安全隐患，并确认保护装置的有效性。其次，教师应在活动前清点幼儿人数，检查幼儿着装，并确保幼儿没有携带危险物品；活动结束后，教师应组织幼儿有秩序返回活动室。最后，教师应在活动开始前向幼儿明确交代活动规则和安全要求，认真履行职责，确保幼儿能够采用正确的方法有序地参加活动。

📑 **拓展阅读**

幼儿园开展教育活动的要求

2016 年实施的《规程》第五章"幼儿园的教育"中第二十八条指出，幼儿园应当为幼儿提供丰富多样的教育活动。具体要求如下。

(一)教育活动内容应当根据教育目标、幼儿的实际水平和兴趣确定，以循序渐进为原则，有计划地选择和组织。

(二)教育活动的组织应当灵活运用集体、小组和个别活动等形式，为每个幼儿提供充分参与的机会，满足幼儿多方面发展的需要，促进每个幼儿在不同水平上得到发展。

(三)教育活动的过程应注重支持幼儿的主动探索、操作实践、合作交流和表达表现，不应片面追求活动结果。

二、幼儿园班级区域活动的要求

区域活动是指教师根据教育目标和幼儿的发展水平，有目的地创设活动环境并提供相应的活动材料，使幼儿能够根据自己的兴趣和能力，在特定的环境中通过操作和探索进行个别化的自主学习的活动。区域活动中既包括幼儿自由参与的创造性游戏(如娃娃家等角色游戏、搭建区及桌面插塑等建构游戏和表演游戏)，也包括幼儿根据教师提供的材料自主选择的美工区、阅读区、积木区等活动。在指导与管理区域活动时，教师应遵循以下要求。

(一)投放安全和有层次性的材料

《纲要》明确指出："幼儿园必须把保护幼儿的生命和促进幼儿的健康放在工作的首位。"因此，班级区域活动时，材料的投放首先需要考虑其安全性。在为幼儿投放准备活动材料时，应选择无毒、无味、无伤害隐患的材料，并确保在活动前对这些材料进行彻底的清洁和消毒。其次，由于遗传、家庭环境等因素的影响，班级中幼儿的能力发展水平存在差异。这就要求教师根据幼儿的实际情况采取因材施教的方法，投放的材料应具有层次性，要根据幼儿不同的能力水平提供难易程度不同的活动材料。这样做不仅便于教师进行有针对性的指导和帮助，而且更有利于促进幼儿在各自原有水平的基础上实现不同程度的提高，满足他们的发展需要。

(二)师幼共同制定区域活动规则

幼儿园班级区域活动的规则不仅对幼儿具有约束作用，能够有效预防不良行为的发生，还能积极促进幼儿规则意识的形成，提升活动管理的质量。在制定区域活动规则时，教师要注重发挥幼儿的主体性，鼓励他们积极参与，并通过师幼共同制定区域活动规则，进一步指导幼儿理解规则并学会遵守。在与幼儿共同制定规则时，要做到以下几点。

首先，让幼儿理解制定规则的意义。教师可以利用自然后果法让幼儿认识到没有规则会导致的混乱局面，通过他们的亲身体验让其理解规则存在的必要性，从而自觉遵守规则。

其次，可运用符号来表示规则。在形象思维的过程中，儿童主要运用符号的象征功能和替代作用在头脑中将事物和动作内化。因此，在制定区域活动规则时，教师可以利用符号来表示规则，也可以让幼儿自己绘制规则图画并布置在相应的区域。

再次，规则要明确具体。对每个区域活动的要求，都应做出具体的规定。例如，在阅读区，要求幼儿安静阅读，爱护书籍，阅读后需将书籍摆放整齐；在美工区，要求幼儿不乱丢纸屑，使用剪刀时注意安全等。同时，应对每个区域可容纳的幼儿人数做出规定，并设计相应的幼儿人数标识牌。

最后，规则的数量应适中，以 4～6 条为宜。如果规则数量太少，不利于区域活动的管理；如果规则数量过多，则可能让幼儿感到困惑，不知如何遵守。简化或者分类规则，有助于幼儿更好地理解和遵守规则。

📎 拓展阅读

图标暗示幼儿物归原处

我们可以用简单图标呈现规则，把希望幼儿遵守的规则隐藏在一些易懂易记的图示中，提醒幼儿注意。比如，将美术工具、书本、积木等分类摆放在不同的柜子中，并用标签提示，幼儿从中可以学到分类摆放的方法，做到取放有序。小班幼儿刚入园时，老师尽管多次用语言提示或示范演示的方法告诉幼儿整理玩具的方法，但是一到收拾玩具的时候，还是有部分幼儿会把玩具放到空的橱柜里，或者干脆扔在一旁，部分幼儿则是将所有东西混在一个箩筐里……显然，之前的语言提示和示范演示效果不佳。考虑到小班幼儿的抽象概括能力有限，我们就设计了具体形象的图示标签作为隐性提示，在美术工具柜旁贴上画有剪刀、油画棒的图片；在图书柜上贴上绘本的照片；在积木柜旁贴上积木成品的图片……幼儿一看到标记就跃跃欲试，很想去摆一摆、放一放，学习图与物一一对应，久而久之，就知道物归原处了。

(资料来源：陈央儿. 用隐性规则引导幼儿有序活动[J]. 学前教育研究，2004(6): 43-44.)

(三)及时开展区域活动的分享环节

分享环节对于区域活动的开展具有重要的提升作用。区域活动结束后，教师可以引导幼儿就他们在活动中的感受、遇到的问题或困惑进行交流和讨论。教师也可以通过展示幼儿的作品，邀请幼儿在集体面前对自己的作品进行介绍，或者通过拍照的方式将幼儿的作品展示在大屏幕上，让幼儿有机会讲述自己的创作过程，或者通过提问引导幼儿进行讨论。例如，"你是独立完成作品的，还是与同伴合作完成的？""在创作过程中遇到了哪些问题？""你是怎么解决这些问题的？""在创作过程中，哪些地方让你感到满意和自豪？"等。通过这样的反思和经验积累，幼儿能够更好地解决类似问题。区域活动的分享环节能够有效促进幼儿之间的交流和思考，如图 6-2 所示。

图 6-2　区域活动的分享环节

拓展阅读

组织幼儿进行区域活动

问题：幼儿很享受区域活动时间，但是让幼儿进入活动区需要设计，应允许幼儿做出选择和改变(如果允许的话)。

概述：除非幼儿对区域活动熟悉了，否则可能会产生困惑和混乱。与每个幼儿谈谈他们选择的活动区，提醒他们在区域活动时间内(更换区域时间到来之前，如果有可能的话)必须一直在活动区中活动，这样做能帮助他们解决问题。

目标：创设能为幼儿提供选择和有效游戏的区域活动的经验和体验。

技巧：使用"区域活动板"给幼儿做出选择和改变选择的机会。在活动板上给出每个区域能有多少幼儿的提示。这些提示可能包括以下内容。

(1) 上面有数字或符号的信封，幼儿可以将他们的名签插到里面。

(2) 一张教室区域划分的地图，上面标有数字或符号，幼儿可以将有黏性的挂钩放在想要去的活动区。

下面是一些方便在区域活动时做出选择的小贴士。

(1) 限制选择某个区域的幼儿人数(把人数限制张贴出来，以便幼儿可以看到并理解，或者用"区域活动板"让幼儿做出选择)。

(2) 告诉幼儿在游戏期间必须待在选择的区域中。

(3) 如果区域活动中幼儿出现不适宜的行为，请他们从区域中出来一会儿，向他们解释为什么带他们出来，给他们重新进入游戏的机会。如果还是表现不好，他们就要选择别的区域了。

(4) 如果有足够的活动区，安排幼儿使用"区域活动板"来离开第一个选择的区域，进入其他活动区。

幼儿体验有效的、有创造力的游戏需要充分的时间。最初，幼儿在玩扩展游戏时会感到困难，可通过提出建议和参与游戏的方式帮助这些幼儿。

有效班级管理的要点：如果幼儿经常反复选择同一个区域，可以用下面四种策略鼓励幼儿选择其他区域。

(1) 偶尔关闭受欢迎的活动区。

(2) 定期到不太受欢迎的活动区游戏(幼儿愿意到老师所在的地方去)。

(3) 告诉幼儿不太受欢迎的活动区的价值。

(4) 在不太受欢迎的区域开展特别的活动。

(资料来源：Laverne Warner & Sharon Anne Lynch. 幼儿园班级管理技巧150[M].

曹宇，译. 北京：中国轻工业出版社，2011.)

(四)创设幼儿喜欢的活动区域

活动区域的设计影响着幼儿的学习和行为。一个小巧、温馨且有序的活动区域能够激发幼儿的兴趣，有效支持他们的积极行为，促进同伴的互动，提高他们的表现能力和语言能力。在创设幼儿喜欢的活动区域时，教师应考虑这个活动区域能让幼儿进行哪些活动。

在活动区域中，幼儿是否能够做出选择？这个区域是否能吸引幼儿进行学习？这个环境是否能有效控制幼儿的吵闹行为？这样的设计是否能促进幼儿的自我管理和参与民主生活？这些都是教师在创设不同的活动区域时需要考虑的问题。教师在创设活动区域时，应遵循以下要求。

1. 美工区创设

(1) 将美工区安排在靠近水源的地方，以便进行清洁和使用。

(2) 将美工区安排在便于清洁的地板上。例如，砖地或地板革上，避免使用地毯。

(3) 根据活动的性质来决定美工区的容纳人数。例如，进行黏土制作或使用记号笔、蜡笔绘画的活动可以容纳 6 名幼儿。

(4) 根据画架的数量来限制参与绘画的幼儿人数，确保每位幼儿都有足够的绘画空间。

(5) 在画架下方铺设废旧的衣服或塑料台布，以便幼儿在绘画时丢弃不用的材料。

(6) 为每位绘画的幼儿提供一件工作服，保护他们的衣物不被弄脏。

(7) 指导幼儿正确使用绘画和其他美工材料，培养他们的艺术技能。

(8) 提供一个干燥的架子供幼儿完成作品后使用，以便保存和展示作品。

(9) 为幼儿提供一个展示作品的区域，鼓励他们展示自己的创作成果。

(10) 鼓励幼儿在美工活动结束后，主动整理自己的美工材料和工作区域，培养他们的责任感和整理物品的良好习惯。

2. 积木区创设

(1) 应将积木区的幼儿人数控制在 5～6 人。

(2) 如果使用的是木质积木，需要定期检查是否有损坏的部分，若发现有损坏且可能对幼儿造成伤害的积木，应及时移除。

(3) 建立规则：不允许任何人破坏他人搭建的积木。

(4) 幼儿可以把积木搭建得与自己身高相同(如果使用的是纸板积木，则无须遵循此条规则)。

(5) 提醒幼儿用适宜的方式拆掉他们搭建的积木。

(6) 鼓励幼儿在搭建积木的过程中进行团体合作，培养他们的协作精神。

(7) 定期拍下幼儿搭建积木的照片，并与家长分享，或者张贴在公告板上，以便家长了解幼儿在园内的活动情况。

3. 阅读区创设

(1) 将阅读区安排在教室内比较安静的地方。

(2) 将阅读区的幼儿人数控制在 4 人左右，以保持环境的宁静。

(3) 应定期翻阅图书，检查是否有损坏，并及时修补，确保图书的完好。

(4) 为保持幼儿的阅读兴趣，应定期(每两周一次)更新图书，并选用能够辅助教学的书籍。对于幼儿不再感兴趣的图书应及时撤换。有些书籍比其他书籍更受幼儿欢迎，且可持续吸引他们的兴趣长达一年。

(5) 应将书的封面展示出来。这样能帮助幼儿记住图书，并增加他们对读书的兴趣。

(6) 将不经常使用的图书移出阅读区，以便为新书腾出空间。

(7) 考虑在阅读区设置一个听力站，以提供听力材料或有声阅读，增加阅读区的多样性。

(8) 如果阅读区内放了枕头，应定期清洗，以保持卫生。

(9) 提供一些小毛绒玩具，幼儿可以给它们讲故事，这样的互动能够增强幼儿的阅读兴趣和想象力。

4. 书写区创设

(1) 提供纸、铅笔、绘图笔、信纸、蜡笔等书写工具，并鼓励幼儿尝试书写。

(2) 在书写区放置一张字母表，供幼儿参考使用。

(3) 为那些想把"信件"和艺术作品寄出去的幼儿提供一些信封。

(4) 可以使用节日贺卡或生日卡作为幼儿书写的示例。

(5) 如果幼儿想要展示他们的书写作品，可以在附近设置一块公告板。

(6) 提供一些简单、字体较大的图书，供幼儿进行抄写练习。

(7) 提供一些描红样板供幼儿练习书写。

(8) 制作一张信息板，用于张贴给幼儿的通知。教师的规范书写能够激发幼儿书写的兴趣。

5. 戏剧表演区创设

(1) 应将戏剧表演区的幼儿人数控制在 4～5 人。

(2) 确保该区域的服装保持清洁并且没有破损。

(3) 应定期对服装进行清洁，以维护卫生条件。

(4) 鼓励幼儿在美工区制作道具，并在戏剧表演区使用这些道具。

(5) 要确保道具不会成为幼儿的安全隐患，防止他们用道具伤害他人。

6. 娃娃家区创设

(1) 应将娃娃家区域的幼儿人数控制在 4～5 人。

(2) 定期更换道具，以鼓励幼儿参与综合性的表演活动。

(3) 使用代表不同文化的玩具和玩偶，促进幼儿对多元文化的理解。

(4) 确保所有道具都保持清洁，并处于良好状态。

(5) 根据班级当前的学习内容适当增加相关道具。

(6) 考虑引入能够促进语言发展的道具，如电话本、食谱、杂志、报纸等。

(7) 对于布艺道具，应定期进行清洗，以保持清洁卫生。

(8) 将娃娃家安排在戏剧表演区或特定的兴趣区域(如模拟食品杂货店)，以此鼓励幼儿扩展和丰富他们的游戏经验。

7. 操作区、拼图区创设

(1) 这个区域适合容纳 3～4 名幼儿。

(2) 选择符合班级幼儿年龄段的材料。如果某些材料对幼儿来说太小，存在安全隐患，比如可能会卡住孩子的喉咙，应将其移除。

(3) 为同一套拼图的每个拼块标记上相同的数字符号(如将一幅拼图中所有的拼块都标

上数字"12")。

(4) 确保每幅拼图的完整性。如果发现有拼图遗失，应将该套拼图撤除。

(5) 定期更换拼图或其他操作材料，以保持对幼儿的挑战性。

8. 户外活动区创设

(1) 确保所有幼儿都能参与户外游戏区域的活动。针对所执教年龄的幼儿向相关机构和研究部门咨询对场地的具体要求。

(2) 定期检查操场上的设施，以确定是否需要进行修理。

(3) 提供草地和沙地，供幼儿进行多样化的游戏。

(4) 幼儿在操场上的活动流动性与室内活动同样重要。

(5) 当幼儿在户外游戏时，应持续进行监护。

(6) 在活动场地周围设置栅栏和安全门，以保障幼儿的安全。

(7) 每次安排一组或两组幼儿到操场上进行活动。

(8) 偶尔引入飞盘、彩色粉笔、泡泡球等新的游戏材料，以改变活动的步调。

9. 特别活动区创设

(1) 鼓励根据幼儿的兴趣和学习主题来创设特别活动区。

(2) 将人数控制在3~4人。

(3) 如果幼儿从家中带来材料，应仔细检查其安全性。

(4) 将特别活动区安置在教室内显眼的位置，以便在幼儿兴趣减退时可以适时拆掉。

10. 木匠区创设

(1) 这个区域更适合年龄稍大的幼儿。

(2) 将该区域的人数限制在3~4人。

(3) 向幼儿示范如何正确使用木匠工具。

(4) 使用废弃的泡沫塑料作为包装材料，以防止在做木工活动时受伤。

(5) 准备充足的边角余料，以激发幼儿的创造力。

(6) 对木匠区进行严格的监督，以防止意外事故的发生。

三、幼儿园班级集体活动的要求

集体活动是幼儿园班级教育活动的重要组织形式之一。从空间角度来看，班级集体活动主要是指为了完成幼儿园教育目标，由班级教师有计划、有目的地组织全班幼儿在室内进行的教育教学活动。不同年龄段幼儿集体活动的时间有所差异，小班通常为15分钟，中班为20分钟，大班则为25分钟。幼儿园集体活动的管理质量会直接影响到活动实施的效果。指导和管理集体活动时，教师需要遵循以下要求。

(一)激发幼儿学习、探究欲望

俗话说："兴趣是最好的老师。"古人亦云："知之者不如好之者，好之者不如乐之者。"兴趣是学习的原动力，也是学习的"催化剂"，浓厚的兴趣能直接影响幼儿的学习态度和学习信心。因此，教师应寓教于乐，注重集体活动的趣味性，让幼儿在趣味中学习，在学习中不断探索。

开展班级集体活动时，教师首先应考虑到幼儿的"最近发展区"。活动内容的选择应避免让幼儿觉得太简单，缺乏挑战性，从而失去学习兴趣。同时，也不能让活动太难，以免幼儿感到无法掌握而失去兴趣。此外，小班幼儿的学习兴趣主要取决于外界刺激的新奇性，而中班幼儿和大班幼儿的学习兴趣更多地依赖于教师的引导。因此，在选择活动内容时，教师还需要充分考虑幼儿的年龄特点，选择适合他们的活动内容，以促进幼儿积极参与活动，提高活动的有效性。只有从幼儿的年龄特点出发，选择适合的内容，才能更好地激发幼儿的学习兴趣和探究欲望。

《纲要》指出："寓教育于生活、游戏之中。"游戏是幼儿最喜欢的活动，也是组织集体活动的有力手段。教师可以利用游戏形式进行抽象知识的教学，有效激发幼儿的学习兴趣，提高他们的探究欲望。例如，在"大灰狼"和"小白兔"的游戏活动中，通过让幼儿点数"大灰狼"抓到几只"小兔子"的数量，潜移默化地教授数的概念。 在"猜猜我是谁"的游戏活动中，通过角色扮演让幼儿认识不同动物的属性和特征。在集体活动中，教师可以全程采用游戏形式，或在某一部分或某一环节使用游戏形式，让幼儿在快乐中学习，在快乐中长大。

有人说，教师优美的语言是通往幼儿心灵的桥梁，是激发幼儿学习兴趣的"催化剂"。在集体活动中，教师生动形象的语言极易感染幼儿，引起他们的有意注意，使他们对活动产生浓厚的兴趣，从而达到教者乐教、学者乐学的教学效果。特别在语言领域的集体活动中，教师的语言更加夸张、生动、富有趣味。例如，用粗犷低沉的声音扮演山羊伯伯，用恶狠狠的语气演绎大灰狼，用可爱轻快的语调表现小兔子等，让幼儿身临其境，对故事充满好奇。相反，如果教师的语言枯燥无味，语调平淡无奇，很容易使幼儿感到厌烦，失去参与活动的兴趣和学习的欲望。

📖 拓展阅读

激发幼儿的学习热情

问题：当幼儿对常规的学习活动感到厌倦或不感兴趣时，教师需要提供些新东西来吸引他们。对工作有热情的教师能点燃幼儿学习的火花，激发幼儿对新知识学习的兴趣。

概述：如果教室里的材料、书籍、设施总是一成不变，教室对幼儿来说就会变得枯燥无趣。不过，也不需要进行大规模的调整，因为幼儿喜欢熟悉的事物和常规。激发幼儿学习的热情意味着你能区分什么样的改变能给幼儿的学习增加趣味，什么样的改变会带来混乱。

目标：通过多种方式激发幼儿对班级活动的兴趣，包括演示使用活动材料和设施的新方法，使幼儿对新经验和新知识表现出兴趣。

技巧：怎样调动幼儿参与班级活动的热情？你可以试试下面这些建议。

(1) 增加新玩具或对幼儿有挑战性的新拼图。

(2) 设立一块公告板，鼓励幼儿把自己的美术作品贴上去。

(3) 开展与季节相关的户外活动，如秋天让幼儿在操场上收集松子、叶子等。

(4) 阅读区的图书会根据新的主题或季节变化进行调整。

(5) 在教室里饲养一只宠物。

(6) 介绍一盘能让幼儿自发开展运动的碟片。

(7) 邀请幼儿家长或其他专业人士到班级中和幼儿交流，分享他们的专业知识。

(8) 允许幼儿给其他班的幼儿朗诵儿歌或唱歌。

(9) 调查一下有哪些社区资源能为幼儿学习所用(如动物收容所可以提供宠物供幼儿饲养、观察，高中生可以提供一些收集品，或者带些书读给幼儿听)。

(10) 安排专门的一天邀请幼儿家长前来参加班级活动。

(11) 与其他班级合作开展活动，这对所有的幼儿都有好处(如让大班幼儿给小班幼儿读书或者让他们做笔友)。

(12) 为学年末开家长会而对幼儿进行录音或录像。

(13) 带领幼儿到附近某个地方进行远足活动。

有效班级管理的要点：在先前的活动顺利开展后，教师可以为幼儿设计新的学习活动，尽管这需要教师发挥想象力，付出大量的精力，但结果通常是喜人的。幼儿的欢声笑语和他们对班级活动的参与热情将是对你的最高回馈。

(资料来源：Laverne Warner & Sharon Anne Lynch. 幼儿园班级管理技巧 150[M].

曹宇，译. 北京：中国轻工业出版社，2011.)

(二)创造条件教授幼儿学习方法

在集体活动中，教师应为幼儿创造一个宽松的学习环境，并提供丰富、多样化的学习资源，如动画视频、PPT 课件、图书、玩具教具等，以满足不同发展水平幼儿的学习需求。此外，授人以鱼，不如授人以渔，良好的学习方法能够让幼儿受益终身。在集体活动中，教师还应教授幼儿适宜的学习方法，如制订计划、使用口诀等，这些都是幼儿常用的学习方法。教师可在课堂上通过示范或者引导幼儿自编口诀，帮助幼儿掌握学习的小窍门。教师还可以在课后鼓励幼儿和父母一起探讨更有效的学习方法，并在班级中进行交流分享。

拓展阅读

促进幼儿的认知发展

问题：幼儿入学后，家长希望幼儿能学到更多东西。立法委员会不断制定教师教什么、幼儿学什么的标准。满足幼儿认知发展的需求是必要的。

概述：幼儿天生具有好奇心，他们会主动学习。幼儿在幼儿园班级中学习，获得知识和技能，这些知识和技能是他们以后成为积极、有创造性的公民所需要的。

目标：为幼儿提供多样的学习机会。

技巧：幼儿通过多种方式学习。下面是给教师的一些建议。

(1) 准备活动应该简短、切题。

(2) 每个活动都应设定具体的目标。

(3) 过一段时间评估幼儿的知识，以此来决定是否需要更多操作或额外的信息。

(4) 在教室里安排扩展正式学习活动的内容(若活动是关于农场里的动物的，在综合活动区就可以投放农场动物的图片，以便让幼儿对动物妈妈和动物宝宝进行一一对应)。

(5) 安排幼儿到田野中远足，进行直接学习。

(6) 在活动区增加玩具或设施帮助幼儿学习。

(7) 观察幼儿在活动区的游戏，了解他们在学什么。

(8) 坐在幼儿身边让其进行个别化学习，对幼儿提问从而了解他们知道什么。

(9) 过一段时间，在小组中请个别幼儿分享他们的知识。

(10) 通过图书和杂志向幼儿介绍各种信息。

(11) 邀请家长加入并与幼儿互动，交流他们感兴趣的话题。

(12) 鼓励年龄大的幼儿写下或者讲述故事，或者把他们所知道的杂志保留下来。

(13) 为幼儿的非正式学习保留清单或者记录。

有效班级管理的要点如下。

(1) 每天进行师幼互动、同伴互动，以保证幼儿的学习。幼儿与成人谈话时，可能并不理解听到的话，他们会内化成人分享的知识。幼儿与同伴谈话时，也会进行同样的学习过程。进行互动时每个人都能从他人身上学习到东西。

(2) 做好回答幼儿提问的准备，即使不知道答案也要提供信息，你可以这样回答："这个问题的答案我不太肯定，我们到图书角寻找答案吧！"

（资料来源：Laverne Warner & Sharon Anne Lynch. 幼儿园班级管理技巧 150[M]. 曹宇，译. 北京：中国轻工业出版社，2011.）

(三)提高幼儿解决问题的能力

3～6 岁幼儿的身心发展尚未成熟，他们在遇到学习上的困难时往往会寻求教师的帮助。如果长期依赖教师，幼儿可能会缺乏自主探究和独立解决问题的能力。因此，在集体活动中，当幼儿问教师"怎么办"时，教师可以引导幼儿共同讨论解决方法，鼓励幼儿先尝试自己动手操作，独立寻找解决方案。在这个过程中，教师应发挥自身的引导作用，不断激发幼儿思考，给予他们心理上的支持，防止幼儿产生"习得性无助"行为。同时，教师还要引导幼儿独立观察、亲自操作、主动体验和自主探究，以此不断提升幼儿解决问题的能力。

拓展阅读

幼儿园班级活动组织的要求

《幼儿园保育教育质量评估指南》的"A3.教育过程"中的"活动组织指标"指出，教师要做到以下几点。

(一)认真按照《纲要》《指南》要求，结合本园、班实际，每学期、每周制订科学合理的班级保教计划。

(二)一日活动安排相对稳定合理，并能根据幼儿的年龄特点、个体差异和活动需要做出灵活调整，避免活动安排频繁转换、幼儿消极等待。

(三)以游戏为基本活动，确保幼儿每天有充分的自主游戏时间，因地制宜为幼儿创设游戏环境，提供丰富适宜的游戏材料，支持幼儿探究、试错、重复等行为，与幼儿一起分享游戏经验。

(四)发现和支持幼儿有意义的学习，采用小组或集体的形式讨论幼儿感兴趣的话题，鼓励幼儿表达自己的观点，提出问题、分析解决问题，拓展提升幼儿日常生活和游戏中的经验。

(五)关注幼儿学习与发展的整体性，注重健康、语言、社会、科学、艺术等各领域有机整合，促进幼儿智力和非智力因素协调发展，寓教育于生活和游戏中。

(六)关注幼儿发展的连续性，注重幼小科学衔接。大班下学期采取多种形式，有针对性地帮助幼儿做好身心、生活、社会和学习等多方面的准备，建立对小学的积极期待和向往，促进幼儿顺利过渡。

第四节　幼儿园班级教育管理案例及分析

一、班级区域活动管理案例及分析

希望被破灭的一瞬
——区域活动中良好师幼关系的建立

区域活动是幼儿园的重要活动之一，也是幼儿最感兴趣的活动。在区域活动中，幼儿不仅可以根据自己的爱好选择不同的区域进行不同的游戏活动，满足自己的兴趣与爱好，还能够在区域活动中建立同伴合作意识。

星期一下午，区域活动即将开始。王老师给孩子介绍区域活动的内容时，一个叫小杰的小朋友忽然按捺不住兴奋高声喊起来："我要盖高楼！我要盖高楼！"盖高楼是班级新开设的一个活动内容，在前几次游戏时由于他太调皮一直都没有让他玩，这一次一听到我说建构区，他就立即叫了起来。王老师的话被小杰的喊声打断，朝他看过去，发现他的目光并不在这边，而是盯着走廊里的建构区。王老师便提高了音量对他说："小杰，王老师看你今天是不想盖高楼了！"他听了王老师的话吃了一惊，快速转过头来，瞪大眼睛，大声问道："为什么？"王老师听了小杰的反问，显然也有些吃惊，进而表情中的怒气有所加重，语气也更加强了几分。"你说为什么？你还会问老师为什么！"小杰的嘴巴微张着，盯着王老师看了一会儿，忽然间好像意识到了什么似的低下了头。王老师接着分配活动，小杰显示出紧张、焦虑的神情，抬起头偷偷瞥了一下王老师，不再讲话。

(资料来源：秦旭芳. 幼儿园管理的困惑与抉择——从"案例搜集"到"案例剖析"[M].
北京：科学出版社，2013.)

此案例描述的是教师的期望与幼儿的实际行为发生冲突的情况，教师的言行严重影响了师幼关系的建立。在案例中，我们可以从以下两点分析王老师与小杰小朋友互动中的不当行为。

第一，王老师的观念比较传统，未能形成正确的儿童观和教育观。小杰是班级中较为活跃的一个孩子，教师总是以权威的身份要求他，限制他的行为与欲望，认为孩子应该完全听从教师的指示。因此，王老师期待幼儿能够安静、认真地听从教师的安排，否则便视为不守纪律，这是不能被接受的。小杰在未经王老师安排和允许下，高喊着："我要盖高楼！我要盖高楼！"这显然与教师的期待不符。当王老师注意到小杰的声音很大，可能影响其他幼儿时，并没有采取积极的方法来引导他，而是用否定的语气告诉他"我看你今天是不想盖高楼了！"，暗示如果继续大声喊叫，影响班级纪律，就会取消他参与区域活动的资格。这表明教师完全忽视了幼儿的感受，以自我为中心，认为不听话的孩子应该接受惩罚，无情地扼杀了幼儿的探索欲望和游戏的兴趣，严重影响了师幼间良好关系的建立。

第二，消极的师幼互动对幼儿的心理产生了负面影响。良好的师幼关系建立在积极的互动基础上。王老师在分配活动时过分强调纪律，要求幼儿完全听从自己的安排，忽视了幼儿在区域活动中的主体性。小杰对参与"盖高楼"活动兴趣浓厚，当他听王老师说"我看你今天是不想盖高楼了！"时，他立刻反问"为什么？"，表明他已经把全部精力与兴致投入到游戏中，对王老师的话感到吃惊与疑惑。然而，他的疑问反而激怒了王老师，小杰听到"你说为什么？"的时候，似乎意识到了什么，胆怯地低下了头，不敢再与教师对话。此时，他才意识到王老师的意图：在分配活动项目时大声讲话是不被允许的，王老师生气了，在批评他。于是，先前兴奋的神情转为沮丧，低下头不再讲话，通过这种畏惧的、非言语的行为表现出对王老师纪律约束的接受。因此，此次师幼间的交流互动成了消极的互动，教师的言行严重地影响了幼儿的心理。

　　建立平等和谐的师幼关系是班级良好精神环境的重要体现。良好的教育必须以尊重、理解、支持为精神环境做保障，以平等的师幼关系为基础。在上述案例中，王老师完全没有尊重幼儿的选择与意愿，将自己置于高高在上的位置，忽视了幼儿的想法和感受，也没有为幼儿创造一个让他们感到"安全与自由"的环境。在与幼儿进行交往的过程中，王老师也没有表现出支持、尊重和肯定的情感态度和行为。因此，王老师未能与幼儿建立和谐、良好的师幼人际关系，严重地影响了班级精神环境的建设。

二、班级集体活动管理案例及分析

怎么分组才公平

　　某班有17名男生自愿组成班级足球队。老师和他们一起来到了操场草坪上，刚聚在一起，他们就迫不及待地讨论了起来。

轩轩：我们要分成两队才能比赛。

老师：好啊！我们该怎样分？

(幼儿迅速站成两队，但一队有7人，另一队有10人)

明明：不行不行，他们队人多，我们队人少，这样不公平。

(其他孩子迅速数了起来)

子涵：是呀，他们队多3个人。

老师：怎样让两队的人数相等呢？

一一：让他们队过来2个人。

茂茂：不对，过来1个人。

东东：老师，到底要过来几个？

鑫信：试一试不就知道了吗？

(幼儿自己指挥起来，先让一个幼儿过去，然后大家数数发现还是不一样多)

明明：不行，得过去2个人。

(他们又让一个伙伴过去，大家又数了数，这次他们发现原来多一人的队现在却少一人，大家不知怎么办了。这时，老师将多出的那一人请到前面来，幼儿发现两队的人数一样多了)

老师：多出一位小朋友怎么办？

轩轩：让他当裁判吧。

(于是，足球比赛开始了……)

(资料来源：刘娟. 幼儿园班级管理[M]. 南京：南京大学出版社，2020.)

我们发现和支持幼儿进行有意义的学习，可以通过小组或集体的形式讨论幼儿感兴趣的话题，鼓励幼儿表达自己的观点，提出问题并分析解决问题，以此拓展和提升幼儿在日常生活和游戏中的经验。由此可见，鼓励幼儿发表自己的观点，提出问题并分析解决问题对他们的成长具有重要的意义。在案例中，教师没有利用自己的权威强制给幼儿分组，而是将分组的任务和机会还给幼儿，巧妙地利用了人数不等这一真实问题情境，激发幼儿思考。教师提出问题"怎样让两队的人数相等呢？"引导幼儿进行讨论，充分调动了幼儿的积极性和参与意愿，让幼儿自己发现问题，提出解决问题的方法并不断尝试，这一过程中幼儿对"数"这一概念的认识不断加深。同时，教师发挥了自身的引导作用，在幼儿讨论的过程中，教师没有直接指出幼儿分组的不当之处，而是通过提问"多出一位小朋友怎么办？"来引导幼儿思考。最终，经过几次尝试和错误之后，幼儿自己解决了问题，得出了满意的方案，并顺利开展了足球比赛。

三、班级游戏活动管理案例及分析

"开奖游戏"

大班的洋洋在玩"开奖游戏"。他画了很多的奖券，还大声叫嚷："快来抽奖呀！特等奖自行车一辆！"童童在洋洋那里抽到了特等奖，洋洋推给他一把小椅子，告诉他："给你自行车！"童童高兴地骑了上去。强强也来了，也在洋洋那里摸到了特等奖。洋洋还是推给他一把小椅子，强强也非常高兴地骑上去，两脚模仿着蹬脚踏板的动作，蹬个不停。老师也来了，洋洋高兴地让老师抽奖，结果老师也抽到一个特等奖。洋洋迫不及待地把一把椅子推给老师，还说："恭喜恭喜，你抽到了一辆自行车！"可是，老师却说："你这自行车一点也不像，怎么没有轮子呀？应该给它装上轮子！"洋洋低头看了看自己的"自行车"，愣住了。在接下来的时间里，洋洋忙着按老师说的，给他的"自行车"装上轮子，开奖活动不得不停了下来……

(资料来源：刘娟.幼儿园班级管理[M].南京：南京大学出版社，2020.)

在班级游戏活动中教师应提供有针对性的支持，避免急于介入或干扰幼儿的活动。在案例中，教师的做法并未完全符合该指南的要求。在角色游戏中，大班的洋洋自制了奖券，并能用小椅子代替自行车来进行抽取"特等奖"的游戏情节。这表明洋洋能够进行以物代物，其思维的抽象性有一定程度的发展。一般来说，替代物和被替代物之间的相似度越低，越能体现抽象思维的能力。尽管洋洋具备一定的角色扮演能力，但奖券里全都是"特等奖"，奖项显得有些单调，这是洋洋在进行游戏过程中需要改进的地方。教师应针对这一问题提出有针对性的指导，但是要注意采用适当的方式方法。该教师虽然以角色的身份参与游戏，但她的指导失之偏颇：她质疑洋洋的替代物选择，认为小椅子与自行车的相似度不高，要求洋洋按照自行车的真实样子对小椅子进行改装。在接下来的游戏环节中，洋洋忙于按照教师的要求给"自行车"安装轮子，导致抽奖活动被迫暂停。教师的这种行为限制了洋洋的游戏想象力，并中断了原来的游戏情节。因此，这种干预是不妥当的。

本 章 小 结

教育管理是以管理问题为研究对象，以管理学、教育学和其他相关学科为基础，运用定性分析和定量分析及其他研究方法，通过对教育管理有关问题的探究，揭示教育管理规律，构建教育管理理论，并指导教育管理实践的一门学科。幼儿园班级教育管理是指幼儿园班级保育和教育人员为实现幼儿园的教育任务，在充分调研班级幼儿发展特点的基础上，依据国家学前教育相关政策和幼儿的实际需要，充分利用人力、物力、财力、时间、空间、信息等资源，通过对教育活动的计划、组织、实施、总结和评估，以高质量地完成班级教育目标的一系列工作。

幼儿园班级教育管理具有其独特性，特点包括管理对象的稚嫩性、管理内容的繁杂性、管理方法的多样性和管理过程的教育性。班级教育管理分为教师集体教育活动管理和幼儿个别化学习活动管理两个方面。幼儿园班级教育管理的策略包括树立幼儿整体发展观、确立幼儿主体教育观、建立正确的儿童发展观等。

幼儿园班级教育管理主要包括户外活动管理、区域活动管理和集体活动管理三个方面。教师指导与管理户外活动的要求包括：精心设计活动内容，制订切实可行的计划；加强活动过程的管理，真正促进幼儿发展；强化教师及幼儿的安全意识，提高活动的安全性。教师指导与管理区域活动的要求包括：投放安全和有层次性的材料；师幼共同制定区域活动规则；及时开展区域活动的分享环节；创设幼儿喜欢的活动区域。教师指导与管理集体活动的要求包括：激发幼儿学习、探究欲望；创造条件教授幼儿学习方法；提高幼儿解决问题的能力等。

思考与练习

一、名词解释

教育管理　幼儿园班级教育管理

二、简答题

1. 简述幼儿园班级教育管理的特点。
2. 简述幼儿园班级教育管理的内容。
3. 简述幼儿园班级教育管理的策略。

三、论述题

请结合实际阐述如何做好班级教育管理工作。

实 践 课 堂

分析下面集体教学活动案例中王老师的做法，并结合案例谈谈幼儿园班级教育管理的方法。

幼儿注意力不集中怎么办

　　王老师在组织幼儿进行数学领域的集体教学活动时发现莹莹和仁爱低头靠在一起，脸上带着笑容；冰冰身体后倾，双手撑着桌子，小椅子的两条前腿微微翘起；还有两三个幼儿或跷着腿，或弓着背。王老师突然间停止讲话，等到班里的小朋友意识到问题、调整好坐姿并安静下来后，才继续讲课。然而，三四分钟后，刚才那几个幼儿又恢复了原来的状态。王老师提高嗓音强调说："都给我坐好！看看你们一个个都什么样子，小小年纪就无精打采的，我们一定要像骄傲的企鹅一样昂首挺胸，不能像小虾米那样，太难看了。"

　　幼儿来到教室，期望他们长时间坐着是不合理的。幼儿天生喜欢活动和探索周围的世界。等到他们达到了一定的年龄，才需要开始学会坐下来听从指导。培养幼儿的专注力是一项需要深思熟虑和精心设计的技巧。当幼儿想要从"坐着"的活动(如集体教学活动)中逃离时，可以尝试下面的办法。

(1) 鼓励他们再坚持"一分钟"。

(2) 根据活动内容提出一个幼儿能够回答的问题。

(3) 让幼儿站起来，摇摆身体一分钟，然后再坐下来。

(4) 温柔地触碰幼儿，提醒他们再坚持一会儿。

(5) 唱一首幼儿喜欢的歌曲。

(6) 做出与活动内容相符的手势和声音，以吸引幼儿的注意。

幼儿园必须把保护幼儿的生命和促进幼儿的健康放在工作的首位。

——《幼儿园教育指导纲要》

第七章　幼儿园班级安全管理

课程目标

　　知识目标：学生通过学习幼儿园班级安全管理的基础理论，掌握其实施原则和方法，并理解安全教育的意义。

　　能力目标：学生能够根据幼儿的年龄和生理特点，设计符合幼儿实际生活的安全教育活动方案，掌握班级安全管理的技能要点，并在实施过程中提高自身的组织协调能力和分析解决问题的能力。

　　素质目标：学生在学习过程中深刻理解从事基础教育工作的重要性，巩固规范带班的基础技能，并践行社会主义核心价值观。

核心概念

　　班级安全管理　安全隐患　安全教育　安全事件

引导案例

相关法律法规

　　2006年9月1日起施行的《中华人民共和国义务教育法》第二十四条规定："学校应当建立、健全安全制度和应急机制，对学生进行安全教育，加强管理，及时消除隐患，预防发生事故。"

　　2021年6月1日起施行的《中华人民共和国未成年人保护法》第二十二条、二十三条和二十四条对教育行政等部门以及学校、幼儿园、托儿所的安全制度、安全教育、安全应急预案和未成年人的人身安全保护工作提出一系列要求，旨在保障未成年人的健康成长。

　　2012年10月9日由教育部颁布的《3～6岁儿童学习与发展指南》中目标3明确指出，"幼儿应具备基本的安全知识和自我保护能力"，并对不同年龄段的幼儿提出了相应的安全认知要求。

　　2016年3月1日起施行的《幼儿园工作规程》第十五条规定，幼儿园应当把安全教育融入一日生活，并定期组织开展多种形式的安全教育和事故预防演练。

本章的重点是幼儿园班级安全管理的内容、班级工作中存在的安全隐患以及安全教育的实施。在学习的过程中，首先要认真阅读教材，掌握相关的理论知识。其次，结合班级安全管理案例分析，提升安全意识，有效预防安全事故的发生。

幼儿期是人一生中发展的关键阶段，也是美好人生的起点，为幼儿创造一个快乐、健康、安全的成长环境是所有家长和幼儿教师的共同愿望。近年来，幼儿园发生的幼儿安全事故屡见不鲜，部分园所管理工作不善，或个别教师专业素养不高导致的安全事故处理不当，引发了家长对教师和幼儿园的不信任情绪。

在幼儿园安全管理工作中，班级的安全是整个幼儿园安全的基石，是保障幼儿园正常保教活动的前提。因此，幼儿园班级管理应加大安全工作的力度，深入分析导致安全事故多发的原因，采取预防措施，杜绝各类安全隐患，确保幼儿的安全成长。

第一节　幼儿园班级安全管理概述

班级是与幼儿日常生活关系最为密切的场所，班级的环境、一日活动的各个环节、班级教师的状态都与幼儿的安全息息相关。这是因为幼儿年龄小，缺乏生活经验，对周围事物的认识不全面，身体各系统尚未发育完善。他们好奇、好动、好探索，但在生活中难以对危险事物做出正确判断，无法预见行为后果，在面临危险时不知如何保护自己。如果成人对他们的照顾稍有疏忽，就容易引发意外事故。因此，幼儿园教师必须增强责任感，将幼儿的安全放在首位，采取有效措施消除一切安全隐患。由此可见，幼儿园班级安全管理尤为重要和必要。做好班级安全管理，预防及减少各类事故的发生，是幼儿园管理工作中的重要任务。

幼儿园班级安全管理是指，教师根据政策法规和幼儿园的要求，结合幼儿的身心发展水平，通过创设安全的班级环境，开展各项活动，培养幼儿的安全意识，发展幼儿的自我保护能力，以确保班级安全运行和幼儿身心健康。其目的在于预防意外伤害，提升师幼安全意识，为幼儿的全面发展提供必要的保障。

一、幼儿园班级安全管理的原则

1. 安全第一的原则

安全第一的原则强调在教育教学活动中应将安全工作置于最重要的位置。当安全工作与其他教育教学发生矛盾或冲突时，应优先考虑安全工作。安全不仅是所有教育教学活动的基本目标，也是教育教学活动顺利进行的基本保障。

2. 预防为主的原则

在幼儿园安全工作中，"预防为主"是最为明智、根本且重要的指导思想。我们应坚持防患于未然，及时发现并消除事故隐患，提前采取有效措施。因此，应秉承"凡事预则立，不预则废"和"预防胜于治疗"的理念，对可能导致危险的人物、事物等因素进行妥善规划，在事前进行评估、预测、检查和预防，以防止事故的发生。

3. 科学性原则

科学性原则要求在幼儿园的安全工作中，根据自身条件，结合理论与实践，合理、高效地开展安全工作。安全工作不应仅仅依赖于经验，而应建立在科学理论的基础之上，并以科学的安全管理理论来指导实践。另外，在信息时代，科技运用已十分普及，高科技产品作为幼儿园安全管理的科技支撑，能够发挥及时、有效、远程监控的作用。

4. 尊重人性的原则

幼儿园教育的对象是年幼的儿童，所有安全管理措施，都应尊重个体的需求，以儿童健全人格的发展为重要考虑因素，提供安全、无障碍的学习环境是安全管理的重要职责。因此，幼儿园安全工作不能以牺牲儿童的发展为代价，而应以尊重个体差异和需求为基本原则。

二、幼儿园班级安全管理的内容

幼儿园教师承担的班级日常安全管理任务非常繁重，包括一日生活常规活动的安全管理和一日教育活动的安全管理。其中，一日生活常规活动的安全管理主要包括入园晨检环节、喝水及如厕环节、进餐环节、午睡环节、服用药品环节和离园环节等；而一日教育活动的安全管理主要包括集体教学活动、艺术类教学活动、课间操活动、户外教育活动等。

(一)一日生活常规活动的安全管理

班级一日生活常规活动的安全工作是幼儿园班级管理工作的重中之重。确保幼儿的人身安全理应成为班级管理的首要任务，教师必须将安全工作置于幼儿园管理工作的核心位置，提升师幼的安全意识。通过建立预防机制，明确责任分工，落实具体措施，努力营造一个安全文明、健康和谐的育人环境。对于幼儿在园的每一个活动环节，都应建立操作性强、责任明确的一系列流程。例如，设计班级安全自查表(见表 7-1)，确保幼儿能在一个安全的环境中健康成长。

1. 入园晨检环节

(1) 提前开窗通风，并对桌椅、门窗、走廊扶手等进行消毒。
(2) 观察幼儿的精神状态和身体状况。
(3) 检查幼儿是否携带异物或危险物品。
(4) 严格执行幼儿接送管理制度。

表 7-1　某幼儿园班级安全自查表

班级：　　　　　　　　负责人：　　　　　　　　日期：

项　目	安全要点	检查结果是否符合安全规定		备注
		是	否	
入园环节	入园时，教师观察幼儿的情绪及身体健康状况是否良好，并主动与家长沟通，了解幼儿的情绪及身体健康状况			
班级设施	确保桌椅表面光滑平整，玩教具无毒、无异味且无尖锐棱角，以确保幼儿使用安全			
环境安全	按照清扫消毒制度完成当日的清洁工作，确保教室通风良好，为幼儿提供一个干净卫生的环境			
盥洗室	保持地面清洁无积水，室内无异味，毛巾架和挂钩无尖角，预防幼儿受伤			
物品安全	定期检查，排查细小危险物品，防止其留在幼儿口袋或手中，并教育幼儿正确使用学习用具			
进餐安全	进餐时提醒幼儿不要说笑打闹，确保餐车远离幼儿的座位，防止意外碰撞或食物泼洒			
药品安全	妥善保管幼儿的药品，并做好药品使用登记的管理，确保药品使用安全			
午睡安全	保持室内空气清新，密切关注幼儿的午睡状态，及时发现并排除可能的安全隐患			
……				

2. 喝水及如厕环节

(1) 确保饮用水卫生，提前检查水温，以适宜幼儿饮用。

(2) 引导幼儿喝水及如厕时要排队等候，避免推搡和打闹。

(3) 保持厕所地面干爽、清洁、防滑，并及时清洁、消毒厕所和洗手盆，定期对毛巾进行消毒。

(4) 提醒幼儿饭前便后要洗手，以防细菌感染。

3. 进餐环节

(1) 进餐前对桌面进行消毒，确保餐车要远离幼儿座位，避免食物污染。

(2) 组织幼儿有序盛取饭菜，确保每个孩子都得到适当的分量。

(3) 在提供含有骨头、鱼刺等特殊食物时，要特别关注幼儿，防止发生意外。

(4) 对偏食、厌食、患病等特殊幼儿给予特殊照顾，确保他们获得适当的营养。

(5) 餐后指导幼儿进行一些安静舒缓的活动，避免剧烈运动和打闹。

4. 午睡环节

(1) 检查每个幼儿口袋或手中有无异物或危险品，确保幼儿午睡安全。

(2) 保持室内空气流通，调节适宜的温度，并根据季节变化及时更换幼儿的被褥。

(3) 随时纠正幼儿的不良睡姿，预防意外事故的发生。

(4) 特别关注患病幼儿和有特殊需求的幼儿，确保他们的午睡安全。

5. 服用药品环节

(1) 要求家长亲自将药品交给当班教师，并说明用药指南。

(2) 严格遵守园所药品管理制度，详细记录服药情况并由家长签字确认。

(3) 教师应陪同并指导幼儿正确服药，严禁幼儿私自使用药物。

(4) 提醒幼儿服药后若有不适，应立即告诉教师。

6. 离园环节

(1) 教师应亲自将幼儿交给家长，确保幼儿安全离园。

(2) 对于生病或当天表现异常的幼儿，应向家长详细说明情况。

(3) 若有特殊情况由非家长代接幼儿，当班教师必须通过电话与家长核实代接人的身份信息。

(4) 提醒家长接走幼儿后不在园内逗留，及时离园。

(5) 关注尚未被接走幼儿的情绪，给予适当的安抚。

(6) 对于家长未及时接走的幼儿，应与值班教师进行面对面的交接，确保幼儿得到妥善照顾。

(二)一日教育活动的安全管理

保护幼儿的生命安全和加强幼儿的安全教育是幼儿园教职工的重要职责。教师作为幼儿园安全教育的主要执行者和幼儿安全的守护者，应将安全工作置于所有工作的首位，树立牢固的安全意识。教师需要为幼儿创造一个安全、和谐、温馨的心理环境，确保幼儿在身体和心理上都得到充分的安全保障，为幼儿提供一个安全舒适的环境和有利于全面成长的空间。

鉴于幼儿的认知水平较低，缺乏自我保护意识，加之他们天性活泼好动，容易发生意外伤害事故，幼教工作者必须将幼儿安全教育纳入幼儿园的教育教学计划中。安全教育活动应融入幼儿游戏及一日教育活动的各个环节，并设计班级一日教育活动安全情况记录表(见表 7-2)。通过多样化的教育教学活动，幼儿学会自我保护知识和方法，增强自我保护意识和能力。

在一日教育活动中，安全管理工作需要渗透到教育活动的每一个环节。

1. 集体教学活动

(1) 教师具有预见性，对教育教学活动的安全问题保持警觉，并时刻关注幼儿的安全状况。

(2) 随时关注课上的安全教育，若需幼儿操作，必须明确讲解操作步骤，以防发生意外。

(3) 玩教具的摆放要合理，避免太高，确保幼儿方便取放。

(4) 定期对室内外玩具进行检查和维护，确保及时修复损坏的玩具。

表 7-2　某幼儿园班级一日教育活动安全情况记录表

班级：　　　　　　　　负责人：　　　　　　　　日期：

时　　间	一日教育活动环节	班级安全情况	指导意见
7:50—8:05	晨间谈话		
8:10—8:30	晨间活动		
8:40—9:00	上午加餐		
9:40—10:10	教学活动		
10:20—10:50	户外活动		
11:00—11:40	午餐		
12:00—14:30	午睡		
14:40—15:00	下午加餐		
15:10—15:40	教学活动		
15:50—16:20	晚餐		
16:20—16:30	离园活动		

2. 艺术类教学活动

(1) 上课前应检查地面是否有异物，防止幼儿扭伤脚或身体其他部位受伤。

(2) 课前要进行热身运动，并随时观察幼儿，一旦发现扭伤等异常情况，应及时处理。

(3) 注意各种操作材料和学具的正确使用方法。

(4) 提醒幼儿不要使用学具进行打闹，以免误伤他人。

3. 课间操活动

(1) 检查幼儿的鞋带是否系紧，衣服适量并穿戴整齐。

(2) 下楼时，提醒幼儿不要拥挤，并确保两位教师分别在队伍前后看护。

(3) 到达操场后迅速清点人数，防止幼儿丢失。

(4) 随时关注幼儿的身体状况，身体不适的幼儿应避免参加课间操。

(5) 活动结束后，教师需检查幼儿手中是否有捡拾的异物。

4. 户外教育活动

(1) 教师应提前向幼儿说明户外活动的安全要求和注意事项。

(2) 时刻关注幼儿，确保每个幼儿都在教师视线范围内，保障活动过程的安全。

(3) 定期清点人数，避免活动范围过于分散。

(4) 提醒幼儿在跑动时避免进行任何危险动作。

(5) 组织幼儿使用滑梯或者其他大型器械时，先要检查设备是否有安全隐患。

(6) 远离园内的栏杆、花坛等潜在危险区域，防止幼儿受伤。

(7) 教育幼儿一旦遇到紧急情况，应立即报告教师并寻求帮助。

三、幼儿园班级安全管理的方法

1. 建立全面的安全评估机制

幼儿园应组建一支由管理者、家长、教师等成员构成的安全评估小组，定期对园内的安全管理状况进行检查。通过参观其他园所并交流经验，提升自身的安全管理水平，并完善安全管理机制。可以开展针对教师的安全教育培训，并与家长合作建立安全监督体系，有效发挥安全教育的监督作用。

2. 加强对幼儿教师的安全管理培训

幼儿教师应将幼儿安全真正放在工作的首位，确保安全意识贯穿于工作的每个环节，从一日生活常规的各个环节到具体的每一次教育活动，都应细致入微地进行安全管理，确保无疏漏。这样可以有效保障幼儿在园内的安全，从根本上消除事故隐患，将事故发生率降至最低。

3. 加强门卫安全管理

幼儿园必须制定严格的门卫制度，确保把好幼儿安全的"大门"。门卫工作应由专人负责，建立完整的门卫工作制度，明确各自的责任。门卫人员须时刻保持警觉，防止不法分子进入园所。所有访客必须办理登记手续，严格验证其身份证件，未经许可不得进入园内。门卫人员还应执行昼夜巡逻，及时检查办公室、活动室等区域的防盗门锁闭情况，确认用电设备关闭，火炉熄灭等。

4. 提升幼儿自我安全保护意识与保护能力

首先，根据幼儿的成长阶段，有计划地指导他们学会观察和规避危险，培养他们珍视并保护自己生命的观念，并在一日生活中的各个环节中融入防御和自我保护教育与训练。其次，孩子在活动中经常会跑跳和打闹，摔倒和碰伤是难以避免的。教师应随时关注幼儿的活动情况并提供保护，而不是因为担心他们遇到危险就限制他们的活动。教师应鼓励幼儿自由地参加活动，提供更多的机会让他们亲近自然。在愉快的游戏过程中，幼儿应学会自我保护，提高自身的灵活性，并不断提升避免危险的能力。教育幼儿掌握自救的方法，使他们获得自我保护的能力。

第二节　幼儿园班级管理中的安全隐患与防范措施

幼儿园班级安全管理工作是确保幼儿园教育工作顺利进行的基础，也是提升班级教育教学效果的重要保障。本节主要介绍幼儿园班级管理中的安全隐患，以及应该如何进行有效的预防。

一、幼儿园班级管理中的安全隐患

1. 入园时的安全隐患

入园环节是幼儿一日生活的起点，也是孩子进入幼儿园的第一个阶段。在这一环节中，教师需要同时负责接待家长和照管幼儿，组织活动，进行卫生消毒与餐前准备等，任务繁重且复杂，安全隐患较多。例如，家长急于上班，可能将孩子送到幼儿园后便立即离开，导致幼儿脱离成人视线而发生意外；与个别家长沟通时间过长，教师可能无法充分照看其他幼儿，增加安全风险；幼儿穿着不当或佩戴不安全饰品，带来安全隐患；幼儿携带危险物品入园；晨间活动组织不当，可能引发安全事故；等等。

2. 正常活动的安全隐患

幼儿在日常的幼儿园活动中，也可能存在安全隐患。这些活动包括如厕、洗手以及晨间活动和户外活动。例如，幼儿如厕时如果不遵守秩序，可能会导致厕所内变得拥挤，加之地面比较湿滑，容易发生推挤、打闹和滑倒的事故。在饭前或便后，幼儿排队洗手时常常玩闹，尤其是一些男孩子可能会推挤前面的孩子，这也可能造成安全隐患。在进行晨间活动和户外活动时，如果幼儿的鞋带松散或围巾拖在地上，一旦被其他幼儿踩到，可能会导致幼儿摔倒并受伤。

3. 午睡的安全隐患

午睡时，幼儿手持硬币、珠子等小物品可能会有异物窒息的危险；不恰当的睡姿，如蒙头睡觉或卧睡，可能导致缺氧；幼儿翻身动作大，可能会从床上掉下来；生病的幼儿，特别是发烧的孩子，可能在睡眠中出现抽搐、呕吐等紧急情况。因此，教师和家长应加强对幼儿午睡时的监护，确保他们的安全。

4. 电源的安全隐患

有些幼儿天生顽皮且充满活力，他们容易伸手触碰到教室里的电源插头和电灯开关，这可能导致触电的危险。

5. 桌椅的安全隐患

班级内的幼儿数量较多，而室内活动空间相对有限，加之教具陈列架和桌椅等物品较多，幼儿在活动时容易发生磕碰，可能会撞到桌椅的尖角，存在安全风险。

6. 学习用品的安全隐患

部分文具，如铅笔，若使用不当或在打闹时不慎可能会戳伤幼儿；新纸张的边缘较为锋利，有可能会划伤幼儿的皮肤；在手工活动中，如果剪刀使用不当，同样可能导致伤害。因此，教师和家长应加强对幼儿使用文具的指导和监督，确保他们安全使用这些文具。

7. 药品的安全隐患

秋冬季节，感冒的幼儿数量增加，当他们带药来园服用时，可能会发生误服药或错误服药的意外。另外，如果家长对药品的使用说明不清楚，也可能增加安全风险。因此，家长应确保提供清晰的用药指导，同时幼儿园也应加强药品管理和监督，确保幼儿用药安全。

8. 离园时的安全隐患

离园是幼儿一日活动的结束环节，此时幼儿通常情绪较为兴奋，而教师可能感到疲劳。家长会陆续来幼儿园接孩子，导致人员流动性增大，容易引发安全事故。例如，放学时家长集中接孩子可能造成混乱；非指定人员代接孩子可能带来安全隐患；家庭成员对接送孩子的安排不统一，可能导致交接错误；对于特殊需要的儿童，交接可能不够充分；离园后，如果孩子在园内无人看管，也可能存在安全风险。因此，需要加强离园时的安全管理，确保每个孩子的安全。

拓展阅读

某幼儿园接送制度

(1) 幼儿入园、离园时，实行幼儿园与监护人交接制度。

(2) 监护人应与幼儿园签订《幼儿安全交接责任书》，并依照责任书承担相应的责任。

(3) 入园、离园时，监护人须向保安人员出示交接卡，并到指定位置与值班老师进行交接。接送幼儿时，一律凭交接卡交接。

(4) 放学时，由当班老师负责组织幼儿排队并带到指定区域，与家长进行当面交接，并认真审核家长身份，以防幼儿被冒领。

(5) 监护人应按照幼儿园通知的入园、离园时间，在指定地点按时送接幼儿。若需提前接送，必须先与班主任老师联系，经同意并当面交接后方可离开；若迟到接送幼儿，应及时与值班老师联系。

(6) 监护人若有特殊情况不能接送幼儿，须事先和班主任老师联系，并提供委托人相关信息。若接送人信息或人员发生变更，监护人要及时与班主任老师进行沟通，必要时出示身份证件及书面申请，办理相关手续。

(7) 幼儿在园期间，不得私自离开幼儿园。若有特殊情况，须经班主任老师与监护人联系确认后，由监护人或被委托人凭交接卡接送。

(8) 幼儿在园期间，除规定的正常活动外，任何教师不得以任何理由让幼儿独自离开活动室或幼儿园。

(9) 严格执行幼儿考勤制度。若幼儿未按时到园，班主任老师要立即与监护人联系，了解原因，并向幼儿园主管领导报告。

二、幼儿园班级安全防范措施

面对幼儿园班级管理中可能存在的安全隐患，教师必须采取必要的安全防范措施，以防安全事故的发生。

1. 严格晨检

教师应在幼儿早晨入园时，检查幼儿随身携带的物品是否存在安全隐患，一旦发现有潜在危险的物件，应帮助幼儿妥善保管或请家长带回。

2. 严格遵守规则，防范危险

教师在组织幼儿如厕时，应尽量避免活动结束时的高峰时段，并尽量安排与其他班级的幼儿错峰使用。教师应陪同幼儿进入厕所，并做好监护工作，提醒幼儿注意地面湿滑，避免推搡和拥挤。

3. 合理组织，分组行动

用餐前的洗手活动应由教师提前组织，分组进行。同时，教师应站在教室门口或适当的位置，以便能够同时照看教室内的幼儿和教室外排队洗手的幼儿。

4. 检查细致，杜绝隐患

在晨间活动和户外活动前，教师首先要检查幼儿着装是否安全，确保围巾、鞋带都已系紧。其次，教师需检查运动器械和玩具是否安全可靠。此外，教师还要清点幼儿人数，确保活动有序进行，防止幼儿无序奔跑，以免发生走失或摔伤、磕伤等意外。

5. 清醒观察，严格检查

幼儿进入午睡室时，教师应严格检查每位幼儿携带的物品，确保没有危险物品被带入午睡室。带班教师应严格遵守幼儿园规章制度，在带班期间不午睡，时刻保持警觉，观察幼儿的动态。

6. 强化认识，反复提醒

针对用电安全问题，教师应加强幼儿对电的潜在危险性的认识，并在插座和开关旁边贴上明显的安全标志。教师需在幼儿来园及离园时，检查桌椅、床铺、玩具等是否有安全隐患，一旦发现问题要及时处理。幼儿在进行室内自由活动或区域活动前，教师应提醒幼儿学会互相谦让，并时刻注意安全。幼儿完成书写作业后，教师应指导每位幼儿妥善收好自己的铅笔，整理好书包，并准备进行下一项活动。

7. 耐心等待，严格交接

教师可以在幼儿离园前的几分钟，组织幼儿进行安静的小游戏，以便他们能够在座位上安静地等待自己的父母到来。当家长来接幼儿时，如果教师没有点到幼儿的名字，幼儿不得擅自离开。教师之间应做好交接班工作，未经家长许可，不能让任何人随意接走幼儿。

8. 慎重对待，电话询问

对于生病的幼儿需要服药时，教师应先查看用药记录，然后再进行喂药，以防误服。对于不是家长亲手交到教师手里的药物，应先通过电话与家长沟通确认，确保无误后，再让幼儿服用。

9. 加强安全教育，增强安全意识

教师应向幼儿及家长开展安全教育，以增强幼儿的自我保护意识。教师需向家长宣传安全教育的重要性，并介绍幼儿园的安全教育活动，邀请家长积极配合幼儿园共同做好安全教育工作。

此外，教师在组织教育教学活动时，应严格遵守幼儿园的规章制度，避免闲聊和擅离职守。在组织幼儿进行户外活动时，教师应密切关注幼儿的一举一动，确保每位幼儿都在教师的视线范围内。同时，教师之间也应互相监督，提高警觉性，强化安全意识。

第三节　幼儿园班级管理中的安全教育

幼儿园班级管理中的安全教育是一种有目的、有计划、有组织的安全教育活动。其目的是培养幼儿的安全意识，让幼儿掌握必要的安全知识和技能，养成良好的日常生活安全习惯，并培养他们应对突发安全事件的能力。这样可以最大限度地预防安全事故的发生，并减少安全事件对幼儿造成的伤害，确保幼儿健康成长。班级管理中的安全教育应以幼儿为中心，遵循不同年龄段幼儿的身心发展规律，针对本班幼儿的认知特点，有针对性地加强安全知识的普及和安全防护技能的训练。

一、安全教育的目标

安全教育的目标是对幼儿安全教育的目的和要求进行概括，它指引着幼儿园安全教育的实施方向和遵循的准则。这些目标规定了安全教育内容的范围和幼儿发展的要求，同时也可作为衡量幼儿发展过程中是否达到既定目标的标准。依据安全教育目标，我们可以评估和评价教师在安全教育过程中的行为表现和幼儿的发展状况，也可以根据这些目标来考察和评价安全教育的计划、手段和方法等。因此，安全教育目标既是安全教育工作的起点，也是其最终追求的成果。

1. 体现幼儿年龄特点

幼儿的身心发展水平、需要、发展潜力以及发展规律是教师制定班级安全教育目标的重要依据。幼儿的发展呈现明显的年龄特点和个体差异。由于遗传、环境等多种因素影响，即使是同一年龄段的幼儿，其发展水平也存在显著差异。教师必须深入研究和了解幼儿的身心发展特点，才能制定出适合本班幼儿发展特点的安全教育目标。安全教育目标的制定，应基于对本班幼儿实际的观察和了解，教师需关注幼儿当前的发展状况与内在需求，确保安全教育目标与幼儿的最近发展区匹配，并促进幼儿由潜在发展水平向现实水平转变。

2. 依据相关法律法规

教师在制定班级安全教育目标时，应参考《中华人民共和国教育法》《中华人民共和国未成年人保护法》《国家突发事件总体应急预案》《中小学幼儿园安全管理办法》《教育系统突发公共事件应急预案》《规程》《纲要》《指南》等相关法律法规，确保安全教育的开展依法合规。

综上所述，班级安全教育目标的制定需要针对班级内所有幼儿的现实需要和现有水平，结合安全教育的法律法规要求，确保安全教育目标既具有层次性，又适宜幼儿的发展。

二、安全教育的内容

班级安全教育的内容是实现安全教育目标的基础，它是将安全教育目标转化为促进儿童发展的有效手段，同时，也是设计和实施班级安全教育活动的核心依据。因此，必须以科学合理的方式进行选择和安排。

(一)选择班级安全教育内容的依据

适宜且科学的班级安全教育内容应当基于班级儿童的实际情况，能够有效地指导儿童的日常生活，并与班级安全教育目标一致。因此，在选择班级安全教育内容时，应依据两个要点：一是符合班级安全教育的目标；二是贴近班级儿童的生活实际。

1. 符合班级安全教育的目标

班级安全教育目标是根据本班幼儿的实际情况和相关法律法规精神制定的，旨在培养幼儿的安全意识和提高他们的自我防护能力。因此，班级安全教育内容必须符合班级安全教育目标。《规程》《纲要》《指南》《中小学幼儿园安全管理办法》等文件是根据我国儿童全面发展的教育目标和儿童身心发展规律制定的，它们为确定班级安全教育目标和选择教育内容提供了方向性和指导性的依据。根据班级安全教育目标，班级安全教育可以划分为以下几类。①日常生活中的安全教育：包括防触电、防溺水、防火、防煤气中毒、家务劳动安全、防烫伤、食品卫生安全、交通安全、玩具安全等。②应对灾难教育：涵盖消防安全、地震逃生、防雷电等。③活动安全教育：包括运动器械安全、游戏安全、燃放烟花爆竹安全等。④社会治安教育：包括防拐骗、防伤害等。

2. 贴近班级儿童的生活实际

中国教育家陶行知认为，教育源于生活，是生活中固有的、自主的、必需的。这意味着教育不能脱离儿童的生活，而应服务于改造儿童的生活。教育与生活应紧密结合，是生活决定了教育的方向；只有与生活相结合的教育才是真正的教育，脱离生活的教育将失去其本质。课程设计应从儿童的真实生活出发，不能将幼儿园生活与儿童的实际生活截然分开。教育内容必须以儿童的生活和经验为基础，但不应仅仅是儿童个体经验的简单重复，而应既满足儿童的需要，又考虑社会生活的意义及其重要性。因此，在选择班级安全教育内容时，不仅要考虑到安全知识本身的科学性，还应符合班级儿童的认知发展特点和生活实际。班级安全教育内容的选择还应当与幼儿的生活经验相联系，将安全教育的内容融入幼儿的日常生活中，选择那些幼儿感兴趣、实用且与儿童生活紧密相关的教育内容。正如陶行知所说，"教育应从生活中来，通过生活开展，最终回归生活"。

(二)班级安全教育的内容

1. 珍爱生命教育

教师可以通过开展生命主题教育活动(见图 7-1)，让幼儿认识到生命的珍贵——每个人的生命都是独一无二的，因此需要珍惜自己的生命。幼儿还应了解自己身体各个部位的名称，并掌握保护身体器官的方法；当身体不适时，应及时告知成人，并在生病时按时服药等。

2. 交通安全教育

交通安全教育应帮助幼儿初步树立交通

图 7-1　幼儿园生命主题教育

安全意识，并培养他们遵守交通规则的良好习惯。幼儿应了解基本的交通规则，如"红灯停，绿灯行"；行人走人行道；在街上行走时靠右侧；不在马路上踢球、玩滑板车、奔跑或做游戏；不擅自横穿马路等。此外，幼儿还应学会识别交通标志，如红绿灯、人行横道等，并理解它们的意义和作用。教育幼儿从小要有交通安全意识，养成遵守交通规则的良好习惯。在对幼儿进行交通安全教育时，可选用一些儿歌或故事以增强趣味性。

3. 消防安全教育

消防安全教育旨在让幼儿认识到玩火的危险性，并掌握基本的自救和逃生技能，以增强他们的逃生能力。例如，告知幼儿发生火灾时立即离开现场，并及时告诉附近的成人；教育幼儿在火灾中若被烟雾包围时，应使用防烟口罩或湿润的毛巾捂住口鼻，并迅速采取低姿态，尽量在烟雾下面匍匐前进；组织幼儿参观消防队，观摩消防队员的演习，并请消防队员介绍火灾的形成原因、消防车的作用、灭火器的使用方法及使用时应注意的事项等。此外，应定期进行火灾疏散演习，提前规划好各班安全疏散路线，确保幼儿熟悉幼儿园的所有通道和出口，以便在发生火灾时，幼儿能在教师的指导下迅速、有序地进行疏散，安全地撤离到安全地点。

4. 食品卫生安全教育

幼儿园在食品采购、储存和烹饪等环节必须执行严格的卫生监督。同时，应教育幼儿学会识别变质、有异味的食物，并告诫他们不随便捡拾和饮用不明来源的物质。此外，还需要教育幼儿不能擅自服用药物，而应在成人的监督下严格按照医生的指导服用。饮食安全教育还要关注的是饮食习惯。例如，教育孩子在喝热汤或开水时要吹一吹，以免烫伤；吃鱼时要仔细把鱼刺挑干净，严格避免鱼刺卡在喉咙里；进食时不嬉笑打闹，以防食物误入气管等。

5. 防触电、防溺水教育

在对幼儿进行防触电教育时，首先可在相关教育活动中通过观看视频、情景模拟等方式，告诉幼儿不能随意玩电器，不要拉扯电线，不要将铁丝等金属插入电源插座。其次，要教育幼儿在发生触电事故时切不能用手去拉触电的人，而应及时切断电源，或者用干燥的竹竿等绝缘物品挑开电线。对于防溺水教育，首先，要告诉幼儿不能私自到河边玩耍；其次，不能将脸部浸入水中；再次，不能私自到河里游泳；最后，当同伴失足落水时，要及时就近找成人来救援。

6. 玩具安全教育

幼儿在玩不同的玩具时，应遵守各自的安全规则。例如，在玩大型玩具滑梯时，要教育幼儿不拥挤，等待前面的幼儿完全滑下并离开滑梯后，后面的孩子才能继续滑下；玩秋千时，幼儿确保自己坐稳，并用双手紧紧握住秋千的绳索；而在玩跷跷板时，幼儿不仅要坐稳，还要双手牢牢抓紧扶手等。在使用中型玩具如游戏棍时，幼儿不得用棍击打其他幼儿，特别是头部等敏感部位。在玩小型玩具如玻璃球时，幼儿不能将球放入嘴巴、耳朵和鼻孔中，以防发生意外伤害。

7. 生活安全教育

外出时，应提醒幼儿始终紧跟成人，不要离开成人的视线范围，不要随陌生人离开，不要接受陌生人给的食物；避免在河边和马路边等危险地带玩耍；教育幼儿识别周围环境中的不安全因素，不做危险的事。例如，告诫幼儿不触碰热水壶，不攀爬窗户或阳台等；帮助幼儿认识常见的安全警示标识，如"小心触电""小心有毒""禁止下河游泳""紧急出口"等；告知幼儿不允许任何人触摸自己的隐私部位；让幼儿记住自己家庭的住址、电话号码、父母的姓名和工作单位，以便在走失时向他人求助并能提供必要的信息；教育幼儿遇到火灾或其他紧急情况时，知道拨打 110、120 或 119 等紧急求救电话。

拓展阅读

《指南》在"健康"领域关于"生活习惯与生活能力"的目标之一是培养幼儿"具备基本的安全知识和自我保护能力"。对于 3～4 岁的幼儿，应使他们了解：不吃陌生人给的东西，不跟陌生人走；在成人提醒下能注意安全，不做危险的事；在公共场所走失时，能向警察或相关人员提供自己和家长的名字、电话号码等基本信息。对于 4～5 岁的幼儿，应教育他们：知道在公共场合不离开成人的视线单独活动；认识常见的安全警示标志，并能遵守安全规则；在运动时能主动躲避危险；了解简单的求助方式。对于 5～6 岁的幼儿，应指导他们：未经大人允许不给陌生人开门；能自觉遵守基本的安全规则和交通规则；在运动时能注意安全，不给自己和他人造成危险；掌握一些基本的防灾知识。

《指南》同时建议，第一，创设安全的生活环境，并提供必要的保护措施。例如，将热水瓶、药品、火柴、刀具等物品放置在幼儿触碰不到的地方；确保阳台或窗台有安全保护措施；使用安全的电源插座；在公共场所要密切照看幼儿；确保幼儿乘车、乘电梯时要有成人陪同；不要将幼儿单独留在家里或汽车内。第二，结合生活实际，对幼儿进行安全教育。比如，在外出时，提醒幼儿要紧跟成人，不要离开成人的视线，不跟随陌生人离开，不吃陌生人给的食物；不在河边和马路边玩耍；遵守交通规则。教育幼儿了解周围环境中潜在的危险，不做危险的行为。例如，不要触碰热水壶，不要玩火柴或打火机，不要触摸电源插座，不要攀爬窗户或阳台等。帮助幼儿认识常见的安全警示标识，如"小心触电""小心有毒""禁止下河游泳""紧急出口"等。告知幼儿不允许他人触摸自己的隐私部位。第三，教授幼儿简单的自救和求救方法。例如，让幼儿记住自己家庭的住址、电话号码、父母的姓名和工作单位，以便在走失时向成人求助并能提供必要信息；在火灾或其他紧急情况下，知道拨打 110、120、119 等求救电话。可以利用图书、音像等材料对幼儿进行逃生和求救方面的教育，并采用游戏方式进行模拟练习；幼儿园应定期开展火灾、地震等自然灾害的逃生演习。

三、安全教育的途径

班级安全教育途径是指在实施班级安全教育过程中所采用的具体活动方式和方法。

(一)专门的安全教育活动

专门的安全教育活动是指教师安排特定的时间，组织儿童参与有针对性的安全教育主题活动。

1. 集体教育活动

集体教育活动是指教师根据幼儿园的教育目标，有目的、有计划地组织幼儿学习特定内容，从而促进幼儿全面发展的一种教育形式。专门的集体安全教育活动是教师依据安全教育的目标以及班级幼儿的发展水平和特点，精心设计教育方案，组织幼儿，进行有针对性的安全教育活动。这类活动能够有效地帮助幼儿掌握各种安全知识和技能，对幼儿的安全教育具有重要意义。例如，小班的集体安全教育活动可以包括"小插座，不能摸""不离开大人""上下楼梯的安全"等主题；中班的集体安全教育活动可以包括"小标志用处大""特殊用途的电话"等内容；大班的集体安全教育活动则可以包括"磕伤、碰伤了怎么办""保护自己办法多"等课题。

2. 安全演练

安全演练是指依据事先制定的安全事故应急救援预案，对实际突发安全事件的应急救援过程进行模拟的活动。安全演练的目的是让参与者掌握避险、逃生和自救的方法，提高他们的应急反应能力。通过安全演练，可以模拟真实情境，让幼儿体验到环境的恶劣、情况的紧急和内心的惶恐，以此培养他们的应变能力，确保在真正遇到危险时不会束手无策。幼儿园应根据教育部颁发的《中小学幼儿园应急疏散演练指南》，定期开展地震、火灾、校车事故等应急疏散演练。班级教师应积极配合并组织

图 7-2 幼儿园消防安全演练现场

幼儿参与这些安全演练。在演练前，应告知幼儿注意事项；演练后，应与幼儿总结演练情况，加深他们的印象。同时，可以将集体教育活动与安全演练相结合，帮助幼儿全面了解各类自然灾害或安全事故的预防措施、潜在危害和自救方法。具体的幼儿园消防安全演练可以参考图 7-2 所示的示例。

(二)渗透的安全教育活动

渗透的安全教育活动是指除了专门的安全教育活动之外，将安全教育内容融入儿童的日常生活和其他教育活动中的教育形式。

1. 日常生活中的随机安全教育

日常生活是一种养成式的教育，在日常生活中教导幼儿掌握一些基本的生活技能，不仅可以培养他们良好的生活习惯，还能提高他们的自我保护能力。在幼儿一日生活的各个环节，例如，晨检、饮水、进餐、盥洗等活动中，都是进行安全教育的良好时机，教师应充分利用这些时机，进行随机教育，将安全教育自然地融入幼儿的日常生活中。同时，教师应密切关注幼儿的行为，及时抓住生活中的各种瞬间进行安全教育，时刻关注幼儿的安全，并适时提供必要的安全提示。通过这种方式，幼儿能在潜移默化中建立安全意识，并学会自我保护的方法。

2. 游戏中的安全教育渗透

将安全教育融入游戏中，能够让幼儿在轻松愉快的氛围中培养安全意识，并提升自我保护技能。教师应运用各种游戏活动，向幼儿传授一些安全防护的知识，并鼓励他们学习如何避险自救。例如，在表演游戏"乘坐公共汽车"中，教师可以教授幼儿"上下车时不拥挤，不要把头、手伸出窗外，在车内不乱跑"等基本的乘车安全知识。

3. 各领域中的安全教育渗透

除了健康领域之外，在其他领域活动中，教师也可以充分利用安全教育资源，将安全教育自然地融入其中。例如，教师可以将故事、儿歌、歌曲与安全教育巧妙地结合起来，使原本单调和抽象的安全教育变得生动、形象和有趣，实现寓教于乐。注重不同知识领域之间的相互联系，有机整合各发展领域的教育内容，并有意识、有目的地对幼儿进行安全教育，这是非常关键且有效的教育方法。

第四节　幼儿园班级安全管理案例及分析

《纲要》明确指出，"幼儿园必须把保护幼儿的生命和促进幼儿的健康放在工作的首位"。在组织各类活动时，幼儿教师应始终以保障幼儿安全和健康为基本前提，确保幼儿能在一个安全、卫生的环境中健康成长。本节将从班级安全管理的常见问题出发，选取不同类型的案例进行详细分析。

一、户外活动

> 户外活动课上，活动区内传来孩子欢乐的笑声。中二班几个幼儿一起玩滑梯时，晨晨一脚踩空，从滑梯上摔下来，手臂受伤。正在附近看护孩子的李老师马上把晨晨送往医院救治，并通知其父亲。经医生诊断，晨晨手臂骨折。
> 2000年8月11日，某市一幼儿园因大型玩具滑梯未安装牢固，导致一幼儿攀爬时，被翻倒的滑梯击倒身亡。
>
> (资料来源：幼儿园安全事故. 百度，www.baidu.com.)

(一)问题分析

上述两个案例描述了幼儿在户外活动中遇到的安全事故。那么，在户外活动时，幼儿可能会遇到哪些类型的安全事故？导致这些安全事故的原因又有哪些呢？

1. 幼儿户外活动安全事故的类型

第一，运动器械造成的伤害。幼儿在户外进行体育活动时，通常会使用各种运动器械，如滑梯、跷跷板、攀爬墙和秋千等。如果这些器械使用不当或者因老化未得到及时维修，可能会引发安全事故，造成幼儿受伤。

第二，幼儿间相互碰撞导致的伤害。在户外活动中，幼儿天性活泼好动，他们玩耍时容易忽略安全问题。如果不小心，玩闹中的幼儿相互碰撞可能引发安全事故，造成受伤。

第三，幼儿自身安全意识不足造成的伤害。部分幼儿可能较为调皮或行动能力较弱，他们在活动的时候可能无法保持注意力集中，在户外活动时就容易发生安全事故。例如，被运动器械碰伤，或者不慎摔倒导致擦伤等。

2. 幼儿户外活动发生安全事故的原因

幼儿在户外活动中可能面临着各种潜在的危险因素。例如，活动场地范围大、参与人数多、管理难度大等客观情况，都增加了幼儿教师监管户外活动的难度，可能导致安全事故的发生。具体来说，幼儿在户外活动中受伤的原因主要有以下三个方面。

第一，户外游戏设施的维修和管理不善。幼儿园户外游戏的设施是进行户外活动必不可少的装置，需要有专人负责定期维修和检查。如果设施安装不当，部件松动或老化，而管理人员未能及时修理，很容易发生安全事故。

第二，教师在组织和管理户外游戏时的疏忽。幼儿教师负责组织户外游戏，但部分教师在策划活动前没有充分考虑游戏场地的规模、参与人数和活动内容之间的匹配，有时因组织不当导致推搡和摔踩等混乱局面，从而引发安全事故。个别教师责任心不强，在工作时分心，未能认真组织幼儿活动，有时幼儿离开了他们的视线也未能及时察觉，直到事故发生后才感到懊悔。

第三，幼儿自我保护意识和能力不足。幼儿天性好动，但由于缺乏生活经验，他们可能对自己的行为缺乏控制，对周围环境中的不安全因素认识不足，无法有效应对突发状况。在面临危险时，他们可能无法做出正确的反应，容易发生跌落、摔伤等事故。有些幼儿还喜欢在教师视线之外玩耍，对游戏中的潜在危险认识不足，这也增加了发生危险的可能性。

(二)应对策略

活泼好动是幼儿的天性，户外自由活动是他们非常喜欢的活动之一。在活动中，幼儿难免会奔跑、跳跃、攀爬等，有时候因为过度的兴奋而忽视了安全问题。然而，安全的活动场地，正确的玩法，以及教师的及时提醒和正确引导，都能有效地减少幼儿安全事故的发生。

1. 集中教育，正面引导，增强幼儿安全意识

幼儿园的户外自由活动时间是幼儿最喜爱的，他们在滑滑梯、荡秋千等活动中，常常充满欢声笑语。为防止安全事故的发生，在进行户外活动前，教师应与幼儿共同分析可能出现的危险情况，并讨论如何玩耍才能避免危险发生。教师需要指导幼儿了解不同场地的游戏规则，以增强幼儿安全意识。

此外，为了帮助幼儿更好地掌握玩具的正确使用方法和游戏规则，教师可以在课堂上通过游戏或观看教学课件等多种方式，对幼儿进行安全意识的教育和培养，并教会他们基本的自我保护技能。

2. 指导方法，避免事故

当孩子第一次尝试某个器械，或者对某些游戏设施还不太熟悉，或者尝试一些可能具有危险性的活动时，教师要与孩子一起讨论和分享如何安全使用器械、可能存在的风险以及如何避免危险的经验。在孩子反复尝试这些器械和设施的过程中，教师应给予适当的安全指导和提醒。例如，在秋千的使用上，教师要让孩子理解并遵守基本的安全规则；当他

们在荡秋千时，要紧紧抓住绳子，以防从秋千上摔落，还要注意前后是否有其他小朋友，以免发生碰撞。再如，在滑滑梯的过程中，教师要时刻提醒幼儿在排队时注意保持适当的间距，不要打闹，不要头朝下趴着滑下滑梯等，确保活动的安全性。

3. 多种方法促进幼儿自我保护意识的提升

对于自我保护能力较弱的幼儿，教师应加强个别指导，因为他们在面对危险性较高的活动时自我保护能力不足，缺乏必要的安全意识。在教师的个别指导下，这些孩子可以逐渐养成良好的安全习惯，增强对这些活动的防范意识。教师还可以利用同伴之间的影响力，引导幼儿增强自我保护意识。当幼儿观察到他人遇到困难或危险时，他们可以从中吸取教训，探索保护自己的其他方法，从而增强自我保护意识。对于自我保护能力较强的孩子，他们可能掌握一些有效的自我保护方法，教师可以鼓励他们与同伴分享这些方法，并让更多的幼儿了解到不同活动中应注意的安全。这样，孩子在相互学习和模仿中，会不断提高自身的安全意识。当然，在幼儿进行户外活动时，教师要密切关注每一个孩子的行为。一旦发现有危险情况或不安全的行为，应及时指出并帮助纠正，以提高幼儿的自我保护意识和能力。

4. 密切监督，随时教育，及时提醒

在幼儿进行户外活动时，教师需认真履行监督职责。在活动过程中，教师应不断巡视，仔细观察幼儿的活动情况，及时纠正任何危险动作。对于不遵守规则、争抢玩具或不正确使用玩具的幼儿，教师应在发现问题后及时进行必要的安全指导和教育，让幼儿明白不当行为给自己和他人带来的严重后果。同时，教师需要注意调整幼儿的活动强度，防止他们因过度兴奋而受伤。此外，教师应时刻保持警觉，防范外部潜在的安全威胁，确保幼儿的安全。

5. 建立常规机制，完善户外活动

在开展户外活动前，教师不仅需要强调活动的规则和注意事项，还应特别检查幼儿的服装、鞋帽是否适合参加活动，并留意幼儿是否携带了不安全物品，如小刀、玻璃碎片等，以确保幼儿的生命安全。此外，教师应做好户外活动的准备工作，包括划定活动区域、场地，并向幼儿明确提出相关要求。要确保每位幼儿都在教师的视线范围内，不允许他们擅自离开集体单独活动。在活动中，教师应时刻观察幼儿的行为，并及时提供安全指导，防止危险行为的发生。活动结束时，教师要清点人数，并检查每个幼儿的健康状况，确保他们的安全无虞。

二、室内活动

下午建构游戏中，乐乐与朵朵突然发生争执，乐乐用手中的雪花片将朵朵下巴划伤。主班老师发现后立即与园长一起将朵朵送往医院治疗。

(资料来源：幼儿园安全事故. 百度，www.baidu.com.)

(一)问题分析

这是一起发生在幼儿园室内的安全事故。《指南》提出，"幼儿每天的户外活动时间一般不少于 2 小时"，但是可以根据气温的变化或者幼儿的个体差异适当调整活动的时间。由于天气变化等因素的影响，越来越多的活动选择在室内进行。

1. 幼儿室内活动安全事故的类型

一是幼儿之间打闹造成的伤害。如上述案例所示，这一安全事故正是幼儿之间在活动时打闹导致的。幼儿因为年龄小，对于打闹时的力度和分寸把握不当，极易造成误伤对方，甚至在打闹过程中双方均可能受到伤害。

二是玩具造成的伤害。由于室内活动空间所限，通常会采取以玩具为媒介的活动方式。在使用玩具时，部分幼儿不遵守使用规则或操作不当，从而容易因使用玩具受到伤害。

三是不守规则的幼儿对他人的伤害。在幼儿园中，每个班级都可能存在几个较为调皮的孩子，这些孩子不遵守规则的行为可能会导致室内安全事件的发生。

四是幼儿自身原因造成的伤害。幼儿天生好动、好奇、爱玩，这些天性在活动中可能会导致他们不慎伤害到自己。

2. 幼儿在室内发生安全事故的原因

3~6 岁幼儿的身体器官和系统仍在持续发育过程中，其机体组织相对柔嫩，发育尚未成熟，机能不够完善，因此，易受到损伤。有些幼儿喜欢尝试一些有挑战性或冒险性的动作，但他们自我保护意识相对薄弱，常常不能预见自己的行为可能带来的后果。

第一，室内活动设施存在安全隐患。部分幼儿园的物品、玩具或桌椅存在尖锐的棱角，且存在电源插座设置过低、电线老化等问题，这些问题极易导致幼儿在活动中受伤。

第二，幼儿教师的安全意识和责任心不强，缺乏必要的关爱。一些教师对安全意识缺乏重视，事业心、责任心不强，工作马虎，对保障幼儿安全的重要性认识不足。同时，他们可能存在侥幸心理，就会导致事故的发生。此外，一些幼儿教师不重视幼儿的安全教育，没有教会幼儿自我保护的方法；对于幼儿的安全教育存在畏难情绪，认为幼儿对有些安全内容很难理解，也不去进行研究和探索。在日常活动中，他们未能密切关注幼儿，对幼儿的不安全行为未能及时纠正，错失了进行安全教育的良机，没有营造一个安全的教育环境，这可能导致室内伤害事故的发生。

第三，幼儿自身经验不足，自我保护能力较弱。由于年龄较小，幼儿正处于身心逐步发展的阶段，缺乏必要的生活经验和社会、自然常识，他们对"危险"和"伤害"等概念缺乏认识，难以分辨安危，更缺乏自我防护意识，自我保护能力不强。然而，幼儿天生好奇、好动、好探索，在活动中对危险事物不能做出正确判断，无法预见行为后果，在面临危险时也不知如何自保。

(二)应对策略

无论是教师还是家长，都希望孩子平平安安、快快乐乐地长大。然而，孩子天生就是个小小探索家，他们对周围的世界充满了好奇心，渴望去观察、去触摸一切新奇事物。但他们可能还没意识到这些活动可能带来的危险。因此，这就要求教师必须做到以下四点。

1. 在日常活动中培养幼儿的安全意识

教师在日常活动中应有计划、有目的地对幼儿进行安全教育，并抓住一日活动的各个环节进行随机引导。例如，教师可以在幼儿洗手时要求他们排好队，避免推搡和拥挤，以防发生摔伤；在室内活动时，应提醒幼儿不要把手指放在门缝中，以免被夹伤；进行手工活动时，应指导幼儿将剪刀的尖端朝下，以防意外碰伤他人。

2. 创造环境，使幼儿形成自我保护意识

教师应与幼儿共同努力，创造一个适宜的物质环境，对幼儿进行直观、形象且综合性的教育。如果幼儿在班级内频繁奔跑、相互碰撞，教师可以与幼儿进行沟通协商，在室内设置一些明显的安全警示标志，以提醒幼儿注意安全。

3. 通过良好习惯的培养提高幼儿的安全意识

培养幼儿的安全意识应当从养成良好的习惯开始。教师在日常工作中，除了向幼儿提出要求和教授相应的方法外，还应持续进行督促和检查，以确保幼儿的良好习惯不断得到强化，并逐渐转化为自觉的行动。例如，在进食时避免嬉笑打闹，以防止食物误入气管；行走时不要把手插入口袋，并且不要推搡其他小朋友；等等。

4. 巧动心思，设计安全的室内活动

教师在组织幼儿进行室内区域性活动时，应创新性地设计安全的活动项目，以预防安全事故的发生。

三、突发疾病

某幼儿园一幼儿患有先天性癫痫病，但该幼儿入托时，家长并没有把这一情况告知幼儿园。一天早上其母亲将孩子送入幼儿园内，告诉教师孩子昨晚发烧了。教师劝其带孩子看病，但其母说孩子烧已退。早饭后，户外活动时，教师未让幼儿参加活动，而是坐在旁边休息，没多久幼儿忽然倒地，教师及时按其人中，并将其送往医院，同时电话告知幼儿的母亲。在送幼儿去医院的路上幼儿已醒，也能说话。幼儿母亲未按医生吩咐让孩子住院治疗。第二天，幼儿在家中因癫痫死亡。事后，幼儿家长要求幼儿园承担全部责任。

(资料来源：幼儿园安全事故. 百度，www.baidu.com.)

(一)问题分析

在这一案例中，幼儿自身患有疾病，但家长未能及时告知，意外发生后家长要求幼儿园承担责任并进行赔偿。面对幼儿突发疾病情况，幼儿园应当制定并实施相应的应急预案，以妥善处理此类问题。特别是事发后，教师的应对措施尤为关键。

1. 教师应该采取的方法

第一，及时联系家长。在案例中，教师发现孩子生病后，应立即将孩子送到医院接受治疗，并及时联系家长。应当认识到，幼儿患病若未能及时得到治疗，可能会带来不可预测的严重后果。

第二，及时汇报领导。一旦发现幼儿突发疾病，应立即向园所领导或上级管理者汇报，以便获得必要的指导和支持，防止疾病进一步扩散。

第三，及时实施防护措施。对于突发疾病的幼儿，尤其是那些传染性疾病，由于其传播速度快，若不加以控制，可能会迅速影响到整个班级甚至整个园所的其他孩子。

2. 幼儿常见的突发疾病

(1) 麻疹。麻疹是由麻疹病毒引起的急性传染病，具有高度的传染性，主要影响学龄前儿童。其典型症状包括幼儿发热 3～4 天后出现皮疹，皮疹呈暗红色且大小不均匀。同时，患儿还可能伴有流泪、流涕和刺激性咳嗽等症状。

(2) 风疹。风疹是一种症状较轻的急性病毒性传染病，主要通过空气飞沫传播。多见于 1～5 岁儿童，但成人也可能感染。

(3) 水痘。水痘是一种常见于婴幼儿或稍大儿童的轻症急性传染，病原体是水痘——带状疱疹组病毒，传染性很强。传染源主要是急性期患者，可通过飞沫、唾液、咳嗽等方式传播给健康儿童，或通过接触受病毒污染的食具、玩具、衣物等物品传播。感染后 2～3 周发病，初期症状较轻，可能出现低热及不适，体温通常在 39℃ 以下，并伴有咳嗽、流涕、食欲不振等症状。发热 1～2 天后出现皮疹，最初会出现在躯干，逐渐蔓延到头面部和四肢，呈向心性分布。皮疹最初是红色的细小斑丘疹，数小时后变为圆形中心有水疱的疱疹。

(4) 手足口病。手足口病是由病毒引起的传染病，主要影响 4 岁以下的儿童。该病主要是通过直接接触患儿或通过鼻咽分泌物、粪便、飞沫传播，夏秋季为高发期。患病后可出现口痛、厌食、低热等症状，口腔内可见小疱疹或溃疡，多见于舌、颊黏膜和硬腭等部位，手、足掌(背)和指(趾)间也可能出现几个至几十个斑丘疹之后转为疱疹。

(5) 流行性感冒。流行性感冒是由流感病毒引起的呼吸道传染病，通过飞沫传播。人群普遍易感且常有发生。潜伏期为数小时至数日不等，发病急，症状包括寒战、发热(体温可达 39℃ 以上)、头痛、倦怠乏力、关节酸痛等，儿童患者可能并发肺炎。发病 3～4 天后逐渐退去，症状得到缓解。

(6) 流行性腮腺炎。流行性腮腺炎又称腮腺炎，是由腮腺炎病毒引起的呼吸道传染病，传染性较强，主要通过飞沫传播，冬春季为高发期。潜伏期一般为 14～21 天，初期表现为一侧腮腺肿大和疼痛，1～4 天后另一侧也会受到影响，约 4～5 天腮腺消肿。肿大部位以耳垂为中心，边缘不清，表面发热，有压痛，咀嚼时疼痛加剧，伴有发热、畏寒、头痛、食欲不振等症状。

(7) 细菌性痢疾。细菌性痢疾是由痢疾杆菌引起的肠道传染病，多发于夏秋季节。病人或带菌者的粪便污染了水、食物等，可通过手、口等途径传播。潜伏期为 1～3 天，发病急，症状包括高热、寒战、腹痛、腹泻，一天可能排便数十次，粪便为脓血便，有明显的排便紧迫感和排便后仍有残便感。

(二)应对策略

与成年人相比，幼儿体质较为虚弱，因此更容易感染传染病。如果不采取有效的预防措施，且在患病后未能及时就医，很容易对幼儿的身体健康造成伤害，严重者甚至危及生命。

1. 做好预防工作

所谓"防患于未然"，科学处理班级中可能出现的突发疾病，教师首先需要提高对疾病预防的重视程度，并落实好各项预防措施。

第一，定期对室内环境进行清洁，保持空气清新。教师应每天定时开启班级窗户进行适度的通风，确保空气流通，并让阳光照进室内。每天早晨到园后，首先要使用适当浓度的消毒液擦拭玩具柜、室内家具、门把手等地方，然后用清水擦洗一遍，以防止幼儿将细菌带入口中。

第二，认真执行幼儿的晨检工作。幼儿入园后，教师应仔细观察孩子的精神状态，对发热和精神状况不佳的幼儿进行密切观察，并及时采取相应的治疗和预防措施。若发现有 3 名以上的幼儿出现相同症状，应及时向园领导报告情况。

第三，及时了解幼儿缺席的情况。教师应在幼儿入园后及时点名，确定缺席的人数和原因。若幼儿是因患病请假，教师需要了解具体的疾病情况，并在班级采取相应的预防措施。

第四，定期对工具进行消毒。保教人员要定期对幼儿使用的餐具、餐桌、毛巾、水杯等生活用品进行严格消毒，并定时将幼儿的被褥清洗消毒。教师应确保幼儿不饮用生水，并且使用温开水进行漱口。

第五，加强幼儿的防护意识，培养良好的卫生习惯。教师要利用各种教学和班级活动，采用多种形式对幼儿进行健康教育，引导他们养成良好的卫生习惯；教育幼儿勤洗手，饮用开水，食用熟食，定期剪指(趾)甲，勤换衣服。通过这些措施，帮助幼儿树立自我保护意识，并掌握简单的卫生生活常识。

2. 科学应对突发疾病

幼儿在园内突发疾病时，教师是距离幼儿最近的人，也是最可能抓住黄金时间来救护幼儿的人。因此，教师掌握科学的应对突发性疾病的方法至关重要，这能够有效地保护幼儿的安全。

第一，掌握基本的急救知识和技能。教师应学习和掌握一些常见突发性疾病的急救方法，以便在紧急情况下能够及时采取正确的救治措施。

第二，及时通知家长并汇报给园方。无论幼儿突发疾病的情况是否严重，教师都应立即通知家长，并向园方汇报情况。这样做不仅能获得家长的配合和园方的支持，确保患病幼儿得到及时的帮助，还能避免一些不必要的问题。

第三，做好详细记录，确保有据可查。幼儿突发疾病时，教师应当做好详细处理记录，以便事后医生的询问或家长的了解。可以采用专门的幼儿突发疾病记录表进行记录，如表 7-3 所示。

表 7-3　幼儿突发疾病记录表

时　间	姓　名	性　别	症　状	措　施

本 章 小 结

　　幼儿园班级安全管理是指保教人员为了避免危及幼儿安全事件的发生而采取的管理措施和过程。幼儿的安全是所有教育活动得以顺利进行的基础和前提。学前幼儿年龄较小，自我保护意识和能力尚未充分发展。因此，幼儿园不仅要在设施设备和日常活动中确保幼儿的安全，同时也肩负着对幼儿进行安全教育的重要责任。通过开展多种形式的安全教育活动，不仅能为幼儿营造一个安全的成长环境，还能有效提升园所、教师、家长以及幼儿自身的安全意识，实现"防患于未然"。这样，可以尽可能地减少危险事件带来的伤害，确保幼儿能够在一个安全的环境中健康成长。

思考与练习

一、名词解释

幼儿园班级安全管理

二、简答题

1. 幼儿园班级安全管理的原则。
2. 幼儿园班级安全管理的方法。
3. 幼儿园班级安全教育的内容。

三、论述题

1. 幼儿在户外活动时可能遇到哪些安全事故？引发这些安全事故的潜在原因是什么？
2. 教师应如何科学应对班级幼儿突发疾病？

实 践 课 堂

分析下面案例，谈谈幼儿教师如何预防此类事件的发生？

　　2000 年 4 月 21 日，在广州市某双语幼儿园的大班教室内，老师让小湛前往前方提交作业，孩子行走较快，不慎摔倒，头部撞击在写字台的边缘，导致眉间受伤。老师立刻抱起孩子，紧急送往医院接受治疗，并垫付了医疗费用。遗憾的是，孩子的两眉之间留下了明显的瘢痕。孩子的父亲因此向幼儿园提出了赔偿要求。

幼儿园应当贯彻保育与教育相结合的原则，创设与幼儿的教育和发展相适应的和谐环境，引导幼儿个性的健康发展。幼儿园应当保障幼儿的身体健康，培养幼儿的良好生活、卫生习惯。

——《幼儿园管理条例》

第八章　幼儿园班级卫生保健管理

课程目标

知识目标： 学生通过学习幼儿园班级卫生保健管理的基础理论知识，掌握卫生保健管理的具体内容和要求，并深刻理解卫生保健工作的重要性。

能力目标： 学生能够根据幼儿的年龄和生理特征，制定出适合幼儿健康成长的卫生保健工作方案，并能运用所学的理论知识及相关技能，妥善处理幼儿在日常生活和教育活动中可能遇到的各类卫生保健问题。

素质目标： 学生需培养科学的卫生保健观念，为自己未来在学前教育领域从事幼儿保育和教育工作打下坚实的基础。

核心概念

卫生保健管理　卫生保健工作　保健观念　卫生保健制度　卫生保健工作计划

引导案例

李老师是一位工作认真、耐心细致的主班老师。一日晨检时，她发现朵朵的眼睛有点红，仔细查看发现她的眼球上有个小红点。李老师及时与家长进行了电话沟通，得到结果是昨晚可能没有睡好。次日，李老师发现朵朵的小红点仍然存在。于是她增加了对朵朵的观察次数，午睡后发现她出现低热，李老师马上联系家长，说明具体情况，建议家长带孩子及时就医。后经医院确诊并入院接受治疗。

(资料来源：幼儿园案例. 百度，www.baidu.com.)

案例分析

这个案例让我们认识到，除了常见病和传染病需要特别关注之外，孩子的一些细微异常也同样不能忽视。在平静无事的时候，我们的警惕性往往会降低，容易忽略一些细节问题。晨检工作至关重要，正是李老师细心和认真的工作，及时发现了幼儿的病情。她无微不至的关怀在无形中赢得了家长的信任，进而促使家长更加积极地支持和配合班级的卫生保健工作。

学习指导

本章的重点是介绍幼儿园班级卫生保健工作的内容和要求。在学习过程中，首先要认真阅读教材，掌握相关的理论知识。其次，需要结合自己的学习经历，深刻理解班级卫生保健工作的重要性。最后，结合案例分析和教学实践活动，掌握解决卫生保健问题的有效方法。

第一节 幼儿园班级卫生保健工作及其管理

幼儿的健康成长是家长、教师以及社会各界共同的期望，健康是幼儿发展的基础。《指南》指出，"为了促进幼儿身心健康发展，成年人应当为幼儿提供合理均衡的营养摄入，保证他们有充足的睡眠和适宜的体育锻炼，以满足幼儿生长发育的需要"。幼儿园卫生保健工作是园所管理中至关重要的一环，它是确保幼儿身体健康的关键措施。《托儿所幼儿园卫生保健管理办法》对幼儿园卫生保健工作提出了明确的要求，内容包括环境管理、健康管理和生活管理等方面。鉴于幼儿在身体活动、自我照料和独立生活等方面缺乏必要的生活经验，教育者需要给予精心的照料和关爱。同时，幼儿在园所度过的时间较长，为确保他们的身体健康和成长发展，必须对幼儿身体健康进行科学的管理和照顾，这也是班级管理工作的核心内容之一。

一、幼儿园班级卫生保健管理

《规程》第四章第十七条明确规定："幼儿园必须切实做好幼儿生理和心理卫生保健工作。"确保每个幼儿健康成长是幼儿园的基本任务。幼儿园班级卫生保健工作是指以幼儿为服务对象，旨在维护和提升幼儿健康水平而开展的各项具体活动，这包括幼儿伤害预防与处理、幼儿的饮食营养与健康保健等方面。幼儿园班级卫生保健工作管理是指以班级卫生保健工作为主体，以提升班级卫生保健工作效果为目标而进行的各项活动，这包括制定与执行班级卫生保健工作制度、制订与实施班级卫生保健工作计划等。班级卫生保健工作管理是确保班级卫生保健工作顺利、高效进行的基础，而班级卫生保健工作的成效则是评价班级卫生保健工作管理水平的重要标准。

二、幼儿园卫生保健工作的意义

幼儿园卫生保健工作是公共卫生领域的重要组成部分，也是儿童保健工作极为关键的内容。做好幼儿园卫生保健工作，旨在保护和促进幼儿的健康，这不仅是幼儿园管理工作的一个重要组成部分，也是幼儿园教育与管理相较于中小学教育的显著特点，具有极其重要的意义。

随着社会经济的发展和信息时代的到来，一个国家国力强弱与其人才素质的高低紧密相关。国家间的竞争归根结底是人才的竞争，而人才的培养需要从儿童时期开始。从这个意义上来说，对幼儿健康的保护不仅影响着未来人才的整体素质，而且关系到一个国家的未来和民族的兴衰。马克思曾提出，健康是人的第一权利，是所有人类生存活动的第一个前提。学前儿童正处于生长发育的关键阶段，虽然他们已经具备了人的基本生理结构，但他们的各个器官和系统尚未发育成熟，对环境的适应能力和对疾病的抵抗力较弱，自我保护能力不强，容易受到不良环境的影响，从而感染疾病。幼儿园作为幼儿集体生活的场所，是易感人群集中的地方，确保其健康成长是首要任务。2010 年卫生部和教育部联合颁发的《托儿所幼儿园卫生保健管理办法》明确规定，托儿所、幼儿园应当贯彻保教结合、预防为主的方针，认真开展卫生保健工作，并将其作为园所评估的重要指标。因此，幼儿园必须采取必要的保健和安全措施，包括提供合理的营养膳食、科学安排幼儿一日生活、培养良好的生活卫生习惯、加强体格锻炼以及建立必要的安全措施等，实施优质的保育和教育。这些措施旨在减少集体生活中的儿童感染疾病的风险，防止传染病的扩散，确保所有幼儿的健康和安全。

三、幼儿园卫生保健工作的任务

保护幼儿的生命安全和健康是幼儿园卫生保健工作的首要任务。幼儿园必须贯彻"预防为主"的卫生保健方针。

1. 保护幼儿身心健康

学前教育实行科学育儿，旨在提供充足的营养，坚持进行体格锻炼以增强体质，促进幼儿的生长发育。同时，创设一个宽松和谐的环境，建立民主平等的师幼关系以及友好互助的同伴关系，采取积极而有效的教育策略，确保幼儿的心理健康。另外，通过有效的措施控制传染病的传播，降低常见病的发病率，为幼儿的全面发展奠定坚实的基础。

2. 培养幼儿良好的生活卫生习惯和健康的生活态度

幼儿园卫生保健工作必须与教育相结合，致力培养幼儿良好的生活习惯、卫生习惯以及独立生活的能力；同时，培养幼儿珍爱生命与健康，形成性格开朗、活泼、自信等积极乐观的生活态度，并养成良好的健康生活方式和安全意识。

3. 配合、指导家长，共同培育健康儿童

幼儿园卫生保健工作是保教工作的重要组成部分，涉及幼儿园工作的多个方面。在管理过程中，幼儿园领导一方面需要注意激发全体教职工的积极性，充分利用专职保健人员的专业知识，确保班级保教工作与专职人员的卫生保健工作紧密结合，明确各自的职责；另一方面，领导还需要积极与幼儿家长沟通协作，向家长宣传科学育儿、营养保健和心理健康教育等相关的知识，介绍幼儿园的卫生保健工作内容以及对儿童生活、健康状况和独立生活能力的要求，以赢得家长的理解、支持与合作。这样，卫生保健工作的各项任务才能有效地落实到每个幼儿身上，从而促进他们身心健康成长。

第二节　幼儿园班级卫生保健工作的内容

　　班级卫生保健工作是实施各种措施以保障在园儿童身心健康发展和正常成长的基础工作。幼儿园必须通过科学安排幼儿一日生活、提供合理的营养膳食、定期进行体检、开展疾病预防和治疗、培养良好的生活习惯、加强体育锻炼以及建立必要的安全措施等方式实现这一目标。通过这些综合性工作，幼儿园能够为幼儿提供良好的保育和教育环境，从而促进幼儿的全面健康成长。

　　幼儿园班级卫生保健工作的主要对象是3～6岁儿童。我国实施的《幼儿园管理条例》《规程》《纲要》《指南》以及其他相关法律法规都明确规定了学前教育机构应遵循保教结合、预防为主的工作方针，为幼儿创造健康的集体生活环境，有效预防控制各类传染病，降低常见病的发病率，确保儿童的身心健康和正常发育。

一、生活管理

　　幼儿园班级应依据幼儿年龄特征和神经系统活动规律，同时考虑幼儿在园时间的长短及季节变化等因素，科学安排生活的各个环节，具体包括合理安排时间、顺序和次数，遵循动静结合、室内外活动相结合、多种形式的活动交替进行的原则，并确保幼儿有足够的户外活动时间，以此形成相对稳定的生活制度。这样的安排有助于生活管理更加科学化、规范化，有利于幼儿健康发育和养成良好的生活习惯。良好的生活习惯包括正确大小便、饮食习惯、睡眠规律、个人卫生、生活自理能力以及爱护环境意识和公共卫生维护等，这些习惯都需要经过长期的培养与教育逐步形成。同时，幼儿园还应指导家长帮助幼儿养成早睡早起的良好作息习惯，确保幼儿夜间有充足的睡眠时间，以促进其健康成长。

(一)目的

　　科学、合理、稳定的生活制度是保证幼儿身心健康发展的重要因素，有利于幼儿神经系统的正常发育，有助于培养幼儿良好的生活习惯，并促进其身心全面健康成长。

(二)管理内容

　　(1)　根据幼儿的年龄特征，并结合各班的具体情况，制定适合幼儿的一日生活制度。教师应参与制定幼儿园的作息时间表，以及一日生活中各个环节(包括活动、用餐、饮水、如厕、盥洗、睡眠等)的生活护理要求。

　　(2)　园所应每周有针对性地检查各班幼儿执行一日生活制度的情况，及时发现问题并予以纠正。同时，根据各班幼儿年龄特征，季节变化等因素，及时调整幼儿的日常生活计划。

(三)要求

　　(1)　幼儿园根据不同年龄段幼儿的生理和心理特征，结合本地区的季节变化及各班的具体情况，制定合理的生活制度。

　　(2)　将幼儿一日生活的主要活动，如睡眠、用餐、活动、游戏和学习等，以及各项生活环节的时间、顺序、次数和间隔进行科学合理的安排。同时，结合季节变换的特点，考虑家长的工作时间和需要。

(3) 在一日生活中融入教学元素，注意动静结合、集体活动与自由活动相结合，室内外活动相辅相成。每日的户外活动要充分利用阳光和新鲜空气，日托幼儿户外活动时间不少于 2 小时，全托时间不少于 3 小时，体育活动时间不少于 1 小时。冬季和夏季可根据实际情况适当调整活动时间。通过科学合理的安排，建立起相对稳定的生活制度。

(4) 根据幼儿的年龄特征和园所的服务形式，合理安排每日用餐和睡眠时间，规划餐点数量，儿童正餐间隔时间应为 3.5～4 小时，每餐进餐时间为 20～30 分钟，餐后应安排安静活动或散步时间 10～15 分钟。3～6 岁幼儿午睡时间，根据季节变化，每日 2～2.5 小时为宜；3 岁以下幼儿日间睡眠时间可适当延长。

(5) 主管园长、教师和保育人员应共同制订幼儿的一日生活安排计划，并严格执行。

(6) 征得家长的支持与合作，确保幼儿的出勤率。

二、体格锻炼

《规程》第五条规定，幼儿园保育和教育的主要目标之一为"促进幼儿身体正常发育和机能的协调发展，增强体质，促进心理健康，培养良好的生活习惯、卫生习惯和参加体育活动的兴趣"。体格锻炼是提升幼儿身体素质的有效途径，在幼儿园教育中占据着重要的位置。

(一)目的

幼儿期是生长发育十分迅速的阶段，体格锻炼对幼儿生长发育、疾病预防、体质增强以及智力提升都具有积极重要的作用。通过开展适宜的体格锻炼，不仅能促进幼儿的身体成长发育，增强体质，还能锻炼他们的意志力。

(二)管理内容

班级体育锻炼管理主要包括锻炼形式的选择、锻炼计划的制订与组织实施。《规程》第二十三条规定，幼儿园应当积极开展适合幼儿的体育活动，充分利用日光、空气、水等自然因素以及本地自然环境，有计划地锻炼幼儿肌体，增强身体的适应和抵抗能力。正常情况下，每日户外体育活动不得少于 1 小时。

(三)要求

(1) 根据幼儿的年龄和生理特点，每日组织并开展各种形式的体格锻炼，控制适宜的运动强度，确保运动量，以提高幼儿的身体素质。

(2) 保健人员负责对体格锻炼的内容、运动量、器械使用以及外部环境条件提出相应的卫生要求，并负责监督、检查儿童体格锻炼的执行情况，执行医学监护。

(3) 做好运动前的准备工作。保证幼儿室内外运动场地以及运动器械的清洁、卫生和安全，做好场地布置和运动器械的准备。定期进行室内外安全隐患排查。

(4) 利用日光、空气、水和器械，结合幼儿的年龄和季节变化，有计划地安排多样化的体育锻炼内容。

(5) 运动过程中要注意观察幼儿面色、精神状态、呼吸、出汗等情况以及对锻炼的反应，若出现不良反应，应及时采取措施或暂停锻炼。加强运动中的保护，防止运动伤害的发生。运动后也要注意观察儿童的精神、食欲、睡眠等状况。

(6) 患病的幼儿不应参加体格锻炼；病愈恢复期的幼儿在得到家长同意后，运动量要根据身体状况予以调整；体弱幼儿的体格锻炼应比健康幼儿更加温和，缩短时间，并仔细观察幼儿的运动反应。

(7) 与家长沟通并取得同意后，可以为肥胖幼儿制订特殊的体格锻炼计划。

(8) 教师在进行班级体格锻炼管理时，应以幼儿运动体验为基础，以基本动作为主要内容，不拘泥于具体的形式和时间，充分利用园内条件，将体育锻炼融入课程和生活制度中，确保幼儿获得足够的体格锻炼。

三、膳食管理

(一)目的

幼儿时期新陈代谢十分旺盛，对营养物质和能量的需求较大，合理的营养是幼儿生长发育的物质基础，也是保障幼儿健康的重要条件。因此，幼儿园要为幼儿提供科学、合理的膳食安排，制定带量且营养均衡的食谱，满足幼儿正常生长发育的需求，从而促进幼儿的健康成长。

(二)管理内容

营养膳食管理工作包括定期计算幼儿进食量和营养摄入情况，进行营养分析，并根据分析结果制定营养均衡的食谱。此外，还包括烹饪指导和监督等。在膳食安排时，应特别关注各种营养素的均衡搭配，确保蛋白质、脂肪和碳水化合物之间的比例，并保证幼儿摄入充足的维生素和矿物质等。

(三)要求

(1) 幼儿园应按照有关法律法规和规章的要求，取得餐饮服务许可证，并建立完善的食品安全管理制度。

(2) 幼儿膳食应由专人负责，从事炊事工作的人员必须持有效的健康证和培训合格证上岗。

(3) 食堂应当每日进行清扫和消毒，保持内外环境的清洁卫生。库存食品应当分类存放，并配有明确的标识，注明保质期限，并进行定位储存。

(4) 应根据幼儿生理需求，参考《中国居民膳食营养素参考摄入量》和2～6岁幼儿各类食物的每日参考摄入量，制订科学合理的膳食计划。

(5) 制定具体的带量食谱，保证蛋白质、脂肪和碳水化合物之间的适当比例并充分摄入各种维生素和矿物质。食谱还应注意搭配多样化，包括干稀、荤素、粗细和甜咸的搭配，避免让幼儿食用油炸、腌制和烧烤类食物。

(6) 各班应每日及时统计幼儿出勤人数，并准时报给厨房。后勤人员根据当天出勤的实际人数提供餐点，做到"少剩饭、不浪费"。

(7) 食谱应每周更新一次，并根据季节变换及时调整，以保证幼儿获得生长发育和日常活动所需的营养。某幼儿园某日带量食谱如表 8-1 所示。

表 8-1　某幼儿园某日带量食谱

星期	星期二			
幼儿人数	应到人数		实到人数	
早点	豆浆 150g　蛋糕			
午餐	米饭　宫保鸡丁　爆炒藕片　萝卜粉丝汤			
带量午餐	大米：75 克，藕：75 克，鸡丁：30 克，萝卜：10 克，黄瓜：30 克，粉丝：5 克，胡萝卜：5 克，木耳：5 克			
间餐水果	酸奶、砂糖橘			

(资料来源：幼儿园带量食谱，百度，www.baiyu.com.)

四、健康检查

2009 年颁布的《健康体检管理暂行规定》第二条规定，健康体检是指通过医学手段和方法对受检者进行身体检查，了解受检者健康状况、早期发现疾病线索和健康隐患的诊疗行为。对于幼儿而言，他们正处于快速成长的发展阶段，身心各方面功能尚未完全成熟，因此，定期进行健康检查对及早发现潜在的健康问题尤为重要。

(一)目的

幼儿健康检查可以了解其生长发育及健康状况，预防传染病的传入，及时发现疾病和异常情况，并采取有针对性的防治和治疗措施。对园所工作人员进行健康检查可以有效防止传染病的传入，保障在园幼儿的身体健康。

(二)管理内容

掌握全园幼儿生长发育情况和健康状况，建立幼儿个体健康档案。对于体弱、超重、频繁生病以及生长发育存在偏差的幼儿，应采取有效的干预措施，帮助他们逐步达到正常的健康标准。通常情况下，幼儿园的健康检查应由园所统一组织和安排。

(三)要求

1. 针对幼儿的健康体检

(1) 入园体检。对于离园超过一个月或从外地返回的幼儿，需要进行重新体检。这项工作主要是了解幼儿身心健康的基本状况。

(2) 定期的常规体检。其包括测量身高、体重、检查视力等身体指标，这项工作主要是监测在园幼儿的健康状况，以便及早识别和干预各种非健康状况。

(3) 晨检。每天早上对入园幼儿进行健康检查，内容包括一摸(检查是否有发烧)、二看(观察咽部、皮肤、精神状态)、三问(询问饮食、睡眠、大小便、患病情况)、四查(检查是否携带不安全物品)。

(4) 全日健康观察。在全天的日常活动中，教师及其他保教人员应随时关注幼儿的健康状况，并做好班级日志记录。一旦发现问题，应及时处理。

(5) 若发现幼儿存在发育异常，应及时提醒家长带孩子前往正规医疗机构确诊，并与家长共同商讨调理或治疗方案，直至幼儿的健康状况恢复正常。

2. 针对教职工的健康检查

针对教职工的健康检查主要包括上岗前的行业体检和定期的常规体检，目的是防止工作人员患有急性或慢性传染病以及心理疾病等可能影响幼儿身心健康成长的疾病。应为工作人员建立健康档案，确保他们在入园前进行体检，并每年至少进行一次体检。若工作人员患病，应在治疗期间暂时调离幼教工作岗位，直至医生出具痊愈证明后，方可重新回到幼教工作岗位。

五、卫生消毒

幼儿园班级是幼儿和保教人员集中活动的场所，人员众多可能导致细菌和垃圾增加。因此，班级卫生状况直接关系到幼儿身体健康和成长，特别是传染病高发季节，更应注重班级的卫生消毒工作，为幼儿营造一个安全、健康的生活环境。

(一)目的

加强个人卫生与环境卫生管理，认真执行消毒措施，以预防疾病，特别是预防传染病的发生和蔓延。

(二)管理内容

(1) 建立符合园内实际情况且具体可操作的全园卫生管理和消毒制度。

(2) 指定专人负责此项工作，并结合岗位责任制，明确各级人员的责任，实施严格考核制度，定期进行检查，对发现的问题要及时进行研究和解决。

(3) 积极开展卫生防病的宣传教育工作，利用多种方式和渠道，不断提升保教人员在防病和消毒方面的知识和技能水平，并把"讲卫生、爱清洁"的原则融入幼儿的基本教育内容之中。

(三)要求

1. 做好日常卫生消毒工作

为了有效减少疾病的发生和防止传染病的传播，班级日常消毒工作至关重要。通过消毒，可以有效地去除或杀灭物体表面的细菌和病毒，及早排除可能导致幼儿患病的因素。为此，幼儿园严格执行室内外环境卫生制度，确保每周进行全面的检查和记录，按时通风、消毒，保持室内空气清新，为幼儿提供一个干净、整洁和舒适的环境。幼儿园班级的卫生消毒工作不仅限于园所的定期统一消毒，还包括对班级环境、保教设施设备、幼儿个人物品、玩教具等进行常规消毒。具体包括对教室空间、毛巾、餐巾、餐具、保教工具、茶杯、桌椅用具、玩具、盥洗室和床上用品等进行消毒，可采用紫外线消毒、消毒液消毒等多种方式。卫生消毒用品(包括防蚊、防虫、防鼠、防蚁的药品和设备)应妥善存放于幼儿接触不到的地方。集中消毒活动应在幼儿全部离园以后进行。洁具应专物专用，并做好标记，抹布和拖把应及时清洗、消毒并晾晒，妥善存放。幼儿园日常卫生消毒如图8-1所示。

2. 培养幼儿良好的卫生习惯

良好的卫生习惯是幼儿自理能力的重要体现，其中包括在饭前和如厕后洗手，熟练掌握并遵循"洗手六步法"来清洁双手；早晚刷牙和洗脸，饭后进行漱口；勤洗头、洗澡，更换衣物和剪指甲，保持整洁的仪态和着装。

图 8-1　幼儿园日常卫生消毒

幼儿的日常生活用品应专人专用并保持清洁。班级的保教人员需确保每位幼儿都有自己的杯子、毛巾和床铺(被子)。同时，幼儿的寝具也要定期进行分类清洗和晾晒。

六、疾病预防

(一)目的

采取简便而有效的干预措施，对幼儿常见病和多发病进行综合管理，确保早发现、早治疗，以保障幼儿的健康。

(二)管理内容

(1) 幼儿园班级的疾病防治工作，包括定期进行免疫疫苗接种、预防季节性疾病、预防特殊性疾病以及预防突发性传染病。

(2) 对患有先天性心脏病、哮喘、癫痫等疾病的幼儿，以及有药物过敏史或食物过敏史的幼儿进行登记，加强日常的健康观察和保育护理工作。

(3) 重视幼儿的心理行为健康，积极开展幼儿心理卫生知识的宣传教育活动，对于有心理行为问题的幼儿要及时通知家长，并建议他们带孩子到医疗保健机构进行专业的诊疗。

(三)要求

(1) 教师可以通过健康教育普及卫生知识，培养儿童良好的卫生行为习惯；提供合理均衡的膳食；加强体格锻炼，增强儿童体质，提升儿童对疾病的抵抗力。

(2) 做好计划免疫的宣传工作，与卫生防疫和保健部门协作，及时提醒和督促家长按时完成预防接种，防止传染病传入和扩散。

(3) 落实检疫和消毒工作，提前制定预案，旨在提升幼儿的免疫力，保障幼儿的生命和健康。

(4) 一旦发现疾病，应及时通知家长，确保及时治疗，并做好登记、统计和跟踪服务工作。

(5) 建立各类登记统计制度并填写相关报表，认真做好资料的收集和分析工作。

(6) 掌握幼儿常见疾病的预防和应对措施，对体质较弱的幼儿，在生活、保健、营养和护理等方面要认真负责，并做好详细的个案记录。

七、伤病处理

幼儿园班级的伤病情况主要涉及突发伤病的处理以及处于治疗期或恢复期的伤病管理。特别是突发伤病的识别和处理，通常由一线教师来完成。

(一)目的

突发伤病在第一时间得到及时处理，尽可能减少幼儿伤病的潜在危害。教师在处理伤病时，应及时通知家长，并注意保护幼儿的尊严和权益。

(二)管理内容

教师需要具备识别常见伤病的能力，能够迅速而准确地判断和处理幼儿的症状及体征，并及时向卫生园长、保健人员和家长报告情况。应根据卫生保健登记册中的指示，完整记录幼儿伤病的处理过程。

(三)要求

(1) 教师应迅速而准确地识别幼儿的伤病情况，在处理的同时判断是否需要拨打急救电话。在必要时，做好工作交接，带领幼儿前往医院接受治疗。

(2) 若幼儿遭遇骨折等严重事故，应及时通知园长和家长；对于擦伤等轻微伤害，应先陪同幼儿到医务室接受处理，并及时通知家长。

(3) 发热、呕吐、腹痛、皮疹等是幼儿常见的疾病症状。教师在安抚幼儿情绪后，应将其带至医务室由保健医生进行鉴别，并采取适当的处理措施。

(4) 应注意区分传染性疾病、过敏性皮炎以及蚊虫叮咬引起的皮疹。一旦发现传染性疾病的早期症状，应立即执行隔离、消毒、检疫等措施并及时上报。

(5) 对于有高热惊厥史、药物食物过敏史等特殊病史的儿童，应加强日常观察和生活护理，坚持预防为主的原则，确保早发现、早处理、早沟通。

(6) 在进行抢救和救援工作的同时，还需确保班内其他幼儿的情绪稳定。

八、药品管理

(一)目的

幼儿园班级存放的药品主要包括急救药品、常用药品以及患病幼儿自带的药品。做好药品的管理工作，为家长提供服务并确保幼儿的安全是保教人员的首要任务。

(二)管理内容

药品必须存放在幼儿无法触及的地方，并定期清理过期药品。根据监护人委托，按照交接制度为患儿服药。在给幼儿服药时应执行"三查七对"的程序，特别注意防止幼儿误服、漏服或过量服用药品。

(三)要求

(1) 严格执行幼儿园制定的幼儿服药安全制度。

(2) 家长需填写委托服药登记表，记录内容包括班级、幼儿姓名、药品名称、服药剂量、服药时间、家长签字等信息，以及家长在药袋上清晰注明药名和幼儿姓名。

(3) 一般情况下，不接受委托给幼儿服用营养补充剂、抗生素、中药汤剂等药品。

(4) 在用药前，应仔细核对班级、姓名、药名、用药时间和剂量等信息，确保无误。如果药袋或药条上字迹不清时，不应给幼儿服药，而应及时与家长进行电话沟通，确认无误后方可给药。服用后药袋或药瓶保存 3 天。

(5) 如果需要给多名幼儿服药，应避免同时打开多个药袋，以防拿错药品，导致漏服或误服。每次应服用一份药品，并在记录表上签上执行人姓名后，将药品放回固定位置，再取出另一份药品。

(6) 鼓励幼儿自行服药。如果幼儿哭闹，应暂停喂药，以防药物呛入气管。服药后，应密切观察幼儿的反应，一旦发现问题，应立即处理。

(7) 班级内存放的药物最好使用专用药箱，并妥善保管，防止幼儿随意取用。

九、健康教育

(一)目的

《纲要》提出："既要高度重视和满足幼儿受保护、受照顾的需要，又要尊重和满足他们不断增长的独立要求，避免过度保护和包办代替，鼓励并指导幼儿自理、自立的尝试。"有计划地向家长、教师和幼儿传播健康知识，可以更新健康观念，改善日常行为和周围环境，培养儿童良好的健康行为。因此，健康教育是幼儿全面发展不可或缺的重要组成部分。

(二)管理内容

幼儿园健康教育的内容主要包括生活卫生习惯、保健基础知识和疾病预防等。对于幼儿，教师可以运用游戏的方式，结合一日生活的各个环节，教授幼儿如何进行自我身体保健、个人安全防护以及心理健康的基础知识和技巧。家长健康教育的形式可以多样化，包括开展健康教育讲座、分发健康教育资料、设置健康宣传专栏、提供咨询服务、举办家长开放日等。

(三)要求

(1) 制订年度健康教育工作计划，确保可操作性和可执行性。计划中应包括的具体内容有健康教育的主题内容、教育形式与时间安排，组织实施方案、执行流程和质量监控方法，人员分工，设备与材料准备，以及效果评估等。

(2) 计划的制订应具体且科学。计划中需明确健康教育活动的目的和教育目标，目标需具体可行，并明确活动的目标人群、组织者、教育手段和方式、活动地点、教育内容、预计完成时间以及效果评价等。

(3) 在确保安全的前提下，鼓励并指导幼儿尝试自理和自立，使他们掌握基本的自我身体保健和个人安全防护技能。

(4) 对每项健康教育工作都应进行监督和评估，以便了解计划设定的目标、方法和信息是否符合实际情况，从而为及时、准确地调整计划提供依据。

十、信息管理

(一)目的

将能反映工作质量的事实数据化，对卫生保健工作的质量展开分析研究，持续发现并解决问题。这有助于教师全面、系统地掌握班级幼儿的健康状况，调整工作方向和方式，从而提升班级卫生保健工作的成效。

(二)管理内容及要求

(1) 建立卫生保健管理档案，其中包括幼儿园工作人员健康管理、幼儿健康管理、幼儿体格锻炼管理、预防接种等。幼儿园卫生保健管理档案目录，如表8-2所示。

表8-2　幼儿园卫生保健管理档案目录

序　号	项　目	备　注
1	卫生保健文件及规范	
2	卫生保健制度	
3	卫生保健计划、总结	
4	卫生保健登记册	
5	幼儿膳食管理	
6	卫生消毒	
7	健康教育	
8	幼儿健康管理	
9	工作人员健康管理	
10	传染病管理	
11	幼儿体格锻炼管理	
12	培训学习记录	
13	预防接种	
14	幼儿名册	
15	卫生保健统计报表	

(2) 卫生保健工作的记录应详尽，内容包括晨检以及全日健康观察记录表、在园带药服药记录表、出勤登记表、传染病登记表、营养性疾病以及常见疾病登记表、班级卫生消毒检查记录表、健康教育记录表、幼儿伤害登记表等。

(3) 工作记录和卫生保健管理档案应确保其真实性、完整性，并保持字迹清晰。工作记录应当及时归档，并至少保存3年。

(4) 定期对儿童的出勤情况、健康检查结果和传染病发生情况进行统计分析，以掌握幼儿的健康和营养状况。

(5) 可以利用计算机软件进行儿童体格发育的评价、膳食营养的评估等卫生保健相关工作。

📑 **拓展阅读**

某园大班班级卫生保健工作计划

1. 指导思想

以《规程》精神为指导，认真贯彻《幼儿园卫生保健制度》，结合幼儿的实际情况，制订合理的保健计划，将幼儿园的安全、卫生和保健工作置于重要位置，确保每位幼儿在幼儿园健康成长。

2. 工作目标

本学期将重点培养幼儿良好的卫生习惯和自我保护能力，加强各班的常规管理，并不断提升保育和保健工作的质量。

3. 主要工作

(1) 制定卫生保健制度。为确保幼儿在园期间的身体健康，需制定并执行一系列卫生保健制度。应严格执行日常消毒制度，对幼儿接触的物品及环境进行定期消毒，防止病菌的滋生与传播。同时，实施定期的健康检查制度，以便及时发现并预防各类传染病。

(2) 定期检查幼儿健康状况。定期对幼儿的健康状况进行检查，包括对身高、体重、视力、听力等各项指标的检测。通过这些检查，可以及时掌握幼儿的生长发育状况，发现并解决潜在的健康问题，并采取适当的干预和治疗措施。

(3) 实施预防接种计划。预防接种是预防传染病的关键措施。根据国家和地方的预防接种规划，为幼儿提供及时且全面的预防接种服务。同时，应向家长宣传预防接种的重要性，以提高家长的疫苗接种意识。

(4) 保证饮用水清洁卫生。饮用水是保障幼儿健康成长的关键因素。本班确保供应给幼儿的饮用水清洁卫生，且符合国家相关规定和标准。此外，通过开展相关的教学活动，教育幼儿养成良好的饮水习惯，如不饮用未经处理的生水、不吃不干净的食物等。

(5) 培养幼儿良好的卫生习惯。良好的卫生习惯是幼儿健康成长的基础。通过日常的教育和指导，我们可以帮助幼儿养成良好的卫生习惯，如勤洗手、不随地吐痰、不乱扔垃圾等。同时，幼儿应学会正确使用个人卫生用品，如毛巾、杯子等。

(6) 保持室内外环境清洁卫生。定期清扫教室、卫生间等公共区域，保持室内外环境的清洁卫生。同时，要认真做好室内外环境的消毒工作，防止病菌的滋生和传播。此外，我们还应该教育幼儿爱护环境，不乱扔垃圾，共同维护幼儿园的清洁和卫生。

(7) 加强体育锻炼和户外活动。适当的体育锻炼和户外活动对幼儿的身体健康和生长发育十分有益。应有计划地安排丰富多彩的体育活动和户外游戏，以鼓励幼儿积极参与。另外，根据幼儿的年龄和身体状况，合理规划运动量和活动内容，确保幼儿在参与活动过程中的安全和健康。

(资料来源：沈阳市艾尔堡幼儿园.)

第三节　幼儿园班级卫生保健工作管理的要求及程序

一、幼儿园班级卫生保健工作管理的要求

(一)树立正确的保健观念，坚持预防为主

预防为主是我国卫生工作的基本方针。幼儿期是儿童器官发育尚未成熟、生命力较为脆弱的阶段，他们对环境的适应能力和抵御疾病的能力相对较弱。工作中的任何疏忽都可能对幼儿的健康造成不利影响，甚至造成难以弥补的损害。因此，幼儿园在开展各项卫生保健工作时必须树立正确的保健观念，坚持贯彻"预防为主"的方针，对疾病与事故采取预防措施，注重积极的体育锻炼，开展健康教育，确保儿童身心健康。

(二)有组织、有计划地开展卫生保健工作

幼儿园应将卫生保健工作作为管理的重点，建立相应的组织机构，专门负责全园卫生保健工作的实施。不仅如此，还应有目的、有计划地开展卫生保健活动。另外，在制订计划时，需要确保具有针对性，突出重点，明确任务具体措施，可操作性强并便于监督检查，从而使保健工作更加精准有效。

(三)健全制度，重在落实

幼儿园的卫生保健工作涉及全园的各类人员。为确保卫生保健工作的有效进行，必须建立相应的制度，确保工作有序开展。卫生保健工作制度的制定应以卫生部门的规定为依据，并结合本园的实际情况，经过认真的研究和充分的讨论后确定。同时，为确保制度得到有效执行，应将卫生保健制度与岗位责任制相结合，明确相关人员在完成卫生保健工作中应承担的任务和职责。制度的关键在于落实，以确保幼儿的健康和成长得到有效保障。

(四)检查与指导相结合

对计划和制度的执行情况，应定期或不定期进行监督和指导。在此过程中，要充分发挥专职保健人员在园长管理卫生保健工作中的助手作用，以及群众性卫生组织的监督职能。将定期的阶段性检查与日常检查相结合，全面检查与专项检查相辅相成，以便及时了解情况，加强指导并持续改进工作质量。例如，将阶段性的营养分析与儿童饮食管理情况的检查相结合，以便指导和调整幼儿的食谱，保障儿童营养摄入达到标准，实现膳食均衡。又如，将阶段性安全检查与日常的安全工作巡视相结合，及时排除安全隐患，预防事故发生。

(五)注重日常卫生保健工作

卫生保健工作是幼儿园日常工作的重要组成部分，其关键在于持之以恒地执行。幼儿教师应确保每位幼儿来园后都能得到细致入微的呵护和照顾，并接受科学的健康教育，以促进其身心的全面发展。日常卫生保健工作应重点关注以下几个方面。

1. 做好晨检接待工作和全日观察记录

教师每天首先要对幼儿进行晨检，做好"一摸、二看、三问、四查"的工作。根据检查结果，向幼儿发放不同颜色的晨检卡片，并将卡片插入指定位置，以便教师进行全面观察和个别照顾。在春季传染病高发季节，可以采取口腔喷药等措施，加强预防。根据晨检的情况，有针对性地观察幼儿的活动情况，户外活动时控制好运动量，并做好全天的健康观察记录。

2. 精心进行生活护理

根据天气变化、幼儿体质差异以及户外体育活动的需要，教师及时帮助幼儿增减衣服，以防幼儿受凉或过热。教师还需提醒和帮助幼儿擦拭鼻涕、梳头发、修剪指甲等个人卫生事宜，确保幼儿按时进餐、饮水、睡眠及如厕。按时提供餐食，保证进餐时间和适量食物，引导幼儿文明用餐，饭前或饭后不进行剧烈运动，并在饭后进行轻松散步。保证幼儿饮水量，除统一安排饮水时间外，注意提醒幼儿随渴随喝。保证幼儿有充足的睡眠时间。睡前确保室内空气流通，睡时拉好窗帘，保持室内光线柔和与安静，并帮助幼儿盖好被子。允许幼儿根据需要随时如厕，并帮助幼儿正确擦拭(从后往前擦)，动作要轻柔。对于易出汗的幼儿，可在他们后背垫上干毛巾，睡醒后及时取走。户外活动前，帮助幼儿系好鞋带、提好裤子，并检查场地的安全性，活动中提醒幼儿适时穿脱衣服。

3. 有意识地培养良好的生活卫生习惯

在一日活动中应培养幼儿良好的生活卫生习惯。例如，教育幼儿在饭前便后及手脏时及时洗手；能独立进餐，并养成不挑食、不浪费饭菜、不大声喧哗等良好的饮食习惯；不随意丢弃果皮纸屑，培养环境保护意识；教育他们保持物品和玩具的清洁，玩耍后将玩具等物品放回原处。

4. 创设舒适的环境

环境既包括物质层面，也包括精神层面。在物质层面，幼儿园的室外环境、场地布局、墙面装饰、大型玩具的设置等都应该兼顾美化、绿化、儿童化和教育化的原则，进餐、睡眠和活动的环境应当保持安静、舒适、清洁和安全，同时保持室内空气流通和光线充足。在精神层面，应营造一个平等、和谐、民主和宽松的氛围，建立良好的师幼关系，对幼儿充满爱心和尊重，坚持积极鼓励和启发式的教育方法。严格禁止任何形式的虐待、歧视、体罚或变相体罚等可能损害幼儿身心健康的行为，始终维护幼儿的愉快情绪。

5. 保持与家长的联系

利用晨间接待和离园等时段，教师经常与家长进行沟通。此外，也可以通过家园联系手册等书面形式了解幼儿的情况，以便及时采取有针对性和有效的措施。通过家园双方的互相配合，共同做好卫生保健工作。提升全园保教人员卫生保健工作的意识和能力，是幼儿身心全面发展的根本保障。

(六)加强保教人员的培训

幼儿园应根据教师、保育员、后勤人员等不同岗位的工作特点，制订差异化的培训计划和内容。所有教职工都需掌握儿童保健知识并具备安全意识，以确保幼儿的人身安全和心理健康。此外，应对教师进行活动中的安全教育培训，对保育员进行保育操作技能培训，如玩具的消毒方法、正确洗碗和茶杯的技巧等。对于后勤人员，特别是食堂工作人员，应进行营养知识和食品卫生方面的培训。同时，将学习成果和工作情况纳入考核体系，实施奖罚制度，以激励教职工积极参与卫生保健工作，增强他们的责任感。幼儿园保教人员培训，如图8-2所示。

图8-2　幼儿园保教人员培训

二、幼儿园班级卫生保健工作管理的程序

1. 建立组织机构，制定卫生保健制度

建立高效的组织机构和完善的卫生保健制度是确保幼儿园卫生保健工作顺利进行的关键。首先，需要成立专门的卫生保健工作小组。在幼儿园的领导班子中，应指定一名负责人主管卫生保健工作，并组建一个由园领导、保健人员、班级保教人员、后勤人员等组成的委员会，全面负责园内的卫生保健、营养、隔离等工作，保证这些工作的开展和落实。其次，保健人员应具备专业性，接受过儿童保健的专业培训，并具备一定的专业知识和常规护理技能。幼儿园应根据《托儿所幼儿园卫生保健管理办法》，并结合本园及本地区的实际情况，制定出适合本园的具体卫生保健制度。这些制度应包括幼儿生活制度、饮食管理制度、体格锻炼制度、健康检查制度、卫生消毒及隔离制度、疾病预防制度、安全制度、卫生保健登记统计制度、家长联系制度等。各园还可以根据需要，制定其他相关制度，如体弱儿童管理制度、眼保健制度等，以使卫生保健工作更加系统化、条例化、程序化和规范化。

2. 定岗定人，建立岗位职责

卫生保健工作是涉及全园的一项重要任务，幼儿园应通过条文的形式明确各类人员在卫生保健方面的要求和执行步骤，根据各岗位的工作实际制定相应的工作职责，并建立岗位责任制，明确每个岗位、每个人的责任，确保定岗定人定责。同时，应制定各类人员的一日工作流程(或一日工作计划)，以规范各项工作和人员的行为，保证各部门之间协调一致，更好地完成卫生保健工作的各项任务。

3. 制订切实可行的保健工作计划

根据卫生保健工作的管理目标，幼儿园领导在制订园务计划时应将卫生保健工作作为一个重要内容纳入计划中。针对工作中的薄弱环节，各部门和班级需根据全园的总体规划制订各自的具体计划，并提出具体的落实措施、完成任务的时间节点和要求，指定负责执行人员，实施目标责任管理和奖罚制度，确保卫生保健工作得到逐层分解和落实。不仅如此，在开展具体的卫生保健工作前，也应提前做好详细计划，明确分工，责任到人，以保证工作有序进行。例如，在进行幼儿的健康检查时，应提前做好计划，包括确定检查的时间、地点、受检幼儿名单、体检项目、负责人、参与人员和具体要求等，从而确保卫生保健工作的每项任务都能顺利完成。

4. 检查评比，指导改进

定期或不定期对卫生保健工作进行检查，可以通过实地观察，召开安全委员会、伙食委员会、家长委员会等有关会议听取工作汇报，或者通过查阅记录和资料等方式，检查卫生保健工作计划及制度的执行情况，这样的检查可以督促全园保教人员互相协作、共同配合，确保按时完成保健、疾病预防、营养、体格锻炼、安全等方面的工作。此外，还可以通过评比、考核等手段，激发全园保教人员的工作热情和主动性，推进保教工作的顺利进行。通过检查评比，可以发现卫生保健工作中存在的问题，表彰先进，督促后进，从而不断提升幼儿园卫生保健管理的整体水平。

第四节　幼儿园班级卫生保健管理案例及分析

幼儿园是孩子成长的重要场所，在这里他们不仅接受教育、建立友谊，还需要一个良好的卫生环境来保障他们的健康成长。本节将选取班级卫生保健管理中的一些常见问题，并通过不同类型的案例进行详细分析。

一、卫生保健制度

某幼儿园在接受市里组织的卫生保健工作检查后，根据专家提出的问题，制定了相应的整改措施。在卫生保健制度方面，进行了进一步完善和修订。整改措施包括每日定时测量并记录幼儿体温、每周进行紫外线消毒、每月进行一次全面清洁等。同时，还增加了更加细致的管理内容。

(资料来源：幼儿园保健工作 36 问. 幼儿园教育公众号.)

(一)问题分析

该幼儿园的卫生保健制度在某些条款上尚不够细致，内容存在不足。虽然已经制定了预防性卫生保健措施，但关于日常体温监测的具体要求、紫外线消毒时的注意事项等内容仍需进一步细化和完善。

(二)应对策略

"没有规矩，不成方圆"，组织的运用需要制度的保障，这有助于将工作落到实处。幼儿身体健康管理是班级卫生保健工作的核心内容。首先，管理者应该充分认识到卫生保健工作的重要性，明确各自的岗位职责，并确定具体的工作任务。其次，应将有关卫生保健的各方面要求、操作步骤和考核标准以文件形式明确下来，确保制度化和规范化，实现有章可循、有法可依。每个参与者都应积极参与卫生保健管理，教师应按照规定及时、准确地做好保健资料的记录和统计工作，并定期进行整理和分析，及时上报。幼儿的卫生健康档案应填写完整真实，并妥善保管。对于有特殊需求的幼儿则应给予有针对性的关注和管理。教师应关心爱护幼儿，严禁对特殊幼儿的歧视。

二、饮食管理

新华社7月22日报道，银川市某中心幼儿园餐厅暴发了细菌性痢疾疫情，导致182名儿童出现健康问题。事件发生后，经卫生检疫部门调查后认定，幼儿园应承担主要责任。在随后的通报中指出，银川市某区卫生监督所监督不力，并已追究相关责任人员的失职行为。

(资料来源: https://www.daojia.com/zixun/471183694/.)

(一)问题分析

幼儿园的食品问题也是影响幼儿健康的重要因素之一。食堂的卫生质量直接关系到幼儿食品的质量。确保食堂卫生达到标准是保障幼儿健康的关键。幼儿的餐食从食堂工作人员制作到使用食堂设备再到保育员取餐并带回教室的过程中，需要经过严格的卫生控制。若幼儿园出现细菌性痢疾的大规模的暴发，则表明食堂是病毒传播的主要来源，这也反映出该幼儿园在饮食管理方面存在不足。

(二)应对策略

(1) 管理者应随时与家长保持密切沟通，关注患病幼儿的情况，并在适当时候提供必要的帮助。

(2) 应立即对幼儿园食堂(含厨房)进行卫生环境整改，确保符合规定的卫生标准。

(3) 必须确保幼儿园采购的食物来源安全，并符合相关的检疫规定。

(4) 对食物生产过程进行全面的检查，严格控制食堂生产加工的每一个环节。

(5) 在选聘食堂员工时，必须遵守卫生局的标准，确保员工具备相应的健康标准和行为规范。

(6) 未经批准，非食堂工作人员不得进入食堂，以确保食物存放环境的卫生条件达到标准。

(7) 制定幼儿园食品卫生安全事故责任制度，编制责任分工表，具体如表8-3所示。

表8-3 幼儿园食品卫生安全事故责任分工表

姓 名	职 务	责任分工	签 名
	园长	负责食堂卫生的总体管理	
	后勤主任	负责具体管理食堂卫生和食品安全工作	
	采购员	负责把好食品采购关，确保采购的食品具有"三证"(生产许可证、经营许可证、卫生许可证)，妥善保管原材料等物品，并定期对库房内物品进行清理	
	厨师长	负责食堂的日常管理工作，严格控制食品安全和卫生，协助采购员把好食品原材料的进货质量关	
	厨师	严格按照卫生检疫的相关规定进行操作，负责当日食谱的留样工作。保持厨房卫生，下班时确保门窗关闭，防止恶意投毒事件的发生	
	保健医	负责食堂人员的年度体检工作，指导和监督食堂的卫生清洁工作，妥善保管与食品卫生相关的档案	

(资料来源: 沈阳市艾尔堡幼儿园.)

三、日常卫生清洁

某幼儿园因卫生问题被家长发布至网络平台进行曝光。起因是近期有家长在接送孩子时发现班级的卫生清洁状况不佳，游戏区域存在未处理的垃圾堆放问题，洗手间存有异味等现象，这些问题引起了家长的担忧和不满。在媒体对此事进行曝光后，引起了社会的广泛关注。

(资料来源：百度文库，https://wenku.baidu.com/view/7cec5c6e0a75f46527d3240c844769eae009a3ad.html.)

(一)问题分析

从上述案例可以看出，该幼儿园对班级日常卫生清洁的检查不够细致。幼儿园班级作为幼儿和教师集中活动的场所，由于人员众多，产生的垃圾也相对较多，这更容易成为细菌滋生的温床。因此，通过定时清扫和定期进行大扫除，保持环境卫生至关重要，这样才能为幼儿营造一个清洁、舒适的学习和生活环境。

1. 影响幼儿身体健康

班级卫生清洁状况直接关系到每个幼儿的身体健康和成长，因此，保持室内卫生清洁尤为重要。未及时处理的垃圾堆放可能滋生病菌，而卫生条件差的洗手间可能导致疾病传播，这些问题都会对孩子的身体健康造成重大影响。此外，不良的卫生环境也会影响孩子的学习和生活，给他们的整体成长带来负面效应。

2. 影响幼儿园发展和声誉

班级卫生清洁问题不仅会影响孩子的健康和生活质量，还会对幼儿园的长远发展和声誉产生负面影响。家长十分重视孩子的安全和健康，如果幼儿园的卫生问题得不到妥善解决，可能会导致家长对幼儿园的信任度下降，甚至面临生源流失的风险。

(二)应对策略

1. 完善卫生管理制度

幼儿园应当在垃圾分类处理和卫生间定期消毒等方面制定详细的规定和执行标准。定期进行卫生检查是确保幼儿园卫生状况良好的关键措施。可以邀请卫生监督部门或专业的卫生检查机构对幼儿园的卫生状况进行定期检查和评估。应坚持定期检查与日常巡查相结合、全面检查与单项检查相结合的策略，并根据检查结果及时采取整改措施。这样做能够确保班级的卫生问题得到及时且有效的处理。

2. 提高管理者的重视程度

卫生保健是幼儿园管理工作中非常重要的一环，它直接关系到孩子的健康与安全。管理者需及时了解情况，发现问题立即解决，以此提升管理水平和工作质量。

3. 加强保洁人员的培训

对于幼儿园的保洁人员，也需要进行专业的培训，以提高他们的卫生意识和操作技能。特别要注意清洁室内容易被忽视的卫生死角，确保清洁工作全面无遗漏。

4. 密切与家长之间的联系

加强对幼儿园卫生问题的监督管理，可以鼓励家长及社会各界参与到幼儿园卫生问题的监督和解决过程中。这样做有助于提高幼儿园工作的透明度，让家长更加安心。

四、疾病预防与控制

近期，某幼儿园发生了手足口病的疫情，30 名幼儿受到感染。传染源主要来自幼儿园内部，病毒通过食物、饮用水以及玩具等途径进行传播。

由于冷空气影响，北方气温急剧下降。在这种气候条件下，幼儿园出现大规模流感传播，超过半数的幼儿受到了感染。主要传播途径包括空气传播和接触传播，这些因素共同导致了疫情扩散。

(资料来源：百度文库，https://wenku.baidu.com/view/3e9aa698ab114431b90d6c85ec3a87c241288a49.html.)

(一)问题分析

幼儿的抵抗力较弱，在班级集体生活中由于彼此密切接触，病毒主要通过空气、食物、玩具等途径传播。一旦患病，特别是感染了具有传染性的疾病，就很容易传染病毒。个别幼儿由于体质较差，免疫力低下，会直接影响他们的身体健康。

(二)应对策略

1. 加强幼儿园环境卫生管理

(1) 定期对教室、卫生间等场所进行彻底清洁和消毒。
(2) 对餐具、玩具等进行定期清洗和消毒，确保其保持清洁卫生。
(3) 定期开展班级环境卫生的检查，一旦发现问题，及时进行整改。

2. 加强传染病防控教育

(1) 针对不同传染病的预防知识进行普及，提升教师和家长的预防意识。
(2) 教育幼儿养成良好的个人卫生习惯，如勤洗手、避免与患病幼儿密切接触等。
(3) 加强流感疫苗接种的宣传教育，提高幼儿的免疫力。

3. 完善传染病监测和报告机制

(1) 建立完善的传染病监测系统，以便及时发现疫情并采取相应的措施。
(2) 加强幼儿园传染病的报告制度，确保信息的及时传递和畅通。
(3) 对发现的传染病病例进行追踪并及时隔离，防止疫情的进一步扩散。

4. 食品安全管理

(1) 严格把控食材来源，确保食材安全无污染。
(2) 加强食品加工环节的卫生管理，预防食品中毒情况的发生。
(3) 倡导营养均衡的饮食习惯，增强幼儿的免疫力。

5. 家园合作

(1) 幼儿园应与家长建立紧密的沟通渠道，及时掌握幼儿的健康状况。

(2) 家长需配合幼儿园的预防措施，防止家庭因素导致的幼儿园传染病传播。

五、家园共育

幼儿园积极开展家园共育活动，通过家长会、家园联系本等途径与家长保持紧密联系，并向家长普及班级卫生保健工作的重要性，呼吁家长共同关注幼儿的身心健康。同时，也鼓励家长参与幼儿园的卫生保健工作，携手促进幼儿的健康成长。

(资料来源：沈阳市成长之树幼儿园.)

(一)问题分析

家长是幼儿健康成长的重要伙伴，幼儿良好健康习惯的养成需要家长和教师的共同努力。家长掌握正确的健康知识，对幼儿健康成长起到决定性的作用。从案例中可以看出，该幼儿园非常重视与家长的沟通与合作，并通过多种方式与家长保持紧密联系，共同关注幼儿的成长和发展。

(二)应对策略

1. 家园健康教育合作的内容

家长在专业性健康教育知识方面需要补充和提升。通过家园合作，可以帮助家长掌握更多科学的健康教育知识。家长接受的健康教育内容应与园所整体健康教育计划保持一致，以确保幼儿在园内获得的健康指导和养成的健康习惯在家庭教育中得到有效的延伸和巩固。

2. 家园健康教育合作的形式

(1) 家长会。家长会是最为常见的家园健康教育合作方式，内容通常包含一般性的卫生保健要求，如园所的幼儿用药制度、体检安排、免疫计划及隔离措施等。这种健康教育方式覆盖面广，家长易于接受。但也存在一些问题，难以满足所有家长的个性化需求。班级教师可以与园所保健医生协作，利用每学期家长会的机会，对家长宣传常规制度和健康知识。

(2) 个别访谈。个别访谈可以安排在晨检或离园等时间段进行，应避免其他不相关人员在场。访谈通常针对幼儿的个性化问题，如肥胖、消瘦、视力低下、不良卫生习惯等。在沟通时教师可先介绍幼儿在园的日常表现，特别是他们的优点和进步。这样做一方面能让家长感受到园所对幼儿的关心和重视；另一方面也能降低沟通难度，提升家长的合作和参与度。

(3) 班级宣传栏和宣传手册。班级宣传栏和宣传手册是进行卫生保健健康教育的重要途径，其内容应与班级健康教育主题保持一致。为吸引家长的关注，并提升健康教育的效果，应避免长篇的文字描述，可以选择图片、幼儿活动照片等形式传达信息，宣传内容应聚焦家长普遍关心的问题，如小班幼儿的如厕训练等。

(4) 家长开放日。为了让家长更好地全面了解幼儿在园的学习与生活情况，不断吸收新的健康理念，加强幼儿园、教师与家长之间的联系与沟通，家长开放日也是一种有效的健康教育途径。通过家长开放日，家长不仅能了解幼儿的基本情况，还能掌握其他方面的发展信息。家长可以通过比较，更深入理解幼儿的习惯培养目标，进而更加积极地支持幼儿园的各项工作。

（5）网络平台。随着社会信息化技术水平的提高，许多幼儿园建立了自己的网络平台。有的幼儿园甚至还开发了手机应用软件(App)、微信公众号等移动网络平台。通过网络平台推送的信息，家长可以实时了解幼儿在园的情况，掌握最新的卫生保健知识。

本 章 小 结

"保教结合"是我国幼儿教育的显著特色和基本要求，其核心理念是保中有教，教中有保，两者相互包含、相互渗透，共同促进幼儿身心健康发展。幼儿园是孩子成长的关键环境之一，而在保障孩子的健康成长方面，幼儿园卫生保健管理起着至关重要的作用。

通过营造良好的卫生环境、确保食品安全与营养均衡、加强疾病预防和健康教育、合理安排体育活动及户外活动、规范卫生保健管理制度、与家长建立有效的沟通与合作、建立应急响应机制、加强健康管理和教师培训、强化卫生防护与消防安全工作、创造良好的心理健康环境等措施，可以有效提升幼儿园卫生保健管理的质量，为孩子营造一个更安全、更健康的成长环境。

思考与练习

一、名词解释

班级卫生保健工作

二、简答题

1. 幼儿园班级卫生保健工作的任务。
2. 幼儿园班级卫生保健工作管理的要求。
3. 幼儿园班级卫生保健工作管理的程序。

三、论述题

1. 简述幼儿园班级卫生保健工作的内容。
2. 如何做好家园健康教育合作？

实 践 课 堂

结合所学知识，设计一份中班幼儿一周的带量食谱。

活的人才教育不是灌输知识，而是将开发文化宝库的钥匙，尽我们知道的交给学生。

——陶行知

第九章　幼儿园班级环境管理

课程目标

知识目标：学生应通过学习幼儿园环境的内涵、特征以及班级环境管理的原则和内容等理论基础知识，掌握班级环境管理的具体方法，并能够分析不同环境创设和管理过程的作用与意义。

能力目标：学生应能结合学习的理论知识，针对不同的环境课题设计出适合幼儿学习与发展的环境管理策略。在实施过程中，学生能够根据现实情况进行有效沟通和解决问题，以实现环境育人的教育目标。

素质目标：学生在学习过程中认识到环境对幼儿发展的重要性，并积极践行社会主义核心价值观。他们应致力于创造自然、和谐的自然环境和社会环境，并在此过程中体会到教师职业的责任感和重要性。

核心概念

环境的教育性　物质环境　人文环境

引导案例

蚂蚁的巢穴

3岁的男孩子雨辰在幼儿园的围墙边发现了蚂蚁的巢穴。他拿来一个小铲子，开始努力地挖掘蚂蚁窝。从他努力的背影和专注的状态中，主班老师感受到了他强烈的好奇心。然而，蚂蚁因为巢穴被破坏而四处逃散。见到这一幕，雨辰站起来开始用脚踩蚂蚁。

案例分析

捣毁蚂蚁巢穴，并踩踏蚂蚁的行为看似残忍。然而，教育者的责任并不在于简单阻止幼儿的这些行为，而在于尊重孩子的好奇心，并在此基础上提供一个让幼儿关注和了解蚂蚁的机会。主班老师准备了一个透明的昆虫观察盒，放入泥土和十几只蚂蚁。不久，这些蚂蚁开始在盒子里筑巢。孩子对蚂蚁产生了浓厚的兴趣，翻阅了关于昆虫的绘本和百科全书，并请求老师讲解有关蚂蚁的知识。

本章的重点是理解班级环境的内涵和特征，以及班级环境创设与管理的原则。在学习过程中，首先要认真阅读教材，掌握相关的理论知识。其次，需要结合自己的学习经历，深入理解班级环境创设与管理的具体内容和方法。最后，通过分析班级环境管理的实际案例，掌握有效管理班级环境的策略和技巧。

环境不仅仅是一个物理空间，同时也是幼儿学习和成长的重要教育背景。一个良好且有序的班级环境能够有效促进幼儿的全面发展。通过为幼儿提供一个多样化且充满刺激的空间，并合理规划活动区域，幼儿园为他们创造了一个鼓励自主探索和学习的环境。

教育学者普遍认为，环境是影响个体身心发展的基本要素之一，也是促进个体发展的现实条件。班级环境不仅构成了幼儿日常学习和活动的主要场所，更是对他们产生深远影响的隐性课程，在塑造他们的认知能力、个性发展和社交技能方面发挥着不可忽视的作用。因此，班级环境不仅成为评价幼儿园教育水平的关键指标，更是确保幼儿全面健康成长的基础。由此可见，环境对幼儿来说是极为重要的，他们在其中既是学习者也是参与者。

综上所述，为了支持并满足幼儿在关键成长阶段的自我发展需求，我们必须为他们营造一个富有创意、有序且充满支持的教育环境。这样的环境将帮助幼儿通过与环境的互动获得知识，并塑造他们的自我认知。

第一节　幼儿园班级环境的内涵与特征

一、幼儿园班级环境的内涵

环境不仅由物质构成，还融合了人类在社会中的各种关系和文化影响，为我们提供了生存和发展的平台。在幼儿园的背景下，这样的环境显得尤为特殊和重要。《纲要》明确指出，"环境是重要的教育资源，应通过环境的创设和利用，有效促进幼儿的发展"，这充分体现了"幼儿教育在本质上是一种环境的创造"的理念。

幼儿园环境是指所有支持与影响幼儿及教师在园活动的条件的总和，包括幼儿园的外部环境和内部环境。外部环境包括与幼儿教育相关的宏观政策、社区、家庭、自然环境等。与之相对应的幼儿园内部环境，在本书中特指幼儿园班级环境，即在幼儿园班级空间内，支持和影响幼儿及教师在班级活动的所有条件的总和，包括物质环境和精神环境。物质环境主要包括生活设施、玩具教学设备等有形物质，具体包括班级空间布局、活动区域的规划与设计，以及室内外空间的有效利用等。而幼儿园班级的精神环境则指幼儿园内部成员在心理上的一致性和行动上的积极进取。创造一个和谐、融洽的工作环境，主要体现在班级氛围和人际关系上，如师幼关系、同伴关系、教师同事关系等，对幼儿心理和行为发展产生重要影响。精神环境依托于物质载体，使教育理念得以实际传达和实践，为孩子营造一个健康、有益的成长环境。

二、幼儿园班级环境的特征

(一)环境的教育性

幼儿园作为专注于幼儿教育的专业机构，其环境构建与其他非教育机构有显著区别。这种环境是基于幼儿教育的明确目标和幼儿身心成长的需求，经过精心策划、有序实施形成的。在这样的教育背景下，环境不仅仅是为了满足美观的要求，更重要的是作为传递教育理念的核心媒介。幼儿教师需要考虑不同年龄段幼儿的生理和心理特点，结合教学内容，特别是教学中的重点和难点，进行综合规划和布局，确保教育理念在环境中得到体现。

环境在幼儿园中不仅是教学的辅助工具，更是教师与孩子之间交流的桥梁，是教育互动的重要场所。在这样的环境中，幼儿能够自由而放松地通过观察和实践进行探索和思考，这不仅加深了他们对环境的理解，还有助于他们培养解决问题的能力、情感认知和语言交往等关键技能。

(二)环境的可调节性

与外部的自然环境或社会环境相比，幼儿园的环境具有更高的可调节性。这意味着教育者可以对幼儿园环境进行有效的管理和调整。如何实现有效的管理和调整呢？我们可以从两个层面考虑。首先，所有进入幼儿园的文化产品、精神产品和儿童用品都经过了严格的筛选，以确保它们的安全性，并且它们的性质与幼儿的发展目标相匹配。其次，教育者可以根据教育目标和幼儿的个性特点，细致调整环境中的每一个元素，确保环境始终处于最有利于幼儿发展的状态。这种调整不仅确保了环境的教育功能得到最大化，同时也为幼儿提供了最佳的成长条件。

在幼儿园中，环境的教育性与可调节性是紧密相连的两个方面。环境的教育性为可调节性提供了明确的指导方向，而环境的可调节性则确保了教育目标的顺利实现。这两个方面相互促进，相辅相成，形成了一种互补的关系。

第二节　幼儿园班级环境创设与管理的原则

幼儿园班级环境的设计与管理必须建立在一系列的基础原则之上，这些原则是根据幼儿教育的宗旨、目标以及幼儿成长特点设定的。

一、安全性原则

为确保幼儿的健康与发展，幼儿园环境的规划和管理应首先考虑安全和卫生的要求。鉴于幼儿的年龄小自我保护能力有限，安全性成为幼儿园环境设计中首要的考虑因素。一个不符合安全标准的环境可能会带来难以预料的严重后果。为了确保幼儿能在一个有利于他们身心健康的环境中成长、学习和玩耍，我们必须把安全作为核心条件。在环境设计中，我们需要特别关注生理安全和心理安全两个方面。

(一)生理安全

所有的设备、玩具和教学材料都必须符合安全与卫生的标准。例如，在挑选材料时，应优先考虑其坚固性、安全性和环保性，确保不含有害成分，没有尖锐的部分，并且易于清洁和消毒。此外，对于滑梯等大型玩具的维护和保养也不容忽视，定期的检查和维护是必需的。户外场地应保持平整，避免存在危险物品，如玻璃碎片、铁钉等。同时，场地设计应考虑孩子的活动空间，避免过于拥挤或互相干扰。

更为重要的是，在一日常规活动和特殊活动中，教师应时刻提醒并教导幼儿远离潜在的危险，如电源插座、消防栓等。除了必须安装在室内的紫外线消毒灯等常规消毒设备外，在季节性疫情和传染病高发期时，教室内也应考虑设置消毒区域和临时隔离区，及时阻隔细菌或病毒的传播。

(二)心理安全

我们需要考虑环境对幼儿心理影响的重要性。为幼儿提供丰富的物质条件以及一个和谐、平等的心理氛围是至关重要的，这可以确保幼儿在幼儿园内感受到如同在家中一样的温暖和关心，从而自由地学习和玩耍。

然而，孩子不可能永远生活在保护下，他们在成长过程中必然会面临挑战和经历未曾遇到的考验。正如爬树这样的技能不是通过书本学习就能掌握的，幼儿通过户外活动，甚至在野外的探险，如触摸各种植物、尝试一些野生果实等活动，来体验和学习植物叶片的不同，辨别哪些果实可以吃，哪些是不能吃的。孩子在爬树时获得成功的喜悦，但在下树时可能会感到害怕。这时候与其立刻伸出援手，不如守候在孩子的身边，让孩子自己克服恐惧，找到安全下树的方法，这样，他们不仅获得身体上的安全感，更能收获战胜困难的自信心，这种心理上的安全感尤其珍贵。

在整体规划幼儿园环境时，除了上述要点外，还应考虑孩子的个体差异和成长需求，灵活地调整和优化环境，以满足每个孩子的特殊需求。通过这种方式，我们不仅能为幼儿提供一个安全、健康的学习和生活环境，还能为他们在各方面的发展创造有利条件。

二、教育性原则

幼儿园的环境不仅是孩子生活、学习和游戏的场所，还是充满教育意义的宝贵资源。环境的创设直接关系到课程设计和实施，无疑是课程中不可或缺的一部分。因此，对于教育工作者来说，理解并提升这一环境的教育功能是至关重要的。

教师应深刻理解并重视环境的教育潜力。首先，要与时俱进，更新教育理念，不仅要注重环境的美观性，还要强调其教育的本质。其次，教师要有意识地为孩子创造和优化这一环境，使其更具教育功能，从而更有效地支持幼儿的学习与成长。

在策划幼儿园的环境设计时，我们必须确保环境设计的目标与教育目标紧密结合。一个成功的教育环境能够积极引导和激励幼儿的行为，使其符合教育目标和要求。这样的环境不仅能够激发孩子的兴趣，还能引导他们朝着特定的学习和发展方向前进。同时，我们应避免一些常见的误区，比如过度追求环境的视觉效果，或者盲目增加教育材料，而忽视了它们真正的实际教育价值。总之，一个有效的教育环境应与教育目标相协调，为幼儿的全面发展提供最优的支持。

三、适宜性原则

适应性原则强调根据每位幼儿的年龄阶段、能力发展水平和个性等特征，为其提供适宜的环境。即便在相同的年龄段，幼儿在兴趣、能力和学习方法上也存在差异。因此，教师在设计环境时，不仅要基于幼儿的现有经验和实际能力，还需要兼顾幼儿的共性和个性需求。这意味着在关注那些发展迅速的幼儿的同时，也不能忽视那些发展相对缓慢或有特殊需求的幼儿，确保每个孩子都能在各种环境中得到成长和提升。

在幼儿的成长阶段，他们的身体和心智都在迅速地发展，同时个性也在不断地形成。不同年龄段的幼儿会表现出不同的成长特征和需求，这意味着他们对环境的期望也各有差异。随着年龄的增长，这些需求和特征还会持续变化。因此，幼儿园环境的设计需要不断调整，以适应这些不断变化的需求。

幼儿的生理和心理发展特点会影响他们对学习环境和内容的偏好。因此，在设计幼儿园环境时，不仅要充分考虑到这些发展特点，还要确保教学内容、形式和使用的材料都能体现出分级、循序渐进和适应性的原则。随着幼儿从小班升入大班的成长过程，这些设计原则应展现出一种螺旋式上升的趋势。

总之，幼儿园环境不应是静态的，而应是一个动态的、螺旋式上升的发展过程。这样的环境能确保每个年龄段和发展阶段的幼儿都能得到全面的扶持。更进一步地，这个环境还要紧密结合幼儿的实际生活经验，鼓励他们对生活中的问题进行探索和实践，这有助于培养他们解决问题的能力，并为他们自主学习提供有力的支持。

四、引导性原则

为幼儿设计的环境应当是开放且充满活力的，能够在不经意间引导和塑造幼儿的思想和行为，以实现教育的目标和期望。在这样的环境中，幼儿可以充分利用各种教学资源，根据自己的兴趣选择活动内容，并与教师和同伴自由互动。这样的环境不仅满足了孩子的社交需求，而且促进了每个孩子在多个社交层次上的成长。

教师需要努力营造一个鼓励幼儿深入探索的环境，让课程内容更加深入和丰富。幼儿的日常活动构成了课程的基础，这些活动通常反映了他们的兴趣和好奇心。若缺乏教师的积极鼓励，这些兴趣可能会因暂时的情境变化被打断，或者仅停留于表面的探索。相反，如果教师能够关注幼儿的活动，并为他们创造有利的环境，这些努力不仅能满足孩子的好奇心，还能促进课程内容向更深层次发展。

环境创设的引导性原则主要体现在以下两个方面。

首先，环境的引导性、支撑性、启发性和多样性都是必不可少的。这些要素共同构建了一个鼓励幼儿与教学材料互动，促进幼儿主动学习的环境。幼儿不是被动地接受外部刺激，而是根据自己的兴趣和需求进行选择和互动。因此，教师应为他们创造一个考虑年龄、身心发展水平、兴趣和既有经验的环境，让环境充满童趣。

其次，教师应努力提供一个信息丰富的环境，因为信息的多样性和丰富性能更好地激发幼儿的好奇心，促进他们更加主动地学习。在设计环境时，应融入多元文化、各种能力经验以及智力和非智力等因素。

最后，教师创设的环境必须具有明确的启示和指导功能，确保幼儿在学习过程中得到适当的引导和支持。

五、参与性原则

幼儿园作为以幼儿为中心的学习空间，其所有设计与布局的根本目的是满足幼儿的教育需求。因此，在环境创设中，应当重视提升幼儿的参与感和归属感。幼儿园环境的教育价值不仅体现在空间设计上，更体现于整个环境创设过程中。

为了确保幼儿真正地融入环境中，我们需要营造一个他们熟悉且又喜爱的空间。幼儿不应仅仅是这个环境的使用者，他们更应该成为环境创设过程中的共同创造者。

教师需要鼓励幼儿积极参与环境布局，提供必要的资源，倾听他们的建议，并与他们一起完成环境的创设。这样的参与不仅确保了幼儿能够充分利用这个环境，更重要的是，它有助于培养幼儿积极参与、合作和决策的习惯。

通过这一系列活动，幼儿与教师共同参与思考、设计和布置，每个人都能为这个共同的项目贡献自己的想法，并承担相应的责任。在这个过程中，幼儿从原本被动的参与者逐渐转变为主动的设计者，他们能够更加清晰地认识到自己的能力，并在环境中确立自己的地位。这不仅增强了他们的自主性、责任感和积极的学习态度，还帮助他们培养了团队合作、决策和解决问题的能力。在这样的环境中，幼儿可以更好地了解自己，体验到成就感，并从中建立自信心。

六、经济性原则

幼儿园的环境建设，不论是公立幼儿园还是私立高端幼教机构，都需要考虑教育成本和资金状况，进行合理定位，并根据实际条件进行规划。尽管我国近年来在学前教育领域的经济投入增长迅速，但由于客观条件的限制，普惠型幼儿园的建设仍然是主要目标，这就更加需要强调节约和效益的原则。在建设过程中，应坚持低成本高效益的理念，基于物质条件对幼儿的发展影响和经济实用性，选择最合适的资源。幼儿园应善于利用现有条件，挖掘潜在的环境资源，确保环境设施能够充分满足教育目标的需求。

为了确保环境建设的经济性，我们可以选择回收和再利用的材料。例如，使用纸板箱或旧挂历作为手工材料；将干净的废旧物品制作成装饰品；在农村地区，可以利用农副产品作为装饰元素。此外，我们应避免不必要的奢华和浪费，不盲目追求高端设施和过度的装修。

不仅如此，幼儿园教育还应充分利用园外资源。基于园内外的信息和实际情况，我们应充分利用园外的人力、物力和财力资源。同时，积极与家庭和社区合作。例如，邀请具备专业能力和教育热情的家长开展家长小课堂，积极利用社区图书馆、博物馆、科技馆等有教育意义的场所。通过整合幼儿园的内外资源，我们可以为幼儿创造一个共享、互补的教育环境。

第三节　幼儿园班级环境创设与管理的内容及方法

　　环境创设可以分为物质环境和人文环境两个部分来考虑。物质环境的创设管理需要从室外环境和室内环境两个方面进行规划和执行。而人文环境的创设主要从教师的教育理念和幼儿园的文化塑造两个方面来探讨具体的内容和方法。

一、物质环境

(一)室外环境

1. 园区布局

　　幼儿园不仅是幼儿学习和成长的场所，也是他们健康生活的空间。选择合适的建园地点、合理的建筑布局、优质的空气质量、良好的自然采光和人工照明、宽敞的活动空间和适宜的设施及教具，这些都是确保教育活动顺利进行的基础，同时也是促进孩子全面发展的关键要素。幼儿园的建筑设计不仅要符合相关的建设规定，还应结合教育者的教学理念和经验，体现出园所的文化和价值观。每所幼儿园都是特定时代、地区和社会文化及审美的反映。因此，园长和行政管理人员在与设计师和建筑师合作时，应传达园所设计的文化特色和教育目标，以便他们能够深入理解并设计出既满足功能需求又充满童趣的幼儿园空间。

　　为建设一所现代的幼儿园，选择合适的、健康安全的园区是至关重要的。首先，应确保园区面积符合国家卫生与教育的标准，不同类型的幼儿园应有相应的人均面积要求。如果园内的活动空间或绿地不足，可以利用附近的公园或社区设施为孩子提供额外的活动场所。其次，园区环境应保持清洁、安全，并具备良好的日照和通风条件。要确保地质环境安全，提供干净的水源和安全的电气设施。此外，幼儿园应远离污染源和噪声源，如主要道路、铁路、工厂、码头和机场等，并确保园内的噪声水平低于 50 分贝。

　　考虑到城市与乡村居住密度差异，幼儿园的选址应遵循就近原则，让幼儿园的服务半径大约为 2 千米。对于已存在的、不符合现代化标准的老旧园区，可以通过扩建、绿化等措施进行适当的调整和优化。此外，考虑到交通因素，幼儿园的位置应便于家长接送孩子。幼儿园外观的布局，如图 9-1 所示。

　　在整体规划上，幼儿园的布局应科学合理，注重功能分区，并满足幼儿的成长需求。常见的功能区包括教学活动区、集体活动区、行政办公区、后勤服务区以及医疗隔离区等。这些

图 9-1　重建后的深圳市某村幼儿园外观的布局

功能区域有机结合，形成一个和谐统一的整体，以支持幼儿的日常生活与学习，并便于园所的高效管理。

2. 户外活动场地

幼儿园的户外场所应包括游乐场、运动区和休闲凉亭。每个班级应设有独立的游乐区，并应紧邻活动室。根据标准，每位幼儿应分配到2.5平方米的游戏空间，每个班级至少应有60平方米的游乐区，地面应保持平整、易于排水，并可配有1.5米高的灌木丛或围栏。配套设施应包括公共运动区和盥洗设施，如果条件允许，还应配置深度为0.25～0.3米、面积为16～20平方米的戏水池。为了保持凉爽并美化环境，凉亭可设于游乐场旁，按照每名幼儿2平方米的标准计算，凉亭的棚顶高度为4～5米，确保孩子四季都能进行户外活动。为保障幼儿运动空间设计的错层式露台，如图9-2所示。

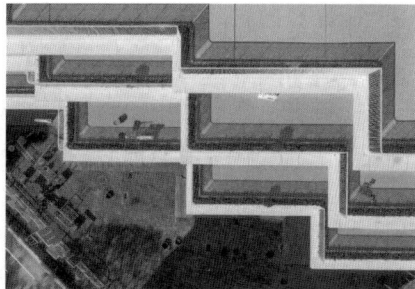

图9-2 为保障幼儿运动空间设计的错层式露台

为了让孩子更亲近自然，户外场地应确保有充足的日照、新鲜的空气以及丰富的绿色植被，尽量减少水泥铺装的使用。如果条件允许，场地应设有草地、泥地和坡地，并配备耐用且美观的活动设施。虽然色彩鲜艳、类型多样的运动器械能够吸引孩子，但场地的色彩设计不应过于复杂，以维持环境的简洁和明亮。

绿色植被不仅可以美化环境，还能调节气候、净化空气、保护生态平衡以及降低噪声，对孩子的身心健康极为重要。根据《幼儿园工作规程》和《城市幼儿园建筑面积定额(试行)》，幼儿园应根据其特点进行绿化和美化，至少确保每名孩子拥有2平方米的绿化面积。理想情况下，全园绿化面积应占总面积的40%～50%。因此，幼儿园可以考虑建立屋顶花园或采用垂直绿化的方式。在选择植被时，应以花草为主，乔灌木为辅，并避免种植有毒或带刺的植物。

在设计户外场地时，我们应重视孩子的感官体验，利用各种植物和自然元素，如沙、石、水以及动植物，创造一个充满自然魅力的环境。这样的环境不仅可以让孩子观察季节的变化，体验成长的喜悦，还可以引导幼儿参与种植蔬菜等活动，实践"食育"的理念。

(二)室内环境

1. 室内布局

幼儿园的内部空间主要由活动区、休息室和洗手间组成。

(1) 活动区。活动区是孩子日常生活和学习的核心区域，其设计要素包括空间布局、颜色搭配和墙面装饰。创造一个既舒适又有益的环境是至关重要的。

首先，活动区应提供充足的空间，以便孩子自由活动。桌椅的布局应稳定，便于孩子学习和进餐。同时，应根据孩子的身高调整各年级桌椅的高度。

其次，在色彩方面，不同年龄段的孩子需求是不同的。例如，年幼的孩子大部分时间都在玩耍，因此活动区可以使用鲜艳的颜色，如白色和绿色的墙壁，搭配淡蓝色的桌椅和橙色的窗帘。对于年龄较大的孩子，他们需要一个更宁静的环境来完成作业，可以选择一些饱和度低的色调。

最后，在墙面设计方面，教师应明确目标，确保墙面装饰既美观又实用。例如，墙面的上部可以用孩子喜欢的颜色进行装饰；中部可以作为展示区域；而底部则留给孩子自由创作，鼓励他们参与并关心自己的学习环境。

(2) 休息室。休息室的设计要简洁而温馨，例如，使用饱和度低的色彩有助于促进睡眠。休息室主要用于孩子的午休，因此窗帘最好具备遮光的功能，以帮助孩子顺利入睡。尽管不同地区的气候条件和人们对舒适度的认识存在差异，但幼儿园对于温度和湿度都有一定的要求，休息室也应满足适合幼儿健康的科学标准。床铺有多种类型，包括传统的双层床、具有收纳功能的抽屉式床和托盘式床。午睡床应间隔放置，以确保良好的通风和适当的私密性。

(3) 洗手间。洗手间是孩子日常生活中不可或缺的设施，其设计应简单而富有趣味性。除了放置香皂、洗手液等清洁用品外，为了方便孩子洗手后及时擦干手，毛巾架要设置在靠近洗手池的位置。此外，可以在洗手池旁贴上节约用水或正确洗手步骤的提示贴纸，或者在地面上画上小脚印图标，引导孩子有序排队。这样既能确保洗手间的实用性，又能增加其趣味性。

2. 活动区的设计与创建

(1) 活动区的建设原则和目的。按照《纲要》的要求，幼儿园的设施应鼓励并支持孩子进行各类游戏和探索活动，促进他们与周围环境的积极互动。通过合理规划教室活动区域的布局和资源配置，教师可以为孩子创造一个低结构化的学习环境，让他们在探索、体验和学习中发现乐趣。

(2) 活动区的环境创设。在这样的活动区中，孩子可以自由选择材料、活动内容、步骤、伙伴和游戏规则，以满足各自的需求。教师的职责在于创设适宜的环境、提供丰富的材料、进行指导、观察孩子的需求变化，并根据这些变化适时调整活动计划。

(3) 活动区的设计要点如下。

① 活动区的布局。确保教室内有足够的空间供孩子玩耍，应将空间划分成若干开放或半开放的区域，保留 1/3 至 1/2 的空间作为活动区，并确保活动区之间的通道畅通无阻，避免环境创设的摆设妨碍幼儿自由通行。

② 区域的划分。可以利用教室内的家具和玩具架进行自然分隔，或通过使用不同颜色的区块来进行视觉上的区分。

③ 立体空间的使用。除地面空间的规划外，还可以考虑利用墙面和上方空间，创造出立体的空间设计。

④ 动静区的区分。需要安静的活动区域(如阅读区)应与热闹的区域(如游戏区)相分隔，以减少相互干扰。

⑤ 结合主题活动。活动区的设置既可以作为主题活动的延伸，也可以作为主题活动的基础，增加教育的趣味性和连贯性。

(4) 材料的投放原则如下。

① 层次性：根据孩子的年龄和能力提供相应层次的材料。

② 丰富性：提供充足且与活动相关的材料，确保材料的多样性和针对性。

③ 动态性：根据主题的发展、孩子的兴趣和发展水平，适时调整材料。

④ 低结构性和本土化： 投放的材料应给予孩子广阔的探索空间，鼓励创造性操作，

并利用本土资源，增强孩子对家乡的了解和热爱。

⑤ 安全与卫生：关注材料的清洁和安全，保障孩子的健康。

根据教室的空间大小确定活动区域的数量，并结合主题教育设计活动区域的内容。对活动的区域位置进行合理规划，使用隔断进行空间划分，预留必要的空间，并进行细化的设计。

总之，班级活动区的设计与创建应充分考虑幼儿的发展需求、兴趣和特点，并结合教室的实际情况，进行科学、合理的布局和材料投放，创造一个既安全又充满童趣的学习环境。

🏳 拓展阅读

环境创设的实际问题和应对方法

1. 空间太小

如果你所在的幼儿园场地有限并且每间教室的面积都很小，那么可以和其他班级的教师协商给每间教室安排不同的活动。这样一来，不同年龄段的幼儿就可以轮流分享所有教室。比如，第一间教室用来开展美术活动，第二间教室用来开展表演游戏，第三间教室用来开展集体教学活动，依次类推。不同班级的教师一起协商安排活动流程表，每个人负责照看一间教室，而不仅仅是照看自己班中的幼儿。

为了有更多可以使用的空间，同时让教室变得更有趣、更有创意，可以在教室内搭建一座阁楼。需要注意的是，天花板要足够高，而且要有足够的资金建造结实耐用的、安全的阁楼。同时，还需要得到房屋建筑部门的许可，画出设计图纸，并得到数位有资质的建筑师的认可。

在架子腿、桌子腿或者其他比较重的家具和设备下面安装轮子。轮子上要有制动装置，以免家具和设备"乱跑"。这样你就可以更灵活地利用空间，更轻松地将家具移到一旁以腾出足够的场地，让幼儿进行集体活动或者运动。

2. 储存空间不足

在墙壁的高处安装一些架子，以便提供额外的空间用来存放日常用品、教师的私人物品以及为即将开展的活动搜集的材料。要确保架子牢牢地固定在墙壁上，以免它们掉下来。如果封闭的柜子价格昂贵，那么可以考虑用布把开放式架子盖上，让房间看上去更整洁一些。同时，这样做也能防止幼儿被架子上的东西吸引而分散注意力。

把未来一两个月甚至更长时间都用不到的大物件、材料箱收起来，放在仓库里、地下室或者其他地方。所有储存的物品都要登记造册。当把物品拿回班级时，记得从册子上去掉它。新储存的物品也需要登记。

3. 天花板太高和开放式空间太大

悬挂布制品或类似的吊饰，以降低天花板的高度。吊饰要远离灯具、热源，以免发生火灾。悬挂之前，与消防部门取得联系，让他们来检查，确保没有违反相关规定。

教室空间如果太大，容易导致幼儿奔跑和大声喧哗，所以可以用隔断把空间划分一下。隔断大概1.2米高，以便教师可以查看班级的整体情况，同时要确保隔断不容易倾倒，也不容易绊倒幼儿。在教室的两根杆子之间或者两面墙之间挂一块布，也能起到隔断的作用。暂时不用的空间可以留作室内运动的场地。

可以在几组书架或者几组柜子之间悬挂好看的布，以创建几个舒适的空间。也可以在大的纸板箱上做出门窗，然后给它涂上颜色，并在里面放上一些垫子。

4. 缺少资金购买材料和设施

教师自制的材料通常是班级中使用得最多、最受幼儿喜欢的材料。可以在材料店和玩具商店寻找灵感，看一看自己能制作哪些材料。要经常做出调整，让材料更加适合自己班级幼儿的文化背景、幼儿的发展水平，对幼儿更有意义。给这些材料覆上透明贴纸，让材料经久耐用。

邀请家长和同事帮助收集可以重复使用的游戏材料，如硬纸板、纸、麦片盒子、纸筒、蛋托、果汁桶、托盘、布、丝带、杂志、明信片、游戏卡等。

为那些伸出了援助之手的家长举办一个派对。为他们提供点心，并给予他们充足的时间交流。此外，鼓励家长利用材料创编一两个家庭游戏，带领幼儿共同玩耍。

与当地的商家取得联系，也许他们可以提供一些废旧材料，如纸、木片、塑料容器、布等。

重复利用一些纸张，每年可以给幼儿园节省一定资金。有些纸单面有字，有些专用纸发挥不了它们的用途了，这时就可以把它们回收利用。可以请当地的公司(尤其是打印店和废品店)捐赠一些这样的纸，也可以从家长的工作场所获得一些。

木匠、手工好的家长或者朋友能够帮助制作家具和玩具架。这些家具和玩具架与商店里的类似，但是要少花很多钱。

可以到二手家具店寻找一些有用的物品。这些物品可能只需要稍微修补，重新刷漆或者上几个螺丝就可以用了。但是，要记得登录厂家的网站看一看，以防这些物品因为安全问题或者其他原因被召回。

(资料来源：Steffen Saifer. 幼儿园班级管理问题预防与应对(25周年版)[M].
曹宇，译. 北京：中国轻工业出版社，2018.)

二、人文环境

与具体的物质环境不同，人文环境更难以捉摸，它涵盖了人际互动和班级整体的心理氛围，涉及师幼间的交流、孩子间的友情，以及班级文化的构建等方面。许多幼儿园在为孩子营造舒适的学习环境时，主要关注物质设施和资源的配置，遗憾的是，常常忽视了人文环境的培育。然而，物质环境和人文环境是相互关联、相辅相成的。当我们致力于创造一个物质条件丰富的学习环境时，这一过程本身就包括了师生之间、学生与学生之间的各种交往和互动。显而易见，一个积极、健康的精神环境不仅能促进物质环境的改善，而且对幼儿在学习、认知、情感乃至社交能力的成长起到了至关重要的作用。因此，幼儿园在环境创设时，应同时注重物质环境和人文环境，确保孩子能在一个全面支持他们成长的背景下茁壮成长。

(一)教师的教育理念

1. 树立民主与平等的教育观念

建设一个健康的师幼关系对幼儿教育至关重要。作为正在成长中的个体，每个幼儿都有独特的身心发展节奏。作为教育者，教师需要深刻理解这些发展规律，全心全意地尊重每个幼儿的个性和权益、独特的价值和尊严。

最为关键的是，我们需要信赖孩子，为他们创造一个能够根据个人的喜好和需求自由参与的环境。在这样的环境中，幼儿才能与教师进行真诚的交流，分享他们的感受。在一个民主、平等且轻松的氛围中，教师可以与幼儿建立深厚的情感联系。

2. 培养互助与友爱的集体氛围

教师的另一项重要职责是引导幼儿学会与人交往，帮助他们理解同伴的需求，并展现出合作和亲社会的行为。

在实际操作中，教师可以通过组织活动，让孩子分享彼此的感受，学习识别和理解同伴的情绪。同时，在日常互动中，教育他们学会关心他人，并培养出一种团结友爱的班级文化。这种教育不仅限于课堂，还应渗透到日常生活中。例如，培养他们使用礼貌用语，学会分享和尊重他人。对于那些社交能力较弱或内向的幼儿，教师应给予他们更多的鼓励，让他们参与活动，并促使其他幼儿与他们互动交流。通过这些努力，幼儿能够在积极的支持下提高社交技能，并在集体中找到归属感。

(二)幼儿园的文化塑造

1. 培养教师团队内部的和谐关系

教师不仅是教育环境的一部分，更是这个环境中最具活力和影响力的角色。教师与同事之间的和谐关系不仅关系到教师团队的协调合作，从而影响教育工作的成效，还会直接影响幼儿的社交发展。当班级教师团队能够相互支持、协作和帮助时，他们的正面影响会传递给每一个幼儿，帮助孩子建立起相互关心和协作的友情。这样友好的教师团队氛围将为孩子创造一个温馨、和谐、融洽的学习环境。相反，如果教师之间的关系冷漠、疏远或存在不健康的竞争，这种消极的氛围同样会对幼儿产生负面影响，进而导致教育效果的降低。

2. 强化与家长平等与尊重的合作

家长和幼儿园教师都是幼儿成长过程中的关键参与者，他们不仅在教育实践中扮演着重要角色，同时也是班级环境的创设者与管理者。通过多种沟通方式，如家园联络、家长会议、家庭访问和个别沟通，以及日常接送幼儿时的短暂交流，教师与家长之间可以建立起平等、尊重和亲密的关系。这种关系有助于提升教育效果，并为幼儿的心理健康成长创造了良好的精神支持环境。

📖 拓展阅读

班级环境创设——有效、实用、优美

如何布置和装饰班级环境，选用何种家具、设施和材料，都会影响幼儿的学习和行为。枯燥的环境会让幼儿感到厌烦，繁忙的环境会让幼儿过度兴奋，没有条理的环境会让幼儿感到困惑，幼儿的这些表现会增加教师工作的难度。布置有序而且富有吸引力的班级环境能够引发幼儿的积极行为，促使他们全身心投入有意义的活动中。因此，创设班级环境，让环境反映教师的教育理念、教育目标和活动内容，让环境为教育所用、为幼儿所用，把班级变成一个美丽的地方。

(1) 为了避免幼儿尤其是小班的幼儿发生争执，玩具要多样化。提供一些可以推拉的玩具、可以放东西的卡车玩具、低矮的骑乘玩具。要确保所有玩具的零件都足够大，以免被幼儿放到嘴里导致他们窒息。

(2) 为幼儿提供的玩具和游戏要涉及不同的技能水平，具有不同的难度层次。根据幼儿的能力水平，采用不同方式拼的拼图，投放开放式材料等。例如，投放有 4 个拼块、10 个拼块、25 个拼块的拼图，随着幼儿能力的逐渐发展，他们可以随时完成更高难度的任务。如此既可以让能力强的幼儿接受一些挑战，又不会让能力弱的幼儿感到受挫。

(3) 摆放家具的时候不要留长长的过道，以免幼儿在教室里奔跑。安静的活动区(如阅读区、桌面游戏区)和喧闹的活动区(如积木区、表演区)要分开。

(4) 定期更换材料和玩具，以免幼儿产生厌倦感。提供大量幼儿不需要成人帮助就能自己使用的材料和玩具。用柔和的颜料粉刷墙面，或者在墙面上张贴颜色柔和的海报，能营造一种平和的氛围，抚慰幼儿的心灵。可以考虑悬挂一些名画的复制品或者自然风景画，还可以考虑购买一些自然风景或美术作品的挂历。要避免教室里的色彩太纷杂、太鲜艳，这样的色彩是成人喜欢的，但是会让幼儿过度兴奋。

(5) 定期调整模拟游戏区。比如，首先创建邮局的场景，在幼儿玩了两三周之后，把它变成餐厅的场景，再玩了几周之后，把它变成露营的场景，等等。如果教室空间足够大，那么可以创建两个模拟游戏区：一个是有关"家庭场景"的模拟游戏区，可以一直存在；另一个是可以不断变化的模拟游戏区。鼓励幼儿构想游戏主题，创编游戏情节。

(6) 在所有的玩具架和柜子上贴上图文并茂的标签，这样幼儿不需要成人的帮助就可以把材料放好。

(7) 如果教室空间很小、形状不规整或者有其他不足，那么对于某些面积比较小的活动区，教师要限制幼儿的人数，避免幼儿发生争执，确保他们的安全。每次只允许 2~3 名幼儿在小型水桌、木工桌边玩。可以张贴幼儿能理解的图片，表明活动区的人数要求，也可以在活动区一旁安装可以挂幼儿姓名卡的挂钩，通过挂钩的数量来表明该活动区能够容纳的小朋友数量。

(8) 班级中很受欢迎的活动区(如模拟游戏区、积木区等)的场地要大一些，要容纳尽可能多的幼儿。这些活动区要避免限制人数(除非场地特别小)，否则会让幼儿感到很受挫。同时，在这些活动区限制人数反而会导致更多的问题。

(9) 班级中坚硬的物品(如椅子、桌子、地板、墙等)和柔软的物品数量要平衡。比如，可以提供懒人沙发，大的靠枕，容易清洗的地毯、壁挂等。

(10) 创建几个私密的空间，让幼儿想要独处时可以使用。比如，在大纸箱子上开一个门，给大箱子涂上颜色，在里面放上垫子。

(11) 专门开辟一个空间，存放幼儿未完成的艺术作品或其他作品。为每个幼儿提供一个私人的储存区域，让幼儿可以把自己的作品、备用衣服以及从家里带来的毛绒玩具放在那里。

(资料来源: Steffen Saifer. 幼儿园班级管理问题预防与应对(25 周年版)[M]. 曹宇，译. 北京: 中国轻工业出版社，2018.)

第四节　幼儿园班级环境管理案例及分析

一、小张老师是"时间管理大师"

在某幼儿园，活动区域是每个小朋友都期待的自由玩耍之地。但随着幼儿人数的增加，这片乐园显得越来越拥挤。小张老师，作为该幼儿园的一名教育工作者，深知这个问题不仅会影响孩子的活动体验，还可能带来安全隐患。

有一天，小张老师站在活动区的角落，仔细观察每个正在玩耍的孩子。她注意到，由于空间不足，孩子常常因为争夺玩具或活动空间发生小争执。虽然这种争执通常能迅速解决，但对于孩子来说，这无疑是他们尽情玩耍的一个小阻碍。

下定决心解决这一问题的小张老师首先进行了数据统计。她花费了几天时间，详细记录了每天的活动高峰时段以及哪些时段幼儿较少。通过这些数据，她发现活动区在上午 10—11 点、下午 3—4 点这两个时段内使用率最高。基于这些数据，小张老师设计了一个分时段使用活动区的方案。

1. 分组轮流使用

将班级划分为不同的小组，每个小组根据预定的时段轮流使用活动区。例如，A 组和 B 组在上午时段使用，C 组和 D 组则在下午时段使用。通过这种方式，每个时段内活动的幼儿数量将显著减少。

2. 安排引导性活动或课程

在活动区高峰时段，安排一些引导性的活动或课程，如绘画、手工制作或音乐活动，引导孩子在教室内参与。这样不仅丰富了孩子的活动选择，也有效减小了活动区的人流密度。

3. 实行玩具管理制度

在活动区内设定玩具数量的限制，并鼓励孩子使用完毕后及时归还，这样做可以确保每个孩子都有机会使用玩具，同时减少因争夺玩具产生的冲突。

4. 家长协作

通过家长会，小张老师向家长们解释了分时段使用活动区的方案，并希望家长能够理解并给予配合。例如，家长可以根据分时段的安排来接送孩子，以减少活动区内的拥挤情况。

5. 加强监管与引导

小张老师还对助教和保安人员进行了培训，加强对活动区的监督管理，确保每个孩子都能在安全和谐的环境中自由玩耍。

6. 管理成效

此方案实施后，活动区的拥挤状况得到了显著的改善。孩子拥有了更多的活动空间，小摩擦的发生率也大幅降低。家长对这一改革措施给予了高度评价，认为小张老师的方案充分考虑了孩子的活动体验和安全需求。

小张老师通过对问题的深入研究、准确的数据统计和合理的策略部署，成功地解决了一个实际问题。这也证明了教育工作者只有真正站在孩子的立场上，用心关注他们的需求，才能为他们创造一个更加优越的成长环境。

二、郑园长的环境整治"工程"

在某幼儿园的附近，最近出现了几个流动烧烤摊点。虽然它们为附近的居民提供了美食，但同时也产生了大量的浓烟，这直接影响到了幼儿园的空气质量。作为幼儿园的园长，决心解决这个问题，确保孩子拥有一个健康的学习和成长环境。

1. 真诚沟通

郑园长首先决定与流动烧烤摊主进行沟通。她选择了一个晚上，亲自前往烧烤摊。在品尝了他们的烧烤后，她向摊主表达了自己的担忧。郑园长说："你们的烧烤味道真的很棒，但烟雾对我们幼儿园的小朋友造成了不小的影响。我希望我们能共同找到一个解决方案。"烧烤摊主也表示理解，并承诺将采取措施减少烟雾的排放，如更换烧烤的炭火、增加抽烟设备等。

2. 寻求政府支持

与烧烤摊主沟通后，郑园长还决定向当地政府寻求帮助。她希望政府能为流动摊贩安排一个更合适的经营地点，以保障幼儿园的空气质量。政府部门对郑园长的建议给予了高度重视，并承诺将尽快为流动摊贩找到合适的新址。

3. 加强园区绿化

为了减少烟雾对幼儿园的影响，郑园长提出加强园区绿化的建议。树木和绿植不仅美化环境，还能吸收烟雾，净化空气。在郑园长的倡导下，幼儿园增加了许多绿植，并开展了"小小园丁"活动，让孩子参与到绿化活动中，培养他们的环保意识。

4. 环境改善成效

最终，在政府的帮助下，流动烧烤摊被迁移到了一个更合适的新地点，幼儿园的空气质量得到了明显改善。郑园长的行动证明了只要我们真诚沟通，积极寻求帮助，就能为孩子创造一个更加健康的成长环境。

三、小沈老师是"艺术大师"

在某幼儿园里，小沈老师是一位充满活力和创意的教师。他发现，虽然幼儿日常创作了许多手工作品并参与了许多文艺活动，但幼儿园里却没有一个专门的场所来展示这些成果。同时，他也认为，幼儿园的办学理念需要更加直观地传递给每一个人。因此，小沈老师决定在幼儿园里创建一个"文化走廊"。

1. 策划与设计

小沈老师首先研究了幼儿园的空间布局，并选定了一个长而明亮的走廊作为"文化走廊"。他希望这个走廊不仅是一个展示区，更是一个能让人自然地停下脚步，进行体验和思考的空间。

他将走廊设计成三个部分：第一部分是"办学理念墙"，用于展示幼儿园的教育目标和理念，以及师幼的一些感悟；第二部分是"孩子们的艺术之窗"，展示孩子的手工作品和文艺活动照片；第三部分是"家园互动区"，鼓励家长与孩子共同创作，留下美好的回忆。

2. 组织与实施

为了顺利实施这个项目，小沈老师组建了一个团队，包括幼儿园的教师、家长代表和几名大班幼儿。他们共同决定了文化走廊的色彩搭配、装饰物品和展示框的选择等。

在办学理念墙上，小沈老师精选了幼儿园的办学理念，并邀请了教师和孩子共同创作了一系列富有艺术感的墙画。同时，还设置了一块小公告栏，发布孩子的表演预告，吸引家长关注。

3. 互动与参与

小沈老师特别注重家长的参与。他邀请家长共同参与文化走廊的创建。例如，在家园互动区，放置了一幅大型画布，邀请家长和孩子共同绘制他们心目中的"家"，创作出一幅充满爱与温馨的画作。

此外，小沈老师还组织了一次"手工制作活动"，准备了各种材料，邀请家长和孩子们一起动手制作。这些作品后来都展示在文化走廊的"孩子们的艺术之窗"中，成为文化走廊的一大特色。

4. 艺术性与趣味性的融合

为确保文化走廊既有艺术性又富有趣味性，小沈老师设计了一些互动游戏。例如，设置了一个"猜猜我是谁"的角落，展示孩子的作品但不透露作者，让家长猜测这些作品的创作者。这不仅增加了互动性，也为走廊增添了趣味性。

此外，小沈老师还邀请了一些艺术家和手工艺人来到幼儿园，展示不同的艺术和手工技艺，使文化走廊成为一个充满艺术气息的空间。

经过一段时间的努力，文化走廊终于建成。家长对这个新活动区域赞不绝口，认为它不仅是一个展示的平台，更是家长、孩子和教师之间交流的桥梁。小沈老师对此感到非常欣慰，他相信这个文化走廊将成为幼儿园中一个独特而有意义的场所。

本 章 小 结

幼儿园环境是指所有支持与影响幼儿及教师在园活动的条件的总和，包括幼儿园的外部环境和内部环境。幼儿园班级的物质环境和人文环境共同构成了支持和影响幼儿及教师在班级内活动的全部条件。人文环境依托于物质载体，使教育理念得以实际传达和实践，为孩子创造了一个健康、有益的成长环境。

幼儿园班级环境的设计与管理必须基于一系列的基础原则，包括安全性原则、教育性原则、适宜性原则、引导性原则、参与性原则和经济性原则，这些原则是根据幼儿教育的宗旨、目标以及幼儿成长的特点设定的。

活动区、休息室和洗手间构成了班级物质环境的主要内容，它们的设计和布局直接影响着物质环境的教育效果。同时，班级的人文环境包括教师的教育理念和幼儿园的文化塑造，其重要性不容忽视。

最后的三个案例分析展示了在班级环境创建与管理的实践中，教师如何通过活动区的时间划分来促进其充分利用，幼儿园管理人员如何通过改善幼儿园外部环境来提升幼儿园的整体环境质量，以及教师团队如何通过环境创设来丰富班级和整个幼儿园的文化氛围，为我们提供了经验借鉴。

思考与练习

一、简答题

1. 幼儿园班级环境的内涵包括什么？
2. 幼儿园班级环境的特征是什么？
3. 幼儿园班级的物质环境主要有哪些？
4. 幼儿园班级的人文环境主要包括哪些？

二、论述题

1. 幼儿园班级环境创设与管理的原则是什么？如何实践这些原则？
2. 请结合实际阐述幼儿教师如何创设以及管理活动室的环境。

实 践 课 堂

关于如何与其他教师一起使用教室这个重要的环境，教师提出了以下的观点，你有什么更好的想法和做法吗？

(1) 为了避免出现一些问题，至少每月能跟与你共享教室的教师碰一次头，讨论材料该如何使用和清洁，明确哪些材料是共享的，哪些材料需要放在一边或者锁起来。可以邀请园长参加你们的讨论会，这样他既可以适时调节气氛，避免你们之间出现僵局，也能帮助你们判定哪些决定是合理的。当你发现教室维护得很好时，请记得给与你共享教室的教师写一张感谢的字条。

(2) 每天或者每周结束的时候，都需要移动家具或者把材料收好，那么在所有家具的底部都安上轮子可以让你的工作更轻松一些。那种能折叠、能被锁起来的架子，使用起来非常方便。

(3) 在幼儿园一日生活接近尾声的时候，邀请其他同事和幼儿一起帮忙把东西放好，清理干净。这样一来，教师就不用在下班后拖着疲惫的身躯，压抑着想要回家的渴望，花费很多时间进行整理了。

(资料来源：Steffen Saifer. 幼儿园班级管理问题预防与应对(25 周年版)[M].
曹宇，译. 北京：中国轻工业出版社，2018.)

在观察的领域中，机遇只偏爱那种有准备的头脑。

——路易斯巴斯德

第十章　幼儿园班级物品及文案管理

课程目标

知识目标： 学生通过学习生活类物品、教育类物品和办公类物品的管理以及文案管理的实操技能，明确管理原则和评价方法，分析班级物品管理和文案管理对幼儿身心发展的积极作用。

能力目标： 学生能够结合本章的拓展内容和案例分析，根据物品及文案管理的特点，总结在不同条件下的管理策略。在实施方案中，能够高效分析并解决问题，提升自身的班级管理能力。

素质目标： 学生在实践中提升收纳物品与管理文件的专业素质，培养节约资源、保护环境的价值观，树立环保教育的职业理念，并践行以行动育人的教育情怀。

核心概念

个人空间　自我管理　观察记录

引导案例

中班今天的美术活动是折纸。4～5 位小朋友分成一组，从折纸书中选择自己喜欢的模型进行折纸。过了一会儿，凡凡指着垃圾桶说："兰老师，快看呀，有人把彩纸扔进垃圾桶了，太浪费了！"兰老师说："凡凡，把垃圾桶里的彩纸拿出来给我看看。"接着对全班小朋友说："是谁把彩纸扔掉的呢？"几个男孩子举手，原来是他们小组把没有折成功的彩纸扔进了垃圾桶，并且拿出了新的彩纸。兰老师说："为什么要扔掉？没有折好也不必扔掉，拆开再用就可以了。而且这些彩纸这么漂亮，即使不用来折纸，我们也能用剪刀剪成喜欢的图案，做成剪纸花，不是吗？"听到兰老师的话，男孩子们羞愧地低下了头。

案例分析

现代社会的一个典型现象是物质丰富。这种物质的"泛滥"对孩子来说，往往传递了错误的信号：物品轻易获得，玩具坏了也无须难过，只需扔掉再买新的就行。在幼儿园里，所有的物品不分个人所有，大家都可以共享，这在一定程度上可能导致孩子产生不爱惜物品的观念。

在现代社会中，增强环保意识是学校教育的重要内容。幼儿园同样需要在日常生活中让幼儿珍惜物品，体验到"物尽其用"带来的满足感和快乐。

学习指导

本章的重点是介绍幼儿园物品和文案的管理目标、管理内容及管理方法。在学习过程中，首先要仔细阅读教材，掌握相关的管理原则。其次，要结合自身学习经验，理解并实践如何有效开展物品和文案的管理工作。最后，通过分析案例及参与教学实践活动，掌握有效的物品管理和文案管理策略。

第一节　幼儿园班级物品及其管理

幼儿的学习与发展离不开物质产品的支撑，教育活动的开展同样依赖于一定的教学材料和教具，保育员也需要清扫用具等卫生用品。因此，班级物品是班级运行的重要组成部分，班级物品的管理是幼儿教师不可忽视的关键任务。良好的物品管理不仅能够提升工作效率，还能够培养幼儿良好的行为习惯，使管理工作具有深远的教育意义。

一、生活类物品及其管理

(一)寝室被褥管理

每当幼儿新入园，除了完成报名手续，家长通常需要为幼儿准备寝室的被褥，以满足午睡的需求。如果是全托幼儿园，对被褥的要求更为严格。公立幼儿园一般提倡统一购置寝具，这样的做法可以减小劣质寝具进入幼儿园的风险，统一寝具便于管理，如清洗和消毒等，同时也避免孩子受到"特殊化"对待，有助于幼儿的健康成长。此外，整齐划一的寝具摆放起来也更为美观。例如，为了扩大室内活动空间而设计的托盘式午睡床，如图10-1所示。

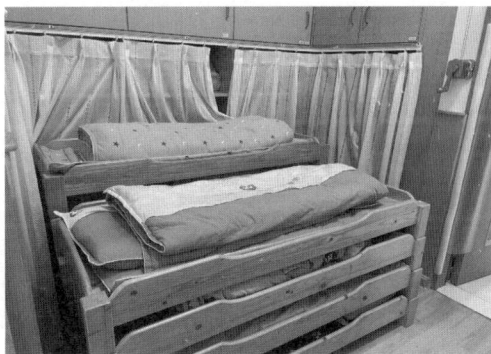

图 10-1　为了扩大室内活动空间而设计的托盘式午睡床

如果被褥出现破损或污渍，需要及时清理或更换。由于地域的气候和湿度条件不同，处理方法也不能一概而论，但总的来说，每隔一段时间，幼儿的被褥都应带回家中进行洗涤和晾晒，以保持其整洁干爽。

(二)幼儿毛巾管理

根据班级幼儿的数量，每个班级应配备足够数量的毛巾，并预备一些备用毛巾，确保每位幼儿都有自己的毛巾，并且每天至少清洗和晾晒两次，保持其清洁，以便幼儿随时可以使用。

使用后的毛巾，及时晾晒，并定期进行消毒处理。在潮湿天气里，应确保毛巾干燥，以维持卫生条件。为毛巾提供专门的晾晒架和挂钩，并确保毛巾之间不相互接触，防止交叉感染的发生。

在教室内设置供幼儿自取的毛巾架时，应确保毛巾架的高度适合幼儿的身高，并注意毛巾距离地面至少50厘米。班级内的保教人员应使用专用毛巾，避免与幼儿混用。

(三)水杯与杯架管理

在幼儿园的一日生活中，随着年龄的增长，幼儿的运动时间会逐渐增多。因此，运动后及时补充水分是至关重要的环节。

每间教室里应配备专用的水杯架（见图10-2），其高度应适合幼儿的身高，以便他们自行取用。同时，为每位幼儿指定固定的水杯位置，并用带有其名字标签的水杯进行区分。在运动、午餐或下午甜点结束后，以及午睡醒来的时间，班级应为幼儿提供适宜温度的开水。

为了确保幼儿的身体健康，应选择环

图10-2　固定在墙壁上的水杯架

保、安全的水杯材料，如食品级不锈钢等。每学期都应定期检查水杯的状况，若有破损，应及时更换。同时，保教人员也应该使用个人专用水杯以维护个人健康。

(四)日常生活用品管理

在班级这个小朋友们的大家庭中，除了前文提到的物品外，教师还需及时配备、补充和妥善收纳其他物品。例如，班级内应有足够的清洁和消毒用品，如牙刷、牙膏、香皂、洗手液等。幼儿在大小便或课间活动后需要及时洗手。同时，应为他们提供刷牙用具，并定期更换牙刷。因此，午饭后需组织幼儿集体刷牙后再午睡。

班级的清洁工作是教师每日工作的重要部分。清洁工具，如拖把、水桶和抹布等，应整齐地放置在幼儿接触不到的地方。具有腐蚀性和易燃性的物品，如消毒液，应妥善存放在幼儿无法接触的柜子中，以确保幼儿的安全。

二、教育类物品及其管理

我们将按照幼儿园的工作程序，逐一介绍班级中的教育类物品及其基本管理方式。

(一)物品摆放

1. 基础设施

教室内应配备专门的桌椅、柜子、置物架和书架，以便放置学习用品。具体的摆放方式应根据不同的活动需求来调整，以确保活动的顺利进行。便于收纳和拿取的材料收纳架，如图 10-3 所示。

2. 基于活动考虑调整位置和方向

例如，在进行美工活动时，可以调整幼儿桌椅的位置，既确保幼儿有足够的活动空间，又保证教师有适当的活动空间。教师通过小组间巡视，既便于师幼之间的交流，也有助于为小组活动提供合适的区域划分，防止相互干扰。

3. 进餐安排

在用餐时间，应确保桌椅之间保持适当的间隔，以便幼儿能够有序地进餐。

图 10-3　便于收纳和拿取的材料收纳架

4. 玩具、教具管理

所有的玩具、教具和教学材料都应整齐、有序地分类放置。这样做不仅方便幼儿取用，也便于教师管理(见图 10-4)。为了方便识别，可以使用不同颜色和形状的容器进行收纳，并保持使用记录，分享经验。幼儿具有模仿倾向，当看到其他小朋友在玩耍时，他们也想要尝试，这可能会引起幼儿间对玩具的争执。在这种情况下，教师不必抱怨玩具不足或需要添置，因为教室的空间决定了教具和玩具的数量是有限的。教师可以将这样的场景视为教育的机会。例如，教导没有玩具的幼儿如何向同伴请求"请问，可以借给我玩

图 10-4　手工制作区的教具、玩具陈设

吗？"，同时，也要培养其他幼儿乐于分享的态度，比如说，"没问题，借给你"。可见，玩具的不足反而促进幼儿学习沟通的技巧。

5. 资源库

如果条件允许，可以建立一个资源库，用于收集和整理活动指导方案以及幼儿的日常作品。这些资料或作品可以按照教学需求分类归档、命名并以电子化保存。

6. 图书管理

班级的图书应放置在专门的书柜、书架和阅读角落，便于幼儿取阅。图书收纳空间周围应摆放舒服的沙发或靠垫。在摆放图书时，要确保书柜稳固，远离可能的安全隐患，并有效地利用空间。例如，书柜也可以作为区域的隔断，增加空间功能性。

幼儿把家里的玩具带到幼儿园班级里来了

尽管大部分教师都规定不许把家里的玩具带到幼儿园，但是幼儿依然会带来。他们既希望通过玩具获得安全感，也期待展示个人物品以获得关注。幼儿通常会利用这些玩具，与班上有同样兴趣的小朋友互动，交朋友，教师应适度满足幼儿的这些需求。完全压制他们则会导致幼儿出现不恰当的行为，引起他们的挫折感，进而引发其他问题行为。这里为教师提供多种方法，允许幼儿把家里的玩具带到幼儿园的同时，避免由此引发的一些问题。

1. 问题预防

(1) 至少每周给幼儿一次机会来分享玩具。可以通过展示和交流活动来实现。为了避免展示和交流活动持续太长时间，可以让一部分幼儿周一分享，一部分幼儿周二分享，依次类推。要禁止幼儿带某些玩具来园，如像武器的玩具、芭比娃娃等。鼓励幼儿分享他们自制的玩具或者非购买的玩具。

(2) 当幼儿把家里的玩具带到幼儿园进行展示和交流时，允许他们邀请别的小朋友在区域活动开始后的前10分钟和他们一起玩这些玩具。

(3) 为幼儿提供很多交朋友和互动的机会，包括身体上的互动和社交上的互动。寻找方法，把幼儿的家庭生活兴趣(与商业玩具无关)纳入班级。比如，围绕家长的职业、爱好创建模拟游戏区或兴趣中心。从幼儿的家中借一些材料放到里面，哪怕是一个小物件(如一块玉米薄饼、一本书)也会很有帮助。

(4) 建议幼儿把父母、宠物、家和他们喜欢去的地方的照片带到幼儿园。这些照片同样能满足幼儿把玩具带到幼儿园的安全感的需求。

(5) 将从家庭带玩具入园规定以简明条款形式写下来，并张贴在家长公告栏里，以便家长带领孩子报名登记的时候阅读。

2. 问题应对

拥有一个别的小朋友梦寐以求的玩具，能让幼儿在同伴中赢得主人的地位和权利。但是，幼儿往往会滥用这种地位和权利。比如，允许一部分小朋友使用这个玩具，不让其他小朋友使用，或者当别的小朋友正在使用的时候，一把从他们手中夺过来。以下的预防策略能够降低这类问题发生的可能性。

(1) 如果幼儿依然像上面所说的那样滥用自己的主人地位，那么教师可以介入调解。帮助幼儿协商一个轮流使用的规则或者寻找其他方法。与幼儿解释清楚，如果他们要玩从家里带来的玩具，那么他们必须遵守与玩班级玩具一样的规则。幼儿也可以选择把玩具放在自己的储物框里或者其他安全的地方，等到放学时再把它带回家。帮助幼儿用更友好的方式和更有效的方法交朋友。

(2) 当幼儿把玩具从家里带到幼儿园后，要立刻进行检查。如果玩具不适宜，应该提醒幼儿遵守班级规则，例如，"像武器的玩具、芭比娃娃等都不可以带到幼儿园来。"或者帮助幼儿找一些别的东西进行展示和交流。比如，幼儿可以说一说他的穿戴，也可以说一说他和家人做的一件事情，还可以说一说班级中他特别喜欢的一样东西，等等。

(3) 如果幼儿偷偷地把家里的玩具带到了幼儿园并且这个玩具是适宜的，那么可以邀请他在展示和交流活动中分享。如果玩具不适宜，那么要与幼儿解释清楚原因并且让幼儿做出选择:"你是希望我帮你保管这个玩具,还是把它放在你的储物框里,等到放学时带回家?"帮助他弄清楚哪些玩具是适合带到幼儿园的。如果还是有很多幼儿存在这样的问题,那么暂时禁止幼儿从家里带玩具到幼儿园,等一个月以后再解禁。

(资料来源:Steffen Saifer. 幼儿园班级管理问题预防与应对(25周年版)[M].
曹宇,译. 北京:中国轻工业出版社,2018.)

(二)卫生与消毒

从传统的"两教一保"保教人员配置来看,班级内的清扫和消毒工作通常是由保育员负责完成的。然而,近年来,随着幼儿园人事改革的实践,"两教一保"向"三教"的改革趋势日益明显,因此,卫生消毒等工作也逐渐成为幼儿教师必备的职责内容。

1. 日常清扫

保教人员应随时进行清扫,确保教室卫生。日常常规操作包括开窗通风、擦拭家具和地面。考虑到幼儿的心理和生活习惯,他们经常将小垃圾和玩具藏在教室或休息室的置物架后面、窗帘后面等不易发现的地方。因此,在日常清洁时,需要特别注意这些卫生死角。同时,对于如乐高等这样的拼插玩具的小零件,如果发现有缺失应在日常清洁过程中仔细寻找并记录,以减少幼儿拾到后误放入嘴中玩耍,防止发生吞食或窒息的危险情况。

2. 活动间隙清洁

在一天中两次户外大型活动的间隙,要及时清理和消毒幼儿用品。进餐前后,也应进行必要的清洁和消毒工作。这些操作可以参考学前教育专业课程,如《幼儿卫生与保健》中推荐的清洗原则。

3. 定期消毒

根据玩具和教具的类型及材质,选择适当的消毒方法。例如,塑料玩具可以用消毒液浸泡消毒;纸制品和书籍可以暴晒于阳光下或使用图书消毒机进行消毒;木质和金属玩具则可以用肥皂水清洗消毒。对于教室整体环境的杀菌消毒,教师应在下班前打开紫外线消毒灯进行操作。

📖 拓展阅读

托幼机构的消毒工作

托幼机构内环境整洁,并有绿化防尘措施,有一定面积的绿化场地和室外活动场所,应做到无积水、无垃圾、无蚊蝇滋生地、无鼠害。

活动室、教室和寝室应有纱窗和纱门,防止苍蝇、蚊子等有害生物侵入和隐匿。幼儿被褥应单独叠放,不得混杂堆叠在一起。室内经常保持空气流通,定期进行消毒,传染病流行期间,每日消毒一次。

1. 托幼机构各环节消毒要求

1) 个人生活用品

牙刷定期更换(3个月);护肤品、牙膏防止交叉污染;梳子定期清洗,随时保洁;被褥个人专用,定期换洗。

2) 清洁用具、拖布、抹布等

专用专放并有明显标记；抹布、笤帚等用后及时清洗干净，晾晒、干燥后存放；拖布清洗后应晾晒或控干后存放，消毒时将拖布全部浸没在消毒液中。消毒后可直接控干或晾干存放，或用清水将残留的消毒剂冲净后控干或晾干存放。拖布不要悬挂在水龙头上方。

3) 图书、玩具

不能湿式擦拭、清洗的图书、玩具应每日通风晾晒一次。

4) 餐饮器具

煮沸：100℃，大于等于15分钟；蒸汽：100℃，大于等于20分钟。

红外线消毒碗柜：125℃，大于等于15分钟(消毒后温度降至40℃以下再开箱)。

化学消毒剂浸泡：含氯消毒剂250mg/L 浸泡20～30分钟。

消毒处理后的餐具要求：清洁、干爽、无油腻、无污物，且不得检出大肠菌群和致病菌。

5) 室内空气

(1) 定时开窗通风换气。每半天开窗通风一次，每次10～15分钟。在外界温度适宜、空气质量较好、保障安全性的条件下，可采取持续开窗通风的方式。

(2) 紫外线照射。室内无人情况下，每次照射时间大于等于30分钟，有病例的班级每天必须进行紫外线消毒。

① 紫外线照射消毒适用范围：不具备开窗通风空气消毒条件和发生传染病时应使用移动式紫外线杀菌灯。按照每立方米1.5 瓦的功率配置紫外线杀菌灯管的功率配置。

② 考虑到紫外线兼有表面消毒和空气消毒的双重作用，移动式紫外线灯车可安放在桌面上一米高的位置。禁止使用紫外线杀菌灯直接照射人体。

③ 每周对紫外线灯进行擦拭，有条件的可每半年对紫外线灯的强度进行检测，确保其正常使用。

6) 物体表面

对桌、椅、婴儿车、围栏、热食台、玩具、家具表面、楼梯扶手等表面，用符合《托儿所幼儿园卫生保健工作规范》的消毒剂100～250mg/L，擦拭或浸泡消毒10～30分钟。每天至少清洁、消毒一次。有病例的班级，加大消毒剂浓度、作用时间和频次。

7) 衣服、被褥、毛巾类织物

阳光下暴晒大于等于6小时，煮沸消毒大于等于20分钟或蒸汽消毒大于等于15分钟。

8) 室内地面(厕所)

用符合《托儿所幼儿园卫生保健工作规范》的消毒剂400～700mg/L，表面擦拭消毒10～30分钟。每天至少消毒一次。有病例的班级，加大消毒剂浓度、作用时间和频次。

厕所：通风、定时打扫，地面用清洁拖布擦拭。出现污染情况随时擦拭清洁，保持地面干燥，便器用后及时清洗干净，清洁、无异味，小班蹲坑扶手每天消毒。

2. 托幼机构发生传染病后的消毒

1) 疫源地消毒

疫源地消毒即对现在存在或曾经存在传染源的地方进行消毒。其目的是杀灭由传染源排出的病原体。根据实施消毒时间的不同，疫源地消毒可分为终末消毒和随时性消毒。

(1) 终末消毒。当病人或带菌者已离开，在疫源地进行最后一次彻底消毒。例如，托幼机构发生传染病后，应对发病班级进行终末消毒。

(2) 随时性消毒。传染源尚在疫源地，对其排泄物和所污染的物品以及场所及时进行消毒，目的是迅速杀灭从机体排出的病原体。例如，对痢疾病人的大便应进行随时性消毒。

2) 发生传染病后的消毒

(1) 发生传染病后，要做好发病登记并及时作传染病报告。

(2) 立即隔离传染病(或疑似)患者，并对发病班级进行终末消毒。

(3) 对同班儿童及保育员进行医学观察。若发病班和其他班共用盥洗室(包括厕所)、卧室、餐厅等，那么凡与传染病患者密切接触的儿童及保育员均应作为医学观察对象，在观察期间不并班、不升班和不接受新生。

(4) 医学观察期间，环境及各种物品应严格按要求进行消毒。

(5) 发生肠道传染病病人班级的餐具应与其他班级分开消毒和存放，并做好保洁工作，餐具应先消毒后清洗再消毒。

(资料来源：任丽伟. 学前儿童卫生与保育[M]. 北京：清华大学出版社，2020.)

(三)更新与维护

1. 玩教具的维护

所有玩教具都应定期进行检查，若有损坏应及时更换。为了激发幼儿的兴趣，应根据他们的需求及时更新玩具。对于破损的玩具，除了及时维修外，还可以将其作为一个教育幼儿珍惜资源的好机会。教师可以组织幼儿共同参与玩具的维修工作，这不仅锻炼了他们的动手能力，还提高了玩具的使用效率。

2. 图书的维护

图书的使用者是幼儿，幼儿园中的图书经常遭受损坏。如果损坏的图书不及时修补，不仅会影响阅读体验，还可能对幼儿造成伤害。因此，应定期检查图书的状况，并进行必要的修补或更换。在教室里的阅读区，可以提供一些简单的工具，如剪刀、胶水等，鼓励幼儿参与图书的修补工作，培养他们的责任感和参与感。

三、办公类物品及其管理

幼儿园的办公设施是开展教育活动的物质基础。其中，办公设备包括大型机器，如复印机、电脑、电视，以及小型设备，如打印机、扫描仪等；办公设施指固定的、为特定需求而建立的结构和系统，如家具、教室设施等；办公用品包括教材、纸张、笔等。所有这些办公物品不仅为教师和幼儿提供便利，同时也是学校的资产，需要得到妥善的管理和保护。办公物品管理的内容可以包括以下几个方面。

(一)保护和爱护

所有设备和设施都应得到认真对待，并遵循学校的规章制度。应定期进行爱护和维护，确保其长期正常使用。

(二)妥善保管

对于易消耗品应合理采购和使用，避免浪费；对于具有特殊性质的物品，如易燃、易爆物品，需要采取特别的储存和保护措施。同时，应定期检查并及时修复损坏部分，确保其安全使用。

(三)合理分配和使用

确保物品被合理分配和使用，避免资源浪费。在使用过程中，应遵循勤俭节约的原则，确保每件物品都能实现其最大价值。

(四)防护措施

注意防火、防盗和防虫害等安全措施，尤其是那些存放在容易受损环境中的物品。

(五)明确责任人

对于办公和教学用品，应指定明确的责任人负责验收、分类、登记和保管工作。对于新购置的物品需经过严格的验收和登记程序。

(六)使用和发放规范

管理员应定期清点物品，并按照规定发放，每次领用需签字登记，以此确保物品的准确分配，并跟踪使用情况。

(七)维修和替换

对于损坏的物品，应及时填写维修申请，并记录损坏原因，保持完整的维修记录，并在经过适当审批后进行维修或更换。

通过遵循上述管理措施，不仅能确保幼儿园的设施设备得到充分利用，还能为幼儿和教职工营造一个良好、有序的学习和工作环境。

第二节　幼儿园班级物品管理的原则及措施

一、幼儿园班级物品管理的原则

(一)教育为本

物品在幼儿园班级中不仅是支持教育活动的物质基础，更是孩子学习和发展的重要工具。在管理物品的过程中，应始终以满足教育和教学的实际需求为核心。同时，物品管理本身也是教育的一部分，有助于培养幼儿的秩序感和生活自理能力。

(二)勤俭节约

充分利用物品是环境保护的重要原则。作为班级的"管家"，教师需要培养孩子的节约意识，并将其融入日常行为习惯。例如，合理使用颜料、循环利用废纸或使用废弃物制作教具。此外，在采购新物品时，应进行多方比较，确保以最低的价格购买到最低的商品。

(三)共同参与

班级物品管理，不应仅仅由教师负责，每个幼儿也应参与其中。我们应鼓励幼儿参与到管理的过程中，让他们理解并尊重公共资源。这种参与不仅可以培养他们的责任感，还能锻炼他们分类整理物品的能力。教师与幼儿共同维护的活动空间，如图10-5 所示。

总而言之，幼儿园班级物品管理不仅仅是一个简单的"保管"行为，它涉及资源的合理配置、幼儿教育的具体实施，以及培养孩子对公共财产的尊重和爱护。因此，应当认真执行，并持续优化这三大原则。

图 10-5 教师与幼儿共同维护的活动空间

二、幼儿园班级物品管理的措施

(一)登记管理与档案建立

每个班级应准备一份详尽的设施和物品清单，包含使用说明，以便于未来的维修和保养工作。在每个学期的开始和结束时，都应根据这个清单进行物品的核对。通过编制班级物品登记表 (见表 10-1)和物品损坏清单(见表 10-2)，不仅能及时跟踪和维护损坏的物品，还能提高物品管理的效率。同时，这些表格也是未来进行物品更换和检查的重要依据。

表 10-1 幼儿园班级物品登记表

学期初登记时间　　月　　日　　　　　　　　　　　学期末登记时间　　月　　日

类 别	序 号	名 称	数 量	单 位	序 号	名 称	数 量	单 位
教室木制品	1	桌子		张	7	区域柜		只
	2	幼儿椅子		张	8	午睡床		张
	3	杯柜		张	9	半圆区域柜		只
	4	矮柜		张	10	高凳		张
	5	书柜		张	11			
	6	饭桌		张				
教室电器类	1	消毒灯		盏	10	录音机		台
	2	消毒柜		只	11	电视机		台
	3	日光灯		盏	12	DVD		台
	4	饮水机		只	13	接线板		只
	5	电钢琴		架	14			
	6	空调		台				
	7	钟		只				
	8	吊扇		台				
	9	广播喇叭		只				

类　别	序　号	名　　称	数　　量	单　位	序　号	名　　称	数　量	单　位
教室塑料制品	1	晨检牌		块	12			
	2	大小筐		只	13			
	3	纸篓		只	14			
	4	算盘		个				
	5	泡沫垫		块				
	6	建构积木		盒				
	7	迷你小筐		只				
	8	积木		盒				
	9	红色桌椅		张				
	10	玩具柜		个				
	11	白色筐		只				

表 10-2　幼儿园物品损坏清单

物　品	单　位	数　量	损坏记录	备　注

(资料来源：左志宏. 幼儿园班级管理[M]. 上海：华东师范大学出版社，2015.)

(二)分类存放与环境卫生

为了高效地管理班级内的各种各样的物品，包括小物件，必须进行分类存放。例如，可以使用不同颜色的容器来存放不同类型的教学用材料，或者在柜子、抽屉上贴上物品标签以标识存放的内容。这种分类收纳的方法不仅节省了寻找物品所需的时间，还使整个环境更加有序。

物品不仅要分类，还应整齐地摆放在指定位置。使用后应及时归位，以便于下次使用。所有物品，特别是儿童玩具和日常用品，都应定期清洗和消毒，确保孩子使用的是干净、安全的物品。

及时整理和收纳的习惯还能为幼儿树立良好的榜样并对他们产生积极的影响。幼儿在阅读、做手工或游戏结束后，需要整理玩具和书籍。除了对幼儿进行细致的讲解外，教师的亲身示范往往比语言更有影响力。

(三)以幼儿为中心，注重实用性

物品的存放高度和位置应经过教师的精心考量。例如，需要考虑幼儿的身高和取用便利性，同时还要确保为孩子提供足够的自由活动空间。具体来说，每个孩子都应该有一个易于取放晨检牌的口袋。这些细致的设置不仅方便了孩子，还有助于培养他们的独立性和责任感。

(四)制度建设与团队协作

班级是一个整体，需要教师和保育员共同参与管理。在明确了"谁使用、谁保管、谁负责"的原则后，各方应负责管理不同类型的物品。当然，在实际操作过程中，应相互协作，若有紧急需求，应互相协助完成任务。

(五)尊重和保护个人空间

根据心理学理论和《指南》的建议，每个孩子都应该拥有自己的"专柜"或储存空间。这不仅满足了孩子对个人空间的需求，还有助于他们自我管理和培养责任感。特别是南方地区或者北方的夏季，幼儿的户外活动与其他季节相比会有所增加，这时一天之内需要更换几次衣服。在这样的情况下，就需要考虑为孩子增设存放干净衣服和脏衣服的抽屉柜。这样一来，家长可以在每天早晨更高效地投放洗净的衣物，晚上来接幼儿时取走需要清洁的物品，从而避免衣物的丢失和混淆。

(六)定期维护与安全监管

在每学期开始时，应确保所有设施设备完整、安全，并进行必要的维护更新。在整个学期中，还需定期进行清洗、消毒及其他必要的维护工作，特别要关注电气设备的安全，防止任何安全隐患的发生。

通过实施上述提到的具体措施，我们可以确保班级物品得到合理、有效且安全的管理，从而提高教育教学活动的整体效率。

第三节　幼儿园班级物品管理案例及分析

一、幼儿园玩具采购——小朴老师的决策之旅

(一)案例描述

幼儿园是充满活力和欢乐的地方，玩具作为其中的重要组成部分，既要确保孩子的安全，又要满足他们的好奇心和探索欲望。小朴老师深知玩具选择对孩子的身心发展至关重要，在采购玩具时充分考虑了以下要点。

1. 调查与研究

为了确定采购哪些玩具，小朴老师首先对市场上的玩具进行了调查研究。她访问了多家玩具店，浏览了许多在线购物平台，了解各种玩具的特点、适用年龄和价格。同时，她还阅读了一些关于玩具与儿童发展的学术研究，以便确定哪些玩具最适合幼儿园的孩子。

2. 安全优先

在研究过程中，小朴老师特别重视玩具的安全性，排除了那些含有有毒物质、有尖锐边缘或易被孩子吞咽的玩具。

3. 教育与娱乐并重

玩具不仅是儿童的娱乐工具，也是他们学习的辅助材料。小朴老师希望选购的玩具能够既满足孩子的娱乐需求，又能促进他们的认知、社交和情感发展。她特别关注能够激发孩子创造力的玩具，如积木、拼图和艺术创作材料。同时，她还寻找能够帮助孩子培养团队合作和解决问题能力的玩具，用于开展合作游戏和逻辑思维活动。

4. 听取其他老师和家长的意见

除了凭借自己的经验和判断，小朴老师还积极征求其他老师和家长的意见。他们提供了许多有价值的建议，有些家长还分享了孩子在家中的玩具使用经验。

5. 最终决策

在综合考虑各种因素后，小朴老师决定采购一系列既安全又具有教育意义的玩具。这些玩具不仅满足了孩子的探索欲望，还帮助他们在玩耍中学习和成长。

(二)案例分析

通过分析上述案例，我们可以总结出小朴老师在玩具采购过程中的宝贵经验。

1. 深入的市场调查与学术研究

小朴老师并未急于做出决策，而是投入了大量时间进行市场调查和学术研究。这使她对玩具的种类、特点和适用性有了深刻的理解，为后续的玩具选择提供了坚实的专业支持。

2. 重视玩具的安全性

孩子在玩耍时往往缺乏安全意识。因此，安全性是选择玩具时至关重要的考量因素。小朴老师非常注重这一点，确保所选购的玩具均符合安全标准，对孩子的健康无害。

3. 平衡教育价值与娱乐性

玩具在儿童成长过程中不仅是玩伴，更是重要的学习工具。小朴老师在选择玩具时，既考虑了孩子的娱乐需求，又兼顾玩具的教育价值，以促进孩子的全面发展。

4. 广泛征询并尊重他人意见

每个人的观点和经验都是独特且有价值的。小朴老师通过征询其他老师和家长的意见，收集到了丰富的信息和建议，这些信息对她的最终决策起到了关键作用。

5. 综合性的决策过程

小朴老师进行了深入的研究和考虑之后，做出了明智的决策。她为幼儿园的孩子选购了一系列既安全又具有教育意义的玩具，为孩子营造了良好的成长环境。

二、小牛老师的教室物品管理

(一)案例描述

某幼儿园的教室每天都洋溢着孩子的笑声和欢乐。小牛老师是一位经验丰富的老师，每天都致力于为孩子创造一个既有趣又安全的学习环境。然而，教室内的物品摆放管理一直是她面临的挑战。如何确保每件物品都放置得当，既满足孩子学习和玩耍的需要，又能保证他们的安全呢？

一天，该幼儿园的园长在进行例行检查时，发现了小牛老师教室里物品摆放的一些问题，认为有进一步优化的空间。于是，园长与小牛老师展开了讨论。小牛老师决定投入一天的时间，仔细观察孩子在教室内的行为和活动模式，以判断物品的摆放是否存在不合理之处。

1. 基于观察的探究

小牛老师注意到，书架上的书经常被孩子取下来，但往往不能被及时放回原位。一些玩具被放置在过高的地方，导致小朋友只能请求老师帮忙取下。此外，一些带有小零件的玩具经常被随意散落在地上，这造成了安全隐患。

2. 征求意见

小牛老师决定向其他老师和家长征求意见，了解他们对于物品摆放的建议。通过与他们的交流，她收集到了一些宝贵的意见。例如，使用标签标示物品的存放位置，或者设置特定的活动区域，将与活动相关的物品集中放置。

3. 实施改变

根据观察结果和收集到的建议，小牛老师提出了以下几项改进措施。

(1) 将玩具按功能和材质分类，并使用标签明确标示存放位置。

(2) 考虑到孩子的身高，将常用的玩具放置在他们容易够到的地方。

(3) 为了避免小零件玩具的散落，小牛老师选用带盖的透明盒子来收纳这些玩具，以便于管理。

(4) 建立了一个"物品归还区"，鼓励孩子在使用物品后主动归还至原位。

(二)案例分析

小牛老师通过改变物品摆放的过程，对班级管理产生了以下积极影响。

1. 增强了孩子的自主性

通过调整物品的摆放位置，孩子能够自行取用和归还物品，这有助于培养他们的自主性和责任感。

2. 提升了安全性

采用专门储存方法管理小零件玩具，减少了因玩具散落造成的安全隐患。

3. 优化了教学活动

物品分类并附有标签后，教学活动变得更加高效，老师和孩子都能迅速找到所需的物品。

4. 持续挑战和建议

1) 持续管理

物品摆放管理是一个持续的过程，需要老师和孩子共同努力，确保每个物品都能归位。

2) 定期检查和更新

随着时间的推移和孩子的成长，物品的需求和摆放位置可能需要发生变化，老师应定期检查并做出相应的调整。

综上所述，小牛老师通过对教室物品摆放的细致观察、积极征求意见和果断实施改进措施，成功地为孩子营造了一个更加有序和安全的学习环境。

三、蒋园长与"童梦家具"：为幼儿打造专属家具

(一)案例描述

某幼儿园的蒋园长一直致力于为孩子创造最安全、最舒适的学习环境。近期，她发现园内的家具已经不能完全适应幼儿的需求。一些桌子过高，让孩子很难取用物品；一些椅子不够稳固，存在安全隐患。因此，蒋园长决定为幼儿园定制专门的家具，并开展了以下活动。

1. 深入了解需求

蒋园长首先与教师和孩子进行深入的交流，了解他们对家具的具体需求。她还邀请家长参与讨论，听取他们对幼儿家具的期望和建议。

2. 寻找专业厂家

经过广泛的市场调研，蒋园长选择了"童梦家具"公司，该公司专门提供幼儿园和学校的家具定制服务，并在业界拥有良好的口碑。

3. 设计与定制

在与"童梦家具"的设计师沟通中，蒋园长强调以安全为首要考虑标准。她还希望家具设计既实用又具有创意，能够激发孩子的学习兴趣。经过多次修订，最终确定了一套既安全又适合幼儿生理特点的家具设计方案。

4. 安装与反馈

"童梦家具"在生产完成后，对所有家具进行了严格的质量检测，确保无任何安全隐患后，才开始在幼儿园进行安装。孩子对新家具非常满意，尤其是那些富有创意的设计，如动物形状的椅子、带有小隔间的桌子等。教师和家长一致认为这次定制非常成功，完全满足了孩子的需求。

(二)案例分析

从蒋园长定制幼儿园家具的过程中，我们可以看到蒋园长对幼儿园家具的深刻认知和丰富经验。

1. 满足需求

通过深入了解用户的实际需求，定制的家具更加贴合幼儿的身体特征和学习需求。

2. 安全至上

定制的家具充分考虑了幼儿的安全因素，避免了尖锐边角和不稳定的设计，确保了使

用安全。

3. 创意设计

富有创意的家具设计不仅美观，而且能够激发孩子的兴趣和想象力，增加学习的趣味性。

4. 挑战和建议

1) 成本考量

定制家具的成本通常高于批量生产的家具，因此，园长在决策时需要权衡预算和长期的投资回报。

2) 后期维护

定制家具的后期维护和更换可能较为复杂，需要与家具公司建立长期的合作关系，确保家具的持久性使用和可维护性。

蒋园长的决策体现了一个教育者对幼儿教育环境的深切关注和重视。通过与多方合作，充分考虑幼儿的实际需求，为他们提供了一个既安全又充满创意的学习环境。这样的投资不仅提升了硬件设施，更是对幼儿健康成长的负责和承诺。

第四节　幼儿园班级文案及其管理

幼儿园班级文案是教师根据教育目标撰写的专业文档，目的在于深化对幼儿教育的理解以及提升自身的教育专业能力。班级文案包括教师教育笔记、观察记录、个案分析、保育笔记、班级工作计划、家园联系手册和幼儿园文宣等。这些文案不仅记录和总结了教师的工作，反映了他们的专业知识和经验，而且包含了幼儿及家长的隐私信息。

班级文案管理包括对这些材料的收集、整理、分类和保存工作。这一过程不仅是评估教师工作成效的基础，也是教师积累教育经验的重要环节。通过有效管理班级文案，教师能够反思和评估自己在教育教学以及班级管理方面的能力。

一、幼儿园班级文案管理的内容

(一)幼儿园班级文案管理的重要性

1. 促进教师专业成长

通过记录和分析，教师能更清晰地认识到自己在教育实践中的长处和短板，进而在实际工作中进行相应的调整和优化。

2. 优化班级管理

文案的整合与管理有助于教师更全面地掌握班级的动态和需求，从而提升班级管理的效率和成效。

3. 提升幼儿园整体教育质量

系统且有序的文案管理不仅能够提升单个班级的教育水平，还能对整个幼儿园的教育教学质量产生积极影响。

4. 促进家园合作

通过家园联系手册等文案的有效运用，能够增进教师与家长之间的沟通，为幼儿营造一个更加协调一致的成长环境。

(二)班级文案管理的内容

1. 教师教育笔记

教育笔记是教师对自己日常教育活动的反思和记录。当教师在教育实践中遇到问题和挑战时，笔记成为捕捉、分析并解决问题的有效工具。它不仅帮助教师积累经验、探索教育规律，还有助于提升其职业热情和智慧。同时，这也是教师持续专业发展的有力证明。

2. 观察记录

教师需细致观察幼儿在生活和学习中的行为，并据此进行记录。这样的记录有助于分析幼儿的个性和成长进程。常用的观察方法包括教育逸事记录、定点观察和定人观察。这些记录为评估幼儿发展、教育研讨和与家长交流提供了重要资料。教师需要通过深入观察和客观、细致的记录来理解幼儿的真实世界，从而做出适当的教育响应。

3. 个案分析

除了关注集体的发展，教师还需重视每位幼儿的个性。对于特定的教育课题，教师应根据每位幼儿的特点采用不同的教育方法。这要求教师敏锐地察觉并满足个别幼儿的特殊需求。

4. 保育笔记

在幼儿园中，教育和保育工作是密不可分的。保育员在工作中也会遇到各种问题，记录问题和总结经验是至关重要的。这些笔记不仅是反思的依据，也是保育员专业成长的重要标志。

5. 班级工作计划

为了保证班级工作的有序进行，教师需制订详尽的计划。从学期、月度、周计划到日常活动，每一环节都有明确规划。这些计划不仅明确了目标、策略和实施措施，而且指导着教师日常工作。计划制订后，还需要对其执行情况进行监督和评估，并根据实际情况进行适当调整。

6. 家园联系手册

手册是连接家庭与幼儿园的桥梁。通过这本手册，教师可以向家长汇报孩子的发展情况，同时家长也可以分享自己的观察和经验。手册不仅展示了幼儿园的教育内容和孩子的进展，还为家长提供了宝贵的育儿建议和指导。

7. 幼儿园文宣

在数字化时代，幼儿园的公众号成为与家长沟通的重要渠道。为了吸引家长的关注，文章应具备以下特点：内容需贴近幼儿教育与育儿知识，简明易懂，避免冗长；结合图文或短视频使内容更加生动；鼓励家长互动，定期但不频繁地更新内容；文章中的知识与建议应使用温馨、亲切的语言，并具有权威性；视觉设计要求统一，同时不忘增加教育性内容。另外，还应鼓励家长在文章中采取某些行动，如参与活动。这样的公众号文章既展示了幼儿园的专业性，又能深化与家长之间的联系与合作。

二、幼儿园班级文案管理的原则

1. 明确性与规范性

在幼儿园中，为确保教学活动的规范性和持续性，园方通常会为班级教师提供统一的记录模板。教师应按照统一的标准，规范地记录日常的教育笔记、观察记录等。随着时间的推移，这些文案的积累不仅成为教师个人的专业财富，也对提升幼儿园的教育和保育质量产生重要的影响。

2. 妥善归档与专业保管

为确保资料的安全和完整性，教师个人的材料应由其自行妥善保管，而班级的共享材料则应有专门的存放区域。教师还需根据幼儿园的标准，制定或执行文案材料的管理与归档流程，确保各类文案材料得到有序的存放，并防止幼儿接触，保障其安全性。

3. 便于查阅与分享

管理班级文案的主要目的是有效地服务幼儿教育。作为班级工作的重要记录，不论这些材料是由教师个人还是园方统一保管，都应便于园领导、教育团队和教师本人随时查阅，确保工作的透明性和共享性。

第五节　幼儿园班级文案管理案例及分析

一、小高老师的运动会工作计划

(一)班级运动会的工作计划

1. 背景及目的

随着秋季的到来，为了丰富幼儿园的课程活动，锻炼孩子的身体，增强孩子的团队合作能力，并增进家长与孩子、家长与幼儿园的交流，某幼儿园决定举办一年一度的运动会。小高老师受园领导委派，负责本次活动的整体策划与执行。

2. 运动会的主题及目标

(1) 主题。健康成长，快乐童年。

(2) 目标。通过运动会，让孩子体验运动的快乐，培养团队精神，增强亲子互动。

3. 运动会项目与设计

(1) 绕圈跑。考虑到幼儿的身体特点，此项目旨在锻炼孩子的基本运动能力。

(2) 接力赛。通过传递接力棒等方式，培养孩子的团队合作意识。

(3) 跳绳比赛。锻炼孩子的协调性和持久性。

(4) 亲子三脚赛。家长与孩子共同参与，加强亲子间的互动与合作。

(5) 动物模仿大赛。培养孩子的创造力和想象力。

4. 安全与后勤保障

1）安全措施

(1) 确保比赛现场有专门的医疗小组待命。

(2) 每个项目都配备老师和助教。

(3) 提前对活动场地进行检查，确保无安全隐患。

2）后勤保障

(1) 预订并检查场地、音响、灯光等设备。

(2) 准备充足的饮用水和小零食。

(3) 确定每个项目的具体地点，并进行明确标识。

5. 宣传与动员

1）宣传方式

(1) 制作彩页、横幅和海报进行现场及家长通道宣传。

(2) 通过幼儿园公众号和班级群发布信息。

(3) 亲自与家长沟通，鼓励他们带孩子积极参加。

2）动员内容

(1) 确定各班级的参赛项目。

(2) 鼓励孩子积极参与和准备。

(3) 安排老师进行赛前的培训和指导。

6. 物资准备

(1) 根据运动项目列出清单，如道具、奖品、标志物、服装等。

(2) 指定专人负责采购，确保采购物资的数量和质量。

(3) 在活动前一天，组织主班老师和副班老师进行物资的整理与分配。

7. 现场布置

(1) 根据运动会的主题，设计符合主题的现场布置方案。

(2) 安排老师和家长志愿者协助进行现场布置。

(3) 确保各比赛项目的场地明确、宽敞且安全。

8. 总结与反馈

(1) 运动会结束后，组织全体老师进行活动总结，记录本次活动的成功经验和待改进之处。

(2) 向家长发放反馈问卷，收集他们对本次活动的意见和建议。

(3) 根据反馈情况，为下一次运动会的策划和执行提供参考。

(二)运动会工作计划分析

1. 优点

(1) 明确的主题与目标。小高老师明确了运动会的主题和目标，确保活动具有明确的方向性和深远的意义。

(2) 周到的安全措施。小高老师高度重视孩子的安全，提前做了充分的安全准备。

(3) 全面的宣传与动员。通过多种渠道确保运动会的高知晓率和广泛的参与率。

2. 建议

(1) 加强与家长的沟通。可以通过家长会等形式，进一步向家长沟通活动的意义以及他们的参与方式。

(2) 定期进行场地和物资检查。在活动前、中、后，都需要对场地、物资等进行定期检查，确保活动的顺利进行。

通过小高老师的工作计划，我们可以看出他对幼儿园运动会的重视和周密策划，这体现了教育者的专业素养和责任感。

二、班级活动宣传文案以及分析

(一)探秘幼儿园：跟随小费老师了解某幼儿园

您好，尊敬的家长们和可爱的小朋友们！我是某幼儿园的小费老师。今天，我将带领大家参观我们美丽的园区，体验它的独特魅力。准备好了吗？让我们共同开始这场探索之旅吧！

1. 幼儿园的起源

我幼儿园成立于 2010 年，始终致力于为社区的孩子提供一个快乐、健康、促进身心发展的学习环境。经过不断发展，我们已成为该区域家长和孩子喜爱的幼儿园之一。

2. 园区环境

当您踏入园区时，首先映入眼帘的是我们宽敞的操场，这里每天都充满了欢声笑语，到处可见孩子玩耍和运动的身影。沿着小径前行，您将看到我们的蔬果园，孩子在这里亲手种植、照料植物，体验收获的喜悦。

园内还设有多样的功能区域：阅读角、创意工坊、音乐室、艺术画室等，每个角落都洋溢着学习的气息和孩子的欢声笑语。

3. 课程特色

我幼儿园秉承"以人为本，快乐教育"的教育理念，我们的课程设计旨在培养孩子的兴趣，激发他们的潜能。

(1) STEAM 课程：融合科学、技术、工程、艺术和数学，引导孩子探索和创造。

(2) 音乐与艺术：定期举办音乐会和画展，培养孩子的审美观和创造力。

(3) 体育活动：每周设有足球、篮球、瑜伽等体育课程，让孩子在运动中健康成长。

4. 师资力量

我们的教职员工都经过严格筛选，具有丰富的教育经验和爱心。我们定期举办教师培训，确保教学质量。每个班级都配备两名教师，确保每个孩子都能得到充分的关心和指导。

5. 家园合作

我们深知家庭对孩子成长的重要性，因此，我们积极与家长沟通、合作。每学期，我们都组织家长会和亲子活动，让家长更深入地了解孩子在园的学习生活，共同促进孩子的成长。

6. 未来展望

我幼儿园将继续秉承"以人为本，快乐教育"的教育理念，引进更多优质教育资源，致力为每位孩子打造更加美好的学前教育时光。

亲爱的家长和小朋友们，以上就是我们幼儿园的概况。我期待每位进入幼儿园的孩子都能在这里找到属于自己的快乐和梦想。欢迎大家加入我们，携手共创孩子们的美好明天！

(二)宣传文案分析

1. 文案的优点

(1) 内容丰富。小费老师详尽地介绍了幼儿园的各个方面，包括起源、环境、课程、师资等，为家长提供了全面的信息。

(2) 强调家园合作。宣传文案中突出了幼儿园与家长之间的合作关系，这体现了幼儿园的教育理念。

2. 建议

(1) 添加图片。可以考虑加入幼儿园日常活动的实景照片，这样可以使宣传文案更加生动、形象，增强吸引力。

(2) 设立互动环节。可以设计一些互动环节，如问答、投票等，以提高家长和小朋友的参与度和互动性。

三、幼儿园生活个案观察记录

(一)孟老师的个体幼儿观察记录

被观察者：飞飞
观察人：保育员孟老师
观察日期：2023 年 4 月 1~7 日

1. 基本情况

飞飞，男，4 岁 3 个月，是班上一个充满活力的小男孩。自入园以来，他给大家留下了深刻的印象，他有着一头乌黑的头发和一双明亮的大眼睛。他非常喜欢和小伙伴们一起玩耍，尤其喜欢户外活动。

2. 日常生活

(1) 入园情况。飞飞每天都带着愉快的心情来到园里，经常迫不及待地跑进教室，寻找他的小伙伴们。早晨到园后，他会主动去洗手，整理书包。

(2) 餐饮情况。飞飞对食物没有太多挑剔，基本上都能吃得好。但他吃东西的速度较慢，有时需要老师稍加催促。他特别喜欢吃水果，尤其是苹果和香蕉。

(3) 午休情况。午休对于飞飞来说有些困难，他不太愿意午睡。有时需要老师轻轻摇晃或轻唱儿歌才能入睡。

(4) 生活自理。飞飞在生活自理方面做得相当不错，能够自己穿衣、系鞋带等。只是在洗手或使用卫生间时仍需老师的提醒和协助。

3. 与人交往

飞飞与同班的小朋友关系融洽，经常带领小伙伴们一起玩游戏。在集体活动中，他愿意分享自己的玩具和零食。有时，他也会因为玩具和其他小朋友发生小冲突，但在老师的调解下，很快就和好如初。

与老师的关系也很和谐，每次见到老师都会高兴地打招呼："老师好！"对于老师的指示，他都能迅速做出反应。

4. 学习与活动

飞飞对各种活动都表现出浓厚的兴趣，特别是绘画和音乐。在绘画活动中，他能根据自己的想法创作出五彩斑斓的画作。在音乐课上，他也会随着音乐节奏摇摆身体，展现出很高的音乐感知能力。但在集中听讲或做手工时，他的注意力容易分散，经常需要老师提醒。

5. 一周特殊情况记录

4月3日：飞飞和小华因为一个小汽车玩具发生了冲突，但在老师的引导下，两个人很快达成了和解。

4月5日：飞飞带来了自己制作的纸飞机，给伙伴展示如何玩，受到了大家的喜爱。

4月6日：飞飞在户外活动时不慎摔倒，擦伤了膝盖，但在老师的安慰和处理下，他很快恢复了好心情。

6. 总结

飞飞是一个活泼、好奇心强的小男孩，对新鲜事物充满了好奇心，与人相处融洽。在未来的教育教学中，需加强对他注意力集中的指导，帮助他更好地参与集体活动，同时继续培养他的兴趣和潜能。

(二)案例分析

1. 幼儿观察记录的优点

(1) 观察内容详细。孟老师对飞飞的生活习惯、人际交往、学习与活动等方面进行了详尽的观察和记录。

(2) 描述客观公正。孟老师对飞飞的各种表现进行了客观的描述，未带有个人情感色彩。

2. 建议

(1) 加强个性化培养。针对飞飞在绘画和音乐方面的特长，可以给予更多的引导和培养，让他更好地发挥自己的潜力。

(2) 进行注意力集中训练。针对飞飞注意力不集中的问题，可以通过各种游戏和活动来进行训练，以提高他的注意力集中度。

本 章 小 结

班级物品是班级运行的重要组成部分，班级物品管理是幼儿教师不可忽视的任务。良好的物品管理不仅能够提升工作效率，还能够培养幼儿良好的行为习惯，使其具有深远的教育意义。

幼儿园物品的管理应遵循教育为本、勤俭节约和共同参与的原则，梳理和总结班级中的生活类物品、教育类物品以及办公类物品的维护和管理程序。

在具体的物品管理实施阶段，首先应进行物品登记并建立物品清单管理制度；同时，在物品分类存放时，既要考虑收纳的科学性，也要考虑清洁管理的效率。其次，物品的存放应便于幼儿自由取放，避免为了追求整洁而限制幼儿的游戏活动。最后，物品应及时维护，确保教师和幼儿使用时的安全性。

班级的文案管理包括了教师的教育笔记、观察记录等多项内容。为了统一对幼儿的教育策略，在规范性的管理原则指导下，班级文案要妥善归档保管，便于教师查阅和分享。

通过班级物品管理和文案管理的案例分析，我们可以回顾管理内容和原则在实践中的运用和发展过程，进一步理解这些管理工作对幼儿教育和教师工作的重要影响。

思考与练习

一、简答题

1. 幼儿园班级物品管理的内涵包括什么？

2. 幼儿园班级文案管理的重要性体现在哪些方面？

3. 幼儿园班级物品管理的原则是什么？

4. 幼儿园班级文案管理的原则是什么？

二、论述题

1. 班级文案包括哪些内容？在班级管理工作中，如何实现既关注幼儿的隐私又注重教育信息的共享？

2. 请结合实际阐述幼儿教师如何进行物品的收纳与管理。

实 践 课 堂

大班的孩子在毕业前的下学期，进入了一个想象力丰富、行动力增强和创作力旺盛的时期。他们开始尝试用布缝制双肩书包，阅读了昆虫百科全书之后，又在讨论如何制作一个放大镜来观察蚂蚁。他们根据书上的说明，找来了纸箱、透明胶带和透明玻璃纸，开始用手工刀和剪刀进行裁剪，然而，到了放学时间，孩子还没能完成制作，因此不愿收拾工具和原材料。

如果你是幼儿教师，应该采取什么措施介入其中，确保孩子既能及时收拾活动用品，又能保持创作的乐趣呢？

第十一章　幼儿园班级人际关系管理

课程目标

知识目标： 学生通过师幼互动、教师间的协作以及幼儿之间关系的建立，学习基础理论知识，明确人际关系管理的内容与原则，并分析班级人际关系管理对幼儿身心发展的重要作用。

能力目标： 学生能够结合本章的拓展内容和案例分析，根据师幼、教师之间以及幼儿之间的人际关系特点，总结不同家庭背景和社会环境下的积极关系管理策略。在实施人际关系管理方案中，学生能够细致地分析问题，并高效地解决问题，以提升人际关系管理的能力。

素质目标： 学生应在实践中提升班级不同层面的人际关系管理专业素质，培养公平、平等与合作共赢的价值观，树立促进幼儿社会化的教育理念，并培养通过实践育人的教育情怀。

核心概念

师幼互动　师幼关系　友情

引导案例

在幼儿园的沙池边，中班的两个小男孩正在往空瓶子里装沙子。他们探索一番后，决定用漏斗往瓶子里装沙子。但瓶口很细，漏斗口又很宽，沙子大多从瓶口边漏出，几乎没有多少沙子能装进瓶子。两个小男孩并没有因为失败而显得沮丧，而是边做边哈哈大笑，他们开心的表情感染了旁边的孩子。

案例分析

从上面的案例可以看出，幼儿和同伴在一起做游戏时，重点不在于游戏内容本身，而是大家共同参与的体验。看到小伙伴开心，孩子自己也会跟着开心地笑。这种共同活动的经历，让孩子体验到人际关系带来的快乐。根据我们的观察，这种快乐的表现甚至在 1 岁大的幼儿身上也能看到。

本章的重点首先在于理解班级中主要的人际关系——师幼关系、教师之间关系以及幼儿之间的关系及其教育作用。其次，要结合学习内容，理解如何管理这些班级人际关系。最后，通过案例分析和教学实践活动，掌握班级人际关系的有效管理策略。

第一节　幼儿教师与幼儿的关系管理

一、师幼关系

(一)师幼互动的概念

在确认师幼互动的内涵之前，我们首先需要明确师生互动以及师幼互动的概念。

作为社会学、社会心理学、教育社会学中的一个重要概念，互动的界定有许多种。比较有代表性的定义有：互动是指人与人之间相互影响的关系；互动是人与人或群体之间发生的交互动作或反应的过程，这包括个人与自我的互动过程；互动，也称相互作用，是指人与人之间的心理交互作用或行为的相互影响，是一个人的行为引起另一个人的行为或改变其价值观的任何过程。可以看出，上述定义或解释虽然在表达方式上有所不同，但实质上都紧扣互动一词的基本含义：两个不同主体间的相互行动或者行为。互动强调的是双方通过交往实现的心理和行为的相互影响和促进。互动不仅包括交往的过程，也涵盖交往的结果。

师幼互动，是指教师与幼儿之间的互动，它包括广义和狭义两种概念。广义的师幼互动，多指教师与0~6岁幼儿之间的互动；狭义的师幼互动，特指发生在幼儿园中，教师与3~6岁幼儿之间的互动。

(二)师幼关系的内涵

在幼儿园中，师幼关系显得尤为重要，它既是幼儿成长的支持系统，也是教育过程中的核心要素。相较于一般的师生关系、亲子关系或同伴关系，师幼关系更具情感依赖性和稳定性。为了建立和维护健康的师幼关系，教师应当遵循以下原则。

1. 尊重与关爱

教师应当尊重每位幼儿的人格，平等对待他们，并维护他们的权益。任何形式的讽刺、挖苦、歧视以及体罚都是不可接受的。幼教相关规定也强调尊重幼儿的权利和个性发展。每个孩子都是独特的个体，拥有自己的情感和思维方式。教师应深入了解这些孩子的特点，从中搭建与孩子沟通的桥梁。尊重不仅仅是倾听，更重要的是理解和接纳他们。同时，通过日常的细微互动，如一个温暖的微笑、一个鼓励的眼神，都能传递给孩子深深的关爱。

2. 理解与支持

良好的师幼关系建立在理解和支持的基础之上。教师应了解幼儿的身心需求，并为他们创造一个安全、温馨的成长环境。此外，教师还需要关注幼儿的身心健康，确保他们在班级中享有快乐的时光。幼儿正处于生命的黄金成长期，对新事物充满好奇。此时，教师不仅要为孩子提供丰富的学习机会，还要适时引导，鼓励他们勇敢尝试、自由探索。

3. 专业与热情

从教师踏入教室的那一刻起，他们就应当保持专业和热情。为了幼儿的健康成长，教师必须保持积极的情绪，并具有强烈的责任感。教育不仅仅是传授知识，更多的是引导和激发。教师的专业知识能够更准确地理解幼儿的需求，而教学热情则能激发孩子的学习兴趣，使教育过程充满乐趣。

4. 知识与技能

为了更好地理解幼儿，教师需要掌握基础的幼儿心理学与教育学知识，并能从幼儿心理发展的角度分析他们的行为。在与幼儿互动的过程中，教师应不断更新自己的教育方法和心理学知识。这样，他们才能更好地了解孩子的心理需求，更精准地判断并应对各种教育场景。

二、师幼关系对幼儿发展的影响

(一)对幼儿依恋情感发展的影响

教师与幼儿之间的关系不只是教育者与被教育者的关系，而且具有明显的情感特征。教师或其他照护者与幼儿之间的关系，更多地可以被视为类似父母与儿童之间的情感依恋型关系。幼儿对教师的依恋，与他们对父母的依恋相似，都是以情感为纽带建立的。幼儿倾向于依恋那些对他们的行为做出敏感反应并提供悉心照顾的教师。如果幼儿感受到教师能够密切关注他们，及时满足他们的需要，那么他们便会对教师产生一种依恋性的情感。研究表明，在幼儿与教师的互动中，教师的真诚、对幼儿的尊重与悉心照顾，对于幼儿的安全感、自信心的发展以及对事物的积极探索都是至关重要的。幼儿所经历的师幼关系状况，对他们的个人发展具有重要的影响。

(二)对幼儿社会适应性发展的影响

亚历山大(Alexander)、恩特威斯尔(Entwisle)(1988)、埃里克森(Ericlso)和皮安塔(Pianta)(1988)等国际研究相继证明：幼儿所经历的师幼关系对其社会适应性的发展具有重要影响。当幼儿进入幼儿园时，与教师建立积极的关系是其适应新环境的关键，不同的师幼关系将直接影响幼儿的适应状况。这一结论被后来的研究进一步证实，幼儿园中形成的师幼关系特征，甚至可能决定幼儿进入小学后的适应能力与行为表现。

此外，也有研究考察了师幼关系对幼儿同伴交往能力的影响，并得出结论：与教师建立情感安全关系的幼儿对同伴更加友好，更愿意交际，也更容易被同伴接受，并且在与同伴交往时很少表现出攻击性行为；相反，过于依赖教师的幼儿则表现出更多的退缩性行为和攻击性行为。

(三)对幼儿自我概念发展的影响

研究发现，师幼关系不仅影响幼儿自我概念的发展，还与其自身行为期待和学业预期密切相关。林奇(Lynch)和奇凯蒂(Cicchetti) (1992)认为，幼儿的学业成绩与其社会经济地位无关，而取决于他们的社会技能和自信心水平，而社会技能和自信心又与师幼之间的互动、幼儿对教师的情感依恋、教师对幼儿的情感及其对幼儿关系的洞察力密切相关。

三、师幼关系中教师的角色定位

(一)幼儿问题的解决者

幼儿园作为一个小社区，冲突和问题是难以避免的。关键在于如何妥善解决这些问题。教师应具备冷静和公正的态度，确保每个孩子都受到公平对待。面对问题时，教师应注重处理问题的方式。教师在对待幼儿时，应避免公开批评，并确保批评的是具体行为，而非孩子本身。

师幼关系的建立不仅服务于教学目的，更旨在培养幼儿的安全感、归属感和自信心。当这种关系得到良好的维护时，不仅可以为幼儿提供必要的支持、帮助和安全感，同时也能为教师带来满足感和成就感。然而，一旦这种关系受到损害，可能对师幼双方产生长期的负面影响。因此，幼儿教师在与孩子互动时，必须始终牢记自己的角色和责任，确保每一个幼儿都得到应有的关心、尊重和支持。

(二)专业的教育者与引导者

幼儿园教师作为专业人士，不仅需要具备全面的专业知识和严格的职业道德，还要承担起教育者的责任。随着幼儿年龄的增长，教师的角色从最初的照顾者转变为具有明确教育目标的专业人士。与传统的保育员不同，现代幼儿教师不仅负责照料幼儿，还需关注幼儿的心理和生理特点，提供科学的教育引导。

1. 教育者的角色

幼儿园教师必须具备深厚的专业知识，这意味着他们应该深入理解幼儿的心理发展特点、生活经验，并能够根据幼儿的个性特点因材施教。他们应能够设计并实施与幼儿心理发展相适应的教育活动。这种专业知识既来自系统的培训，也源于对幼儿日常行为和需求的细致观察与深入理解。

2. 引导者的角色

作为引导者，幼儿园教师需要帮助幼儿认识并理解外部世界，引导他们形成正确的世界观和价值观。为此，教师必须具备敏锐的观察力，能够从幼儿的行为中发现他们的需求和困惑。同时，教师还应成为幼儿成长过程中的积极参与者，与他们一同探索和学习。

(三)朋友式的游戏伙伴

游戏是幼儿的主要活动方式，同时也是他们认识世界、发展各种技能的重要途径。在幼儿教育中，游戏扮演着不可或缺的角色。教师既是游戏的组织者和引导者，也是积极的参与者。重要的是，教师应站在幼儿视角思考和参与游戏，而非基于成年人的兴趣出发(见图 11-1)。这样，教师不仅能更深入地理解幼儿的世界，还能更有效地促进他们的发展。

图 11-1　教师与幼儿共同游戏

1. 游戏与学习

游戏的每个环节和角色扮演都蕴含学习的机会。幼儿在游戏中能够学习社交技巧、逻辑思维、创造力等多种能力。幼儿园教师应成为游戏的组织者、引导者，并且是参与者，与孩子一同玩耍，一同学习。

2. 伙伴式的交往

作为游戏中的一员，教师可以更直接地观察和理解孩子的需求和困惑，从而为他们提供更恰当的帮助和引导。通过这种伙伴式的交往，教师能够与幼儿建立更紧密的师幼关系，同时也能够更好地促进幼儿的社会交往能力和情感发展。

(四)反思型的研究者

教育是一个不断发展和变化的过程，需要持续地反思和改进。幼儿教师应当具备研究者的素养，从实践中总结经验，将其提升为理论知识。这不仅能促进教师专业发展，更能有效地解决教育实践中遇到的问题。研究可以包括幼儿发展、课程设计、教学方法、家长参与和社区环境等多个方面，旨在促进幼儿的全面发展。幼儿园教师需要不断地反思自己的教育实践，并根据实际情况进行相应的调整。

1. 教育实践的反思

教师应该定期评估自己的教育方法和策略有效性，并探索优化路径。

2. 基于研究的教育决策

基于对幼儿的观察和研究，教师能更科学地制定教育决策，确保教育活动更符合幼儿的实际需求。

综上所述，幼儿园教师的角色不仅是单纯的"教"和"导"，他们还应成为孩子的朋友、游戏伙伴，甚至是研究者。在这种双重角色的融合中，幼儿园教师为幼儿营造了一个丰富多彩的学习和成长环境。

拓展阅读

爸爸的家，妈妈的家——教师与离婚家庭幼儿的互动

虽然父母离婚在当今的幼儿中较为普遍，但其对幼儿的情感影响往往是深远的和灾难性的。当一名幼儿的父母离婚时，我们很可能看到他行为方面的改变，如喜怒无常、一意孤行、脾气暴躁、攻击性行为增加、神经紧张、如厕时的"意外"增多、注意力集中时间短、发脾气、哭闹等。幼儿的压力更多来自家庭中的紧张氛围和争吵，而不是离婚本身。

在这种情况下，有的幼儿能较好适应，因为父母之间保持友好关系，不在幼儿中间玩"拉锯战"或者争取幼儿对自己的忠心，而是跟幼儿说对方的好处，跟幼儿保持密切的联系，帮助幼儿认识到离婚并不是他的责任。

作为幼儿教师，没有办法去改变这些因素，但是可以为家长提供专业建议。也可以成为幼儿的支持者，成为向他们澄清错误信息的人。

1. 问题预防

(1) 你的班级里很可能至少有 1 名幼儿经历过父母离婚，所以任何时候讨论这个话题都有必要。在谈论这个话题时，可以使用幼儿的图书、故事、手偶和录像，通过图书和照片提供许多有关不同类型家庭的信息。让幼儿知道，他们在家庭中是被关爱与呵护的，但是家庭结构多种多样，如单亲妈妈、单亲爸爸、祖父母、养父母等。可以在班级中讨论不同家庭对幼儿的安排。

(2) 为幼儿提供大量表达感受和情绪的机会，包括画画、涂鸦、玩沙、玩水、玩黏土、玩面粉、创编故事等。

(3) 在教室里提供几个让幼儿获得安静的地方。比如，装饰一下家用电器大纸箱并在里面放上柔软的枕头等。在幼儿园的一日生活中，为幼儿提供机会，让他们拥有一定的控制权。比如，允许他们在看书、参加活动或选择材料的时候，自己做出选择和决定。这样做能帮助幼儿消除生活变化带来的一个负面后果——失去控制的感觉。

(4) 让幼儿相信班级是一个安全的地方，他们可以表达自己的强烈情感，包括愤怒。教幼儿学会调整自己的愤怒情绪，帮助他们学会让自己冷静下来，以及从他人那里得到宽慰。这样一来，当发生类似父母离婚这样的事情时，他们就知道如何应对自己强烈的情绪了。

2. 问题应对

当父母分开以后，许多幼儿会经历一个痛苦的过程，因为他们失去了家庭或一位家长离开了。幼儿在父母离婚后会反复经历这个过程。这个过程包含以下阶段。

否认：否认父母真的离婚了。

愤怒：通过各种问题行为表达愤怒。孩子对自己感到愤怒，认为离婚是他自己的错。

希望：希望甚至尝试让父母重新在一起。

悲伤：开始接受现实，用更恰当的方式表达他的感受。

接受：不论是跟爸爸生活在一起，还是跟妈妈生活在一起，都要帮助幼儿用恰当的方式表达这些感受。

了解这些阶段，教师可帮助幼儿循序渐进地适应。

(1) 让幼儿清楚父母离婚并不是他的错，他做任何事情都无法阻止父母离婚。运用图

书和故事来强化这个信息。

(2) 通过开放性的、富有创造性的活动，让幼儿运用多种方法表达他的感受。问问他是否愿意跟你一起写一个有关悲伤的兔子的故事。使用动物角色可以让幼儿跟事件保持一定的距离，进而让他放心地表达自己的感受。询问幼儿是什么让兔子很伤心，然后开始创编故事。通过提问，让故事继续下去："兔子跟他爸爸说了什么？""兔子跟他妈妈说了什么？""兔子可以做点什么才不悲伤呢？"让幼儿把故事画成图画。帮助他看到父母离婚的积极方面。比如，你可以说："你的爸爸妈妈不打架了，他们变得更高兴了。他们高兴了，你跟他们一起就会更快乐。"接纳幼儿经历的痛苦和消极感受，但要引导他从另一个视角看问题。

(3) 不要因为幼儿很痛苦就过分保护或溺爱他。他会因为常规和活动感到舒服。

(4) 对幼儿抱有同情心，但不要让幼儿过度依赖教师。要确保幼儿把部分时间都投入到与其他幼儿的活动中，而不是黏着教师。如果他总是这样做，那么教师就可以这么说："我会给你一个大大的拥抱，之后你要去做游戏。"

(5) 专业的咨询能让所有经历这种变化的幼儿和家长都受益。建议家长也要向专家进行咨询，以缓解每个人的压力，避免将来出现一些问题。与此同时，专家更频繁地与家长会面和谈话也很重要。

(资料来源：Steffen Saifer. 幼儿园班级管理问题预防与应对(25周年版)[M]. 曹宇，译. 北京：中国轻工业出版社，2018.)

第二节　幼儿教师与同事的关系管理

在幼儿园教育中，教师不仅是孩子的引导者和教育者，还是团队的重要成员。在共同工作的过程中，教师之间不仅需要具备团队意识，更需要培养"友情"这一人际关系的润滑剂。教师间的关系管理不仅影响园内的工作氛围，还直接或间接地影响幼儿的身心健康。本节旨在深入探讨幼儿园教师如何有效地管理同事关系，以促进一个和谐、高效的教学环境形成。

一、教师关系对教师团队建设的影响

教师之间的和谐关系对幼儿身心发展具有重要影响。这种关系不仅是孩子学习社交技巧的典范，也是他们获得心理安全感的重要来源。相反，如果教师之间的关系紧张，很可能导致幼儿感到焦虑和缺乏安全感。因此，教师需要展现团队合作精神并相互尊重和关心，从而为孩子营造一个温暖、和谐的成长环境。

(一)如何建立和维护良好的教师关系

1. 展示专业素养

作为教师，应在日常教学中展现专业性和敬业精神。规范的语言、整洁的穿着、得体的举止，这些都是体现教师专业水平的重要方面。

2. 加强有效沟通与协作

在教学和研究活动中，教师需要积极与同事交流。对于参与外部学习或培训的教师应主动分享所获得的知识和经验，这不仅能丰富团队的知识储备，还能促进同事间的相互信任和尊重。

3. 关注同事的心理状态

管理者或资深教师应密切关注团队成员的心理状况。对于新入职或晋升的教师，应提供必要的心理支持和指导，以帮助他们更好地融入团队。

(二)管理层的责任

幼儿园管理层应承担维护良好教师关系的责任。这包括但不限于提供资源与支持、设定明确的预期与建立反馈机制、调解冲突与建立信任等。

1. 提供资源与支持

管理层应定期为教师提供团队建设与人际关系管理的培训和研讨会，以增强团队凝聚力。此外，也可以通过提供相关书籍、在线课程等资源，帮助教师提升自己在人际关系管理上的能力。

2. 设定明确的预期与建立反馈机制

管理层应该明确告知每位教师他们的工作预期和目标，确保每个人都清楚自己的职责。同时，建立有效的反馈机制，鼓励教师之间的互相评价和自我反思，这有助于教师更好地了解自己在团队中的作用，并及时调整工作态度和方法。

3. 调解冲突与建立信任

即使团队关系再和谐，也难免会出现冲突和分歧。管理层应扮演中立协调者的角色，帮助教师解决问题，重建信任。同时，定期组织团队活动，增强团队凝聚力，促进成员之间的深入了解和合作。

幼儿园教师与同事间的关系管理，不仅是维持工作氛围和谐的关键，也是确保幼儿得以健康、全面发展的重要因素。通过展示专业素养、加强有效沟通与协作、关注同事的心理状态，以及管理层的积极参与和支持，我们可以为孩子创造一个充满关爱和支持的成长环境。

二、教师与同事关系管理的具体措施

(一)开放与资源共享

要真正做好班级管理工作，首先需要具备开放和乐观的心态。将班级视作自己的"家"，对其中的每一处细节都要了如指掌。只有真诚地爱护和了解这个"家"，才能确保所有成员在一个积极向上、充满活力的环境中生活和工作。当成员出现不良情绪时，我们应及时给予引导和关心，确保每个人都能全情投入工作。

与此同时，资源共享对于教师团队来说至关重要。单个教师的资源是有限的，但当我们将各自的课程计划、教学资源，如音乐、视频、多媒体课件等分享出来时，每位教师都能获得更丰富的资源，从而促进了团队间的互助与共同进步。例如，某幼儿园就在云端建立了丰富的资源库，涵盖了教育教学的各个方面。

(二)明确分工与相互尊重

班级管理需要每个人分工合作，各司其职，形成高效的工作流程。每个环节都紧密相连，缺一不可。我们不仅要确保自己的岗位无懈可击，还需要在团队中发现并及时补充其他岗位可能出现的不足之处。

在长期的合作过程中，每个人的性格和习惯都有所不同，难免会产生分歧。但相互理解、尊重和宽容是建立团队和谐关系的关键。我们需要尊重彼此的工作，建立信任，并为团队的整体利益共同努力。在幼儿园中，每个班级的三位教师应心往一处想，力往一处使，形成"三位一体"的高效合作模式。

(三)共同进步与责任分担

每个人都有自己的优势和不足，我们应该认识到自己的短板，同时学习并借鉴他人的长处，以使团队的教育方法更为完善。在团队内部，不应有过多的竞争心态，而是应有更多的合作与共同进步的精神。

幼儿园的教师团队各有所长，这些专长为团队提供了丰富的学习资源，助力每位教师的专业成长。例如，教师可以通过参加特定的学习计划和师徒结对制度来互相学习、共同提高。

在日常工作中，与同事之间的及时沟通和相互支持至关重要。我们不应推诿责任，而应勇于承担责任，倾听他人的意见。和谐的同事关系不仅有助于我们在专业上不断进步，还有助于营造一个愉快的工作环境，进而更好地为孩子提供优质的教育服务。

(四)有效沟通与责任心

在日常工作中，及时有效的沟通非常关键。任何出现的问题或特殊情况都需要迅速解决，责任应由全体教职人员共同分担。只有广泛地听取和采纳各方的建议与意见，我们才能确保班级管理工作的高效运行。

维护一个友好而和谐的工作环境不仅能提升教职人员的工作效率，还能对幼儿的身心发展产生积极的影响。因此，了解并掌握人际交往的基本准则是每位教职工必须具备的素质。

总之，通过以上措施，我们不仅能更好地管理班级，还能促进个人和团队的全面发展。

拓展阅读

不当霸道或者装模作样的主班老师

1. 问题预防

(1) 对所有即将与你共事的新教师进行一次全面的岗前培训。虽然这会占用一些时间，但它是值得的，可以避免很多问题和误解，减少冲突的发生。

(2) 在岗前培训中，回顾以下内容：如何教育幼儿、引导幼儿行为、设计一日活动流程、使用和存放教具、应对家长工作、安排过渡环节以及处理危急情况，并解释其背后的理由。明确每位教师的责任和分工，即谁负责什么任务以及何时完成。让团队成员了解你对班级幼儿的期待以及你认为重要的事项。例如，你可以强调："准时上班，或者提早几分钟到达，对我来说非常重要。因为早晨非常忙碌，有许多事情需要处理。"

(3) 为岗前培训准备一些书面材料。《员工手册》中应列出幼儿园的一般制度和工作程序。除了《员工手册》，还应根据所在的班级和工作流程提供具体的书面信息。

(4) 如果你需要对新教师的工作进行评估或参与评估，那么应提供一份评估表。评估表内容应具体、详细，并包含以下项目：积极与幼儿交流、对幼儿微笑、愿意承担分配的任务、全神贯注(与幼儿在一起时不聊天、不发短信)、准时上班、自信、对家长态度友好、积极主动、学习幼儿发展相关知识。

(5) 作为班级新教师和实习生的管理者，这意味着在试用期结束时，你需要对他们的表现进行评估，并提出录用或不予聘用的建议，甚至在必要时，你还可以建议中止试用期——这需要园长最终批准。如果你负责确保班级新教师工作表现，但没有相应的授权，你将处于尴尬的境地。当新教师的工作出现问题时，你只能将自己的担忧告知其直接管理者，请他们采取措施。有些幼儿园已经制定了一套详细的流程，让新教师的管理者和主班教师共同承担监管责任。然而，这需要他们进行频繁且顺畅的沟通，并保持一致的教育理念和管理风格。

(6) 当面临上述情况时，应考虑与园长沟通，争取获得相应的权利和责任。让园长了解，这样做也能减轻园长的工作负担和压力。

(7) 避免与班级新教师或实习生建立过于密切的私人关系，也要避免聘用朋友作为配班教师，因为当他们工作上出现问题时，你很难有效处理。如果一个人受另一个人管理，友谊将难以维持。

(8) 定期与班级教师进行个别交流，讨论存在的问题、分享成功经验。通过阅读书籍和文章、参加工作坊以及向经验丰富的教师学习，提升自己作为主班教师的能力。大多数教师都没有接受过这方面的专门培训，但成为一名优秀的主班教师能带来极大的工作成就感。

(9) 以积极的态度对待同班教师，经常表达对他们工作的感谢。准备一些设计精美的感谢卡，感谢卡可以保存并反复阅读，因此比口头感谢有更持久的影响。当然，口头感谢也同样重要。询问同班教师，我能做些什么来帮助他们的工作变得更容易、更愉快。

2. 问题应对

不论配班教师还是实习生在工作上出现什么样的问题，如工作效率低下、懒惰、干预你的工作、对幼儿采取不适当的措施、未完成分配的任务等，基本的处理方法都是相似的。首先，将你的担忧具体而明确地记录下来，然后与园长进行讨论。对于不太严重的问题，幼儿园通常会制订一个改进计划，明确指出教师需要改进的具体行为，并设定一个时间框架。如果你所在的幼儿园没有这样的措施，你可以考虑采用以下方法。

(1) 运用书面形式，详细、客观、准确地记录配班教师做了什么或未做什么，以及其行为对教师、幼儿和家长产生了哪些影响。同时，记录下具体日期和时间。

(2) 与配班教师在双方都空闲的时间进行交流。例如，你可以说："今天早上我没有得到我需要的帮助，我觉得很沮丧。让我们找个时间讨论一下，看看如何共同解决这个问题。"

这样的表达方式将焦点放在了其行为对你的影响上，而非指责对方，有助于促进更有效的对话和沟通。

(3) 在交流开始和结束时，给予对方积极的评价，指出他/她做得好的方面。

(4) 一起进行头脑风暴，想出所有可能的解决方案。发挥创造力，不要局限于单一的解决办法。直接改变其行为可能无效，需要进行结构性调整或利用额外资源，如对他/她进行培训、调整任务或日常活动安排流程、明确分工等。从所有可能的办法中选出1~2种最佳方案，然后制订一个行动计划，明确责任和完成时间。一段时间后，再次与配班教师交流，评估该计划的执行效果。

(5) 在实施计划的过程中，给予其持续的反馈，指出哪些地方做得好，哪些地方还有待改进。可以邀请其他人(如经验丰富的教师、顾问等)来班级中帮助他/她提升技巧或行为。一般情况下，每次辅导1~2小时，每周2~3次即可。同时，继续进行详细的书面记录。

(6) 如果经过两次交流，问题仍未得到解决，那么与园长开会制订一份改进计划，并给予他/她额外的观察期。明确告知，如果无法达到计划中的目标，他/她将面临解雇的风险。询问他/她需要什么样的支持来改进行为。你和幼儿都需要支持，并且值得与有能力、尽职尽责、有爱心的人共事。

(资料来源: Steffen Saifer. 幼儿园班级管理问题预防与应对(25周年版)[M]. 曹宇，译. 北京: 中国轻工业出版社，2018.)

第三节　幼儿与幼儿的关系管理

幼儿园班级不仅是幼儿学习知识和技能的场所，更是他们从家庭环境向学校生活过渡的桥梁。在这样的环境中，孩子需要学习的不仅是学习态度和方法，还包括如何在集体中与他人互动的规则，以及如何与同伴建立并维持友好的关系。与同伴的互动不仅能够帮助孩子获得友情的"归属感"，还能促进他们的自我认知和发展。

一、幼儿之间关系管理的内涵

为了促进孩子之间的良好交往，教师应鼓励他们经常分享想法和感受。这种分享可以帮助幼儿更好地理解同伴的需求，培养他们的合作精神和助人为乐的态度。当一个孩子得到帮助时，他也将学会如何以积极的方式回馈，从而形成一个正向的互助循环。

在日常活动中，教师应鼓励幼儿分享、合作并表现出友善行为。让他们学会识别并关心同伴的情绪，培养对他人的同情和关怀，从而加深他们之间的友谊。此外，消除孩子之间的攻击性行为也非常关键，以确保每个孩子在班级中都能感受到温馨、快乐和安全。

对于那些交往技能较弱或比较害羞的孩子，教师应给予特别关注并鼓励他们更多地参与集体活动。同时，通过引导其他孩子与他们交往，帮助这些孩子体验与同伴相处的乐趣，感受集体的温暖和快乐。

二、指导幼儿之间关系的原则

1) 平等对待

每个幼儿都是独特的个体，拥有自己的性格和需求。教师应鼓励孩子平等对待每一个同伴，避免因能力、性格或背景的不同而产生偏见。

2) 积极反馈

教师应鼓励孩子在与同伴交往中给予正面的反馈和鼓励。例如，当一个孩子与另一个孩子分享玩具时，教师应表扬他们的合作行为。

3) 解决矛盾

当孩子之间出现争执或冲突时，教师应及时介入，引导他们学习通过沟通和妥协解决问题，而不是采取暴力或冷漠的态度。

4) 鼓励团队合作

通过组织团队活动，如小组游戏或集体项目，帮助幼儿理解团队合作的重要性，并鼓励他们在团队中找准自己的位置(见图 11-2)。

图 11-2　幼儿团队合作

5) 培养同情心

当一个孩子遇到困难或情感困惑时，鼓励其他孩子关心和支持，培养他们的同情心和乐于助人的精神。

6) 提倡诚实与信任

教师应鼓励孩子之间建立基于诚实和信任的关系。例如，当一个孩子不小心伤害了另一个孩子时，教师应鼓励他主动道歉并承担相应的责任。

7) 多样性与包容性

鼓励孩子欣赏和尊重每个人的独特性和多样性，无论其背景、文化和能力如何，并教导他们在日常生活中展现出包容的态度。

8) 自我认知与自尊

帮助孩子了解自己的情感和需求，并鼓励他们为自己的行为负责。这不仅可以增强他们的自尊心，还可以帮助他们更好地与同伴建立关系。

总的来说，教师的目标应该是创建一个友好、和谐且支持性的班级环境，让每个幼儿都感到被接纳、尊重和珍视。通过遵循上述指导原则，幼儿将在和谐友爱的环境中健康成长和发展。

📑 **拓展阅读**

让幼儿了解并认知文化的多元性

文化，告诉我们和他人是如何生活的，是指我们吃什么、何时吃、怎么吃，我们穿什么，我们信仰什么，我们如何交谈，我们希望什么，我们聆听什么音乐，我们如何抚养幼儿，等等。每个人都是文化的一部分。以多元的视角看待文化是很重要的，有助于教师创设真正的支持性班级环境，避免歧视幼儿。

我们的社会存在多种文化。例如，不同民族、不同地域、不同阶层、不同性别的文化，城市和农村的文化，儿童和青少年以及成人的文化，等等。

在大部分学前儿童的班级里，一部分幼儿对另一部分幼儿产生偏见和歧视，很可能是基于容貌、年龄、性别的差异而不是民族、阶层的不同。外表富有吸引力的幼儿更受同伴的喜爱，他们仅因外表就被同伴视为聪明、有能力的人。如果某个幼儿被同伴认为不好看，那么大家就会对他产生负面看法。不论男生还是女生都更愿意与自己同性别的伙伴待在一起玩。年长的儿童更容易排斥年幼的同伴。教师要发现这些偏见，创建活动来培养幼儿的包容心和同理心，帮助那些被歧视的幼儿学会捍卫自己。

班级是一种社区，在这里竞争被弱化和调解，合作与协商被放大，创造性和想象力比听从指令更有价值，过程和结果一样重要。这里没有小集团和派别，每个人都是集体的一分子。教师需要使用各种方法帮助幼儿改变被误导的观念，防止偏见观念的形成。

接下来，我们将讨论运用知识和热情取代偏见的具体方法。

1. 问题预防

(1) 制定清晰简单的规则，并与家长分享。比如，"班级中接纳和赞美各种差异。我们会教幼儿懂得尊重、理解和欣赏各种差异。如果哪个幼儿表现出歧视行为，那么我们将会帮助他改变行为。我们会纠正幼儿对于某一类人的偏见和误解。在这里，幼儿将学会理解，公平，包容，共识和协商"。

(2) 与家长见面时了解他们的价值观和教育观，提一些开放性的问题。比如，"请告诉我，在您的家庭中，什么很重要？""您的家庭的最独特之处是什么？""您希望您的孩子拥有什么样的核心价值观和性格特点？""您对孩子的期望和梦想是什么？"

(3) 建立班规——"用手或语言寻求帮助而不是伤害他人"。与幼儿讨论伤害他人的语言和动作，包括嘲笑他人、给他人起外号、排挤他人等。

(4) 有些人从事的职业超出了孩子的一般认识，可以邀请他们到班级，或者带领幼儿拜访他们。比如，在开展健康主题活动时，邀请男护士到班级；在开展社区工作者主题活动时，邀请女消防员到班级。

(5) 邀请少数民族幼儿的家庭成员分享他们的文化传统，包括故事、歌曲、舞蹈、食物等。确保幼儿理解道具服装或历史服装与日常服装的区别，以及仪式活动和日常活动的区别。

(6) 教师向幼儿展示其他国家或文化的节日庆祝方式。可以从自己班级幼儿家庭的多样性中寻找点子。如果你的班级中不存在文化多样性，那么你可以把其他文化的节日传统读给幼儿听，并找一个你觉得有趣的节日，通过角色扮演的方式展示出来。鼓励幼儿学习不同文化传统。

(7) 如果班级中大部分幼儿是少数民族，那么可以使用双文化和双语(如果合适的话)课程。此外，你还要尽可能多地提供与幼儿家庭语言相关的材料或者双语材料，以反映幼儿的文化以及他们看待事物的方式。通过这样的方法，幼儿能够了解价值观、语言、自己文化的习俗，同时也学到了主流文化的内容。

2. 问题应对

1) 幼儿提出涉及偏见的问题

(1) 如果幼儿的问题不礼貌，帮助幼儿以友好的方式提问。有些问题会出乎我们的意料。如果你不确定该怎么回答，可以稍后回答。你可以说："我需要想一想你的问题，稍后回答你。"

(2) 利用触手可及的资源和信息，帮助你回答比较难的问题。比如，"为什么他的皮肤这么黑/这么白？""为什么她吃的午饭与我们不同？"有大量的童书是关于这些话题的，找出来与孩子一起分享。

2) 回应幼儿涉及偏见的行为

(1) 幼儿对于文化差异可能有一些误解。为了改变幼儿的错误观念，或者减少幼儿形成错误观念的可能性，积极直接制止偏见行为是很有必要的。

(2) 当幼儿听到偏见表述或者表现出偏见行为时，你要立即给幼儿提供正确的信息。你可以这样说："如果因为你的肤色(体重或衣着)跟其他小朋友的不一样，所以不让小朋友跟你玩，那么你会感到很受伤。人们只有互相了解以后，才能准确判断是否喜欢对方。让我帮助你们一起玩，了解彼此。"在游戏开始时这样做，以便让游戏顺利进行。

(3) 支持被嘲笑的幼儿。你可以这样说："他是一个好孩子，值得交朋友，我认为这比你夸他长得好看重要得多。"

(4) 帮助被冒犯的幼儿捍卫自己。支持他的感受，帮助他说："我为自己的特点而骄傲，我可以在任何地方玩。"不要强迫幼儿建立友谊或否定幼儿害怕、不高兴的感觉。幼儿的恐惧既可能源于他对不同事物或未知事物的感觉，也可能源于家庭成员的偏执的认知。通过游戏、项目活动、共同的兴趣，为幼儿创设大量的建立友谊的机会。

(5) 有意识地组织一些反对偏见的活动。把班中幼儿克服偏见的事件写成故事(如来自两种不同文化的幼儿最初讨厌彼此，最后却成了好朋友)。运用手偶和角色扮演讲述与偏见有关的故事，展示如何有效处理偏见的问题。

(6) 当我们或幼儿注意到有偏见行为或事物时，请给幼儿展示解决的方法。比如，注意到车站站台有许多台阶，不适合使用轮椅的人们。你可以问问幼儿："是不是每个人都能爬楼梯？哪些人不能爬楼梯？他们该怎么上车？如果你不能上车，你会有什么感受？可以怎么做？"如果幼儿不能提出解决办法，那么你可以给他们一些建议。比如，跟车站的负责人或铁路系统的人谈一谈，或者给他们写封信。全班幼儿一起实施行动，并且分享对方的回应。有时候，你会得到让人兴奋的结果。比如，火车站很可能安装一部电梯。如果车站真的这样做了，你可以带领幼儿进行几次实地考察活动，看一看电梯是如何安装的。

(7) 当幼儿经常表达出偏见时，教师可以与他们的父母会面，跟他们解释你在班级中是如何处理这种行为的，并跟他们讨论你的观点，认真倾听他们的看法，然后共同制订计划。如果家长不认同班级的理念，支持自己孩子的偏见态度，那么你要明确表达在你的班级中，不允许出现带有偏见的声音和行为，主班老师会对此做出处理。或者在家长会上公开讨论这类问题，从而获得其他家长的大力支持，让不认同幼儿园理念的家长认识到自己的偏见。

(资料来源：Steffen Saifer. 幼儿园班级管理问题预防与应对(25 周年版)[M].
曹宇，译. 北京：中国轻工业出版社，2018.)

第四节　幼儿园班级人际关系案例及分析

一、小范老师的魅力升级：建立孩子的信任与连接

(一)背景介绍

小范老师刚进入幼儿园工作，她对工作充满热情。但初来乍到，她发现自己与孩子的连接并不紧密。孩子似乎更喜欢那些有经验的老师，她常感到自己缺少吸引力，迫切需要找到与孩子建立更紧密联系的方式。

(二)调整与实践

1. 倾听与观察

小范老师开始投入更多时间观察孩子，关注他们玩耍时的兴趣、语言和行为。她发现每个孩子都有独特的性格和需求。

2. 与孩子沟通

小范老师努力与每个孩子进行深入交流，了解他们的喜好、恐惧和喜欢的游戏。通过这些真诚的沟通，孩子逐渐感受到被重视和理解。

3. 创新教学方法

小范老师开始策划一些创新的游戏和教学活动，结合孩子的兴趣，使课堂更加生动有趣。她还融入了音乐、舞蹈和艺术元素，让孩子在愉悦的氛围中学习。

4. 鼓励孩子的参与

小范老师设计了一些角色扮演游戏，让孩子自主选择角色。这种互动方式极大地提高了孩子的课堂参与积极性。

5. 保持开放态度

面对孩子的问题或建议，小范老师始终保持开放的态度，不急于给出答案，而是鼓励孩子自己思考，并引导他们找到答案。

6. 结果

经过一段时间的努力，小范老师与孩子的关系日益亲密。孩子开始期待上小范老师的课，她的魅力显著提升。同时，孩子的学习兴趣和课堂参与度也大幅提高。

(三)案例分析

1. 倾听与观察

了解孩子是与他们建立关系的第一步。通过观察和倾听，小范老师认识到了每个孩子的独特性，这为她后续的教育工作奠定了良好的基础。

2. 与孩子沟通

沟通有助于增进理解，并消除误解。小范老师通过与孩子的深入沟通，让孩子感受到被重视和理解，从而与她建立了紧密的联系。

3. 创新教学方法

创新能够提升个人魅力。小范老师通过创新的教学方法，使课堂变得生动有趣，吸引了孩子的注意力。

4. 鼓励孩子的参与

参与感能够增强孩子的自信心。小范老师鼓励孩子积极参与，使他们在课堂中展现主动性，也更喜欢上她的课。

5. 保持开放态度

开放的态度能够鼓励孩子表达想法。小范老师总是鼓励孩子表达自己的观点，让孩子感到被尊重，进而与她建立了更深层次的信任。

通过自己的努力，小范老师成功与孩子建立了紧密联系。在与幼儿建立良好关系时，小范老师的开放态度、深入沟通、创新教学方法等都发挥了关键作用。小范老师的经历也为我们提供了示范，展示了如何与孩子建立信任和联系，提升个人魅力。

二、小柯老师的教育之旅：性别多样性与包容性

(一)背景介绍

在幼儿园 B 班里，小刚、小轩和其他孩子一起度过了愉快的时光。然而，最近小柯老师注意到小轩不再像以前那么快乐，不仅经常迟到，而且与小朋友的互动也明显减少。经过观察和询问，小柯老师找到了原因。原来，有一天小轩穿了一件带有粉色蝴蝶图案的衬衫来学校，小刚和其他一些小朋友因此取笑小轩是"娘娘腔"。从那以后，小轩就变得沉默寡言，不再与其他幼儿互动。

(二)小柯老师的行动

一天，小柯老师决定利用故事时间给孩子讲述一个特别的故事。这个故事讲述了一个名叫"乐乐"的小男孩，他喜欢粉色，也喜欢踢足球和爬山。乐乐的朋友们嘲笑他，认为他不符合"男子汉"的形象。但乐乐的妈妈告诉他，每个人都是独一无二的，应该得到尊重和接纳。乐乐决定勇敢地做自己，不再害怕他人的目光。

故事结束后，小柯老师邀请孩子分享他们的想法。孩子纷纷表示，他们应该像乐乐一

样，不关心外界的看法，勇敢做真实的自己。小柯老师还向孩子介绍了一些打破了性别刻板印象的著名人物，他们在各自领域取得了卓越成就。

最后，小柯老师带领孩子做了一个小游戏。每个孩子都要说出自己最喜欢的颜色和活动，然后小柯老师总结道："看，每个人都有自己偏爱的颜色和活动，我们不应该因为别人的标签而改变自己。"

(三)反思与结果

几天后，小刚在课间找到小柯老师说："老师，我知道我错了，我应该尊重每一个小朋友。"小柯老师鼓励小刚向小轩道歉，并提醒他以后要保持包容的心态。不久后，小轩重新变得活跃起来，和小刚也恢复了好朋友的关系。

(四)案例分析

1) 刻板印象的影响

性别刻板印象限制了人们的认知和行为。例如，认为男孩不应该喜欢粉色或者玩洋娃娃的观念，不仅限制了个体的自由选择，还可能造成心理和情感上的伤害。

2) 多样性与包容的重要性

每个人都是独一无二的，我们应该尊重和接纳差异。多样性不仅限于性别认知，还涉及文化、种族、宗教等多个方面。

3) 有效的教育方法

小柯老师通过讲故事和组织游戏等方式教育孩子，帮助他们理解和接受性别多样性。这种方法更能吸引孩子的注意力，让他们从中学到真正的知识和生活道理。

总体而言，作为教育工作者，我们有责任和义务为孩子营造一个充满多样性和包容性的环境，让他们自由地成长和发展。

三、黄园长的温馨引导：小彭的职称之路

(一)事件背景

小彭是某幼儿园雪花班的班主任，她工作勤勉，热爱孩子，受到同事和家长的喜爱。她一直期望能被评为高级教师，并为此付出了大量的时间和精力。然而，当评审结果公布时，她发现自己并未入选。情绪低落的小彭找不到宣泄的出口，最终在办公室失声痛哭。

(二)黄园长的应对

黄园长很快得知了这件事，他没有急于进入办公室，而是准备了一杯热茶，缓缓地走进办公室。看到小彭泪流满面，他并没有立即提及职称评审的事，而是与小彭聊起了孩子的趣事，试图转移她的注意力。

待小彭情绪稍微平复后，黄园长递上热茶，然后温柔地说："小彭，人生不可能总是一帆风顺的。失败并不代表你不够优秀，它只是告诉我们还有成长的空间。"

小彭努力抑制住泪水，黄园长继续说："你知道吗？我自己也曾两次申请园长职位失败。那时候我也很失落，但是我知道这只是生命中的一个暂时的阻碍。"小彭抬起头，目光中流

露出一丝好奇。"每次失败，我都会反思自己还缺什么，我能如何改进。然后，我努力地去完善自己，当我第三次申请时，我终于成功了。"黄园长看着小彭说："这次的经历，可能是你成长的契机。你可以尝试从中学习，发现自己的不足，然后努力去完善。"小彭点点头，泪水已经停止了流淌。

(三)结果与反思

在黄园长的鼓励和引导下，小彭逐渐走出了失落的阴影。她认真地反思自己，意识到自己在教育方法上还较为传统，对与时俱进的教育理念理解得不够深刻。于是，她积极参与培训，学习新的教育方法，不断提升自己。

一年后，小彭再次申请高级教师职称，这一次，她成功了。

(四)案例分析

1) 情感的宣泄和支持

面对挫折时，人们首先需要的是情感的宣泄和支持。黄园长没有立即谈及评审的话题，而是通过谈论其他内容，为小彭提供了情感上的支持。

2) 分享个人经验

黄园长通过分享自己的失败经历，让小彭感到不是只有她一个人会遇到失败，每个人都有可能经历低谷。

3) 积极引导

失败不是终点，而是新的起点。黄园长鼓励小彭从失败中寻找成长的机会，这也是教育的本质——不断地引导和激励。

总的来说，面对失败，我们不应该沉溺于失落，而应寻找原因，发现成长的机会。黄园长的处理方式为我们提供了一个很好的引导和支持的范例，他帮助小彭从失败中看到了希望，找到了前进的动力。教师之间的协调性和凝聚力来自同事间的共情能力和相互帮助。

本 章 小 结

师幼关系既是幼儿成长的支持系统，也是教育过程中的核心要素。教师在师幼关系中的定位决定了师幼关系对幼儿的影响，也影响着师幼关系的内容和表现。

在幼儿园教育中，教师不仅是孩子们的引导者和教育者，还扮演着团队成员的角色。教师之间在共同工作的过程中，不仅需要具备团队意识，更需要在充满人情味的环境中互相学习和成长，这种良性循环的友好关系，不仅为幼儿提供了温馨的环境，还为他们树立了如何向同伴表达自我以及互相协助的榜样。

学会与同伴建立和维持友好关系对幼儿至关重要。这种互动不仅可以帮助孩子获得友情的"归属感"，更能促进他们的自我认知和发展。

如何科学且充满温情地管理班级中的师幼关系、教师关系以及幼儿关系，可以通过研究人际关系案例及分析来学习和参考，并且在实践中逐步提升自己的人际关系管理能力。

思考与练习

一、简答题

1. 师幼关系对幼儿发展有哪些影响？
2. 师幼关系中教师的角色定位是怎样的？
3. 如何建立和维护良好的教师间关系？
4. 指导幼儿之间关系的原则有哪些？

二、论述题

1. 教师如何做好教师间关系的管理工作？
2. 教师如何应对幼儿之间出现的偏见问题？

实 践 课 堂

阅读下面的理论分析，如果你是大班的主班教师，发现班里的女孩子出现攻击性行为，请思考并提出你的解决方法。

幼儿园里女孩的攻击性行为

女孩的攻击性行为更多是指伤害另一个女孩的内心，男孩的攻击性行为更多是指外部的身体伤害。幼儿的刻薄行为，都会令人不安。当幼儿掌握了让别人哭的"艺术"并乐于弄哭别人时，我们就会很担心。

为什么语言和社会性攻击在女孩中间更普遍呢？女孩的语言和社会交往技能通常比男孩发展得好。即使只有 3 岁的小女孩也知道，让另一个女孩最受伤的事情是排挤她。此外，她们比男孩子更擅长使用语言和社会性攻击手段。比如，形成小圈子；让某些幼儿在游戏中扮演次要的角色；说其他幼儿的"坏话"；制定其他人必须遵守的"规则"，然后打破规则，重新制定规则以满足自己的需求；等等。

(资料来源：Steffen Saifer. 幼儿园班级管理问题预防与应对(25 周年版)[M]. 曹宇，译.

北京：中国轻工业出版社，2018.)

第十二章　幼儿园班级家长工作管理

课程目标

知识目标： 学生通过学习家长工作管理的基础理论，明确家长管理的原则和方法，分析教师有效管理家长关系对幼儿学习与发展的积极作用。

能力目标： 学生能够结合本章拓展内容和案例分析，根据家长工作管理的特点，总结在不同类型条件下的家长管理策略，并在实施方案中高效率地分析和解决问题，培养与家长建立良好关系的管理能力。

素质目标： 学生在案例讨论过程中提升家长工作的专业素质，培养社会主义核心价值观，树立家园合作育人的职业理念。

核心概念

公平原则　信赖关系　沟通机制

引导案例

不是我家孩子做的

林林刚入园时，如果老师稍微没有关注到他，林林就会把桌子上的玩具推到地上，或者把卷在一起的线绳扯开，制造混乱。然而，观察他的表情，却不像故意捣乱，反而像是觉得这样的行为很有趣。有一天，他又把风筝的线扯起来，在教室里奔跑，结果导致其他小朋友被绊倒了。主班老师向林林说明了这一动作的危险性，并在家长接孩子放学时，向林林的妈妈复述了事情的经过，希望家长配合幼儿园共同教育孩子。次日进园后，林林妈妈却说："我回家问过孩子了，孩子说自己没有做危险动作，是不是老师误会了孩子？"接着又说："孩子爸爸也因为误解孩子而非常生气。"听到这样的反映，老师非常惊讶，但并没有继续争论，因为他们了解林林的语言能力发育相对迟缓，不可能表达出如此清晰的解释。此后，老师采取了更加关注的方式，和林林一起游戏，以避免他再做出危险的行为。这样一来，林林的捣乱行为逐渐减少，老师也及时与家长分享了关于他的成长趣事。有一天，林林妈妈主动向老师谈起了林林发育迟缓的问题，并表达了自己的苦恼。

案例分析

进入幼儿园是孩子第一次离开家庭进入集体生活的社会性体验。这不仅对孩子是一次考验，也是对家长的一次试炼。在集体生活中，孩子可能会展现出与家庭中不同的一面，有时在游戏中发生争执，如抓伤、推倒其他小朋友等行为。在这种情况下，幼儿教师会向做出危险动作的孩子的家长描述事情的经过，并需要家长向受到伤害的一方的家长表达歉意。然而，在这种情况下，有时家长不愿意承认自己孩子的行为，或者为孩子辩解，甚至责怪教师未能尽责。这些反应从侧面提醒了教师应认识到，家长工作的重要性和任务的艰巨性。家长工作的首要任务是建立与家长之间的信赖关系。

学习指导

本章的重点是介绍班级家长工作的作用与内涵，内容与方式，管理策略以及如何与家长构建合作伙伴关系。在学习过程中，首先要仔细阅读教材，掌握家长工作的内涵以及常用的家长工作方式，包括集中性、分散性、日常的交流和独具特色的方式。其次，学习教师在涉及家长的事务中如何实现"三重融合"。最后，结合自身的学习经验，理解并实践与家长沟通中应掌握的沟通策略。

第一节　幼儿园班级家长工作的作用与内涵

一、幼儿园班级家长工作的作用

简而言之，班级管理不仅是一种技能，还需要精心策划以及具备应对多种挑战的能力。成功的班级管理能够显现出整个班级的积极氛围，并且关乎各种班级活动的质量。因此，为了实现卓越的班级管理，教师需要时刻保持警觉，不断地发现问题并寻求解决方案，根据新情况和新问题不断更新管理策略，并确保这些有效的策略能够贯穿于孩子的日常教学活动中。这样，幼儿园的班级管理将更具特色，并取得更好的成效。

在常规工作中，教师与家长之间的有效沟通是实现优质班级管理的关键。只有当学校与家庭之间进行充分交流时，双方才能相互理解，分享意见，并携手合作，从而在班级管理上达成共同的目标，并进一步优化班级管理的效果。

二、幼儿园班级家长工作的内涵

家长工作因幼儿的存在而建立并得以维持，这种关系与其他人际交往有所不同。有观点认为，教师与家长之间的关系是导师与学员的关系，或者雇员与雇主的关系。然而，这些看法过于简化了双方的互动。最理想的教师和家长之间的关系应该是基于平等的合作，这种关系最有利于幼儿的发展。

(一)教师与家长关系的特点

1. 以工作为核心

教师作为专业人士，与家长的互动是其工作职责的核心部分。这种职业需求定义了他们关系的起始点。

2. 以幼儿为中心

教师与家长的关系并不仅仅是他们两者之间的，而是建立在教师、家长和他们共同关心的对象——幼儿之上。幼儿在这里起到了连接两者的桥梁作用。简单地说，如果没有幼儿，教师和特定家长之间的关系就无从谈起。

3. 以教育为目标

教师与家长之间的互动建立在一个共同目标上，那就是促进幼儿的健康成长。他们的所有交往和合作都是为了达到这个目标。

4. 以合作为方式

教师与家长之间的互动基于合作。通过各种形式的合作，学校教育和家庭教育被紧密地结合在一起，这对幼儿的全面发展起到了至关重要的作用。

(二)教师与家长交流的核心原则

显然，教师与家长之间的有效沟通对于儿童的成长和班级活动的成功至关重要。尽管如此，许多幼儿园教师在与家长沟通时仍然感到困惑。在教师与家长的交往中，必须遵循以下核心原则。

1. 平等与引导的原则

平等与引导的原则意味着教师在与家长沟通时，既要维护彼此的尊严和平等地位，又要在科学育儿和幼儿园教育中发挥积极的指导作用。

教师应认识到与家长在社会地位上的平等性，不应因为其教育角色而对家长产生优越感或自卑感。同时，无论家长的经济或社会地位如何，教师都应保持公正和尊重的态度，并根据家长的需要提供相应的支持和建议。

2. 重视家长的教育角色

家长是孩子生命中的首位教育者。教师需要认识到家长不仅是养育者，而且在教育中也有着至关重要的作用。双方都应该承担彼此的教育责任，意识到只有共同努力，才能真正照顾到孩子的各方面需求。

3. 推广教育的专业理念

尽管当今家长越来越注重孩子的教育并且持有一定的教育观念，但由于教师接受了专业培训和持续的教育更新，他们在教育方法和理论上往往比家长更加熟悉。因此，教师应充分利用自己的专业知识，引导家长，帮助他们更好地理解和实施科学的育儿方法。

4. 支持教育策略的实施

教师应努力为家长提供一些实用的教育策略和技巧，帮助他们在日常生活中更好地进行教育活动。这样，教师与家长之间的沟通才能真正地发挥其效用，进一步促进幼儿的全面发展。

第二节　幼儿园班级家长工作的内容与方式

一、不同类型家长的工作内容

1. 与父母辈家长的沟通

父母辈家长主要指孩子的父母。现代幼儿的父母一般具有以下特征：多数年龄为 25～35 岁，属于较为年轻的群体；他们的受教育水平普遍呈上升趋势；对于现代科学的育儿观念和方法，他们普遍给予更高的重视。与这一代家长合作时，我们需注意以下几点。

1) 平等的合作态度

教师与年轻的家长应在平等的基础上建立合作关系。平等意味着双方在教育孩子的过程中应保持相同的地位，避免单向指导。教师应避免在交流中显得过分谦卑或傲慢。与家长合作意味着双方都是孩子的教育者，教师应获得家长的支持，同时也要关注家长的需求，为他们提供相应的指导和帮助，这样的合作会更有利于孩子的全面发展。

2) 客观且公正的评估

当评价孩子时，教师应保持客观和公正，避免让家长觉得某个孩子受到了偏袒或被忽视。例如，讨论孩子的进步时，除了给出具体实例，还应对孩子的整体发展做出综合评价。对于班级的工作，教师也应实事求是，不过分夸大，同时对任何不足之处都应坦诚承认，并积极寻求改进。

3) 利用专业知识进行引导

鉴于现代家长的受教育水平和新颖的教育观念，教师应充分发挥自己的专业优势来为家长提供指导。这意味着，教师不仅要不断提高自己的专业素养，还应分享最新的育儿资讯。与家长交流时，教师应展现出扎实的专业背景，这样才能真正赢得家长的信任和尊重。

2. 与祖辈家长的沟通

祖辈家长主要是指孩子的祖父、祖母、外祖父、外祖母等。受计划生育政策等因素影响，孩子与祖辈生活在同一屋檐下的情况变得更加普遍。同时，由于工作压力和工作时间的限制，许多父母辈不得不选择让祖辈照料孩子。因此，与祖辈的沟通在班级工作中变得尤为关键。与这个特殊家长群体交往时，教师应注意以下几点。

1) 重视并尊重他们的社会地位

教师首先要理解并认同祖辈家长在社会和家庭中的重要地位。在与他们的日常互动中，应当展现出尊重，如热情地打招呼或在班级活动中给予他们适当的关注。此外，也应该鼓励他们参与家长会等活动，并通过组织"祖辈的教育经历分享"或"祖孙情深故事"等活动，让他们感受到自己的价值和责任。

2)　深入了解他们的需求

与年轻的家长相比，祖辈家长的育儿观念和关注点可能会有所不同。例如，他们可能更关心孩子的日常生活习惯，而不是学习的内容和方式。因此，教师在与他们交流时，需要更加深入地了解他们的真正需求，以便有效地进行沟通和合作。

3)　婉转地给出建议

考虑到祖辈家长的特定需求和情况，教师应该在了解他们的观念和想法基础上，适当、婉转地给出建议，确保双方能够更和谐地共同努力，为孩子提供更好的教育环境。

3. 与兄姐辈家长的沟通

在现代，受计划生育政策调整的影响，家中有两个或更多孩子的家庭比例正在增加。这样的家庭中，长子女往往与晚出生的孩子之间年龄差距很大。在这种背景下，幼儿园也经常遇到哥哥或姐姐来接送幼儿或参与家长会的情况。这为幼儿园教师的家长工作带来了新的挑战和机遇。面对这一特定的家长群体，开展家长工作时，教师应注意以下几点。

1)　加强兄姐的情感关注

虽然哥哥或姐姐可能仅仅是来接弟弟或妹妹，但他们本身也经历了从一个独生子女到有了兄弟姐妹的情感转变。在与他们交流时，教育者应该展现出对他们情感的关心和理解，确保他们感受到受重视和受关怀。

2)　调整交流策略

考虑到哥哥或姐姐的年龄可能比传统的家长年轻，教育者在与他们沟通时，应该采用更加贴近他们的交流策略，这包括使用更加简单明了的语言，采用更加直接的沟通方式。

3)　提供家庭教育指导

对于家中有多个孩子的家庭，如何平衡对每个孩子的关注和教育是一个重要话题。教育者可以为哥哥或姐姐提供一些家庭教育的建议和资源，帮助他们更好地与弟弟或妹妹相处，同时也帮助他们更好地理解和支持幼儿园的教育理念和工作。

4)　加强与父母的沟通

虽然哥哥或姐姐可能经常参与幼儿园的日常工作，但与孩子的父母保持良好的沟通仍然至关重要。教育者应确保父母了解并支持幼儿园的教育理念和工作，同时也了解他们家中的具体情况，以便为他们提供更为精准的支持和帮助。

二、班级家长工作的方式

1. 与单一家长的沟通方式

1)　日常接送时的对话

每天幼儿来园和离园时，都是与家长进行简短对话的良好机会。教师可以用简短的几句话概述孩子当天在幼儿园的活动和学习情况，或是描述当天出现的特定问题，让家长及时了解孩子在幼儿园的最新情况，感受到教师对孩子的关心，从而加强家园之间的紧密合作。

2)　家访

家访主要是在幼儿入园前进行，但也可以在孩子已入园后实施。此方式涉及教师直接访问幼儿家庭，与家长进行深入交流。

入园前的家访尤为关键。对于即将入园的家庭，首先，这可以帮助孩子提前与教师建立联系,减少孩子第一天到园时的不安和不适感。其次,家长可以通过家访更深入地了解入园需要注意的各种细节,帮助他们为孩子的入园生活做好准备。

从教师和班级管理的角度看,家访使教师能够了解幼儿的个人喜好、日常习惯、健康状况等,为日后的个性化教学提供依据。同时,教师还可以了解家长的教育观念和方式,如他们对孩子教育的重视程度、是否过度干预孩子的生活等,这有助于教师找到与家长沟通的有效方法和内容。

2. 与家长群体的沟通方式

1) 班级家长会

家长会是许多幼儿园常规采用的家长沟通方式。通常,家长会在学期初或学期末安排,会议邀请班级中所有家长参与。此类会议的目标是向家长明确介绍即将进行或已完成的班级教学活动,同时公布学期或全年的教育目标和教育保育工作概述,并向家长展示孩子的学习与发展成果。此外,家长会还为家长和园方提供了一个共同讨论和交流孩子教育经验的平台。

2) 幼儿园家长开放日

开放日活动允许家长步入幼儿园,观察或参与日常的教学活动(见图12-1)。家长可以更直观地了解幼儿园的办学理念、教育环境、教育方法和教育特色,以及教师的日常教学行为和互动方式。此外,开放日还为家长提供了一个机会,与其他孩子的发展进行比较,从而更全面地掌握和了解自家孩子的成长与学习进度,并针对其特点进行相应的家庭教育调整。

图 12-1 幼儿园家长开放日

3) 班级社交媒体群组

现代通信工具如微信等,为教师和家长提供了一个即时交流的平台。在班级微信群中,教师可以方便地与家长进行在线沟通,如文字聊天、音视频通话和文件共享等。此外,微信群也为家长之间的交流提供了机会,他们可以共享育儿心得、教育资源等。然而,在使用这些平台时,教师需要确保发布的信息简洁明了,避免信息过载或与教育无关的内容。同时,也要注意保护幼儿和家庭成员的个人信息。

第三节　幼儿园班级家长工作的管理策略

幼儿园班级家长工作表面上看似简单，实则涉及的内容涵盖方方面面，错综复杂。在探讨家长工作的管理策略时，我们将问题的焦点集中在一些典型的家长类型上进行讨论，并在第四节的案例中进行具体分析。

一、与希望获得特殊照顾的家长的交流策略

当家长希望其孩子在园内获得特殊照顾时，这可能基于孩子的健康、学习、心理等特殊需求，或是家长个人的期望和观念。如何有效地与这些家长沟通，满足家长对孩子的实际需求，同时确保园内的公平和正常运作，成为一项重要挑战。

1. 深入了解需求

首先要明确家长希望获得特殊照顾的具体原因和内容。这可能涉及孩子的身体健康、学习障碍、心理特征等。

2. 设立单独沟通时间

为家长安排一个特定的沟通时间，确保在此期间可以无干扰地聆听和解答家长的需求。

3. 提供专业评估

对于特殊的学习、健康或心理需求，可以建议进行专业评估，确保提供的特殊照顾真正符合孩子的需求。

4. 确保公平原则

在满足特殊需求的同时，需要确保不破坏园内其他孩子的权益和班级工作的正常运作。

5. 透明化政策

园所应有明确的政策，指导如何处理特殊照顾的请求，让家长了解和理解园所的行动依据。

6. 提供替代方案

如果某些请求无法满足，可以考虑提供替代或补充的支持方案，帮助孩子和家长。

7. 教育与培训

对于家长的误解或不切实际的期望，可以提供相关教育和培训，帮助他们了解孩子的真实需求。

8. 建立长期沟通机制

特殊照顾的需求可能会持续一段时间，因此建议与家长建立长期的沟通机制，定期了解孩子的进展和调整照顾方案。

9. 鼓励家长参与

鼓励家长参与到园所的活动和教育中来，让他们了解园所的努力，也让孩子感受到家庭与园所的共同支持(见图 12-2)。

图 12-2　幼儿园家长课堂活动

10. 及时反馈

对于家长提出的特殊照顾需求，要及时给予反馈，告知他们园所已采取的措施或考虑。

通过上述策略，希望在尊重每一个孩子的特殊需求的同时，确保园内的公平与和谐，为所有孩子提供一个最佳的成长环境。

二、园内发生欺凌或意外事件时的交流策略

当园内发生欺凌或意外事件时，这往往会引发家长的担忧、疑惑，甚至是不满。如何有效、及时地与家长沟通，化解误解和信任危机，显得尤为关键。

1. 及时沟通

一旦发生此类事件，应尽快地通知受影响的家长，并简要告知事发情况。避免家长从其他途径或媒体获知信息，从而引发不必要的恐慌。

2. 设立特定沟通时间

安排一个合适的时间与家长面对面沟通，避免情绪化的冲突和误解的产生。同时，确保在与家长沟通时，能为他们提供详尽的事实描述。

3. 透明开放

诚实地告知家长事情的经过、涉及的幼儿以及幼儿园已采取或即将采取的措施。避免隐瞒或敷衍，这样可以建立家长的信任。

4. 听取家长的意见和建议

家长可能对事件的处理或预防措施有自己的看法，聆听并考虑他们的意见，让他们感受到自己的声音被重视。

5. 提供解决策略和预防措施

告知家长，学校如何处理此次事件，并提出未来的预防措施，以减少同类事件的发生。

6. 心理支持与关心

对于受到欺凌或意外伤害的孩子，幼儿园应提供必要的心理疏导和关怀，同时与家长沟通，让家长知道园方对孩子的关心，并提供给家长具有参考性的心理疏导方法。

7. 持续跟进

事件发生后，园方应持续关注受到影响的孩子的情况，与家长保持沟通，及时解决后续可能出现的问题。

8. 反思与改进

事件发生后，幼儿园团队应进行反思，针对事件的起因，制定更为有效的预防措施，并在园内进行相关的培训和教育。

9. 让家长参与

邀请家长参与反欺凌和安全教育的活动，共同为幼儿创造一个和谐、安全的环境。

10. 持续更新

与家长保持沟通，告知他们园内新的预防措施和教育内容，让家长时刻了解幼儿园的努力和进展。

通过上述策略，旨在建立和维护与家长之间的信任关系，同时确保孩子在园内的安全和健康成长。

另外，若孩子受到伤害的事件发生在幼儿园之外，且施害者可能是家长，这种情况在国内外也逐渐增多。面对这样的情况，教师应该如何应对呢？请阅读下面的拓展内容以获取更多信息。

📄 拓展阅读

拯救幼儿——虐待或者忽视幼儿的家长

几乎每个国家都有关于举报幼儿受虐待的法律。作为幼儿的照料者，教师需要了解国家关于虐待的法律规定。如果你怀疑幼儿受到虐待，那么要及时举报。否则，也是违法的。即使误报也没关系，因为你举报的出发点是为了孩子。

要像对待幼儿的身体虐待一样，警觉和关心幼儿被忽视、被性侵或者被情感虐待的情况。当然，幼儿遭受的这些虐待更难被发现，但是它们与身体虐待一样，给幼儿带来了很大的伤害。情感上被虐待会导致幼儿表现出消极和反社会行为。受到情感虐待的幼儿经常被责骂、被惩罚、被羞辱、被残酷地对待(如被锁在一个柜子里)或者经受心理上的折磨。

1. 问题预防

(1) 参加培训会议。通过专业的培训，教师既可以认知幼儿被虐待、被忽视的迹象，也能准确地知道当怀疑幼儿被虐待或者被忽视时应该怎么办。此外，你还能了解当政府机构收到举报的时候，接下来会怎么做。

(2) 教会幼儿保护自己的方法。

(3) 确保家长了解幼儿园关于举报幼儿被虐待的规定和程序，以及政府部门关于举报幼儿被虐待的相关规定。

(4) 熟知家长可以使用的资源，熟知有效预防幼儿被虐待的机构以及虐待和忽视幼儿的原因和影响。

2. 问题应对

幼儿身上经常会出现很多伤口和淤青，因此要判断一名幼儿是否正在遭受身体上的虐待很难。然而，误报总比错过好。教师要详细记录幼儿身上的伤口和淤青，包括你第一次看到它们出现在幼儿身上的日期。可能的话，把它们拍下来。如果一段时间内幼儿身上总是有很多小的伤口、淤青或者烫伤的痕迹，或者幼儿身上有一直不能愈合的伤口，那么说明幼儿很可能遭受了虐待或者被忽视了。

举报幼儿被虐待是一件非常有意义的事情，因为你可能因此让相关机构关注到这个家庭，进而帮助这个家庭，你甚至有可能拯救一个幼儿的生命。

1) 幼儿被忽视和幼儿被虐待的迹象

表 12-1 能帮助你快速了解幼儿被忽视以及他们遭受情感、身体和性虐待最常见的迹象。但是，偶尔有一两个迹象并不能说明幼儿被虐待了。如果幼儿身上有两个或者更多的迹象并且持续一段时间，而且有规律地出现，那么就应该怀疑幼儿受到了虐待并向相关部门举报。然而，只要发现任何严重的迹象，如非常饥饿、严重的烫伤等，即使只有一个，也应该上报。此外，如果出现以下情况，教师应该及时上报。①家长或者幼儿解释了出现淤青的原因，但是他们给出的原因根本不可能导致幼儿的淤青。②幼儿主动告诉你他是被家长、其他成人或者年长的幼儿打伤的。③幼儿告诉你他被一个人留在家里时弄伤了自己。

表 12-1 幼儿被忽视迹象与幼儿被虐待(情感、身体和性虐待)迹象

幼儿被忽视的迹象	幼儿情感被虐待的迹象
•总是很饿 •长期疲惫和无精打采 •穿着与天气不符 •闻起来很臭 •穿着很脏的衣服 •没有得到应有的治疗 •没有长个和增加体重 •告诉你他(她)被一个人留在家里，或者由11岁以下由哥哥或者姐姐照顾	•表现出极端的情绪(过度开心、难过、自闭)，而且通常在不适宜的时间用奇怪的方式表现出来，如受伤的时候大笑 •伤害自己的身体 •把自己与他人隔离开来 •表现出奇怪的行为，如拽头发、摇晃身体、撞头等 •破坏财物或放火 •表现出极端的恐惧或者害怕很多东西 •残忍地对待其他幼儿或小动物 •沉迷于微小的细节 •忍不住偷东西 •咬人(3.5岁以上)

续表

幼儿身体上被虐待的迹象	幼儿遭到性虐待的迹象
• 在身体的一些部位(如眼睛周围、臀部、生殖器、脖子、躯干、大腿、腿后面)看到瘀青或者伤痕，不像是摔倒或撞到导致的 •身上的淤青或者伤痕具有一定的形状，如皮带印或者手印 •经常被烫伤，身体不同寻常的部位被烫伤，或者烫伤痕迹呈现不同寻常的形状，如烟头状或熨斗状等 •大的咬痕，看上去是被动物、成人或大孩子咬的。 •大量的瘀青且恢复的程度不一样	•因为生殖器或肛门部位很疼，所以走路或者坐下来的时候很困难 •内裤有污渍或血渍 •生殖器或肛门部位发痒 •对性有成人化的认识 •特别害怕男性 •画出男人竖起的阴茎或其他性爱场景

2)　怀疑幼儿被虐待或被忽视时，应该做什么和不做什么

(1)　无论幼儿身上出现什么伤痕都要记录下来。要记录下伤痕出现在幼儿身体的什么部位，以及你发现伤痕的时间和日期。此外，还要记录下家长和幼儿所做的解释。如果你怀疑幼儿被忽视了或者遭到了性侵、情感虐待，那么要把这些症状和幼儿所做的解释记录下来。记录要具体而客观。然后，打电话向当地的儿童保护机构报告。

(2)　把你所做的记录放在一个安全的地方。这很重要，因为可能几天之后社会工作者才能过来调查。另外，在社会工作者看来，一次事件并不值得担心，但是如果一段时间内出现很多次，那么就必须关注了。因此，很多地区都要求有幼儿被虐待的书面报告。

(3)　让园长知道你已经上报给当地的儿童保护机构，要求他接管后续事宜，这样你就可以专心带班了。

(4)　不要与家长讨论你的疑问。也许家长知道你已经看到了幼儿身上的伤痕，甚至告诉他们你将向相关机构报告幼儿有可能正在遭受虐待。这不是一个好办法。因为虐待孩子的家长可能会带着孩子离开幼儿园，这样你和社会工作者很可能就找不到他们了。此外，家长还有可能说服你不要举报。记住，你的首要责任是保护幼儿。

(资料来源: Steffen Saifer. 幼儿园班级管理问题预防与应对(25周年版)[M]. 曹宇，译. 北京: 中国轻工业出版社, 2018.)

三、家长不理解幼儿园的某些教育内容时的交流策略

1. 家长对幼儿园的某一课程内容或教学方法表示困惑或不满

家长的不满常常源于与园方在认知或价值观上的差异。例如，教育者可能认为对幼儿进行与年龄相符的性取向、身体知识、生死等话题的启蒙是有必要的。然而，部分家长可能持有相反的观点，认为这类话题幼儿尚不宜接触，即使应当教授，也应由家庭来负责。家长希望教师能在知识学习方面多下功夫，以使幼儿在升入小学后学习成绩优异。

2. 家长对教师的教育内容或方法表示忧虑

面对家长的担心和疑虑，教师首先应保持冷静和理解。应安排一个合适的时间与家长进行面对面的沟通，避免在课堂时间或其他不适宜的场合与家长产生争议。可以组织一个座谈会，邀请所有对此话题感兴趣的家长参与，并鼓励支持幼儿园教育理念的家长分享自己的看法和经验。

3. 借助专家的研究结果和建议

在沟通时，结合幼儿发展的原则以及相关领域专家的研究和建议，为自己的教育方向提供支持。例如，对于"防止小学化"或者"性教育是否会影响孩子的纯真"这样的问题，我们应该借助教育理论以及事实和数据，正面回应家长的疑虑，同时为家长提供一些有助于他们更好地理解和支持该教育内容的读物。例如，教育部关于学前教育防止小学化的相关文件或者《全面性教育技术指南——国际标准在中国的潜在本土化应用》(第一版)等。

4. 始终尊重和理解家长的情感

尊重家长的担忧和情感，体现在考虑实施教育内容时进行适当的调整，以实现家园之间的最佳合作和理解。然而，我们也需要尊重教育的专业性，不能因为家长的异议而轻易放弃教育的初衷和理念。

第四节　幼儿园班级家长工作管理案例及分析

一、日常的家长管理案例

(一)幼儿园小陈老师与家长的微信群沟通案例

1. 开篇

星期五下午，班级微信群里热闹非凡，许多留言不断涌现。小悦的妈妈突然发了一条消息："小陈老师，我们家小悦今天回家说中午吃的是'蜘蛛汉堡'，这是什么情况？"

不一会儿，其他家长也纷纷跟上，"啊？我家宝宝也这么说了，他还说吃了很多蜘蛛腿。""是不是园里的食材出了什么问题？"等等。逐渐地，微信群里的消息像滚雪球一样越积越多，情况愈演愈烈。

2. 主题

小陈老师看到后，首先保持了冷静，她知道这个时候需要及时、透明地进行沟通。她迅速回复："亲爱的家长们，首先感谢大家的关心与反馈。今天的午餐是'蔬菜汉堡'，并没有所谓的'蜘蛛汉堡'。不过，我想这也是一个好机会，与大家分享一些关于幼儿心理的知识。"家长的讨论逐渐平息，都在等待小陈老师的进一步解释。

小陈老师继续回复道："在幼儿期，孩子们的想象力非常丰富，他们常常会在现实与想象之间自由切换。这是因为他们的认知发展阶段不同，对事物的理解和成人存在差异。因此，他们可能会将'蔬菜汉堡'想象成'蜘蛛汉堡'，这并不表示他们真的吃了蜘蛛，而是他们在进行创意性的思考。"小华的爸爸回复："哦，我以前听过，孩子有时会'说谎'，其实是他们的想象。"

小陈老师给小华爸爸的回复点了赞，然后继续解释："没错，小华爸爸。这并不是真正意义上的'说谎'，而是他们基于自己的认知结构和经验对周围事物进行的解释和重塑。对我们成人来说，这是一种创造力的体现。这也是为什么我们经常说，孩子是最好的艺术家，他们看到的世界与我们有所不同。"

小红妈妈发了一个大笑的表情后说："之前小红还告诉我，她和小公主去了一个遥远的国度，原来都是她的想象啊。"小陈老师回复道："是的，小红妈妈。这种丰富的想象力对孩子的创造力和艺术天赋的培养都是非常有益的。作为家长和教师，我们需要引导并鼓励他们提高这种能力，而不是去抑制它。"

家长纷纷表示理解，并开始分享自家孩子的"想象故事"。

3. 结束

小陈老师总结道："家长们，非常感谢大家的理解与支持。关于食材和伙食，我们将持续保持透明，如果有任何疑问，请随时与我沟通。同时，也希望大家能够更深入地了解幼儿的心理特点，这样我们就能更好地与孩子们交流和引导他们。"

家长纷纷表示感谢，微信群里再次恢复了往日的和谐与欢乐。

4. 分析

这次事件再次证明了及时、透明沟通的重要性。小陈老师不仅成功地消除了家长的疑虑，还借此机会普及了有关幼儿心理健康的知识，赢得了家长的赞誉和支持。

(二)在接送幼儿时向家长讲解融合教育的必要性

1. 开篇

春风和煦，阳光洒在幼儿园的小院里。正是孩子放学的时刻，家长纷纷来到园门口接孩子。小冯老师正在忙碌地帮助孩子们换鞋、整理物品。她注意到了站在人群中显得有些焦虑的小雪奶奶。因为小雪的父母出差，所以这段时间她负责接送小雪。

2. 初次碰撞

小雪奶奶走到小冯老师面前，带着些许紧张地询问："冯老师，我听说我们班现在实施融合教育，是不是意味着小雪要和那些有特殊需求的孩子一起上课？"小冯老师微笑着点了点头："是的，奶奶。我们班级推行了融合教育，让孩子们无论背景如何、能力如何，都能一起学习和玩耍。"小雪奶奶面露担忧之色："那小雪会不会受到负面影响？她和那些有特殊需求的孩子们相处，将来在学习上会不会跟不上进度？"

3. 深入解释

小冯老师察觉到了小雪奶奶的担忧，他耐心地解释道："奶奶，我理解您的顾虑。融合教育确实旨在让不同能力和背景的孩子在同一个班级学习，但其核心目的是促进每个孩子的全面发展。"他继续说道："首先，对于那些有特殊需求的孩子，融合教育提供了与同龄人交往的机会，这对他们的社交和情感发展极为有益。而对于像小雪这样的孩子，与来自不同背景的同龄人共同学习，能够更好地培养他们的同理心、包容心和团队协作能力。"小雪奶奶显得有些惊讶："但是，这会不会影响他们的学习？"小冯老师微笑着回答："这是很多家长共同的担忧，但实际上，我们的教学计划已经充分考虑了每个孩子的需求。有特殊需求的孩子得到专门的教育助手的帮助，而其他孩子也会接受适当的挑战和引导，以确保他们的学习进度不受影响。"

4. 建立共鸣

小冯老师接着说："奶奶，您还记得我们小时候玩的'石头、剪刀、布'吗？每个手势都有可能赢，也有可能输，没有哪一个是永远无敌的。融合教育就像这个游戏，每个孩子都有自己的优点，也有需要努力提升的地方。我们的任务是帮助他们发现并放大这些优点，同时支持他们面对和克服困难。"小雪奶奶沉思了一会儿，然后点点头说："冯老师，我懂了。谢谢您的解释，我现在更放心把小雪交给你们了。"小冯老师回以微笑说："谢谢您的信任。请相信，我们会竭尽全力为每个孩子提供最优质的教育和关怀。"

5. 分析

这次交流中，小冯老师不仅消除了小雪奶奶的疑虑，还帮助她对融合教育有了更深入的理解和认同。通过耐心和细致的解释，小冯老师成功地在幼儿园与家长之间建立了沟通的桥梁。

二、家园活动中家长工作的案例

(一)一次成功的班级家长会案例

1. 前期准备

小刘老师深知，一个成功的班级家长会首先需要做充分的前期准备。她首先确定了家长会的主题为合作与成长：家园共育的力量。接着，她规划了会议的流程，决定除了分享孩子的表现这一常规环节外，还要增设家长互动环节和主题分享。

为了确保家长能积极参与，她特意准备了一些互动道具，如小纸牌、彩笔和气球等。此外，她还提前准备了一份详细的PPT，用以展示孩子在本学期的学习和生活情况。

2. 家长会当天

当天，家长陆续走进教室，小刘老师热情地迎接每一位家长，并为每位家长分发了一份精心准备的家长指南册。

家长会正式开始后，小刘老师首先向家长展示了一段记录孩子在学期中生活和学习的视频，视频中孩子欢快的笑声和成长的身影让在座的家长感到非常欣慰。

随后，小刘老师详细介绍了班级的教育理念、教学方法以及孩子的日常学习和活动情况，并通过PPT展示了孩子的作品、手工和活动照片。

到了互动环节，小刘老师邀请家长两两组成一组，分享自己对孩子的教育心得和存在的疑惑，并邀请几位家长上台进行分享。这一环节，家长们积极参与，彼此之间的分享也引起了大家的共鸣。

接下来，小刘老师进行了主题分享合作与成长：家园共育的力量。她鼓励家长与幼儿园、教师建立良好的合作关系，共同为孩子的成长营造良好的教育环境。她还提供了一些家庭教育的小建议，如如何开展家庭阅读、如何与孩子进行有效沟通等。

在家长会接近尾声时，小刘老师请家长写下对孩子的寄语或对教育的期望，这些纸条将被整理并制作成班级的心愿墙，以此每天鼓励和激励孩子。

最后，小刘老师对家长的到来和参与表示感谢，并邀请家长留下对本次家长会的建议和意见，以便更好地筹备下一次的家长会。

3. 家长会后

小刘老师整理了家长的反馈和建议，并据此对教育方案进行了一些调整。同时，她还把家长会的相关内容、孩子的照片和作品以及家长的寄语进行整理，制作成纪念册分发给每位家长，作为一份珍贵的回忆。

4. 分析

这次班级家长会不仅加深了家长对幼儿园工作的了解，也促进了教师与家长之间的互信和合作。小刘老师的用心筹备，为孩子营造了一个和谐、温馨的家园共育环境。

(二)如何成功邀请工作忙的家长来观看孩子的表演

1. 初次沟通

圆圆是小吴老师班上的一个活泼可爱的女孩，每次有活动，她总是非常积极地参与。但小吴老师注意到，每次班级举办活动，圆圆的家长似乎总是因为工作太忙而很少出席。学期末即将到来，她计划组织一次孩子的表演活动。虽然她知道圆圆的家长工作繁忙，但她还是希望他们能亲眼见证圆圆在舞台上的精彩表现。

因此，小吴老师特意选择了一个周末的下午举办这次表演活动。之后，她决定提前与圆圆的家长进行沟通，了解他们的时间安排，看是否能为他们提供一些便利。

2. 定制邀请

小吴老师首先通过电话联系了圆圆的妈妈。在通话中，她详细介绍了即将举办的表演活动，强调了圆圆在其中扮演的重要角色，并表达了自己非常希望圆圆的家长能够出席的愿望。圆圆的妈妈表示感谢，但也坦诚地说，自己和丈夫都非常忙碌，虽然很想参加，但不确定是否能够抽出时间。

小吴老师理解圆圆家长的难处，但她还是希望他们能够参加，于是她提议可以为他们安排特别的座位，并在演出结束后安排一段时间让家长与圆圆合影和交流。圆圆的妈妈被小吴老师的诚意打动，答应会尽量调整工作时间，争取能够到场。

3. 活动当天

活动当天，小吴老师为圆圆的家长预留了最佳观赏座位，并在座位上放置了精心准备的小礼物。当圆圆的家长到场时，她热情地迎接了他们，并详细地为他们介绍了演出的流程。在演出进行中，圆圆展现出了非凡的才华和自信，赢得了全场的喝彩。圆圆的家长也为女儿的出色表现感到骄傲。

演出结束后，小吴老师特意安排了一段时间，让圆圆的家长与女儿合影，并与其他家长及老师进行交流。圆圆的妈妈深受感动，她感谢小吴老师对他们的特别关照，并表示今后会更加积极地支持和参与幼儿园的各项活动。

4. 分析

小吴老师的周到安排和真诚沟通不仅成功邀请到了圆圆的家长观看演出，还加深了家园之间的联系和互信。这次活动展现了教育不仅仅是教学，更多的是情感的交流和家园合作的重要性。

三、特殊事件中家长工作的案例

(一)误解全面性教育而发怒的家长

1. 背景

幼儿园的小李老师在课程中介绍了刘文利教授的全面性教育理念，旨在向孩子传授正确的知识，并培养他们的自我保护意识。然而，家长老张对刘文利教授的理念了解不够全面，导致了一些误解。

2. 事件经过

一个晴朗的下午，小李老师结束了一天的课程，正准备整理教室时，突然听到门外传来了急促的脚步声，原来是老张。"小李老师，我听孩子说你们今天讲了什么全面性教育？这种东西在幼儿园也要讲吗？！"小李老师虽然稍微有些措手不及，但很快平复了心情，微笑着回应："老张，您好，请坐。关于这部分内容，我很乐意为您详细解释。"

3. 对话与解释

小李老师："首先，我想解释一下，我们所说的'全面性教育'不仅仅是关于性教育，更多的内容是关于孩子们的自我保护，如何认识和尊重自己及他人的身体。"老张显然有些惊讶："我以为……"

小李老师："我知道很多家长可能存在一些误解。我们引入刘文利教授的理念，并不是直接教授与性有关的内容，而是让孩子们了解到每个人都是独特的，都应该受到尊重。同时，我们也教他们如何避免可能遇到的不安全情境。"老张："那你们具体讲了些什么内容呢？"

小李老师："例如，我们会教导孩子们哪些部位不可以被别人随便触摸，如果有人尝试触摸或做出让他们感到不舒服的行为，他们应如何应对。我们还会告诉他们，如果遇到这种情况，一定要告诉成人。"老张沉默了片刻，然后说："我之前可能有些误解，感谢你的解释。但我还是有些担心，孩子们真的能理解这些吗？"

小李老师："我理解您的担忧。实际上，孩子们的接受能力很强，只要我们用合适的方式和语言去教授，他们是能够理解的。而且，提前培养他们的这种意识，对他们的成长和自我保护都是非常有益的。"

4. 达成共识

经过这次对话，老张的情绪明显平和了下来。他点了点头表示理解，并感谢小李老师的耐心解释。最终，两个人达成了共识：家长和老师应当携手合作，共同为孩子营造一个安全、健康的成长环境。

5. 分析

这次事件虽然源于误解，但最终得到了圆满的解决。它向我们证明，沟通是化解误解的最有效方式，而家长与老师之间的合作，是确保孩子健康成长的关键因素。

(二)因自己的孩子没有站在中心位置而抱怨的家长

小赵是某幼儿园的一名资深教师，以热心和耐心著称。这天，她正在办公室整理物资时，突然听到走廊传来激烈的争论声。她放下手头的工作，出门查看发生了什么事。推开门，小赵老师看到家长老王正在与另一位教师小李激烈争论。原来，老王的孩子小宇在最近的幼儿园开放日舞台表演中没有站在中心位置，这让老王感到非常不满。老王认为，小宇参与了多次课后的特训，技艺出众，却被安排在舞台的一侧，他觉得这样不公平。

了解情况后，小赵老师决定与老王进行深入沟通。她走到老王身边，轻轻拍了拍他的肩膀，用平和的语气说："小宇爸爸，我理解您的担忧，让我们坐下来好好谈谈。"在小赵老师的引导下，两个人坐到了办公室的沙发上。小赵老师首先询问了老王对开放日活动的具体担忧，给了他充足的时间倾诉，并对老王所说的内容表示了理解。

接着，小赵老师详细解释了开放日活动的组织和安排，她说："舞台表演不只是展示个人，更重要的是团队合作。中心位置虽然显眼，但每个位置对整个表演都至关重要。每个孩子都有其独特之处，我们的目标是确保每个孩子都能在舞台上展现自己。"小赵老师继续道："舞台位置的分配考虑了很多因素，如孩子们的身高、特长、上台次数等。这次小宇没能站在中心位置，也是为了整体表演效果。我们会确保每个孩子都有机会展示自己。"

看到老王依然有些不甘，小赵老师又补充说："我理解您希望孩子能得到更多的展示机会，但请相信，每一次的舞台经历都是孩子成长中的宝贵经验。无论你站在哪个位置，他们都在学习和成长。"老王稍微平静了一些，他说："我只是希望孩子能得到更好的机会，但我理解你们的安排。"小赵老师微笑着说："感谢您的理解，我们都希望给孩子最好的。未来还有很多活动，小宇将会有更多的展示机会。"

两个人的谈话非常愉快，老王也逐渐放下了担忧，他感谢小赵老师的耐心解释，并表示今后会更加信任幼儿园的安排。

这次事件中，小赵老师不仅运用了专业知识，还展现出了卓越的沟通技巧。她的处理方式既维护了幼儿园的正常运作，也赢得了家长的信任。

(三)幼儿 A 与幼儿 B 打架，如何做好双方家长的工作

明明和凤凤是同班的小朋友。虽然两个人经常一起玩耍，但最近因为某些原因产生了冲突，并在游戏时发生了争执，最终导致了打架。教师小方决定与两个孩子的家长进行一次约谈。

小方老师安排在放学后的一个时间段，邀请明明和凤凤的家长到教室沟通。明明的妈妈先到了，她显得有些紧张，担忧地问："老师，我的孩子怎么样？你受伤了吗？"不久，凤凤的爸爸也到了，他看起来有些尴尬，轻声说："真不好意思，给老师和明明妈妈添麻烦

了。"

小方老师先安慰两位家长："首先，两位家长不必太过担心，两个孩子都没有受到严重的伤害。我们今天聚在一起，主要是希望能够针对这次的冲突进行沟通，找出原因，确保今后不再发生类似的事情。"

明明的妈妈说："其实我之前也注意到了，他们最近似乎不太和睦。"风风的爸爸接着说："风风回家也提过，但我不知道具体是什么原因。"

小方老师清晰地叙述了事件的经过："根据其他小朋友的描述，两个孩子因为一个玩具产生了争执，然后开始推搡。我已经和两个孩子单独交谈过，试图了解冲突的原因，但他们都没有说清楚。"

风风的爸爸思考了一会儿，说："其实，孩子们有时因为小事就会起冲突，我们应该教导他们如何和平相处，如何表达自己的感受和需求。"明明的妈妈点点头，说："是的，我同意。我们需要更多地与孩子沟通，了解他们的想法。"

小方老师提议："我建议明明和风风一起参加我们学校即将开展的团队合作活动，这是一个团队协作的项目，有助于他们增进了解和信任。另外，我希望两位家长在家中也能多引导孩子，教他们如何处理冲突。"明明的妈妈和风风的爸爸都表示同意，并承诺会在家中加强与孩子的沟通和引导。

约谈结束后，两位家长离开了教室，小方老师则记录下今天的约谈内容，并计划在未来的教育过程中加强班级团队合作和冲突解决的教育。

这次约谈虽然因冲突而起，但在小方老师的引导下，家长和教师找到了解决方法，并为孩子未来的合作奠定了良好的基础。

本 章 小 结

在教师开展班级家长工作之前，首先要明确为什么要重视与家长建立紧密的工作关系，教师与家长应该构建怎样的关系，以及这种关系与其他社会关系有哪些异同。同时，在管理家长工作时，应遵循平等与引导、重视家长的教育角色、推广教育的专业理念以及支持教育策略的实施等原则。

"家长"这一称谓包含了不同年龄和身份背景的家族成员，如父母辈、祖辈和兄姐辈等。因此，面对不同身份的家长，家长工作的内容也需要做出相应的调整。此外，根据不同的接触场景，教师需要采取不同的沟通方式，如在家长接送孩子时，对话应简洁明了，内容以当天发生的事情为主。而在家长会这种集体场合，面对面沟通幼儿园的教育理念和班级管理方式等则是适宜的话题。

在上述理念和原则的指导下，教师的家长工作在各种不同形式和内容的案例中得到体现。通过对案例的阅读和讨论，我们探讨教师在特定情境下与家长建立信任关系和沟通合作的行为方式，观察教师如何在与家长的默契配合下促进幼儿的发展与成长，读者也可以从中获得实践性的学习体验。

思考与练习

一、简答题

1. 教师与家长的关系有哪些特点？
2. 教师与家长交流的核心原则有哪些？
3. 与祖辈家长沟通时的注意事项有哪些？
4. 与兄姐辈家长沟通时的注意事项有哪些？

二、论述题

1. 当幼儿在园内发生了意外受伤的情况，教师应该怎样开展家长工作？
2. 当家长对幼儿园的教学内容产生误解或者不理解时，教师应该怎样做好与家长的沟通工作？

实 践 课 堂

阅读下面的家长工作实例，这位教师在首次家长会谈话中开创了良好的局面。你认为接下来教师应如何持续地做好与家长的沟通工作？

与家长交谈——讨论幼儿的问题行为

许多教师害怕与家长谈论幼儿的问题行为。他们担心家长会很难过、责备教师或者惩罚幼儿。然而，不告诉家长这方面的信息，会让事情变得更糟糕。这里提供的与家长谈话的方法可以最大限度地减少家长强烈的负面反应。

如果你在全日制幼儿园工作，那么要避免在晚上接孩子时告诉家长，这一天他们的孩子过得多么糟糕。因为在这个时间，大家的脾气都不怎么好，又累又饿，也不理性。此时是不适合谈论你的担忧的。你可以采用下面的建议作为替代性办法。

当你很匆忙或者有其他事情要处理的时候，不要与家长谈论幼儿的问题行为。找一个双方都方便的时间，安排一次会面。要把会面安排在一个并排坐，或者面对面坐在同一张桌子旁。这样就传递了一种信息，即你们正在一起努力解决问题。

(1) 设定交流开始的时间和结束的时间。

(2) 在与家长商量会面时间的时候，简要地告诉家长需要讨论的问题。比如，"我注意到马克打了其他小朋友，让我们找个时间聊聊怎么帮助他吧。"避免这样的表达："我们需要谈谈马克的问题。"这样说会让家长感到很焦虑。

(3) 交流之前，与家长一起商量以下交流的程序。

你：分享客观的观察记录。

家长：分享他们的想法、担心以及幼儿出现问题行为的原因。

你：分享你的其他看法，以及你当前在幼儿园采取的问题处理策略。

你和家长一起：通过头脑风暴想出所有可以在家里和幼儿园使用的解决问题的方法和

策略。

　　你和家长一起：选出一个最好的方法并制定一个行动方案。定好再次会面的时间，以讨论方案的有效性以及是否需要做出调整。

(资料来源：Steffen Saifer. 幼儿园班级管理问题预防与应对(25 周年版)[M]. 曹宇，译. 北京：中国轻工业出版社，2018.)

参 考 文 献

[1] 苏洵. 小学教育学[M]. 镇江：江苏大学出版社，2019.

[2] 徐影. 教育学原理[M]. 北京：北京理工大学出版社，2018.

[3] 吕笑薇，李萍. 幼儿园班级管理[M]. 北京：航空工业出版社，2019.

[4] 秦旭芳. 幼儿园管理的困惑与抉择——从"案例搜集"到"案例剖析"[M]. 北京：科学出版社，2013.

[5] 张莉娜，王萍，吴明宇，等. 幼儿园管理[M]. 北京：清华大学出版社，2018.

[6] 侯娟珍. 幼儿园班级管理[M]. 2 版. 北京：北京师范大学出版社，2022.

[7] 陶金玲. 幼儿园班级管理[M]. 南京：南京大学出版社，2019.

[8] 刘慧敏，杨朝军，刘晓娟. 幼儿园班级管理[M]. 长春：吉林大学出版社，2020.

[9] 刘曲，卢玲. 幼儿园班级管理[M]. 长春：东北师范大学出版社，2020.

[10] 莫源秋. 幼儿园班级管理 68 问[M]. 武汉：长江文艺出版社，2022.

[11] 左志宏. 幼儿园班级管理[M]. 上海：华东师范大学出版社，2015.

[12] 张洪富. 幼儿园班级管理[M]. 2 版. 上海：复旦大学出版社，2024.

[13] 张金陵. 幼儿园班级管理[M]. 上海：华东师范大学出版社，2015.

[14] 刘好，闫学明. 幼儿园保健医工作指南[M]. 北京：北京师范大学出版社，2017.

[15] 吴大童. 托儿所幼儿园卫生保健工作规范[M]. 北京：中国卫生科技出版社，2023.

[16] Steffen Saifer. 幼儿园班级管理问题预防与应对(25 周年版)[M]. 曹宇，译. 北京：中国轻工业出版社，2018.

[17] 孙巾凌，张舒惠. 幼儿园班级管理的九大有效方式[M]. 长春：吉林大学出版社，2016.

[18] 教育部教师工作司. 《幼儿园教师专业标准(试行)》解读[M]. 北京：北京师范大学出版社，2013.

[19] 教育部基础教育司. 《幼儿园教育指导纲要(试行)》解读[M]. 南京：江苏教育出版社，2002.